Informationssystem für das Technologiemanagement

Von der Fakultät für Maschinenwesen der

Rheinisch-Westfälischen Technischen Hochschule Aachen

zur Erlangung des akademischen Grades

eines Doktors der Ingenieurwissenschaften

genehmigte Dissertation

vorgelegt von

Diplom-Ingenieur Ralf Walker

aus Lengerich

Berichter:

Univ.-Prof. Dr.-Ing. Dipl.-Wirt. Ing. Dr. h.c. mult. Walter Eversheim

Prof. Dr.-Ing. Fritz Klocke

Tag der mündlichen Prüfung: 17. 12. 2002

„D 82 (Diss. RWTH Aachen)"

Fraunhofer Institut
Produktionstechnologie

Berichte aus der Produktionstechnik

Ralf Walker

Informationssystem für das Technologiemanagement

Herausgeber:

Prof. Dr.-Ing. Dipl.-Wirt. Ing. Dr. h. c. mult. W. Eversheim
Prof. Dr.-Ing. F. Klocke
Prof. Dr.-Ing. Dr. h. c. Prof. h. c. T. Pfeifer
Prof. Dr.-Ing. Dipl.-Wirt. Ing. Günther Schuh
Prof. Dr.-Ing. Dr.-Ing. E. h. M. Weck

Band 3/2003
Shaker Verlag
D 82 (Diss. RWTH Aachen)

Die Deutsche Bibliothek - CIP-Einheitsaufnahme

Walker, Ralf:
Informationssystem für das Technologiemanagement / Ralf Walker.
Aachen : Shaker, 2003
   (Berichte aus der Produktionstechnik ; Bd. 2003,3)
   Zugl.: Aachen, Techn. Hochsch., Diss., 2002
ISBN 3-8322-1174-8

Copyright Shaker Verlag 2003
Alle Rechte, auch das des auszugsweisen Nachdruckes, der auszugsweisen
oder vollständigen Wiedergabe, der Speicherung in Datenverarbeitungs-
anlagen und der Übersetzung, vorbehalten.

Printed in Germany.

ISBN 3-8322-1174-8
ISSN 0943-1756

      Shaker Verlag GmbH • Postfach 101818 • 52018 Aachen
        Telefon: 02407 / 95 96 - 0 • Telefax: 02407 / 95 96 - 9
         Internet: www.shaker.de • eMail: info@shaker.de

Vorwort

An dieser Stelle möchte ich mich bei den vielen Menschen bedanken, die mich auf dem Weg zur Erstellung dieser Arbeit begleitet, betreut, unterstützt und gefördert haben.

Sehr großer Dank gebührt meinen Eltern, Christa Ingrid und Friedrich Wilhelm Walker, die mir viele Möglichkeiten eröffnet und mich stets meinen Interessen entsprechend unterstützt haben. Auf Ihren Rückhalt konnte ich mich immer verlassen. Meinem Vater danke ich dafür, dass er mir die Welt der Technik gezeigt hat und was es heißt, mit Begeisterung und Ausdauer an einem Thema zu arbeiten. Meiner Mutter danke ich für die Unterstützung auch in schwierigen Zeiten und für die kritische Durchsicht der Arbeit.

Mein besonderer Dank gehört meiner lieben Frau Simone, die mit ihrer ansteckenden Fröhlichkeit und gezielten Aufmunterungen meine Motivation stets förderte. Ihre ebenso mitfühlende wie tatkräftige Unterstützung und ihr Verständnis für viele Nachtschichten schufen die notwendigen Freiräume für die Erstellung dieser Dissertation.

Im privaten Umfeld danke ich weiterhin meiner gesamten Familie und allen Freunden. Sie haben sich als sehr geduldig erwiesen und trotz eingeschränkter gemeinsamer Freizeit aktiv den Kontakt gehalten und mich immer wieder ermuntert.

Neben dem privaten gebührt meinem beruflichen Umfeld ein besonderer Dank. Die vorliegende Arbeit entstand während meiner Zeit als wissenschaftlicher Mitarbeiter am Fraunhofer-Institut für Produktionstechnologie IPT in Aachen. Herrn Professor Walter Eversheim, dem Leiter der Abteilung Planung und Organisation des Fraunhofer IPT, danke ich für die Möglichkeit zur Promotion. Die von ihm in gleichem Maße fordernd wie fördernd ausgelegte Arbeitsatmosphäre war eine wichtige Grundlage für die tägliche Projektarbeit und das Anfertigen dieser Dissertation. Herrn Professor Fritz Klocke, dem Institutsleiter des Fraunhofer-Institut für Produktionstechnologie IPT, danke ich für die Übernahme des Korreferats.

Die Ausarbeitungen wurden aus Sicht der betrieblichen Praxis und der Wissenschaft geprüft. Ich bin Dr. Andreas Bruckner, Dr. Anne Gerhards, Stephan Gittel, Dr. Jens-Uwe Heitsch und Sebastian Schöning zu großem Dank verpflichtet.

Den Mitarbeiterinnen und Mitarbeitern des Fraunhofer IPT und des Laboratoriums für Werkzeugmaschinen und Betriebslehre (WZL) danke ich für ihre Kollegialität. Sie haben mir schon als Student die Mitarbeit in Projekten am WZL ermöglicht und nicht nur fachliche Impulse gegeben. Sie haben mir weiterhin als Kollegen und studentische Mitarbeiter engagiert und kompetent zur Seite gestanden. Wir haben das Büro geteilt, ungezählte rasante Dienstreisekilometer überlebt und Erfolge ebenso gefeiert wie kritische Situationen gemeistert. Und schließlich haben sie mir mit Ratschlägen, Hinweisen und Anmerkungen zu dieser Arbeit weitergeholfen. Stellvertretend für viele andere, die an dieser Stelle nicht genannt werden können, danke ich daher Ingo Abels, Steffen Gerstenberg, Katarina Hachmöller, Dr. Markus Heyn, Ben Jochinke, Sascha Klappert, Markus Knoche, Jörn Rees, Hendrik Riedel und Matthias Röpke.

Aachen, im Dezember 2002

Verzeichnisse

A) Inhaltsverzeichnis I
B) Abbildungsverzeichnis V
C) Abkürzungsverzeichnis X
D) Literaturverzeichnis XV

A) Inhaltsverzeichnis

1 Einleitung 1
   1.1 Ausgangssituation und Problemstellung 1
   1.2 Zielsetzung 2
   1.3 Aufbau der Arbeit 4

2 Grundlagen und Kennzeichnung der Situation 6
   2.1 Abgrenzung des Untersuchungsbereichs 6
      2.1.1 Subjektbezogene Abgrenzung 6
      2.1.2 Objektbezogene Abgrenzung 7
      2.1.3 Prozessbezogene Abgrenzung 10
         2.1.3.1 Phasen des Geschäftsprozesses 10
         2.1.3.2 Managementdimensionen des Geschäftsprozesses 12
         2.1.3.3 Angrenzende Managementdisziplinen 14
   2.2 Analyse von Konzepten und Forschungsarbeiten im Technologiemanagement 15
      2.2.1 Relevante Konzepte und Modelle 16
         2.2.1.1 Technologiestrategien 17
         2.2.1.2 Lebenszyklus-Modelle 19
         2.2.1.3 Portfolio-Konzepte 21
         2.2.1.4 Wertanalyse 22
         2.2.1.5 Technologiekalender 23
      2.2.2 Angrenzende Forschungsarbeiten 24
   2.3 Analyse von Informationssystemen 28
      2.3.1 Aufbau und Arten von Informationssystemen 29
      2.3.2 Vorgehensweisen der Entwicklung von Informationssystemen 31

2.3.2.1 Allgemeine Modelltheorie 31

2.3.2.2 Systemtechnik 32

2.3.2.3 Vorgehensmodell 34

2.3.2.4 Auswahl der Vorgehensweise 34

2.4 Methoden zur Modellierung 35

2.4.1 Anforderungen an die Modellierungsmethoden und -werkzeuge 35

2.4.2 Darstellung von Modellierungsmethoden und -werkzeugen 35

2.4.3 Auswahl der Modellierungsmethoden 37

2.5 Zwischenfazit: Forschungs- und Handlungsbedarf 38

3 Konzeption und Detaillierung des Geschäftsprozesses Technologiemanagement .. 39

3.1 Technologieleitbildformulierung 41

3.1.1 Festlegung der Wettbewerbsstrategie 41

3.1.2 Festlegung der Technologiestrategie 42

3.1.3 Festlegung der unternehmensspezifischen Randbedingungen 43

3.1.4 Festlegung der Controllingkennzahlen und -vorgaben 44

3.2 Technologieplanung 45

3.2.1 Bewertung vorhandener Technologien 45

3.2.2 Früherkennung von Trends 47

3.2.3 Technologiepotenzialbewertung 48

3.2.4 Festlegung der technologischen Grundorientierung 51

3.3 Technologieentscheidung 54

3.3.1 Ermittlung von Technologieszenarien für zukünftige Produkte 54

3.3.2 Ermittlung von Technologieszenarien für vorhandene Produkte 60

3.3.3 Ableitung der Umsetzungsstrategie 61

3.4 Technologierealisierung 65

3.5 Technologiecontrolling 68

3.5.1 Definition der Technologie-Balanced Scorecard 68

3.5.2 Kontrolle der Zielvorgaben 69

3.5.3 Initiierung der Maßnahmen 69

3.6 Zwischenfazit: Geschäftsprozess Technologiemanagement 70

Inhaltsverzeichnis

4 Konzept des Informationssystems für das Technologiemanagement ... 71

   4.1   Anforderungen an das Informationssystem ... 71

       4.1.1   Inhaltliche Anforderungen ... 71

       4.1.2   Formale Anforderungen ... 73

       4.1.3   Technische Anforderungen ... 74

       4.1.4   Anwendungsorientierte Anforderungen ... 75

   4.2   Entwicklung des Konzepts für das Informationssystem ... 76

       4.2.1   Teilsystem Prozessplattform ... 77

            4.2.1.1   Prozessmodul ... 78

            4.2.1.2   Projektmodul ... 78

            4.2.1.3   Kommunikationsmodul ... 79

       4.2.2   Teilsystem Informationsplattform ... 80

            4.2.2.1   Informationsmodul ... 81

            4.2.2.2   Benutzermodul ... 82

   4.3   Zwischenfazit: Informationssystem für das Technologiemanagement ... 83

5 Detaillierung des Informationssystems ... 85

   5.1   Informationsmodul ... 85

       5.1.1   Technologiemodell ... 86

       5.1.2   Produktmodell ... 91

       5.1.3   Projektmodell ... 97

       5.1.4   Unternehmensmodell ... 98

   5.2   Benutzermodul ... 99

       5.2.1   Rollenprofile ... 100

       5.2.2   Wissensprofile ... 102

   5.3   Kommunikationsmodul ... 103

       5.3.1   Informationsverarbeitung ... 103

       5.3.2   Diskussionsforen ... 104

   5.4   Zusammenwirken der Module, Modelle und Kataloge ... 106

   5.5   Zwischenfazit: Detaillierung des Informationssystems ... 108

Inhaltsverzeichnis

6 Realisierung und Evaluierung von Informationssystem und Geschäftsprozess 110

6.1 Realisierung des Informationssystems 110

6.2 Evaluierung des Informationssystems und Geschäftsprozesses 115

    6.2.1 Darstellung der Anwendungsfälle und Zielsetzungen 115

    6.2.2 Ergebnisse der Anwendung 116

6.3 Zwischenfazit: Realisierung und Evaluierung 121

7 Zusammenfassung und Ausblick 122

7.1 Zusammenfassung 122

7.2 Ausblick 124

8 Anhang .... A 1

8.1 Studie "Wettbewerbsfähigkeit" .... A 2

8.2 Methoden zur Modellierung von Informationssystemen .... A 3

8.3 IDEF0-Modell des Geschäftsprozesses Technologiemanagement .... A 6

8.4 Technologielebenszyklus .... A 22

8.5 Online-Dienste für Technologieinformationen .... A 23

8.6 Bewertungskriterien zur Technologiepotenzialabschätzung .... A 24

8.7 Bestimmung der strategischen Bedeutung von Technologien .... A 26

8.8 Informationsmodelle .... A 27

    8.8.1 Technologiemodell .... A 27

    8.8.2 Produktmodell .... A 31

    8.8.3 Projektmodell .... A 38

    8.8.4 Unternehmensmodell .... A 39

8.9 Wissensmanagement .... A 40

8.10 Darstellung des Default-Features .... A 44

B) Abbildungsverzeichnis

Bild 1.1: Auswertung der Studie "Wettbewerbsfähigkeit" 1
Bild 1.2: Ausgangssituation der Arbeit 2
Bild 1.3: Zielsetzung der Arbeit 3
Bild 1.4: Forschungsprozess dieser Arbeit 4

Bild 2.1: Auswahlmatrix der subjektbezogenen Abgrenzung der Arbeit 6
Bild 2.2: Begriffsabgrenzung Technik und Technologie 7
Bild 2.3: Typen der Technologieverwendung 8
Bild 2.4: Tätigkeitsschwerpunkte in den Managementebenen 9
Bild 2.5: Technologiemanagement als interdisziplinäre Aufgabe 10
Bild 2.6: Phasen des Managementprozesses 11
Bild 2.7: Managementdimensionen des St. Galler Modells 13
Bild 2.8: Abgrenzung der Managementdisziplinen 15
Bild 2.9: Angrenzende Konzepte und Modelle 16
Bild 2.10: Strategisches Technologiemanagement nach BULLINGER 18
Bild 2.11: Strategisches Technologiemanagement nach WOLFRUM 19
Bild 2.12: Lebenszyklusphasen einer Technologie 20
Bild 2.13: Vergleich von Technologieportfolio-Ansätzen 21
Bild 2.14: Technologiekalender nach EVERSHEIM 23
Bild 2.15: Angrenzende Forschungsarbeiten 24
Bild 2.16: Integrierter strategischer Technologieplanungsprozess nach BÜHLMANN 25
Bild 2.17: Synchrone Produkt- und Produktionsentwicklung nach BURGSTAHLER 26
Bild 2.18: Strategische Planung von Fertigungstechnologien nach SCHMITZ 27
Bild 2.19: Softwareprototypen des SFB 361 28
Bild 2.20: Einordnung der Informationssysteme 30
Bild 2.21: Grundlagen der allgemeinen Modelltheorie 32
Bild 2.22: Grundlagen der Systemtechnik 33
Bild 2.23: Architektur Integrierter Informationssysteme 36
Bild 2.24: Hierarchie des IDEF0-Modells 37

Abbildungsverzeichnis

Bild 3.1:	Konzept des Geschäftsprozesses Technologiemanagement	39
Bild 3.2:	Knotenverzeichnis des Geschäftsprozesses Technologiemanagement	40
Bild 3.3:	Wettbewerbsstrategien und ihre Einflussfaktoren	41
Bild 3.4:	Unternehmensspezifische Randbedingungen	43
Bild 3.5:	Aufbau der Technologie-Balanced Scorecard	44
Bild 3.6:	Analyse der Technologiebeherrschung	46
Bild 3.7:	Portfolio zur Darstellung der Technologiekompetenzen	47
Bild 3.8:	Ermittlung des Technologiepotenzials	49
Bild 3.9:	Technologische Chancen und Risiken	51
Bild 3.10:	Definition von strategischen Technologiefeldern	52
Bild 3.11:	Nutzwert relevanter Produkte für Technologieprojekte	53
Bild 3.12:	Hilfsmittel zur Produktanalyse	55
Bild 3.13:	Featureanalyse	56
Bild 3.14:	Technologieorientierter Morphologischer Kasten	58
Bild 3.15:	Nutzwertanalyse der technologischen Ansätze	59
Bild 3.16:	Detailbewertung der Technologieansätze	61
Bild 3.17:	Ermittlung erfolgversprechender Technologiestrategien	62
Bild 3.18:	Entwicklung einer TechnologieRoadMap	63
Bild 3.19:	Die ProjektRoadMap	64
Bild 3.20:	Generierung von Fertigungsfolgen	66
Bild 3.21:	Bewertungskriterien von Fertigungsfolgen	67
Bild 3.22:	Interaktion der Balanced Scorecards	69
Bild 4.1:	Anforderungsarten an das Informationssystem	71
Bild 4.2:	Inhaltliche Anforderungen	73
Bild 4.3:	Formale Anforderungen	74
Bild 4.4:	Technische Anforderungen	75
Bild 4.5:	Anwendungsorientierte Anforderungen	76
Bild 4.6:	Struktur des Informationssystems für das Technologiemanagement	77
Bild 4.7:	Prozessmodul	78
Bild 4.8:	Projektmodul	79
Bild 4.9:	Kommunikationsmodul	80

… Abbildungsverzeichnis

Bild 4.10: Informationsmodul ... 81
Bild 4.11: Benutzermodul ... 83

Bild 5.1: Aufbau der verwendeten Modelle im Informationsmodul ... 85
Bild 5.2: Struktur des Technologiemodells ... 87
Bild 5.3: Featureaufbau und -gliederung ... 89
Bild 5.4: Arten und Aufbau der Metadaten ... 91
Bild 5.5: Bauteilorientierte Produktstruktur ... 92
Bild 5.6: Struktur des Produktmodells ... 93
Bild 5.7: Darstellung der verwendeten Fuzzy-Sets ... 95
Bild 5.8: Beschreibung einer Prozesskette eines Bauteils im Produktmodell ... 96
Bild 5.9: Struktur des Projektmodells ... 97
Bild 5.10: Unternehmensmodellstruktur ... 98
Bild 5.11: Aufbau des Benutzermoduls ... 100
Bild 5.12: Aufbau der Rollenprofile ... 100
Bild 5.13: Beispiele von Rollenprofilen, Attributgruppen und Attributen ... 101
Bild 5.14: Aufbau der Wissensprofile ... 102
Bild 5.15: Aufbau der Informationsverarbeitung ... 103
Bild 5.16: Strukturierung der Diskussionsforen ... 105
Bild 5.17: Zusammenhänge zwischen den einzelnen Modellen und Katalogen ... 107
Bild 5.18: Nutzung von Agenten zur Ähnlichkeitsanalyse von Features ... 108

Bild 6.1: Komponenten des Informationssystems eTEMsolution™ ... 110
Bild 6.2: Architektur des Informationssystems eTEMsolution™ ... 111
Bild 6.3: Startseite von eTEMsolution™ ... 112
Bild 6.4: Der Technologieeditor von eTEMsolution™ ... 113
Bild 6.5: Navigation im Technologiebrowser von eTEMsolution™ ... 114
Bild 6.6: Ziele der Unternehmen bei der Nutzung von eTEMsolution™ ... 115
Bild 6.7: Angepasster Geschäftsprozess Technologiemanagement ... 117
Bild 6.8: Eingabe in den Technologieeditor ... 118
Bild 6.9: Ergebnisse der Anwendung in den Unternehmen ... 120

Abbildungsverzeichnis

Bild 8.1: Klassifizierung von Modellierungsmethoden .... A 3

Bild 8.2: Vergleich relevanter Modellierungsmethoden und -werkzeuge .... A 4

Bild 8.3: Knotenverzeichnis des Interaktionsmodells (I/II) .... A 6

Bild 8.4: Knotenverzeichnis des Interaktionsmodells (II/II) .... A 7

Bild 8.5: IDEF0-Modell des Geschäftsprozesses Technologiemanagement (1) .... A 8

Bild 8.6: IDEF0-Modell des Geschäftsprozesses Technologiemanagement (2) .... A 9

Bild 8.7: IDEF0-Modell des Geschäftsprozesses Technologiemanagement (3) .... A 10

Bild 8.8: IDEF0-Modell des Geschäftsprozesses Technologiemanagement (4) .... A 11

Bild 8.9: IDEF0-Modell des Geschäftsprozesses Technologiemanagement (5) .... A 12

Bild 8.10: IDEF0-Modell des Geschäftsprozesses Technologiemanagement (6) .... A 13

Bild 8.11: IDEF0-Modell des Geschäftsprozesses Technologiemanagement (7) .... A 14

Bild 8.12: IDEF0-Modell des Geschäftsprozesses Technologiemanagement (8) .... A 15

Bild 8.13: IDEF0-Modell des Geschäftsprozesses Technologiemanagement (9) .... A 16

Bild 8.14: IDEF0-Modell des Geschäftsprozesses Technologiemanagement (10) .... A 17

Bild 8.15: IDEF0-Modell des Geschäftsprozesses Technologiemanagement (11) .... A 18

Bild 8.16: IDEF0-Modell des Geschäftsprozesses Technologiemanagement (12) .... A 19

Bild 8.17: IDEF0-Modell des Geschäftsprozesses Technologiemanagement (13) .... A 20

Bild 8.18: IDEF0-Modell des Geschäftsprozesses Technologiemanagement (14) .... A 21

Bild 8.19: Zusammenwirken von Technologiearten .... A 22

Bild 8.20: Online-Dienste für Technologieinformationen .... A 23

Bild 8.21: Bewertungskriterien zur Technologiepotenzialabschätzung (I/II) .... A 24

Bild 8.22 Bewertungskriterien zur Technologiepotenzialabschätzung (II/II) .... A 25

Bild 8.23: Kriterien zur Bestimmung der strategischen Bedeutung von Technologien ... A 26

Bild 8.24: Technologiemodell in XML (I/IV) .... A 27

Bild 8.25: Technologiemodell in XML (II/IV) .... A 28

Bild 8.26: Technologiemodell in XML (III/IV) .... A 29

Bild 8.27: Technologiemodell in XML (IV/IV) .... A 30

Bild 8.28: Produktmodell in XML (I/VII) .... A 31

Bild 8.29: Produktmodell in XML (II/VII) .... A 32

Bild 8.30: Produktmodell in XML (III/VII) .... A 33

Bild 8.31: Produktmodell in XML (IV/VII) .... A 34

Bild 8.32: Produktmodell in XML (V/VII) .... A 35

Bild 8.33:	Produktmodell in XML (VI/VII)	A 36
Bild 8.34:	Produktmodell in XML (VII/VII)	A 37
Bild 8.35:	Projektmodell in XML	A 38
Bild 8.36:	Unternehmensmodell in XML	A 39
Bild 8.37:	Bausteine des Wissensmanagement	A 41

C) Abkürzungsverzeichnis

a	Laufvariable
a	Jahre
A	Ansätze
AE	Außeneinstich
ARIS	Architektur Integrierter Informationssysteme
ASME	American Society of Mechanical Engineers
Aufl.	Auflage
AWK	Aachener Werkzeugmaschinenkolloquium
b	Laufvariable
B	Bewertung
BPR	Business Process Reengineering
bspw.	Beispielsweise
BSC	Balanced Scorecard
BTM	Benutzermodul
BWL	Betriebswirtschaftslehre
bzw.	Beziehungsweise
c	Laufvariable
ca.	Circa
CAD	Computer Aided Design
CAM	Computer Aided Manufacturing
CAQ	Computer Aided Quality Management
Cax	Computer Aided mit x für beliebige Schwerpunkte
CIM	Computer Integrated Manufacturing
CIMOSA	CIM Open System Architectur
CNC	Computer Numerical Control
CR	Chancen und Risiken
CSCW	Computer Supported Cooperative Work
d	Laufvariable
D	Dimension
d.h.	das heißt
DIN	Deutsches Institut für Normung e.V.
Diss.	Dissertation
doc	Document

DTD	Document-Type-Definition	
DV	Datenverarbeitung	
e	Laufvariable	
E	Einfluss	
E	Entscheidung	
EJB	Enterprise Java Beans	
engl.	Englisch	
EP	Erprobung	
EPK	Ereignisgesteuerte Prozessketten	
ERM	Entity-Relationship-Method	
ERP	Enterprise Ressource Management	
ET	Entwicklung	
etc.	et cetera	
eTEM	Elektronisches Technologiemanagement	
evtl.	Eventuell	
EZ	Einzelpotential	
EZ	Erfolgskennziffer	
F	Feature	
f.	folgende Seite	
ff.	fortfolgende Seiten	
FuE	Forschung und Entwicklung	
G	Gewichtung	
G	Gleit	
GmbH	Gesellschaft mit beschränkter Haftung	
GN	Gesamtnutzen	
GUI	Graphical User Interface	
GZ	Gesamtpotenzial	
HT	Haupttechnologie	
Hrsg.	Herausgeber	
HTML	Hypertext Markup Language	
http	HyperText Transfer Protocol	
i	Laufindex	
IDEF	Integration Definition Language	
i.d.R.	in der Regel	

Abkürzungsverzeichnis

i.e.S.	Im engeren Sinne
i.w.S.	Im weiteren Sinne
IFM	Informationsmodul
inkl.	Inklusive
IPT	Institut für Produktionstechnologie
ISO	International Standard Organisation
IT	Informationstechnologie
IuK	Informations- und Kommunikationssysteme
IUM	Integrierte Unternehmensmodellierung
J2EE	Java2Platform Enterprise Edition
JDBC	Java Database Connectivity
Jg.	Jahrgang
Jpg	Joint Photographic (Experts) Group
JSP	Java Server Pages
K	Kriterium
KF	Finanzkennzahl
KK	Kriterienklasse
KK_b	Kundenkennzahl
KL	Lernenkennzahl
KO	Kooperation
KOM	Kommunikationsmodul
KP	Prozesskennzahl
KVP	Konituierlicher Verbesserungsprozess
L	Leitbildformulierung
LDAP	Light Directory Access Protocol
m	Kardinalität
math.	Mathematisches
MJ	Menschjahre
n	Kardinalität
N	Einzelpotenzial
Nr.	Nummer
NT	Nebentechnologie
NW	Nutzwert
OMT	Object Modeling Technique

p	Laufvariable
P	Planung
pdf	Portable Document Format
PDM	Product Data Management
PE	Produktentwicklung
PEP	Produkterprobung
PJM	Projektmodul
Pk	Prioritätskennziffer
PPS	Produktionsplanung/-steuerung
PZM	Prozessmodul
Q	Laufvariable
R	Realisierung
R_{max}	Maximale Rauhtiefe
R_t	Rauhtiefe
R_z	Gemittelte Rauhtiefe
RWTH	Rheinisch-Westfälische Technische Hochschule
S.	Seite
SA	Structured Analysis
SADT	Structured Analysis and Design Technique
SD	Structured Design
SFB	Sonderforschungsbereich
SGF	Strategisches Geschäftsfeld
SGML	Standard Generalized Markup Language
SI	Système International d'Unités
s.o.	siehe oben
St.	Sankt
STEP	Standard for the Exchange of Produkt
STF	Strategisches Technologiefeld
T	Technologie
TE	Technologieerprobung
tif	Tagged Image File
TM	Technologiemanagement
TM	Technische Machbarkeit
TU	Technische Universität

Abkürzungsverzeichnis

U	Basisvariable
u.a.	unter anderem
UA	Umsetzungsaufwand
u.U.	unter Umständen
UML	Unified Modelling Language
URL	Uniform Resource Locator
usw.	und so weiter
V-	Vorgehens-
VDI	Verein Deutscher Ingenieure e.V.
Veranst.	Veranstaltung
vgl.	Vergleiche
vs.	versus
W	Wert der Basisvariablen
W	Wichtung
www	World Wide Web
X	Wert der Basisvariablen
XML	Extensible Markup Language
XSD	XML Schema Definition
XSL	Extensible Style Sheet Language
Y	Wert der Basisvariablen
Z	Wert der Basisvariablen
z.B.	zum Beispiel
ZK	Zukauf
z.T.	zum Teil
μ	Zugehörigkeit
{A1}	Ordnungsnummer einer Planungsaktivität im IDEF0-Modell

1 Einleitung

1.1 Ausgangssituation und Problemstellung

Technologie ist eine wichtige Kraft im Prozess des gesellschaftlich-wirtschaftlichen Wandels. Die Fähigkeit zur Entwicklung, Anwendung und Bewahrung von Technologiekompetenzen beeinflusst die Wettbewerbsfähigkeit einzelner Unternehmen ebenso wie ganzer Branchen und Volkswirtschaften [vgl. BULL02, S. 4 f.; EVER01, S. 1; KLOC01, S. 26-30]. Auf Grund der Bedeutung der Wettbewerbsfähigkeit für den wirtschaftlichen Erfolg wurde vom Fraunhofer-Institut für Produktionstechnologie IPT eine Studie durchgeführt, in der von produzierenden Unternehmen sechzehn Faktoren zur Steigerung der Wettbewerbsfähigkeit bewertet wurden [vgl. FRAU02] (Anhang 8.1). Die Ergebnisse der Studie machen deutlich, dass die Fokussierung auf Kernkompetenzen, langfristige Technologiestrategien sowie die Verfügbarkeit des Unternehmenswissens drei wichtige Faktoren zur Steigerung der Wettbewerbsfähigkeit für produzierende Unternehmen sind (Bild 1.1).

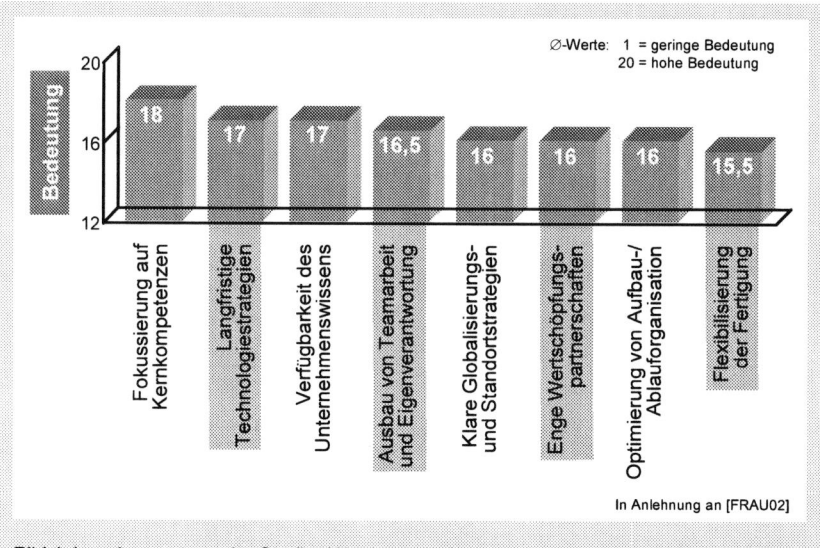

Bild 1.1: Auswertung der Studie „Wettbewerbsfähigkeit"

Diese drei Faktoren werden u.a. vom Technologiemanagement und den damit verbundenen Aufgaben und Entscheidungsträgern beeinflusst [vgl. FAHR01, S. 2 ff.]. Entscheidungsträger in produzierenden Unternehmen agieren in einem Umfeld, das nicht nur von Globalisierung, sondern auch kürzeren Produktlebenszyklen sowie einem damit einhergehenden Wandel von Märkten und Kundenanforderungen geprägt ist [vgl. EVER02, S. 251]. Zur Erhaltung der Wettbewerbsfähigkeit ist insbesondere für produzierende Unternehmen in Hochlohnländern ein permanenter, intensiver Technologiemanagementprozess von großer Bedeutung. In diesem Prozess muss auf Grund der gegenseitigen Abhängigkeit von Produkt und Technologie der gesamte Produktionsprozess berücksichtigt werden [vgl. AWK02, S. 191-215].

Der Produktionsprozess ist ein sehr dynamischer Prozess. Erfahrungen werden gesammelt, neue und verbesserte Betriebsmittel entwickelt und eine Vielzahl von äußeren Einflüssen wirken auf den Prozess ein [vgl. AWK02, S. 42 f.; EVER01, S. 39]. Für das Technologiemanagement produzierender Unternehmen besteht daher die kontinuierliche Aufgabe, die Notwendigkeit eines Wandels in der Produktion zu erkennen, korrekt zu interpretieren und

Einleitung

alternative Produktionskonzepte zu entwickeln. Dies kann sowohl die Modifikation oder Substitution einzelner Prozesse als auch die Neugestaltung umfangreicher Prozessketten nach sich ziehen.

Aufbauend auf der Erarbeitung möglicher, neuer bzw. veränderter Prozessketten sind dabei immer Entscheidungen für die Auswahl von Technologien zu treffen. Bislang werden solche Entscheidungen i.d.R. vor dem Hintergrund der Aspekte Kosten, Qualität und Zeit getroffen [vgl. BEHR01; EVER97, S. 23 ff.; LIVO00, S. 34-37]. Investitionen in neue Technologien weisen zusätzlich den Aspekt einer hohen strategischen Bedeutung für produzierende Unternehmen auf, weil sie Möglichkeiten eröffnen, neue Märkte durch neue Produkte zu erschließen [vgl. KLOC97, S. 198; PHIL01, S. 12 f.]. Diese Tatsache erfordert, das technische Potenzial vorhandener Technologien auszuschöpfen und neuartige Technologien systematisch zu erschließen. Die Identifizierung neuer Technologien wird aber immer schwieriger und komplexer. Es sind unterschiedliche Technologien im intransparenten und dynamischen Technologiemarkt für die gleiche Bearbeitungsaufgabe verfügbar [vgl. EVER02, S. 251-253]. Die Bereitstellung von technologischen Informationen und die Unterstützung bei der Auswahl und Bewertung der Technologien sind wichtige Aufgaben, die durch Informationssysteme unterstützt werden können.

Diese Aufgaben stellen hohe Anforderungen an das Technologiemanagement. Es ist ein grundlegendes Verständnis sowie ein guter Überblick über heute verfügbare und zukünftig einsetzbare Technologien notwendig. Darüber hinaus ist das Wissen über Veränderungen der Märkte und Produktanforderungen sowie ein etablierter Technologiemanagementprozess zum Abgleich der strategischen Planung mit der operativen Umsetzung unabdingbar (Bild 1.2).

Ausgangssituation	Probleme
▶ Globalisierung der Märkte ▶ Verkürzung der Produktlebenszyklen ▶ Technologiemanagement ist Erfolgsfaktor	▶ Intransparenter und dynamischer Technologiemarkt ▶ Nicht durchgängiger Technologiemanagementprozess ▶ Fehlende Unterstützung durch Informationssysteme

Bild 1.2: Ausgangssituation der Arbeit

1.2 Zielsetzung

Aufbauend auf der beschriebenen Ausgangssituation und Problemstellung ist das Ziel dieser Arbeit, ein Informationssystem für das Technologiemanagement zu entwickeln, das die Mitarbeiter produzierender Unternehmen unterstützt, die Aufgaben und Projekte im Technologiemanagement effektiv und effizient zu bearbeiten. Dazu ist es zunächst notwendig, einen Geschäftsprozess Technologiemanagement herzuleiten, der unternehmensspezifisch anpassbar ist und zusammen mit dem zu entwickelnden Informationssystem genutzt werden kann. Die Darstellung des Geschäftsprozesses Technologiemanagement ermöglicht somit die zielgerichtete Entwicklung des Informationssystems, da im Geschäftsprozess die erforderlichen Informationen für die Bearbeitung der Aufgaben des Technologiemanagement definiert sind.

Zur Definition der Zielsetzung dieser Arbeit bietet sich daher eine kombinierte induktiv-analytische Vorgehensweise an [vgl. PATZ82, S. 171]. Die Zielsetzung wird in einem Zielsystem dargestellt. Für eine systematische Zieldefinition wird eine Rangfolge der Ziele erstellt. Hierbei werden Ober- und Unterziele unterschieden. Als Oberziel wird die oberste

Einleitung

Zielsetzung eines Systems definiert. Das Oberziel ist einerseits i.d.R. nicht unmittelbar, sondern nur über Zwischenstufen erreichbar, andererseits ist das Oberziel gewöhnlich nicht operational zu formulieren. Daher werden verschiedene Unterziele aus dem Oberziel abgeleitet. Jedes Unterziel muss dabei operationalisierbar sein [vgl. WÖHE00, S. 120-121].

Oberziel dieser Arbeit ist der Aufbau eines konfigurierbaren Informationssystems, um die effektive und effiziente Bearbeitung der Aufgaben und Projekte im Technologiemanagement zu unterstützen. Mit diesem Informationssystem werden zwei Unterziele und zwei Anwendungsziele verfolgt (Bild 1.3).

Oberziel
Unterstützung der Mitarbeiter bei der effektiven und effizienten Bearbeitung von Aufgaben und Projekten im Technologiemanagement

Unterziele

Geschäftsprozess Technologiemanagement
- ▶ Entwicklung eines Geschäftsprozesses für das Technologiemanagement
- ▶ Unterstützung bei der Bearbeitung von Technologieprojekten

Informationssystem
- ▶ Konzeption von abgegrenzten, anpassbaren Teilsystemen
- ▶ Entwicklung von Datenmodellen
- ▶ Realisierung in einem Prototyp

Anwendungsziele

Effektivitätssteigerung
- ▶ Aufbau von Erfahrungswissen
- ▶ Fokussierung auf Kernkompetenzen

Effizienzsteigerung
- ▶ Vereinfachter Zugriff auf Informationen
- ▶ Reduzierter Bearbeitungsaufwand

Bild 1.3: Zielsetzung der Arbeit

Zum einen soll ein Geschäftsprozess für das Technologiemanagement technischer Produkte entwickelt werden. Durch die Anwendung des Geschäftsprozesses sollen die Mitarbeiter bei der Bearbeitung von Technologieprojekten unterstützt werden. Zum anderen soll ein modulares Informationssystem zur Unterstützung des Technologiemanagement unabhängig von der Prozessunterstützung durch die Nutzung des Geschäftsprozesses Technologiemanagement erreicht werden. Dazu werden notwendige Datenmodelle entwickelt und in einem Prototyp realisiert. Die Datenbanken des Informationssystems sollen den Mitarbeitern im Technologiemanagement die notwendigen Informationen über Produkte und Technologien bereitstellen. Die Datenbanken können um mitarbeiterspezifisches Wissen erweitert werden und somit planungsrelevante Informationen bereitstellen. Die Unterziele stehen in enger Wechselwirkung, da einerseits der Mitarbeiter durch den Geschäftsprozess unterstützt wird und andererseits die Realisierung der Datenmodelle in dem Informationssystem dem Mitarbeiter die Möglichkeit gibt, die relevanten Informationen in den Datenbanken zu verwalten.

Die Unterziele lassen sich weiterhin nach ihrer Anwendung in Ziele der Effektivitäts- und Effizienzsteigerung unterteilen [vgl. BÖHM93, S. 416]. Die Effektivität im Technologiemanagement kann durch die Fokussierung auf die Kernkompetenzen des Unternehmens und der Mitarbeiter sowie durch Abbildung von Erfahrungswissen in den Datenbanken erreicht werden. Durch diese Zuordnung wird die Ergebnisqualität gesteigert. Die Effizienz soll durch

Einleitung

zwei Maßnahmen erhöht werden: Zum einen wird der Zugriff auf die Informationen einfacher, da in dem Informationssystem schneller als in komplexen und im Unternehmen verteilten Ordnern und Archiven gesucht werden kann. Zum anderen kann die Wiederverwendung von Informationen durch erhöhte Transparenz und adäquate Strukturierung der Informationen in den Datenbanken gefördert werden. Durch Kodifizierung kann die Suchzeit reduziert und Doppelarbeit vermieden werden [vgl. HANS96, S. 220]. Zur Bewältigung der Komplexität der skizzierten Ausgangssituation und der daraus folgenden Problemstellung ist es erforderlich, dass geeignete Hilfsmittel für eine umfassende, zielorientierte Gestaltung des Technologiemanagementprozesses bereitgestellt werden. Als zentrales Untersuchungsobjekt sollen hierbei, der Bedeutung entsprechend, die notwendigen Informationen in den Vordergrund gestellt werden. Durch die Anwendung des Informationssystems sollen Technologie- und Produktinformationen unternehmensweit verfügbar gemacht werden, so dass die indirekten Entscheidungsprozesse durch die Nutzung aktueller Informationen verbessert und verkürzt werden. Des weiteren können effizientere Technologien für die Produktion ermittelt werden. Dadurch können u.a. eine Ressourcenschonung, eine Reduzierung des Ausschusses, die Verkürzung der Prozesszeiten oder die Realisierung von Skaleneffekten mit anderen Bauteilen erreicht werden.

1.3 Aufbau der Arbeit

Das Vorgehen in dieser Arbeit ist der Wissenschaftstheorie der Realwissenschaft zuzuordnen, da es sich um die Gestaltung wahrnehmbarer Wirklichkeitsausschnitte handelt. Weiterhin wird das praktische Ziel der Effektivitäts- und Effizienzsteigerung des Technologiemanagement verfolgt. Der Forschungsprozess ist in Bild 1.4 dargestellt.

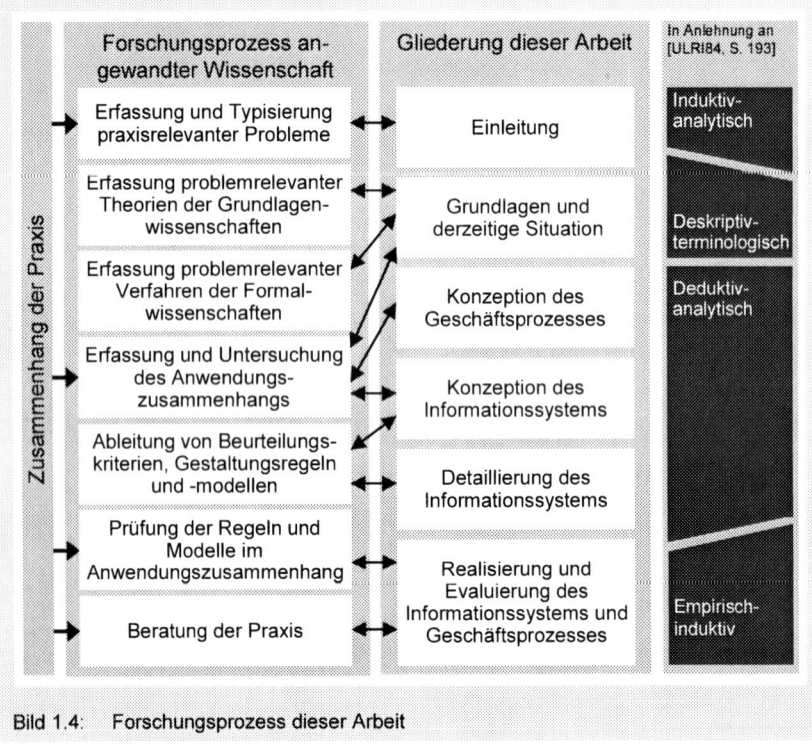

Bild 1.4: Forschungsprozess dieser Arbeit

Die beschriebene Arbeit wird in den Bereich der angewandten Wissenschaften eingeordnet [vgl. ULRI76, S. 304 ff.]. Hierzu schlägt H. ULRICH einen Forschungsprozess vor, der mit der Analyse der Praxis beginnt, analytisch-deduktiv die entsprechenden Regeln und Modelle ableitet und diese wiederum vor dem Hintergrund der Praxis bewertet [vgl. ULRI84, S. 192].

Ausgangspunkt ist die Kennzeichnung der derzeitigen Situation. Hierfür werden in Kapitel 2.1 eine terminologisch-deskriptive Abgrenzung des Untersuchungsbereichs durchgeführt und grundlegende Begriffe definiert. In den Kapiteln 2.2 und 2.3 werden für die Zielsetzung relevante Konzepte der betrieblichen Praxis und Forschungsarbeiten im Bereich des Technologiemanagement sowie die Grundlagen der Informationssysteme analysiert sowie kritisch gewürdigt. Darauf aufbauend werden Modellierungsmethoden und -werkzeuge dargestellt und ausgewählt. Anschließend wird der Forschungsbedarf im Anwendungszusammenhang aufgezeigt (Kapitel 2.5). In Kapitel 3 wird das Konzept für den Geschäftsprozess Technologiemanagement erarbeitet. Dazu wird der Prozess in verschiedene Phasen, Vorgänge und Aufgaben unterteilt. In Kapitel 4 erfolgt die analytisch-deduktive Ausarbeitung des Konzeptes für das Informationssystem. Es werden in Kapitel 4.1 die Anforderungen dargestellt, um aufbauend in Kapitel 4.2 das Konzept des Informationssystems zu entwickeln. In Kapitel 5 werden die priorisierten Module detailliert und die entsprechenden Modelle ausgearbeitet. Kapitel 6.1 fokussiert auf die Realisierung des Informationssystems eTEMsolution™. Anschließend erfolgt die Evaluierung des Geschäftsprozesses Technologiemanagement und des Informationssystems in drei Fallbeispielen (Kapitel 6.2). Die Arbeit schließt mit einer Zusammenfassung der zentralen Ergebnisse und einem Ausblick auf potenzielle Weiterentwicklungen und ergänzende Dienstleistungen ab (Kapitel 7).

2 Grundlagen und Kennzeichnung der Situation

Eine wesentliche Voraussetzung für eine wissenschaftliche Arbeit ist die Schaffung eines einheitlichen Begriffsverständnisses. Daher erfolgt aufbauend auf der Herleitung und Darstellung der Zielsetzung (Kapitel 1) zunächst die Abgrenzung des Untersuchungsbereiches (Kapitel 2.1) sowie die Kennzeichnung der derzeitigen Situation im Technologiemanagement (Kapitel 2.2) und der unterstützenden Informationssysteme (Kapitel 2.3). Schließlich werden mögliche Modellierungsmethoden diskutiert (Kapitel 2.4) und der Forschungsbedarf wird aus praktischer und theoretischer Sicht abgeleitet (Kapitel 2.5).

2.1 Abgrenzung des Untersuchungsbereichs

Entsprechend der formulierten Zielsetzung ist in dieser Arbeit ein Informationssystem zur Ermittlung von Technologieszenarien für das Technologiemanagement technischer Produkte zu entwickeln, das den Entscheidungsprozess zur Auswahl von Technologien für das jeweilige Betrachtungsobjekt unterstützt. Die Abgrenzung des Untersuchungsbereiches erfolgt im Hinblick auf drei Aspekte. Die Beschreibung des potenziellen Anwenders des Informationssystems ist Inhalt der SUBJEKTBEZOGENEN ABGRENZUNG. In der OBJEKT-BEZOGENEN ABGRENZUNG wird das, der Arbeit zugrunde liegende, Begriffsverständnis beschrieben. Die Eingrenzung der notwendigen Prozesse wird mit der PROZESSBEZOGENEN ABGRENZUNG durchgeführt.

2.1.1 Subjektbezogene Abgrenzung

Der Geschäftsprozess des Technologiemanagement kann abhängig von den individuellen Randbedingungen eines Unternehmens wie bspw. Branche, Größe, Produkt- und Technologiespektrum, Technologiestrategie, Fertigungstiefe und Investitionsbudget unterschiedliche Aufgaben beinhalten sowie situative Ausprägungen und Mitwirkende haben [vgl. HEYN99, S. 21; MISC00, S. A7; SCHI02]. Um eine spezifische Ausrichtung der nachfolgenden Entwicklung eines Informationssystems für das Technologiemanagement zu ermöglichen, ist es daher erforderlich, die Untersuchungen auf einen potenziellen Anwenderkreis zu fokussieren (Bild 2.1).

Unternehmensgröße	Groß	Mittel	Klein
Gütersektoren	Konsumgüter	Investitionsgüter	Dienstleistungen
Technologiestrategie	Pionier	Imitator	Kooperation
Technologiespektrum	Groß	Mittel	Klein
Fertigungstiefe	Hoch	Mittel	Gering
Produktion	Massenfertigung	Serienfertigung	Einzelfertigung
Produktkomplexität	Hoch	Mittel	Gering
Produktspektrum	Groß	Mittel	Klein
Geschäftsprozess	Planung	Entscheidung	Realisierung	Kontrolle
Managementebene	Obere	Mittlere	Untere

Legende: = Schwerpunkt des Anwendungsbereichs des Informationssystems

Bild 2.1: Auswahlmatrix der subjektbezogenen Abgrenzung der Arbeit

Die Allgemeingültigkeit des Informationssystems und des Geschäftsprozesses Technologiemanagement bleibt innerhalb dieser Grenzen erhalten. Es ist weiterhin möglich, den Geschäftsprozess auf andere Bereiche zu übertragen. Das Informationssystem wird

Grundlagen und Kennzeichnung der Situation

hingegen speziell auf den Betrachtungsbereich fokussiert sein, damit die relevanten Informationen in einer anforderungsgerechten Informationsstruktur dokumentiert werden.

Potenzielle Anwender des innerhalb dieser Arbeit zu entwickelnden Informationssystems sind dabei mittlere und große Unternehmen, die Konsum- und Investitionsgüter in mittleren bis großen Serien mit geringer bis hoher Komplexität herstellen. Diese Unternehmen produzieren eine Vielzahl von Produkten, die sich jeweils in verschiedenen Phasen des Produktlebenszyklusses befinden und dabei einen hohen Anteil an mechanischen Produktkomponenten aufweisen, die durch unterschiedliche Technologien realisiert werden. Die Nutzer des Informationssystems sind Mitarbeiter aus den unteren und mittleren Managementebenen, die direkt in den Geschäftsprozess Technologiemanagement involviert sind.

2.1.2 Objektbezogene Abgrenzung

Technologiemanagement mit dem dazugehörigen Management- und Geschäftsprozess sowie Informationssysteme sind die zentralen Begriffe der vorliegenden Arbeit. Im Folgenden werden daher die Begriffe TECHNIK, TECHNOLOGIE, PRODUKT, MANAGEMENT, TECHNOLOGIEMANAGEMENT, INFORMATION und INFORMATIONSSYSTEM definiert.

In der aktuellen Literatur werden weder der Technik- noch der Technologiebegriff einheitlich verwendet. Um die Abgrenzung der Begriffe durchzuführen, wird der Systemansatz genutzt (Bild 2.2).

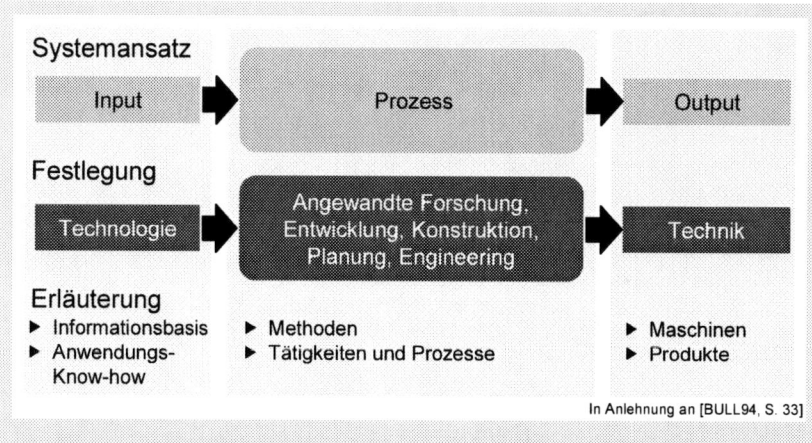

Bild 2.2: Begriffsabgrenzung Technik und Technologie

Dieser unterscheidet im Wesentlichen zwischen der Informations- bzw. Wissensbasis (Input), dem Problemlösen (Prozess) und der Problemlösung (Output). TECHNIK bezeichnet somit die Menge der materiellen Gegenstände der Problemlösungsprozesse sowie die Menge der menschlichen Handlungen und Einrichtungen, in denen die Gegenstände entstehen und den Einsatz der Gegenstände (Output) [vgl. BULL94a, S. 34; ROPO79, S. 153].

TECHNOLOGIE ist die Wissenschaft der Technik sowie der technologischen Produktionsprozesse [vgl. BULL94a, S. 34]. Der Begriff Technologie steht somit einerseits für das Wissen um naturwissenschaftlich-technische Zusammenhänge, soweit diese für die Anwendung bei der Lösung von technischen Problemen Anwendung finden (Input), andererseits für die Menge aller bekannten möglichen Methoden und Prozesse zur Erreichung eines Zieles in einem durch Konventionen abgegrenzten Anwendungsbereich (Prozess). Somit kann Technologie als Vorschrift über die Bereitstellung von Mitteln und Methoden, mit denen eine bestimmte Wirkung erzielt werden soll, betrachtet werden [vgl. BULL94a, S. 34; ROPO79, S. 153 f.; ZAHN95, S. 4].

Die Abgrenzung der Begriffe Technik und Technologie wird in der englischsprachigen Literatur nicht vollzogen. Sie werden allgemein als TECHNOLOGY bezeichnet und beinhalten sowohl den Aspekt der Herstellung von Gegenständen als auch den Aspekt des Wissens um die entsprechenden Zusammenhänge [EDOS89, S. 10; PELZ99, S. 8].

Bei dem Einsatz von Technologien im Unternehmen werden drei Typen unterschieden [vgl. BULL94a, S. 42] (Bild 2.3).Der erste Typ befasst sich mit der Technologie als Produkt. Einerseits ist es das Ziel des Unternehmens, Technologien zu akquirieren, weiterzuentwickeln oder zu vertreiben. Andererseits werden technologieorientierte Produkte, Produktionstechnologien oder Dienstleistungen angeboten. Technologien als Produktionsmittel (Typ 2) unterstützten die Geschäftsprozesse, die zur Herstellung von Produkten erforderlich sind. Dabei wendet das Unternehmen in den FuE- sowie den Produktionsprozessen verschiedene Technologien an, die es ermöglichen, die Produkte in ausreichender Menge zur richtigen Zeit zu einem marktgerechten Preis anzubieten. Der dritte Typ der Technologieanwendung bezieht sich auf die Nutzung der Technologie als Managementwerkzeug für die Unternehmensführung [vgl. BULL94a, S. 42].

Bild 2.3: Typen der Technologieverwendung

Für die vorliegende Arbeit wird der Begriff Technologie im Sinne des Typs 2 der Technologieanwendung definiert. Der Typ 1 fällt nicht in den Betrachtungsrahmen, da hierfür der Begriff Produkt bzw. Prozess (technische Planung) gewählt wird. Der Typ 3 ist als Informationssystem das Ergebnis dieser Arbeit und soll deswegen im Folgenden nicht als Technologie bezeichnet werden.

Als PRODUKT wird nach der DIN-Norm 199 ein durch Produktion entstandener, gebrauchsfähiger bzw. verkaufsfähiger Gegenstand definiert [vgl. DIN77, S. 5]. Diese Definition ist technisch orientiert und entspricht dem Sachgut nach dem allgemeineren Produktverständnis der Betriebswirtschaftslehre [vgl. GABL97, S. 3076]. In dem Modell des Produktlebenszyklus werden die Produkte nach ihrem Lebenszyklus in fünf Arten unterteilt [vgl. RECK01; ZING01].

In der Phase der EINFÜHRUNG ist das Produkt noch eine Neuheit. Es muss erst bekannt gemacht werden und hat bisher nur wenige Nutzer. Trotz oft sehr hoher Kosten, die für das Produkt bis zu diesem Zeitpunkt schon angefallen sind, erreichen viele Produkte nicht die entscheidende WACHSTUMSPHASE. Häufig können sich Produkte nicht gegen die Vielzahl alternativer Produkte durchsetzen. Anderen Produkten gelingt es nicht, neue technische Standards zu setzen, oder ihre Akzeptanz bleibt gering, da nicht genügend Nutzungsmöglichkeiten angeboten werden. Bei Erreichen eines bestimmten Absatzniveaus und durch den verstärkten Markteintritt von Wettbewerbern erreicht das Produkt die REIFEPHASE. Der Markt ist gesättigt. Es ist vorrangiges Ziel des Unternehmens, den Marktanteil zu halten und zu stabilisieren. Durch verstärkten Wettbewerbsdruck wird das Preisniveau absinken. Nach einer gewissen Zeit erlangt das Produkt die SÄTTIGUNGSPHASE, in der der Absatz des

Produktes zurückgeht. Die letzte Phase des Produktlebenszyklusses ist die Phase des RÜCKGANGS. Während dieser Phase sollte das Produkt noch so lange am Markt gehalten werden, wie seine Deckungsbeiträge positiv sind [vgl. RECK01; ZING01].

Für die vorliegende Arbeit sind Produkte in allen Phasen des Lebenszyklusses relevant. Sie sind ein zentrales Objekt des Management, da es für die Überlebensfähigkeit des Unternehmens wichtig ist, Produkte in alle Phasen des Lebenszyklusses auf dem Markt anbieten zu können, um bspw. aus der Reifephase entsprechende Gewinne abzuschöpfen.

Der Begriff MANAGEMENT wird sowohl als Institution als auch als Funktion verwendet. Als Institution beinhaltet das Management alle wichtigen Instanzen, d.h. alle Aufgaben- und Funktionsträger, die Entscheidungs- und Anordnungskompetenzen haben. Je nach der jeweiligen Stellung in der Unternehmenshierarchie kann das Management anhand der Tätigkeitsschwerpunkte in das Obere, Mittlere und Untere Management unterteilt werden (Bild 2.4). Als Funktion umfasst das Management im weitesten Sinne alle zur Steuerung eines Unternehmens notwendigen Aufgaben. Daher werden die Funktionen Planung und Kontrolle, Organisation und Disposition sowie Führung unterschieden [SCHB98, S. 82 f.].

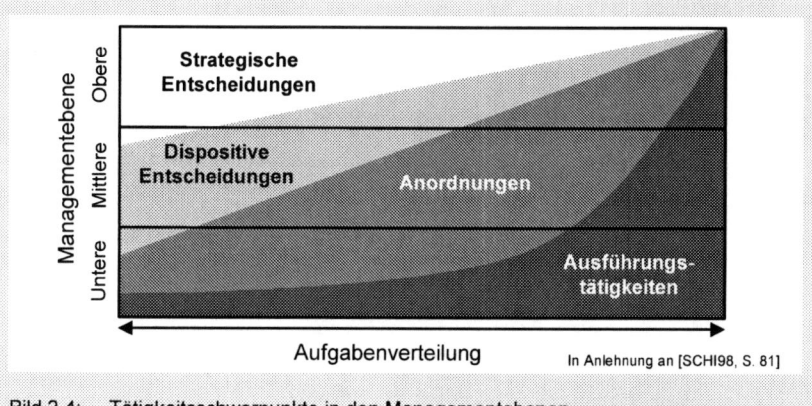

Bild 2.4: Tätigkeitsschwerpunkte in den Managementebenen

TECHNOLOGIEMANAGEMENT befasst sich mit der Gesamtheit der Planungsaktivitäten, die zur Unternehmenssicherung und Stärkung der Marktposition durch gezielte Änderung der Technologie oder des Produktes sowie der damit verbundenen Produktionsprozesse erforderlich sind [vgl. BIND96, S. 96-97; SPUR98, S. 105]. Diese Planungsaktivitäten bestehen aus integrierter Planung, Gestaltung, Optimierung, Einsatz und Bewertung von technischen Produkten, Technologie und Produktionsprozessen aus der Perspektive von Mensch, Organisation und Umwelt. Ziel ist die Verbesserung einerseits der Wettbewerbsfähigkeit des Unternehmens und damit andererseits der Arbeits- und Lebensqualität für die Organisationsmitglieder [vgl. BULL94a, S. 39; SPUR98, S. 106-109].

Technologiemanagement als interdisziplinäre Aufgabe ist somit eine Schnittstelle zwischen den in der Produktion verwendeten Technologien und den Aufgaben der Unternehmensführung und -entwicklung (Bild 2.5). In dieser Arbeit wird das Technologiemanagement in einem engeren Sinne betrachtet. Das Technologiemanagement wird als Management der Entwicklung und Verwertung von Technologien und der damit verbundenen Gestaltung neuer oder verbesserter Leistungen definiert. Hierzu ist es erforderlich, technologisches Wissen zu generieren und mit dem Marktwissen zu kombinieren, um erfolgversprechende Produkte und Produktionsprozesse zu entwickeln.

Grundlagen und Kennzeichnung der Situation

Unternehmens-management	Technologie-management	Technik und Technologie

In Anlehnung an [SEGH89, S. 19]

Bild 2.5: Technologiemanagement als interdisziplinäre Aufgabe

Zusammengefasst kann festgehalten werden, dass das Technologiemanagement die Aufgabe hat, für künftige Leistungen die benötigte Technologie zum rechten Zeitpunkt und zu angemessenen Kosten verfügbar zu machen. Die benötigte Technologie ist jene, die einem Produkt aus Sicht des Kunden ein mindest ebenso günstiges Nutzen-/Kostenverhältnis verschafft wie jedem der Mitbewerber. Der richtige Zeitpunkt ist jener, zu dem der Kunde die betreffenden Produkteigenschaften verlangt, die durch die Technologie bewirkt werden. Angemessen sind die Kosten dann, wenn die Nutzung einer Technologie zumindest keinen größeren Aufwand verursacht, als sie die Mitbewerber zum Erreichen identischer Produkteigenschaften selbst auch haben.

Eine INFORMATION ist ein immaterielles Gut, das in der Regel auch bei mehrfacher Nutzung nicht verbraucht wird [GABL97, S. 1865]. Sie wird allgemein verstanden als Kenntnis über Sachverhalte und Vorgänge. Informationen können formatierte und textuelle (unformatierte), schriftliche, akustische sowie bildliche Formen besitzen [HANS96, S. 67; STAH99, S. 9]. Informationen werden zu Daten, indem sie auf Grund bekannter oder unterstellter Abmachungen in maschinell verarbeitbarer Form dargestellt werden [HANS96, S. 6]. Wissen ist die Interpretation von Informationen durch einen Nutzer [HUBI98, S. 8]; es wird durch weitere Informationen oder eine neuartige Vernetzung der vorhandenen Informationen aktualisiert und erweitert. Das Besondere ist, dass Wissen nicht nur den Input der Mitarbeiter darstellt, sondern auch dessen Output. Informationen erweitern den Erkenntnis- und Wissensstand des Verwenders [vgl. REY98, S. 30].

INFORMATIONSSYSTEME sind Beziehungsgefüge zwischen unternehmensinternen und -externen Informationen, Informationsprozessen, Aufgabenträgern und Aufgaben. Sie dienen zur Steuerung der betrieblichen Entscheidungsfindung und -durchsetzung des Management und sind somit Grundlage für den gesamten Managementprozess. Informationssysteme liefern der entsprechenden Person die zur Aufgabenerfüllung notwendigen Informationen [GABL97, S. 1879 f.; SCHM85, S. 38 ff.]. Aufbau und Arten von Informationssystemen sind in Kapitel 2.3.1 dargestellt.

2.1.3 Prozessbezogene Abgrenzung

Aufbauend auf den subjekt- und objektbezogenen Abgrenzungen des Untersuchungsbereiches werden nachfolgend die für diese Arbeit wichtigen prozessbezogenen Abgrenzungen beschrieben. Dabei handelt es sich um die verschiedenen PHASEN EINES GESCHÄFTSPROZESSES, die verschiedenen MANAGEMENTDIMENSIONEN und die Abgrenzung zu anderen MANAGEMENTDISZIPLINEN.

2.1.3.1 Phasen des Geschäftsprozesses

Der Geschäftsprozess Technologiemanagement ist mit dem Managementprozess vergleichbar, welcher sich in die Phasen Planung, Entscheidung, Durchsetzung und Kontrolle einteilen lässt [vgl. SCHB98, S. 83; SCHM92, S. 30]. Im Rahmen dieser Arbeit ist der Zweck dieses komplexen, sich ständig wiederholenden Managementprozesses eine Überprüfung der herzustellenden Produkte in Bezug auf die angewandten Technologien, Werkstoffe oder deren Gestalt durchzuführen. In der vorliegenden Arbeit wird auf Grund dessen auf die Phasen PLANUNG, ENTSCHEIDUNG und KONTROLLE fokussiert (Bild 2.6).

Grundlagen und Kennzeichnung der Situation

Unter dem Begriff PLANUNG wird im allgemeinen ein zielgerichteter, vernunftgeleiteter und systematischer Vorgang der Informationsgewinnung und -verarbeitung verstanden [MEYE01, S. 285]. Dabei zielt die Planung auf die gedankliche Vorwegnahme zukünftigen Handelns durch Abwägen verschiedener Handlungsalternativen [vgl. WÖHE00, S.133 ff.]. In der Literatur existieren zahlreiche Planungsdefinitionen, die z.T. darin widersprüchlich sind, welche Phasen konkret der Planung zugerechnet werden und welche Ziele die einzelnen Phasen haben [vgl. ADAM93, S. 15-20; EHRM95, S. 10 f.; VOIG93, S. 33 ff.; WILD82; S. 46 ff.]. Die Ausführungen dieser Arbeit basieren auf dem Begriffsverständnis von WILD, der sich auf die Phasen ZIELBILDUNG, PROBLEMANALYSE, ALTERNATIVENSUCHE, PROGNOSE und BEWERTUNG beschränkt [vgl. WILD82, S. 46 ff.] (Bild 2.6).

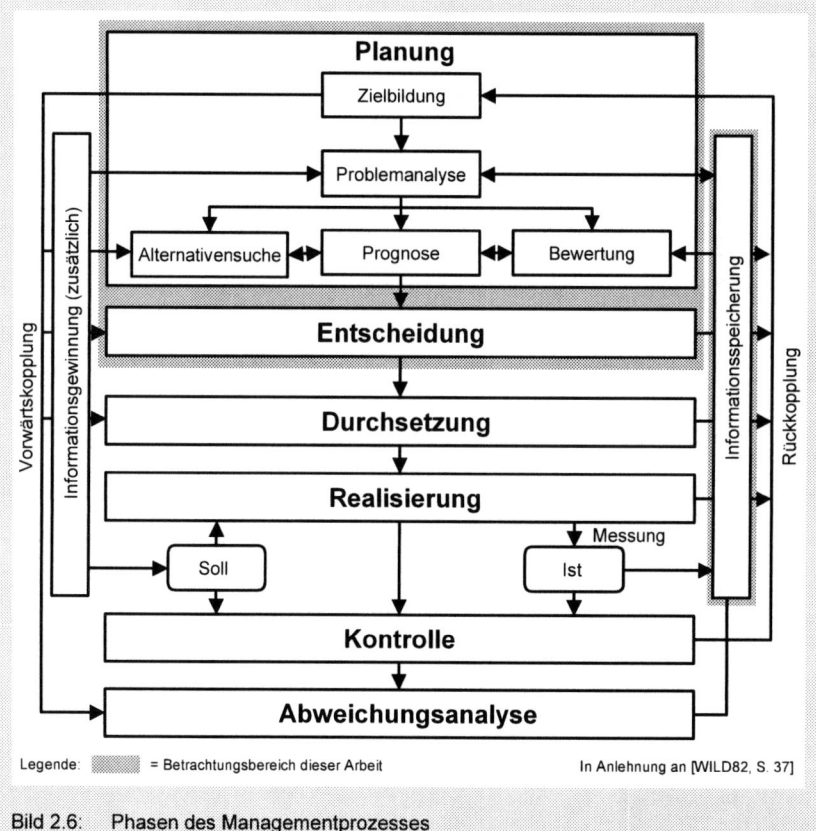

Bild 2.6: Phasen des Managementprozesses

Aus den Zielen eines Unternehmens wird ein System gebildet, auf das die gesamten Aktivitäten auszurichten sind. Anhand der Zielerreichung wird das Unternehmen dann als wirtschaftliche Einheit beurteilt [SCHB98, S. 77-80]. Damit muss die ZIELBILDUNG im Rahmen eines Zielsystems erfolgen, das Anforderungen wie Realisierbarkeit, Konsistenz, Aktualität, Vollständigkeit, Durchsetzbarkeit, Transparenz und Überprüfbarkeit zu genügen hat. Eine frühzeitige und umfassende Problemerkenntnis ist der eigentliche Ausgangspunkt der Planung und damit als selbständige Planungsphase zu verstehen [vgl. WILD82, S. 46 ff.].

Die PROBLEMANALYSE kann hinsichtlich der Teilaktivitäten in Feststellung des Ist-Zustandes, Prognose der wichtigsten Faktoren, Gegenüberstellung von Zielen und Ergebnissen der Lageanalyse und -prognose, Auflösung der Probleme in Problemelemente und Ordnung der Teilprobleme nach Abhängigkeiten und Prioritäten unterteilt werden [vgl. WILD82, S. 65 ff.].

Der Problemanalyse nachgelagert ist die ALTERNATIVENSUCHE, die zum Ziel hat, solche Handlungsmöglichkeiten zu finden und inhaltlich zu konkretisieren, die geeignet erscheinen, das erkannte Problem zu lösen. Aufbauend auf der Ideensammlung werden diese strukturiert und zu Alternativen verdichtet. Den Alternativen werden Maßnahmen, Ressourcen, Termine und Träger zugeordnet, um nachfolgend die Alternativenbeziehungen und -bedingtheiten zu analysieren. Die Alternativensuche schließt mit der Vollständigkeits- und Zulässigkeitsprüfung ab [vgl. WILD82, S. 70 ff.]. SCHIERENBECK zeigt in diesem Zusammenhang auf, dass Alternativen voneinander unabhängig oder gemeinsam realisierbar sein können oder einen Verbund sachlich untergeordneter und zeitlich nachgeordneter Teilalternativen aufweisen. Das Möglichkeitsfeld, in dem Alternativen eintreffen, ist oft nicht konstant, da es sich mit dem Zeitablauf sowie dem Eintritt bestimmter Randbedingungen oder Ereignisse ändert [vgl. SCHB98, S. 85].

Durch die PROGNOSE werden die Wirkungen der Alternativen abschätzt. Dabei soll die Frage beantwortet werden, welche möglichen Konsequenzen bei der Verwirklichung der verschiedenen Handlungsalternativen zu erwarten sind. Das Hauptproblem bei der Prognose ist, dass sehr hohe Anforderungen an die Qualität der Ergebnisse gestellt werden, da diese Grundlage der Bewertung sind. Dies bedingt eine sehr gute Qualität der Informationen, eine hohe Allgemeingültigkeit sowie eine geringe Bedingtheit [vgl. WILD82, S. 87 ff.]. Die Aussagen über die voraussichtlichen Auswirkungen der geprüften Handlungsalternativen werden abschließend im Rahmen der BEWERTUNG auf ihre Zielwirksamkeit hin verglichen. Dazu werden schrittweise auf Basis der zugrundeliegenden Ziele Bewertungskriterien festgelegt und deren relative Bedeutung zueinander identifiziert und analysiert. Die gewünschten Skalen zur Messung von Unterschieden der Zielwirksamkeit werden ausgewählt. Schließlich wird die Bewertung selbst durchgeführt [vgl. WILD82, S. 100 ff.].

In der ENTSCHEIDUNGsphase erfolgt die endgültige Auswahl der Problemlösungsvorschläge. Auf Grund der Tatsache, dass während der Planungsphase schon zahlreiche Vorentscheidungen getroffen wurden, kann die Entscheidung im Grenzfall auf die abschießende Auswahl und auf die Akzeptanz der schon getroffenen Vorentscheidung reduziert werden. Hierbei ist es jedoch wichtig, dass eine eindeutige Rangordnung geschaffen und die Kombination verschiedener Einzelalternativen zu Maßnahmenprogrammen berücksichtigt wird [vgl. WILD82, S. 41 ff.].

Die letzte betrachtete Phase des Managementprozesses ist die KONTROLLE. Sie dient prozessual gesehen gleichzeitig als Bindeglied zu den nachfolgenden Planungs-, Entscheidungs- und Durchsetzungsprozessen. Zielsetzung der Kontrolle ist ein Soll-/Ist-Vergleich und eine Abweichungsanalyse. Bei der Kontrolle ist die Rückkopplung der Ergebnisse in die vorgelagerten Phasen ebenso wichtig wie die Vorwärtskopplung in die nachgelagerten Prozesse [vgl. WILD82, S. 44 ff.].

Zusammenfassend kann festgehalten werden, dass im Hinblick auf diese Arbeit die Planung und Entscheidung relevante Phasen des Managementprozesses sind. Im Folgenden wird der Managementprozess als Geschäftsprozess Technologiemanagement bezeichnet.

2.1.3.2 Managementdimensionen des Geschäftsprozesses

Durch die unternehmensweite Bedeutung und zeitliche Wirkung des Geschäftsprozesses Technologiemanagement ist es nicht ausreichend, ihn nur in verschiedene Phasen zu unterteilen. Vielmehr ist zusätzlich eine Unterteilung in Managementdimensionen erforderlich, um die Aufgaben entsprechend der zeitlichen Auswirkung einzuteilen. Die

Aufgaben des Technologiemanagement können in den ganzheitlichen Bezugsrahmen des St. Galler Management-Konzepts nach BLEICHER eingeordnet werden [vgl. BLEI95, S. 72]. Dieses Konzept stellt einen problembezogenen Ordnungsrahmen bereit, der es ermöglicht, logisch voneinander abgrenzbare Aufgabenfelder zu akzentuieren, die durch die verschiedenen Dimensionen des Management bearbeitet werden können (Bild 2.7). Der Ansatz integriert NORMATIVES, STRATEGISCHES und OPERATIVES MANAGEMENT und ermöglicht somit, menschliches Verhalten als Ausdruck der human-sozialen Dimension des Management und funktionale Subsysteme als Ausdruck der sach-rationalen Dimension des Management miteinander zu verbinden [vgl. BLEI95, S. 55-57].

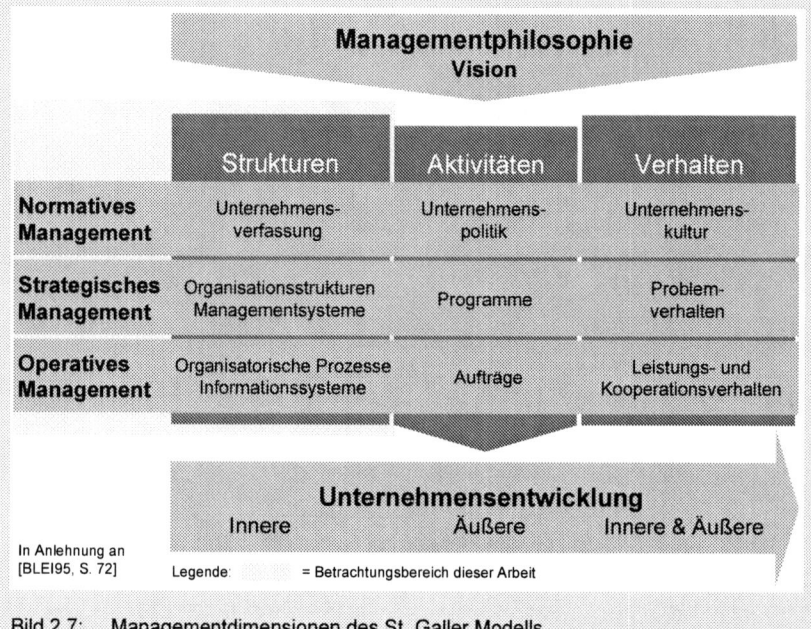

Bild 2.7: Managementdimensionen des St. Galler Modells

Das NORMATIVE MANAGEMENT befasst sich mit den generellen Zielen des Unternehmens, die die Lebens- und Entwicklungsfähigkeit ermöglichen. Es werden Prinzipien, Normen und Spielregeln festgelegt, die eine Entwicklung von Nutzenpotenzialen gestatten. Ausgehend von einer unternehmerischen Vision ist unternehmenspolitisches Handeln und Verhalten zentraler Inhalt. Unternehmenspolitik wird durch die Unternehmensverfassung wie durch die Unternehmenskultur getragen. Das normative Management definiert die Ziele des Unternehmens im Umfeld von Gesellschaft und Wirtschaft und vermittelt den Mitgliedern des sozialen Systems Sinn und Identität [vgl. BLEI95, S. 69-70]. Die Mission ist Ausgangspunkt und somit legitimierend für die strategische und operative Grundausrichtung des Unternehmens.

Das STRATEGISCHE MANAGEMENT befasst sich mit dem Aufbau, der Pflege und der gezielten Ausschöpfung von Erfolgspotenzialen, für die das Unternehmen Ressourcen einsetzen muss. Die Bezugsgröße des strategischen Management leitet sich von der des normativen Management ab. Im Mittelpunkt der strategischen Überlegungen steht die Ausrichtung der Produkt-, Technologie-, Prozess- und Ressourcenstrategien [vgl. BLEI95, S. 71]. Damit ist der Schwerpunkt der Aktivitäten die Effektivität des Technologiemanagementprozesses.

Im OPERATIVEN MANAGEMENT werden die Ziele und Inhalte des strategischen Management in leistungs-, finanz- und informationswirtschaftliche Prozesse umgesetzt. Wichtig ist hierbei die Effizienz des Mitarbeiters, die sich durch Kooperation sowie vertikale und horizontale Kommunikation ausdrückt. Die Funktion des operativen Management besteht darin, die Vorgaben praktisch in z.b. Produktionsaufträge oder CNC-Programme umzusetzen [vgl. BLEI95, S. 71]. Hauptaufgabenstellung des operativen Technologiemanagement ist es, die Effizienz zu steigern.

Den dargestellten drei horizontalen Dimensionen können vertikal die drei Aspekte STRUKTUREN, AKTIVITÄTEN und VERHALTEN überlagert werden. Strukturen werden über alle drei Dimensionen in Form der Unternehmensverfassung, der Organisationsstrukturen und von Informationssystemen konkretisiert. Aktivitäten entstehen durch die Detaillierung der Unternehmenspolitik in Programme und Aufträge. Letztlich dienen beide Aspekte der Beeinflussung menschlichen Verhaltens im Wechselspiel von Wertvorstellung, strategischem Denken und Lenken wie der Leistungsorientiertheit im operativen Sinne [vgl. BLEI95, S. 75 f.].

Im Rahmen dieser Arbeit werden die Strukturen des normativen, strategischen und operativen Management detailliert betrachtet, da der Geschäftsprozess Technologiemanagement in allen Dimensionen dieses Aspektes wichtige Aufgaben hat, um z.B. die Wettbewerbsfähigkeit eines produzierenden Unternehmens zu sichern.

2.1.3.3 Angrenzende Managementdisziplinen

Der Geschäftsprozess Technologiemanagement hat Schnittstellen zu mehreren Managementdisziplinen. SEGHEZZI führt in diesem Zusammenhang auf, dass von den natur- und ingenieurwissenschaftlichen Fachrichtungen, über die Betriebs- und Volkswirtschaftslehre bis hin zur Soziologie eine Vielzahl von wissenschaftlichen Managementdisziplinen Anknüpfungspunkte mit dem Technologiemanagement aufweisen [vgl. SEGH89, S. 19]. Dieses breite Verständnis schließt auch Themengebiete wie Qualitäts-, Produktions-, Innovations- sowie Forschungs- und Entwicklungsmanagement (FuE-Management) mit ein. Der Zusammenhang zwischen den wichtigen Managementdisziplinen Innovations-, Technologie- sowie FuE-Management ist in Bild 2.8 dargestellt.

Technologie- und Innovationsmanagement[1] haben Querschnittscharakter, überlappen sich, weisen aber auch eigenständige Bereiche auf [ZAHN95, S. 15]. Technologiemanagement geht insofern über Innovationsmanagement hinaus, als es sich nicht nur mit technologischen Neuerungen befasst, sondern auch die Steuerung der Entwicklung, Erhaltung und Anwendung von Technologiekompetenz über den gesamten Lebenszyklus von Technologien umfasst, also neben neuartigen auch vorhandene Technologien zum Gegenstand hat [vgl. HAUS97, S. 28; ZAHN95, S. 15]. Demgegenüber erstreckt sich Innovationsmanagement auch auf andere, nicht-technische Innovationsprozesse, insbesondere auf solche zur Stimulierung und Durchsetzung von Neuerungen [ZAHN95, S. 15]. In der Schnittmenge der beiden Bereiche neuer Technologien und technologischer Umbrüche überdecken sich die Aufgabenfelder [vgl. BRAN02, S. 17; HAUS97, S. 28]. Hier ist das FuE-Management[2] angesiedelt, wobei die Kenntnisse aus dieser „zweckfreien"

---

1 Das Innovationsmanagement befasst sich mit der Entwicklung, Einführung bzw. Umsetzung und Durchsetzung von technischen und sozialtechnischen, unternehmenssubjektiv neuen Produkten und Prozessen verbunden mit den Initiativen betrieblicher Leistungs- und Führungsorganisation [vgl.BRAN02, S. 15 ff.; TROM90, S. 5]. Damit beinhaltet das Innovationsmanagement den Umgang mit Brüchen und Übergängen, was auch die Auseinandersetzung mit der politischen Dimension des Unternehmensgeschehens wesentlich mehr erfordert [vgl. BIND96, S. 100; GERH02, S. 13 ff.].

2 FuE-Management ist eine Kombination von Produktionsfaktoren, die die Gewinnung neuen Wissens ermöglichen soll [BROC99, S. 48]. Sie umfasst dementsprechend alle planvollen und

Grundlagenforschung über Technologie- und Innovationsmanagement teilweise hinaus gehen [ZAHN95, S. 15].

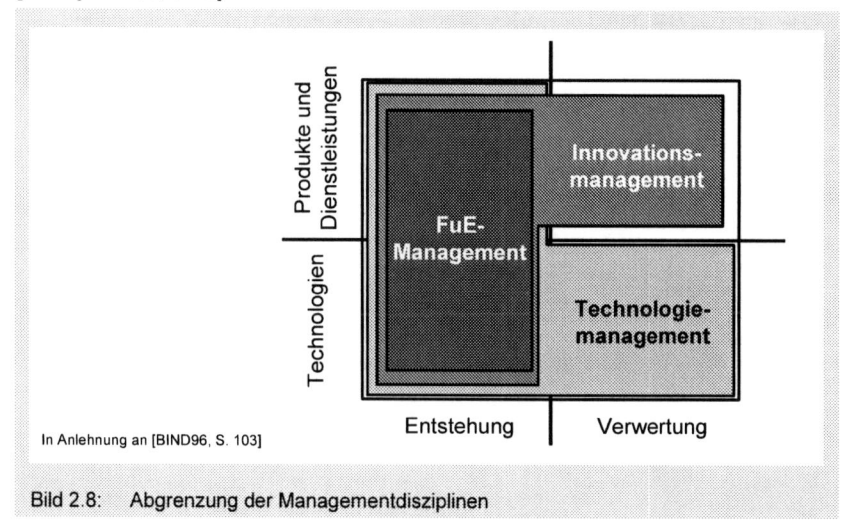

In Anlehnung an [BIND96, S. 103]

Bild 2.8: Abgrenzung der Managementdisziplinen

Es bleibt festzuhalten, dass sich der Inhalt der vorliegenden Arbeit auf die Gestaltung von Aktivitäten bezieht, die der Planung und Entscheidung zuzuordnen sind. Die Planung und Entscheidung sind dabei als Teil des Geschäftsprozesses Technologiemanagement zu verstehen, der zusätzlich Aufgaben bedingt. Weiterhin wird in der Arbeit der Bereich des strategischen Management strukturiert, da das Informationssystem ein Managementsystem darstellt. Der Geschäftsprozess beschränkt sich auf das Technologiemanagement, wie es in diesem Kapitel beschrieben ist.

2.2 Analyse von Konzepten und Forschungsarbeiten im Technologiemanagement

Aus wissenschaftstheoretischer Sicht werden die relevanten Konzepte und Forschungsarbeiten untersucht, um zwei Ziele zu verfolgen [vgl. ULRI76, S. 304 ff.]. Erstens ist eine kritische Würdigung der Konzepte und Forschungsarbeiten im Anwendungszusammenhang vorzunehmen. Zweitens sind bestehende Instrumente und Erkenntnisse der angrenzenden Arbeiten hinsichtlich der Adaptierbarkeit für den zu entwickelnden Geschäftsprozess Technologiemanagement und das zu entwickelnde Informationssystem zu untersuchen, da Schnittstellen für die Integration bestehender Konzepte und Systeme berücksichtigt werden sollen.

Seit Anfang der 80er Jahre beschäftigen sich sowohl ingenieur- als auch wirtschaftswissenschaftliche Arbeiten mit dem Technologiemanagement [vgl. BULL96; EVER92; EVER93a; EVER93b; EVER93c; FRANZ01; FRAU00; GERP99; KHAL00; LITT93; MICH87; MÖHR02; PORT97; SERV85; VDI00; WEST87; WOLF91; ZAHN95; ZEHN97; ZINS00]. Auf Grund der hohen Anzahl und der Interdisziplinarität der Beiträge zum Technologiemanagement ist im ersten Schritt eine Grobeinteilung zweckmäßig. Daher wird zwischen in der Praxis genutzten Modellen und Konzepten (Kapitel 2.2.1) sowie theoretisch-wissenschaftlichen Forschungsarbeiten (Kapitel 2.2.2) unterschieden. Eine Differenzierung aller Ansätze gelingt vor dem

---

systematischen Aktivitäten, die mit Hilfe wissenschaftlicher Methoden den Erwerb neuer Kenntnisse über Natur- und Kulturphänomene und/ oder die erstmaligen oder neuartigen Anwendungen anstreben [vgl. GERH02, S. 13 ff.; KERN77, S. 16].

Hintergrund der Zielsetzung dieser Arbeit anhand der Kriterien Betrachtungsobjekte, Zielsetzung, Managementdimensionen sowie Umsetzung. Das Kriterium Betrachtungsobjekte wurde in zwei Klassen untergliedert. Die erste Klasse berücksichtigt Technologien und Produkte inklusiv ihrer Wechselwirkungen. Die zweite Klasse betrachtet in welcher Managementphase (Planung, Entscheidung, Realisierung, Kontrolle) die Beiträge anwendbar sind. Die Zielsetzung der Beiträge wird in Effektivitäts- und Effizienzsteigerung differenziert. Als drittes Kriterium wird die Managementdimensionen genutzt. Es wird zur Unterstützung der Umsetzung die normative, strategische und operative Ebenen unterschieden. Letztendlich wird mittels des vierten Kriteriums berücksichtigt, ob die Anwendung des Beitrags eine Methode/Vorgehen oder moderne 5-Schicht-Architektur[3] darstellt.

2.2.1 Relevante Konzepte und Modelle

Vor den Hintergrund der vorliegenden Problemstellung werden im Folgenden relevante Konzepte und Modelle diskutiert und auf Adaptierbarkeit untersucht. Hierbei handelt es sich um die Konzepte und Modelle: Technologiestrategien, Lebenszyklus-Modelle, Portfolio-Konzepte, Wertanalyse und Technologiekalender (Bild 2.9).

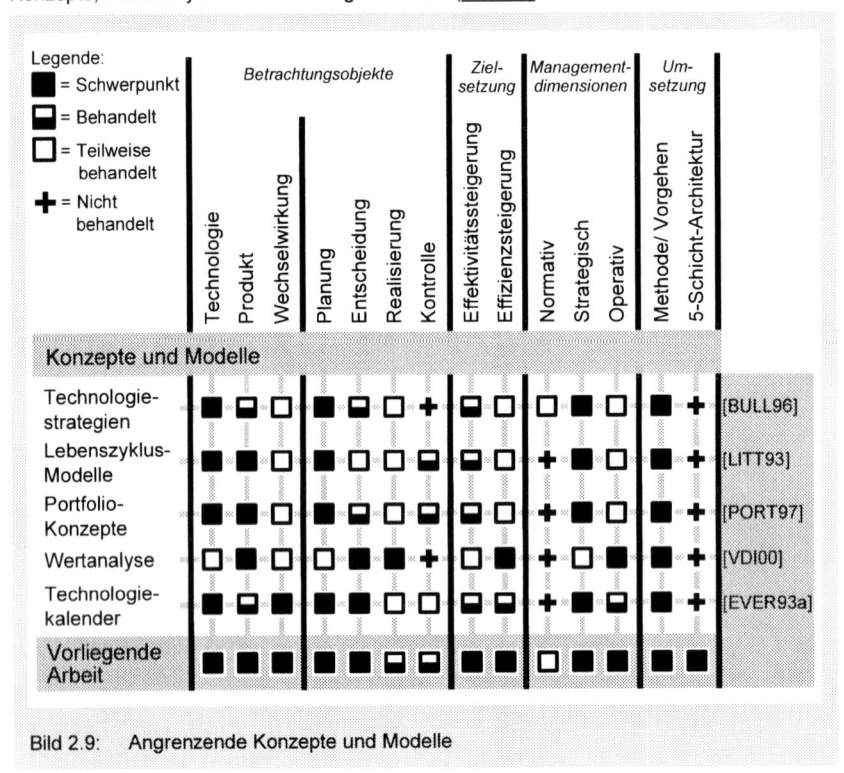

Legende:
- ■ = Schwerpunkt
- ◨ = Behandelt
- □ = Teilweise behandelt
- + = Nicht behandelt

Konzepte und Modelle	Betrachtungsobjekte			Managementphase				Zielsetzung		Managementdimensionen			Umsetzung		Quelle
	Technologie	Produkt	Wechselwirkung	Planung	Entscheidung	Realisierung	Kontrolle	Effektivitätssteigerung	Effizienzsteigerung	Normativ	Strategisch	Operativ	Methode/Vorgehen	5-Schicht-Architektur	
Technologiestrategien	■	◨	□	■	■	□	+	■	□	□	■	□	■	+	[BULL96]
Lebenszyklus-Modelle	■	■	□	■	■	◨	□	◨	□	+	■	□	■	+	[LITT93]
Portfolio-Konzepte	■	■	□	■	■	◨	□	■	□	+	■	□	■	+	[PORT97]
Wertanalyse	□	■	□	□	■	■	+	■	+	+	□	■	■	+	[VDI00]
Technologiekalender	■	◨	□	■	■	□	□	◨	□	+	■	□	■	+	[EVER93a]
Vorliegende Arbeit	■	■	■	■	■	■	◨	■	■	□	■	■	■	■	

Bild 2.9: Angrenzende Konzepte und Modelle

---

[3] Die Notwendigkeit der 5-Schicht-Architektur wird in Kapitel 6.1 erläutert.

2.2.1.1 Technologiestrategien

Die Technologiestrategie eines Unternehmens ist dessen Vorgehensweise im Hinblick auf die Entwicklung und den Einsatz von Technologien, d.h., durch sie wird festgelegt, welche Technologien entwickelt, wie diese genutzt, wie technologisches Know-how erworben und welche Rollen im Technologiewettbewerb eingenommen werden sollen [vgl. PORT86, S. 234]. Durch Technologiestrategien können für Produkte oder Technologien generell die Wettbewerbsstrategien Kostenführerschaft, Differenzierung und Fokussierung ermittelt werden [vgl. BULL96, S. 4-33]. Diese Strategien ermöglichen einen Rückschluss auf die Unternehmensstrategie, so dass einerseits marktspezifische (Market-pull) und andererseits technologiespezifische (Technology-push) Aspekte berücksichtigt werden können. Bei Market-pull entstehen die technischen Lösungen primär aus den Anforderungen und Bedürfnissen aktueller und potenzieller Abnehmer. Technology-push hingegen bedeutet, dass technologische Lösungen weitgehend auf Grund naturwissenschaftlich-technischer Erkenntnisse entwickelt werden. Die Technologiestrategien werden meist in strategischen Technologiemanagementprozessen entwickelt. Im Folgenden werden erst die Technologiestrategien beschrieben, anschließend einige Ansätze zum strategischen Technologiemanagement.

In der Literatur werden die vier Optionen für Technologiestrategien dargestellt [vgl. PORT86, S. 234 ff.; ZAHN86, S. 35 ff.]:

▹ Pionierstrategie,
▹ Imitationsstrategie,
▹ Nischenstrategie und
▹ Kooperationsstrategie.

PIONIERSTRATEGIEN haben zum Ziel, als Erster technologische Innovationen am Markt durchzusetzen. Dies bedingt eine besonders gründliche Analyse und systematische Planung. Bei dieser Strategie existieren bezogen auf Technologien zwei verschiedene Ausprägungen. Einerseits die des Technologiepioniers, der sein Ziel in einer ersten kommerziellen Anwendung einer Technologie sieht, gerade wenn die Notwendigkeit zur technologischen Neuerung z.B. auf Basis von Preiszwängen besteht. Dies ermöglicht ihm frühzeitig, die Marktführerschaft zu erlangen. Andererseits versucht der Technologieausbeuter über den Effekt der Preisgestaltung die Marktführerschaft zu erlangen und diese dann durch Erfahrungseffekte weiter auszubauen [vgl. BULL96, S. 4-34]. Vorteile der Pionierstrategien sind Imagevorteile, die Besetzung attraktiver Produkt-/Marktpositionen, der Aufbau von Imitationsbarrieren sowie die Bestimmung von Normen und Standards.

Der IMITATOR lernt aus den Erfahrungen des Pioniers, kann sich somit stärker am Markt ausrichten und gezielter auf die Kundenanforderungen eingehen. Die Imitatorstrategie wird in die kreative Nachahmung und das unternehmerische Handeln untergliedert. Kann die Nachfrage auf Wachstumsmärkten von den Technologieführern nicht befriedigt werden, hat die kreative Nachahmung hohes Potenzial. Herrscht auf dem Absatzmarkt hingegen ein hohes Preisniveau oder Selbstzufriedenheit der Anbieter, so nutzt das unternehmerische Handeln durch gezieltes Ausbeuten der Schwächen der Wettbewerber die Chance und erobert sich sukzessiv Marktanteile [vgl. BULL96, S. 4-34]. Die Imitatorstrategien haben die Vorteile der geringeren Forschungs- und Entwicklungskosten, des Zugewinns von Erfahrung durch Marktbeobachtung, der Technologienanpassung durch gezielte Nutzung von Lerneffekten sowie des Erkennens von Marktnischen [vgl. PORT86, S. 246 ff.]. Ebenso ist die Adaption bzw. Nutzung von Standards vorteilhaft.

Mit der NISCHENSTRATEGIE wird durch Spezialisierung eine Differenzierung vom Wettbewerber erreicht und Kundenbedürfnisse befriedigt, die von anderen Anbietern nicht erfüllt werden können. Dadurch sind höhere Gewinne realisierbar [vgl. BULL96, S. 4-35].

Durch KOOPERATIONSSTRATEGIEN ist es möglich, alle anderen Strategien zu forcieren. Einerseits können durch Kooperationen mit Externen technologisches Wissen durch z.B. Lizenznahme, Technologiekauf, Venture-Management oder strategische Allianzen erlangt werden. Andererseits kann auch die externe Nutzung von eigenen Technologien vereinbart werden [vgl. BULL96, S. 4-35].

Zur Ermittlung der geeigneten Technologiestrategie werden im Folgenden die Ansätze zum strategischen Technologiemanagement von BULLINGER und WOLFRUM vorgestellt und diskutiert. Bei den Ansätzen ist die Bestimmung der Technologiestrategie ein Schwerpunkt der Ausarbeitungen [vgl. BULL94a; WOLF91].

BULLINGER versteht unter strategischem Technologiemanagement vorwiegend jene Aufgaben der Unternehmensführung, die zur Schaffung und Steuerung von technologischen und marktorientierten Erfolgspositionen gehören [vgl. BULL94a, S. 85]. Strategisches Technologiemanagement befasst sich mit der langfristig orientierten Technologieplanung, -implementierung und -kontrolle in sechs Phasen und wird nach der Top-down-Vorgehensweise durchgeführt [vgl. BULL96, S. 4-32] (Bild 2.10).

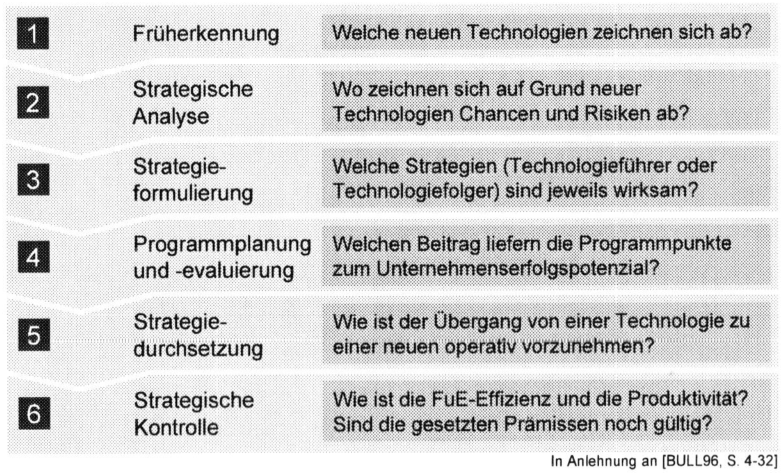

1	Früherkennung	Welche neuen Technologien zeichnen sich ab?
2	Strategische Analyse	Wo zeichnen sich auf Grund neuer Technologien Chancen und Risiken ab?
3	Strategieformulierung	Welche Strategien (Technologieführer oder Technologiefolger) sind jeweils wirksam?
4	Programmplanung und -evaluierung	Welchen Beitrag liefern die Programmpunkte zum Unternehmenserfolgspotenzial?
5	Strategiedurchsetzung	Wie ist der Übergang von einer Technologie zu einer neuen operativ vorzunehmen?
6	Strategische Kontrolle	Wie ist die FuE-Effizienz und die Produktivität? Sind die gesetzten Prämissen noch gültig?

In Anlehnung an [BULL96, S. 4-32]

Bild 2.10: Strategisches Technologiemanagement nach BULLINGER

Der Technologiemanagementprozess befasst sich mit dem ganzen Prozess von der Technologiefrüherkennung bis zur Kontrolle. In der Früherkennung wird analysiert, welche Technologien gerade entwickelt werden. Aufgabe der folgenden, strategischen Analyse ist die Abschätzung von Chancen und Risiken der Technologien. In der dritten Phase wird die jeweilige Technologiestrategie (z.B. Pionier- oder Nischenstrategie) festgelegt. Programmplanung und -evaluierung bestimmen den Beitrag, der für das Gesamtprogramm des Unternehmens zu erwarten ist. In der fünften Phase, (Strategiedurchsetzung bzw. Implementierung) wird der Übergang von der alten zur neuen Technologie geplant. In der abschließenden strategischen Kontrolle werden u.a. die FuE-Effizienz und gesetzliche Prämissen überprüft [vgl. BULL96, S. 4-32 f.; ZWEC02, S. 25-30].

WOLFRUM hat für die Ableitung und Realisierung wettbewerbsgerechter Technologiestrategien ein vier Phasen Konzept erstellt (Bild 2.11). In der Früherkennungsphase werden relevante Technologie, Technologieentwicklungen und Technologiefelder identifiziert und analysiert. Aufbauend folgen die Formulierung und Ausgestaltung der Technologiestrategien. Anschließend werden die technologischen Vorgaben implementiert und in der letzten Phase kontrolliert. Als Untersuchungsobjekt stellt Wolfrum das strategische Geschäftsfeld in den Mittelpunkt der Betrachtung. Für diese leitet er auf Basis der normativen Vorgaben die entsprechenden Technologiestrategien für die einzelnen Geschäftsfelder ab. Den Kern seiner Arbeit bildet die umfassende Auseinandersetzung und Erörterung der bei der expliziten Ausformulierung der Technologiestrategien zur Verfügung stehenden Optionen [vgl. WOLF91, S. 117 ff.].

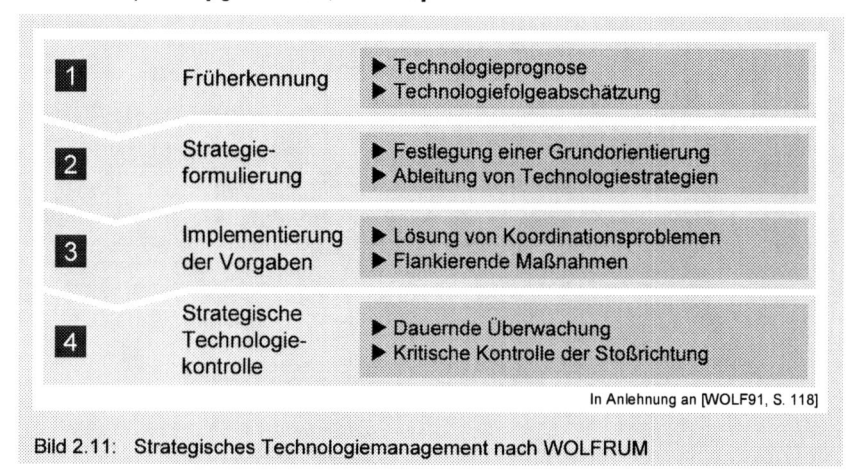

1	Früherkennung	▶ Technologieprognose ▶ Technologiefolgeabschätzung
2	Strategie- formulierung	▶ Festlegung einer Grundorientierung ▶ Ableitung von Technologiestrategien
3	Implementierung der Vorgaben	▶ Lösung von Koordinationsproblemen ▶ Flankierende Maßnahmen
4	Strategische Technologie- kontrolle	▶ Dauernde Überwachung ▶ Kritische Kontrolle der Stoßrichtung

In Anlehnung an [WOLF91, S. 118]

Bild 2.11: Strategisches Technologiemanagement nach WOLFRUM

Alle diskutierten Ansätze befassen sich mit den verschiedenen Phasen des strategischen Technologiemanagement. Sie berücksichtigen zum Teil nur ansatzweise die normativen Vorgaben. Die Umsetzung der Strategie wird nicht soweit detailliert, dass gezielte, operative Aufgaben bearbeitet werden können. Für die Zielsetzung dieser Arbeit können einige Phaseninhalte adaptiert werden. Eine weitergehende Detaillierung bis auf Aufgabenebene und Anwender ist allerdings erforderlich.

2.2.1.2 Lebenszyklus-Modelle

In Analogie zu biologischen Vorgängen gehen Lebenszykluskonzepte davon aus, dass sich auch die Umwelt eines Produktes oder einer Technologie wandelt und somit fast alle Produkte und Technologien eine begrenzte Lebensdauer besitzen [vgl. BULL96, S. 4-43 f.]. Entsprechend sind Modelle für Markt-, Branchen-, Unternehmens-, Produkt- und Technologielebenszyklen entwickelt worden [vgl. BULL94a; MICH87; LITT93]. Im Rahmen dieser Darstellung sind Produkte und Technologien als Untersuchungsobjekte relevant.

MICHEL empfiehlt zur Ermittlung des Phasenverlaufs eines einzelnen Produktes, die Nutzung von Branchenzyklus-Modellen, da der Produktlebenszyklus nicht von außen vorgegeben ist, sondern durch marktrelevante Aktivitäten gesteuert werden kann. Diese ermöglichen es, mehrere Produkte eines Produktlebenszyklusses im Zusammenhang abbilden zu können [vgl. MICH87, S. 35 ff.]. Aufbauend auf der Annahme, dass sich die zur Herstellung von Produkten eingesetzten Technologien ebenfalls im Laufe der Zeit ändern, können auch diese in Technologiezykluskurven dargestellt werden. Bei der Aufstellung ist zu beachten, dass die Technologien in unterschiedlichen Branchen zeitlich verschobene Diffusionskurven aufweisen, da sie unterschiedliche Einsatzpotenziale haben. In der Literatur wird deshalb die Meinung vertreten, dass ein Technologielebenszyklus nur interindustriell anhand aller in Frage kommender Anwendungsarten und deren zeitlicher Verteilung zu ermitteln ist [vgl. BULL94a; KREI89; MICH87].

Grundlagen und Kennzeichnung der Situation

In dem Technologielebenszyklus-Konzept von ARTHUR D. LITTLE durchläuft eine Technologie die vier Phasen Entstehung, Wachstum, Reife und Alter, denen entsprechend den Klassen Zukunfts-, Schrittmacher-, Schlüssel-, Basis- und verdrängte Technologien zugeordnet werden. Für die Zuordnung einer Technologie zu einer Phase wurden diverse Indikatoren entwickelt [vgl. MICH90, S. 67; LITT93, S. 66] (Bild 2.12). Obwohl dieses Modell flexibel ist, bleibt die Ermittlung des realen Kurvenverlaufs problematisch[4]. Zum Beispiel besteht das Problem, dass die Verdrängung von Technologien in verschiedenen Branchen versetzt beginnt und mit unterschiedlicher Geschwindigkeit erfolgt. Deswegen weist der empirisch ermittelte Verlauf oft erhebliche Abweichungen von der idealtypischen Gestalt auf. Eine Weiterentwicklung des Technologielebenszyklusmodells ist das S-Kurven-Konzept von McKINSEY. Dieses basiert darauf, dass Technologien im Zuge ihrer ständigen Weiterentwicklung zwangsläufig an technische Leistungsgrenzen stoßen. Dargestellt wird, abhängig vom kumulierten FuE-Aufwand, der Entwicklungsverlauf der Leistungsfähigkeit einer Technologie. Die Kurve zeigt somit die FuE-Produktivität als Verhältnis zwischen dem Aufwand für die Produkt-/Prozessverbesserung und den Ergebnissen, die durch FuE-Investitionen erreicht werden [vgl. BULL96, S. 4-46]. Wenn die S-Kurven zweier Technologien gegenübergestellt werden, kann das Potenzial erfasst werden, das aus einer Technologiesubstitution resultieren kann. Somit kann die Entscheidung zum Ausstieg aus einer Technologie und dem gleichzeitigen Einstieg in eine andere Technologie unterstützt werden [vgl. BULL96, S. 4-47].

Technologie	Zukunft	Schrittmacher	Schlüssel	Basis	verdrängte
Indikatoren					*In Anlehnung an [LITT93, S. 66 ff.]*
Technisches Risiko	sehr hoch	hoch	mittel	niedrig	sehr niedrig
FuE-Aufwand	niedrig o. sehr hoch	mittel	hoch	niedrig	sehr niedrig
Einblick in FuE der Wettbewerber	sehr gering	gering	mittel	gut	gut
Zahl der Anwendungsgebiete	unbekannt	unbekannt	groß	stabil	abnehmend
Eintrittsbarrieren	FuE-Potenzial	FuE-Potenzial	Personal	Lizenzen	Anwendungs-Know-how
Dauer des Wettbewerbsvorsprungs	groß	groß	mittel	mittel	sehr begrenzt

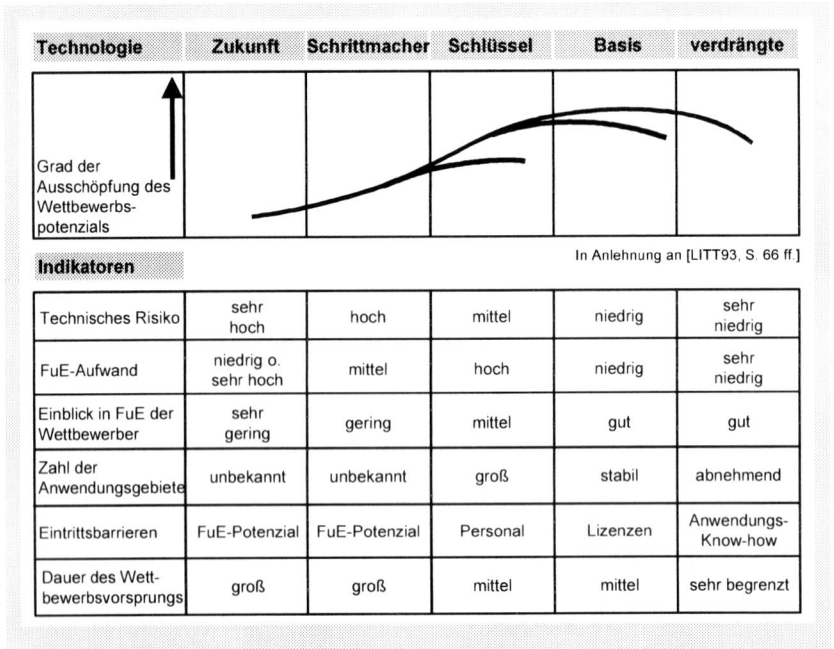

Bild 2.12: Lebenszyklusphasen einer Technologie

Zusammenfassend kann festgehalten werden, dass trotz der Unsicherheiten, die mit der Einordnung der Technologien in den Technologielebenszyklus anhand der Indikatoren

---

[4] Das Modell berücksichtigt, dass Technologien verdrängt und aufgegeben werden können und somit nicht den gesamten Lebenszyklus durchlaufen.

verbunden sind, ein Vergleich konkurrierender Technologien hinsichtlich ihres zukünftigen Wettbewerbspotenzials unterstützt wird, aber ein optimaler Zeitpunkt des Wechsels zu neuen Technologien nur bedingt abgeleitet werden kann. Damit können die Technologielebenszyklus-Konzepte nur in Teilaspekten hinsichtlich der Bewertung der Zukunftsperspektiven von Technologien Anwendung finden.

2.2.1.3 Portfolio-Konzepte

Portfolio-Konzepte sind wichtige und in der Praxis häufig angewandte strategische Analyse- und Planungsmethoden. Die Ergebnisse werden in zweidimensionalen Matrizen dargestellt [vgl. BULL96, S. 4-48; PELZ99, S. 28]. In Anlehnung an das finanzwirtschaftliche Instrument der Wertpapier-Portefeuille-Analyse [vgl. MARK59, S. 29 ff.] wurde das Konzept in weiteren Varianten auf andere Bereiche wie z.b. Märkte, Produkte, Technologien oder Geschäftsfelder übertragen [vgl. KRAM87, S. 133 ff.; KRUB82, S. 30 ff.; SERV85, S. 112 ff.]. Ein Technologieportfolio erfasst die technologische Ist- und Zukunftssituation.

Den reinen Marktportfolios liegen die Annahmen zugrunde, dass sich Produkte und Technologien relativ konstant entwickeln und daher nicht explizit zu berücksichtigen sind [vgl. BULL94a, S. 144 ff.]. In Studien wurde jedoch gezeigt, dass heute i.d.R. diese Annahmen keine Gültigkeit mehr haben. Auf Basis dessen wurden verschiedene Varianten der Technologieportfolios für den Bereich des strategischen Technologiemanagement entwickelt [vgl. GERP91; KRUB82; PELZ99; PFEI97; PORT86; SERV85; WILD87]. In Bild 2.13 sind die abgrenzenden Merkmale der Portfolios gegenübergestellt.

Autoren	Dimensionen	Merkmale
McKinsey [vgl. **KRUB82**]	- Relative Technologieposition - Technologieattraktivität	- Integriertes Markt-/Technologieportfolio - Fokussierung auf Technologien - Basiert auf S-Kurven-Modell
Pfeiffer/Dögl [vgl. **PFEI97**]	- Ressourcenstärke - Technologieattraktivität	- Reines Technologieportfolio - Produkt- und Verfahrenstechnologien - Keine Integration in Gesamtplanung
A. D. Little [vgl. **SERV85**]	- Relative Technologieposition - Stellung im Technologielebenszyklus	- Integriertes Markt-/Technologieportfolio - Basiert auf Technologielebenszyklus
Booz, Allen & Hamilton [vgl. **GERP91**]	- Relative Technologieposition - Bedeutung der Technologie	- Isolierte Technologiebetrachtung - Keine Abstimmung mit der Marktplanung - Kriterien der Technologiebedeutung unklar
Wildemann [vgl. **WILD87**]	- Technologieprioritäten - Marktprioritäten	- Technologieportfolio - Orientierung an der aktuellen Marktlage
Porter [vgl. **PORT86**]	- Unternehmensnutzen - Technologieattraktivität	- Reines Technologieportfolio - Fuzzybasierte Bewertungsmethode - Keine Trennung interne/externe Größen
Pelzer [vgl. **PELZ99**]	- Zukunftsträchtigkeit - Technologiebeherrschung	- Produktneutrale Technologiebewertung - Langfristige Ausrichtung

Bild 2.13: Vergleich von Technologieportfolio-Ansätzen

In Technologieportfolios werden unternehmensexterne, d.h. vom Unternehmen selbst nicht beeinflussbare Parameter wie technologische Chancen oder Risiken und unternehmensinterne, d.h. vom Unternehmen zu beeinflussende Parameter wie Beherrschungsgrad oder Know-how gegenübergestellt. Die Position im Portfolio resultiert aus der Aggregation von Bewertungskriterien, die meist durch Punktebewertungsverfahren ermittelt werden. Aus den Positionen der Technologien lassen sich einerseits differenzierte Handlungsempfehlungen für FuE-Aktivitäten, Ressourcenzuteilungen, die zukünftigen Ausrichtungen der Technologien im Wettbewerb sowie Hinweise für explizite Technologiestrategien wie bspw. Investieren, Selektieren oder Desinvestieren ableiten. Andererseits sind Beschreibungen der spezifischen Position des Unternehmens hinsichtlich der betreffenden Technologie möglich [vgl. MICH87, S. 65; PELZ99, S. 28-29].

Die Ansätze der Beratungsgesellschaften können den marktspezifischen Kategorien zugeordnet werden, die Ansätze von Pelzer, Pfeiffer und Porter zählen hingegen zu den technologischen.

Durch die in den Merkmalen der Ansätze dargestellten Kritikpunkte lassen sich folgende grundsätzliche Schwachstellen der Technologieportfolio-Methoden ableiten: Erstens haben Unternehmen mit einem breiten, heterogenen Technologiespektrum das Problem, dass sie viele Daten sammeln müssen, um die Technologieportfolios zu erstellen. Im Verhältnis zum Aufwand der Datensammlung ist die erzielbare Güte der Aussage der Portfolios aber eher gering und es besteht die Gefahr der Übersimplifizierung sowie der fehlenden Dynamisierung des Planungsinstruments. Zweitens findet auf Grund der Top-down-Sichtweise der Ansätze eine nur unzureichende Berücksichtigung der unternehmensspezifischen Technologieanwendungen statt, so dass die operative Anpassung und Ausgestaltung der Potenziale oft nicht realisiert werden. Die Anwendung der Technologieportfolios ist daher weniger im konkreten Entscheidungsprozess zu sehen, sondern eher im analytischen Planungsprozess, in dem sie wichtige Randbedingungen liefern, da sie eine gründliche und einzelfallspezifische Hinterfragung der Technologieposition ermöglichen.

2.2.1.4 Wertanalyse

Die Wertanalyse, engl. Value Analysis bzw. Value Engineering, wurde von MILES entwickelt und sieht vor, dass der Anwender aus einer Menge zur Verfügung stehender Instrumente die zweckmäßigen auswählt, diese in eine sinnvolle Reihenfolge setzt und immer wieder anwendet [vgl. MILE64, S. 25 ff.]. Die VDI-Richtlinie 2800 definiert die Wertanalyse als ein Wirksystem zum Lösen komplexer Probleme in Systemen, die nicht oder nicht vollständig algorithmierbar sind [vgl. VDI00, S. 3]. Charakteristika der Wertanalyse sind eine schrittweise, anwendungsneutrale Vorgehensweise, bei der die Funktionen eines Objektes unter Vorgabe von Wertzielen durch interdisziplinäre Teamarbeit, ganzheitlichen Problembetrachtungen und mit Hilfe von Ideenfindungsmethoden hinsichtlich Aufwand und Nutzen entwickelt und verbessert werden [vgl. VDI90a; S. 12; VDI00, S. 16 f.]. Wertanalyse-Objekte sind bestehende oder entstehende Funktionsträger, die mit der Wertanalyse behandelt werden sollen. Sie können materiell oder immateriell sein, also Produkte, Prozesse und Dienstleistungen. Es werden üblicherweise der Einsatz der Wertanalyse bei bestehenden Produkten (Value Analysis) und ihrer Anwendung bei der Entwicklung neuer Produkte (Value Engineering) unterschieden. Das Wirksystem Wertanalyse ist jedoch in beiden Fällen identisch. Durch die komplexe Aufgabenstellung werden für die Aufgabenbewältigung Informationen aus verschiedenen Arbeitsgebieten benötigt, so dass interdisziplinäre Teamarbeit von Vorteil ist. Durch die Teamarbeit soll eine Know-how-Bündelung erreicht werden, so dass Lernkurveneffekte und damit verbundene Kostensenkungspotenziale realisiert werden können. Die Vorgehensweise ist in die sechs Stufen Projektvorbereitung, Analyse der Objektsituation, Beschreibung des Sollzustandes, Entwicklung von Lösungsideen, Festlegung der Lösungen und Umsetzung der Lösungen unterteilt. Innerhalb der Stufen sind Iterationen möglich, die insbesondere dann stattfinden, wenn phaseninterne Zielsetzungen nicht erreicht werden. Das methodische Vorgehen einer Wertanalyse ist gekennzeichnet durch eine Orientierung an konkreten Zielen, Arbeiten in interdisziplinär zusammengesetzten Teams, Denken in und Arbeiten mit Funktionen und das Trennen der schöpferischen von der bewertenden Phase [vgl. VDI93, S. 5 f.].

Die Methode der Wertanalyse ist ein Ansatz zum gleichzeitigen Einsatz von Innovation und Rationalisierung. Mittels interdisziplinärer Teamarbeit und hierarchieübergreifender Kooperation, orientiert an quantifizierten Zielvorgaben, ist die Wertanalyse auf jede Art von Problemstellung anwendbar sowohl auf bereits bestehende, als auch auf noch entstehende Objekte [vgl. SCHT96, S. 31]. Das wertanalytische Phasenmodell ist als Ordnungs- und Bezugsrahmen für die Technologieplanung innerhalb des Technologiemanagementprozesses anwendbar. Strategische Aspekte des Technologieeinsatzes bzw. die Berücksichtigung von Entwicklungstendenzen werden nicht oder nur am Rande betrachtet. Der klassische Ansatz der Wertanalyse sieht ferner keine Synthese der Ergebnisse auf Unternehmensebene vor, um eventuelle Synergien zu nutzen, sondern hat vielmehr die konkrete Problemlösung mit dem Wertanalyse-Objekt im Mittelpunkt. Die hohe Verbreitung der Wertanalyse im Sinne eines Methodenbaukastens und das Denken in Funktionen, also das funktions- und kostenorientierte Arbeiten (wertanalytische Betrachtungsweise), sind dennoch für die Technologieplanung als Bestandteil der Produktanalyse relevant.

2.2.1.5 Technologiekalender

WESTERKÄMPER erkannte die Notwendigkeit, neue Produktionskonzepte mittel- bis langfristig mit einer durchgehenden Strategie zu planen, die es ermöglicht, Produkt- und Prozessentwicklung zu verknüpfen. Er entwickelte den Technologiekalender, um auf den jeweiligen Planungshorizont bezogen die Ressourcen Personal, Entwicklungsaufwendungen und Investitionen aufeinander abzustimmen [vgl. WEST87, S. 145]. Der Ansatz geht von einem vorgegebenen Programm neu einzuführender Produkte aus. Neue Produkte und Technologien werden dann mit den geplanten Produkten phasenbezogen verknüpft und zu Produkt- und Technologiekonzepten zusammengefasst. Anschließend werden die Konzepte zeitlich überlagert und die Einführungszeitpunkte neuer Technologien in einem Technologiekalender zusammengefasst [vgl. BURG97, S. 70]. Der Technologiekalender wird durch die zeitliche Achse in einen produktbezogenen und in einen technologiebezogen Bereich unterteilt. Das bei WESTERKÄMPER aufgezeigte Vorgehen zur Erstellung des Technologiekalenders basiert sowohl im Produkt- als auch im Technologiebereich auf einer Top-down-Analyse ohne Rückführung operativ fundierter Erkenntnisse [vgl. SCHT96, S. 27] und ist als strategisches Planungsinstrument zu verstehen.

Die Darstellungsweise des Technologiekalenders nach WESTERKÄMPER wurde von EVERSHEIM aufgegriffen und erweitert (Bild 2.14).

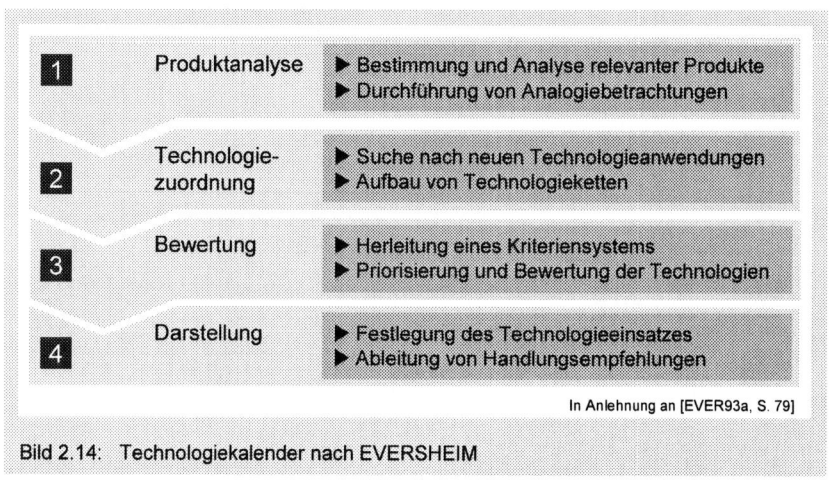

1	Produktanalyse	▶ Bestimmung und Analyse relevanter Produkte ▶ Durchführung von Analogiebetrachtungen
2	Technologie- zuordnung	▶ Suche nach neuen Technologieanwendungen ▶ Aufbau von Technologieketten
3	Bewertung	▶ Herleitung eines Kriteriensystems ▶ Priorisierung und Bewertung der Technologien
4	Darstellung	▶ Festlegung des Technologieeinsatzes ▶ Ableitung von Handlungsempfehlungen

In Anlehnung an [EVER93a, S. 79]

Bild 2.14: Technologiekalender nach EVERSHEIM

EVERSHEIM beschreibt einen Ansatz, der durch systematische Produktanalyse (u.a. Funktions- und Belastungsanalyse) potenziell anwendbare Technologien identifiziert und diese dem Untersuchungsobjekt zuordnet. Im Technologiekalender werden die Kombinationen aus Produkt und Technologie hinsichtlich der technologischen Reife sowie der wirtschaftlichen Eignung zeitlich priorisiert. Die Technologiekalender-Methodik nach EVERSHEIM ist in die vier Phasen Produktanalyse, Technologiezuordnung, Bewertung und Darstellung unterteilt [vgl. EVER93a, S. 78-81; EVER93b, S. 47-52]. Der Technologiekalender dient zur Vorbereitung einer Investitionsentscheidung und zum Forcieren der eigenen Technologieentwicklung im Sinne einer Verkürzung der Einführungsdauer. Weiterhin wird durch die zeitliche Darstellung der Technologien eine Unterstützung zur Planung von Aktivitäten ermöglicht.

2.2.2 Angrenzende Forschungsarbeiten

Aufbauend auf den relevanten Konzepten und Modellen im Technologiemanagement werden in diesem Kapitel die angrenzenden Forschungsarbeiten dieser Arbeit gegenübergestellt (Bild 2.15). Im Folgenden werden die Ausführungen von BÜHLMANN, BURGSTAHLER, SCHMITZ, FALLBÖHMER und TROMMER detailliert diskutiert.

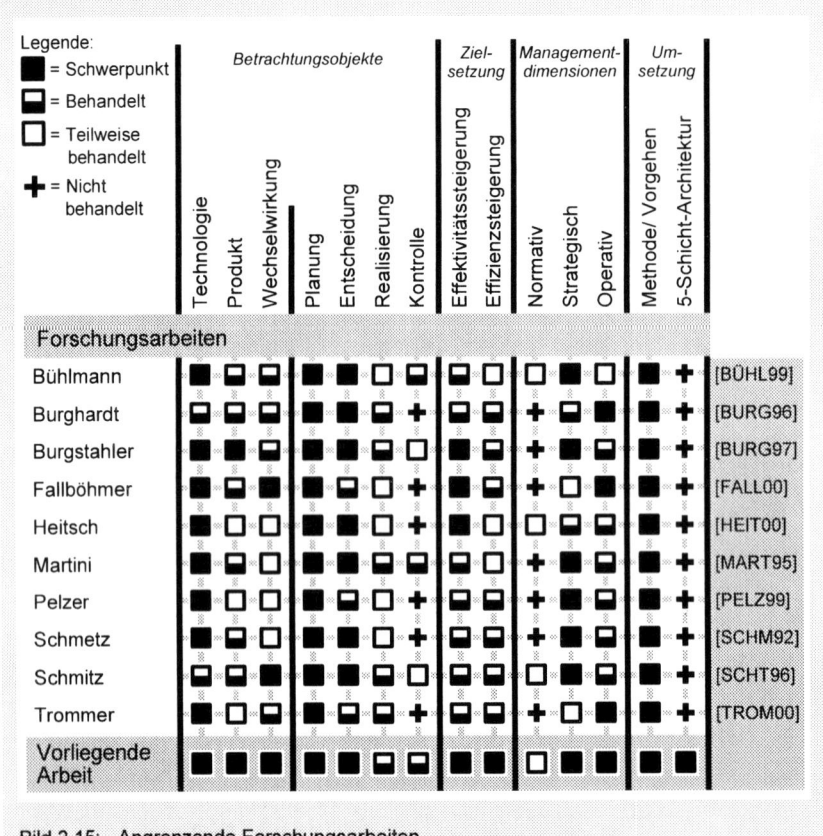

Legende:
- ■ = Schwerpunkt
- ▣ = Behandelt
- □ = Teilweise behandelt
- + = Nicht behandelt

Forschungsarbeiten	Betrachtungsobjekte							Zielsetzung		Managementdimensionen			Umsetzung		Quelle
	Technologie	Produkt	Wechselwirkung	Planung	Entscheidung	Realisierung	Kontrolle	Effektivitätssteigerung	Effizienzsteigerung	Normativ	Strategisch	Operativ	Methode/Vorgehen	5-Schicht-Architektur	
Bühlmann	■	▣	□	■	■	□	▣	▣	□	□	■	□	■	+	[BÜHL99]
Burghardt	■	▣	□	■	▣	■	+	▣	▣	+	▣	■	■	+	[BURG96]
Burgstahler	■	▣	■	■	▣	■	□	▣	▣	+	▣	■	■	+	[BURG97]
Fallböhmer	■	▣	■	■	▣	▣	+	■	▣	+	▣	□	■	+	[FALL00]
Heitsch	■	▣	▣	■	▣	■	▣	□	▣	■	□	□	■	+	[HEIT00]
Martini	■	▣	□	■	■	■	▣	■	▣	+	▣	■	■	+	[MART95]
Pelzer	■	□	▣	■	■	▣	+	▣	▣	+	▣	■	■	+	[PELZ99]
Schmetz	■	▣	▣	■	▣	□	□	▣	▣	+	▣	■	■	+	[SCHM92]
Schmitz	□	■	▣	■	▣	■	▣	▣	▣	□	▣	■	■	+	[SCHT96]
Trommer	■	□	▣	■	▣	▣	+	▣	▣	+	▣	■	■	+	[TROM00]
Vorliegende Arbeit	■	■	■	■	■	■	▣	■	■	□	■	■	■	■	

Bild 2.15: Angrenzende Forschungsarbeiten

Grundlagen und Kennzeichnung der Situation

BÜHLMANN befasst sich mit der Gestaltung eines integrierten strategischen Technologieplanungsprozesses. Die Methodik besteht aus sechs Schritten und ist ein iterativer, vernetzter Prozess [vgl. BÜHL99, S. 172] (Bild 2.16). Zu Beginn des Prozesses erfolgt die Bestimmung der Ziele und die Modellierung der Problemsituation. In dieser Phase werden die Unternehmensziele und -strategien sowie die Technologieziele und -strategien kritisch hinterfragt und gegebenenfalls überarbeitet. Die Analyse der Wirkverläufe stellt die Abhängigkeiten einer Vielzahl von interagierenden Einflussgrößen dar. In diesem Schritt werden insbesondere die internen und externen Technologien, deren Merkmale und Einflussgrößen identifiziert. Der dritte Schritt befasst sich mit dem dynamischen Verhalten der identifizierten Wirkungszusammenhänge und wird durch die Stärken/Schwächen- und Chancen/Risiken-Analyse unterstützt. Beim Abklären der Lenkungsmöglichkeiten (Schritt 4) werden die geeigneten Strategien zur Erreichung der vorgegebenen Unternehmungsziele ermittelt. Im fünften Schritt werden die ausgewählten Strategien durch Planung von Maßnahmen konkretisiert und nachfolgend umgesetzt. Der Umsetzung nachgeschaltet erfolgt das Controlling der Maßnahmen und das Monitoring der Veränderungen im Umfeld des Unternehmens [vgl. BÜHL99, S. 172 ff.].

BÜHLMANN hat mit der Methode das Ziel, die Markt-, Wettbewerbs- und Technologieaspekte in der mittel- und langfristigen strategischen Technologieplanung der Unternehmen zu integrieren. Vorteile der Methodik sind die detaillierte Betrachtung der Phasen Planungs- und Entscheidung sowie die dezidierte Berücksichtigung der strategischen Managementdimension. Nachteilig ist, dass sich Bühlmann weder mit der Unterstützung der operativen Umsetzung der ermittelten Technologiestrategien noch mit der durchgängigen Dokumentation der ermittelten Daten sowie des Wissens der Mitarbeiter befasst.

1	Zielbestimmung	▶ Erarbeitung von Unternehmenszielen ▶ Erarbeitung von Technologiezielen
2	Wirkungsverläufe	▶ Identifikation interner und externer Technologien
3	Verhaltensmöglichkeiten	▶ Lösung von Koordinationsproblemen ▶ Flankierende Maßnahmen
4	Lösungsmöglichkeiten	▶ Identifizierung von Kerntechnologien ▶ Definition von Make-or-buy-Strategien
5	Strategieplanung	▶ Auswahl von Technologiealternativen ▶ Abgleich der Technologiestrategien
6	Ausführung	▶ Umsetzung der Technologiestrategien ▶ Controlling und Monitoring der Entwicklung

In Anlehnung an [BÜHL99, S. 172]

Bild 2.16: Integrierter strategischer Technologieplanungsprozess nach BÜHLMANN

BURGSTAHLER setzt mit seiner Methodik zur Synchronisation von Produkt- und Produktionsentwicklung mit Hilfe der strategischen Technologieplanung auf dem Ansatz nach WESTERKÄMPER an. In seiner phasenbezogenen Top-down-Methodik betrachtet er detailliert die strategische Ebene des Technologieplanungsprozesses. Das Grobkonzept seiner Planungsmethodik ist in sechs Phasen unterteilt und schließt mit der strukturierten Darstellung der abgeleiteten Technologie-Strategien im Technologiekalender ab (Bild 2.17).

Zu Anfang werden die Kernkompetenzen als Schwerpunkte zukünftiger Innovationsanstrengungen eingegrenzt. Im Anschluss werden in Verbindung mit einer Umfeld-, Markt- und Wettbewerbsanalyse der strategischen Unternehmensplanung die internen und externen Technologiepotenziale untersucht. Zur Bewertung und Vorauswahl neuer Technologien kommt ein Technologieportfolio-Konzept zur Anwendung. Im Rahmen der Zielbildung werden die Innovationsziele festgelegt und auf der Basis eines Ziel- und Kennzahlensystems beschrieben. Die ausgewählten Technologievorhaben werden in Produktstudien integriert und entsprechend der vorgesehenen Serienstarts der Einzelprodukte terminiert. Im Technologiekalender werden die Technologievorhaben zusammengeführt und entsprechend dem Zeitpunkt der geplanten Serienreife zeitlich eingeordnet. Der Technologiekalender gibt die Strategie für die Entwicklung der einzelnen Technologien vor und erlaubt somit die Ableitung konkreter Technologieprojekte. Im Einsatz als strategisches Planungsinstrument ermöglicht die Methodik eine periodische Überprüfung der Strategien und entsprechende Anpassung in den laufenden Technologieprojekten.

Mit der produktbezogenen Vorgehensweise und der Art der Darstellung in Standard-Kalkulationssoftware beschränkt sich der Ansatz von BURGSTAHLER jedoch auf Unternehmen mit überschaubarer Produktanzahl und einem langfristigen Planungshorizont. Ebenso werden keine Technologiestrategien und Technologie- sowie Produktlebenszyklusphasen berücksichtigt und die generierten Informationen und das vorhandene Wissen stehen nicht unternehmensweit zur Verfügung, da weder Checklisten noch Dokumentationshilfen (z.B. Microsoft Word- oder Excel-Vorlagen) oder Datenbanken entwickelt wurden.

1	Kernkompetenz-erzeugung	Welche Kernkompetenzen sind für Innovationsanstrengungen notwendig?
2	Technologie-potenzialanalyse	Welche internen und externen Technologie-potenziale existieren? Wie können diese genutzt werden?
3	Innovations-zielbildung	Welche Innovationsziele sind möglich? Welches sind relevante Kennzahlen zur Erfolgs-kontrolle?
4	Technologie-strategiebildung	Welche Potenziale ergeben sich für die Technologien aus den Innovationen?
5	Technologieprojekt-definition	Was sind erfolgsversprechende Technologie-projekte? Welcher Technologie werden neu im Unter-nehmen eingeführt?
6	Technologieprojekt-durchführung	Werden die geplanten Ziele erreicht? Welcher Einfluss besteht auf andere laufende Technologieprojekte?

In Anlehnung an [BURG96, S. 72]

Bild 2.17: Synchrone Produkt- und Produktionsentwicklung nach BURGSTAHLER

SCHMITZ hat auf der Grundlage von WESTERKÄMPER und EVERSHEIM eine Technologieplanungsmethodik entwickelt, die einen Technologiekalender als langfristigen Leitfaden für den Technologieeinsatz nutzt. Diese Methodik erlaubt die Erschließung von Potenzialen alternativer Technologien für produzierende Unternehmen. Sie integriert die strategischen und operativen Aspekte der Planung und Bewertung in sechs Phasen und ist als Gegenstromverfahren (Top-down- und Bottom-up-Sicht) konzipiert [vgl. SCHT96, S. 48] (Bild 2.18).

Während der Situationsanalyse sollen zuerst die technologiebezogenen wichtigen Unternehmensziele abgeleitet werden. Darauf folgend werden die Produkt- und Produktionsbereiche identifiziert, in denen der Einsatz neuer Technologien den größten Beitrag zur Erreichung dieser Fundamentalziele bewirkt. Innerhalb der Produktanalyse werden die relevanten Produkte ausgewählt und ihre Produktstruktur ermittelt. Das Prinzip der Alternativensuche ist ein kreativer Lösungsfindungsprozess, um Funktions-, Gestalt- und Technologiealternativen zu ermitteln. Innerhalb der Variantenkreation und -reduktion werden die gefundenen Ansätze gemäß ihrer Konkretisierungsmöglichkeit analysiert und relevante Lösungen ausgewählt. Erzeugt wird eine Vielzahl konkreter produkt- und prozesstechnologiebezogener Handlungsoptionen. Diese Handlungsoptionen werden anschließend bewertet. Das Bewertungssystem beruht auf der Bestimmung von Zielkriterien unter Anwendung der Fuzzy-Set Theorie. Die Bewertung ergibt, je Ansatz, Hinweise hinsichtlich Priorität, nötigem FuE-Einsatz und Aktivierungszeitpunkt. Diese Kriterien erlauben eine Innovationsterminierung und Aussagen zur Anwendung der Technologien. Auf dieser Basis können Normstrategien bezüglich Priorität, FuE-Einsatz und Aktivierungszeitpunkt definiert werden. Die Ergebnisse der Bewertung und der Strategiefindung werden in einem Aktivitätenprogramm, dem Technologiekalender, zusammengefasst und dokumentiert [vgl. SCHT96, S. 44 ff.].

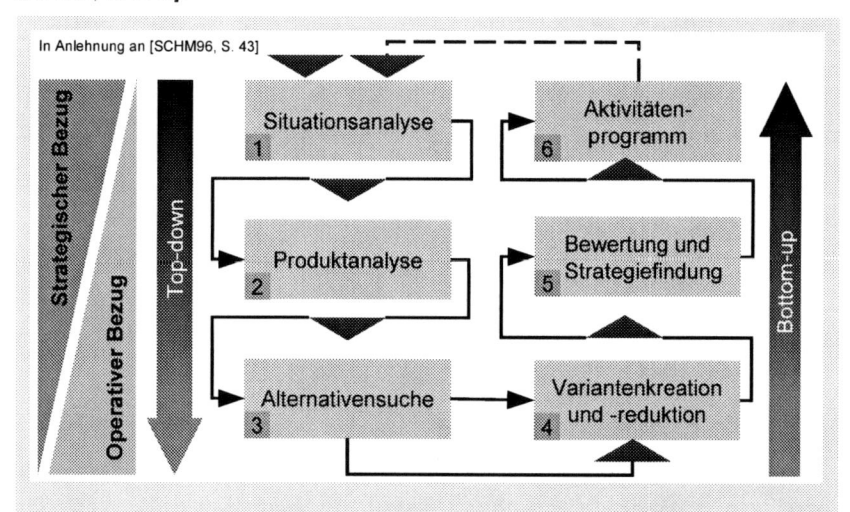

Bild 2.18: Strategische Planung von Fertigungstechnologien nach SCHMITZ

Die von SCHMITZ entwickelte Technologieplanungsmethodik hat mehrere Vorteile. Sie integriert die strategischen und operativen Aspekte des Technologiemanagement und erlaubt die Synchronisation von Produkten und Technologie in einem langfristigen Planungshorizont. Außerdem stellt der Technologiekalender eine zusammenfassende und sehr gut strukturierte Sichtweise über die strategische Technologieplanung des Unternehmens dar, und ist somit ein nützliches Hilfsmittel, um Entscheidungen in vielen technologiebezogenen Bereichen (Investitionsplanung, Konstruktion, Einkauf, Ressourcenbedarfsplanung usw.) zu treffen. SCHMITZ hat sich mit seinem Ansatz hauptsächlich auf die strategische Technologieplanung fokussiert, so dass nicht alle wichtigen Aspekte und Phasen des Technologiemanagement berücksichtigt werden. Weiterhin werden auch in dieser Arbeit keine Hilfsmittel zur durchgängigen Dokumentation der ermittelten Technologien sowie der analysierten Produkte entwickelt, die eine Verarbeitung der Informationen im Unternehmen und den Austausch der Daten zu anderen Systemen ermöglichen.

In dem von der deutschen Forschungsgemeinschaft geförderten Sonderforschungsbereich 361 „Modelle und Methoden zur Integrierten Produkt- und Prozessgestaltung" wurden erste Prototypen von EXPERTENSYSTEMEN für einzelne Phasen oder Aufgaben des Technologiemanagement konzipiert und umgesetzt [vgl. SFB361, S. 527-734] (Bild 2.19). Diese Arbeiten wurden von FÄLLBÖHMER und TROMMER weiter detailliert [vgl. FALL00; TROM00].

Der Softwareprototyp INNOTECH⁺ ermöglicht die regelunterstützte Identifikation von Fertigungsverfahren auf Basis von frühen unsicheren Informationen über die Produktgestalt aus dem Datenbestand des Technologieinformationssystems für Fertigungstechnologien (TECHBASE). Durch eine Verknüpfung von INNOTECH⁺ mit dem Softwareprototypen RATECH ist die Möglichkeit zur Technologiebewertung und -auswahl gegeben. INNOTECH⁺ kann derzeit für die Herstellung bestimmter Merkmale eines Produktes, unter Berücksichtigung der zu diesem Entwicklungszeitpunkt vorliegenden Datenunsicherheit, verschiedene geeignete Fertigungstechnologien identifizieren. Hieraus erfolgt die Auswahl einzelner Technologien. Durch deren Verknüpfung können Technologieketten für prismatische und rotationssymmetrische Bauteile generiert werden. Hierzu wurde ein Regelwerk entwickelt, das den Technologieplaner bei der Ermittlung der vorausgehenden oder nachfolgenden Technologie unterstützt. Zur technischen Umsetzung des regelbasierten Systems zur Generierung alternativer Technologieketten wurde das Expertensystem Shell verwendet [vgl. FALL00; SFB361, S. 527 ff.]. Die Softwareprototypen sind als Zwei-Schichtsysteme konzipiert. Daher ist eine hohe Rechenleistung auf der Client-Seite erforderlich und die Systeme müssen jeweils pro Rechner installiert werden. Auf den Servern sind die Daten gespeichert, so dass sie zentral verfügbar sind. Der Nachteil ist, dass eine Änderung der Anwendungslogik der Systeme immer eine Änderung der Datenstruktur nach sich zieht.

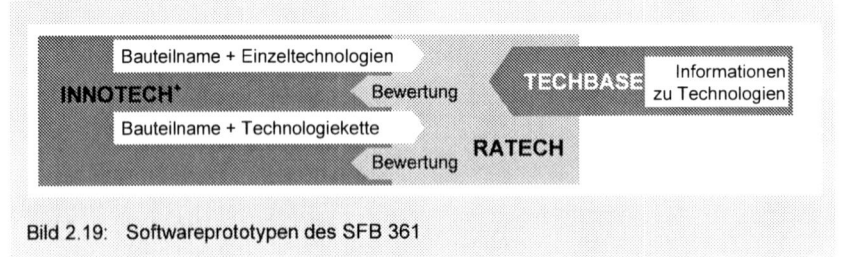

Bild 2.19: Softwareprototypen des SFB 361

2.3 Analyse von Informationssystemen

Aufbauend auf Analyse der relevanten Konzepte, Modelle und Forschungsarbeiten im Technologiemanagement werden entsprechend der Zielsetzung dieser Arbeit im Folgenden Informationssysteme auf Adaptierbarkeit untersucht. Aufbauend auf der Auswahl vorhandener Informationssysteme wird der Handlungsbedarf zur Entwicklung des Informationssystems für das Technologiemanagement dargestellt. Anschließend werden Vorgehensweisen der Entwicklung von Informationssystemen sowie Methoden und Werkzeuge der Modellierung diskutiert. Abschließend werden erforderliche Vorgehensweisen, Modellierungsmethoden und -werkzeuge ausgewählt.

Durch den Wandel von der Industrie- zur Informationsgesellschaft sind die Verfügbarkeit und effektive Nutzung von Informationen zu einem wichtigen Wettbewerbsfaktor geworden [vgl. ORTH98, S. 66]. Dies hat zur Folge, dass es für Unternehmen erfolgsentscheidend ist, benötigte Informationen schnell zu finden, sinnvoll aufzubereiten, an den relevanten Stellen zur Verfügung zu stellen und dort in Wissen umzusetzen [vgl. KEMP97, S. 441]. Ziel eines Informationssystems ist die Unterstützung der Organisation durch informationstechnologische Infrastrukturen [vgl. SCHE96, S. 8-17]. Sowohl der Umfang als auch die Geschwindigkeit der für ein Unternehmen notwendigen Versorgung mit Informationen erfordert den Einsatz von dynamisch gestalteten und flexiblen, computergestützten Informationssystemen [vgl. EBER92, S. 139; BIET94, S. 26]. Vor diesem Hintergrund soll im Folgenden unter INFORMATIONSSYSTEM ein computergestütztes System verstanden werden[5].

2.3.1 Aufbau und Arten von Informationssystemen

Unter einem Informationssystem versteht BERTHEL ein geordnetes Beziehungsgefüge von Elementen und ihren jeweiligen Relationen untereinander. Es werden die vier Elementgruppen [BERT75, S. 17]:

- INFORMATION (siehe Kapitel 2.1.1),
- INFORMATIONSPROZESSE,
- AKTIONSTRÄGER sowie
- AUFGABEN und ZWECKE unterschieden.

INFORMATIONSPROZESSE sind in Raum und Zeit fortschreitende Ansätze, in deren Mittelpunkt mentale Handlungen stehen. Ein Informationsprozess besteht aus den Phasen der INFORMATIONSGEWINNUNG UND -SPEICHERUNG zur Beschaffung von Informationen durch Kommunikation, der INFORMATIONSVERARBEITUNG zur Umwandlung, Verwertung und Einsatz von Informationen sowie der INFORMATIONSÜBERMITTLUNG zum Transfer bzw. Austausch von Information z.B. durch Kommunikation [vgl. ERB96, S. 54]. Die AKTIONSTRÄGER müssen für den Informationsprozess im Technologiemanagementprozess unterschieden werden. Unterschiedliche Benutzer eines Informationssystems beschaffen, verarbeiten, speichern und übermitteln Informationen innerhalb des Informationsprozesses. Dabei können ihre Aufgaben teilweise völlig unterschiedliche Zielsetzungen beinhalten [vgl. MISC00, S. 21]. Je nach AUFGABE und ZWECK werden Informationssysteme in Entscheidungsunterstützungs-, Auswertungs- und interpretative, Berichts- und Abfrage- sowie Administrations- und Dispositionssysteme unterschieden [BIET94, S. 27].

Ziel des zu konzipierenden Informationssystems ist es, die notwendigen Informationen, die für den Geschäftsprozess Technologiemanagement wichtig sind, zu gewinnen, zu verarbeiten, zu übermitteln und zu speichern. Dabei sollen relevante Aktionsträger des Geschäftsprozesses ermittelt, strukturiert und verschiedenen Rollenprofilen zugeordnet werden, die über Attribute mit den Aufgaben und Zwecken des Informationssystems verknüpft werden. Auf Grund der Zielsetzung, die Effektivität und die Effizienz des Geschäftsprozesses Technologiemanagement durch ein Informationssystem zu steigern, ist das zu entwickelnde Informationssystem den Kategorien der Entscheidungsunterstützungs- sowie der Berichts- und Abfragesysteme zuzuordnen. Funktionen der Administrations- und Dispositionssysteme werden teilweise integriert.

---

[5] Auch die informelle Kommunikation zwischen Mitarbeitern, Lieferanten und Kunden ist ein wichtiger Bestandteil des betrieblichen Informationssystems, da sie wichtige Informationen für ein Informationssystem liefern. Die informelle Kommunikation ist jedoch nicht Gegenstand weiterer Betrachtung.

Bei der Konzeption und Gestaltung eines Informationssystems für das Technologiemanagement haben die Informations- und Kommunikationsprozesse einen wesentlichen Einfluss, um die Abläufe des Geschäftsprozesses effizienter zu handhaben. Zum einen werden BASISTECHNOLOGIEN[6] wie z.B. Datenbanksysteme zur Datenverwaltung und -nutzung benötigt. Zum anderen werden auf Grund der Anforderungen an die unternehmensweite und unternehmensübergreifende Kommunikation sowie an die Projektarbeit im Team insbesondere GROUPWARE-TECHNOLOGIEN[7] und WORKFLOW-SYSTEME verwendet. Komplementär zu den Groupware-Technologien werden DOKUMENTENMANAGEMENT- sowie BÜROKOMMUNIKATIONS-SYSTEME angewendet. Im Folgenden werden die Basistechnologien nicht analysiert, da auf Grund der technischen Anforderungen an das Informationssystem eine Unabhängigkeit von ihnen notwendig ist (Bild 2.20).

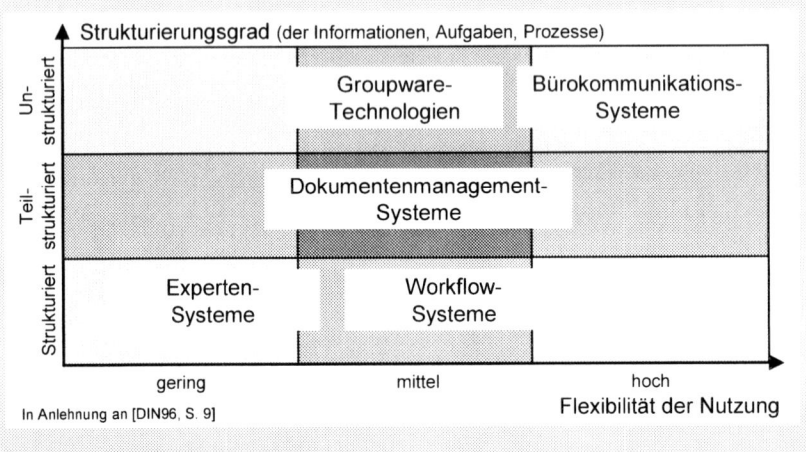

Bild 2.20: Einordnung der Informationssysteme

Im Geschäftsprozess Technologiemanagement werden einfach strukturierte Informationen genauso angewendet wie komplexes Erfahrungswissen und spontane Gedanken. Dieses unstrukturierte Wissen ist in Datenbanken nur als Freitext abbildbar. GROUPWARE-TECHNOLOGIEN hingegen sind dokumentenorientiert, sammeln alles Wissen themenbezogen und machen es einem bestimmten Anwenderkreis verfügbar [vgl. HASL96, S. 163]. Sie ermöglichen es den Nutzern, entweder an gleichen oder unterschiedlichen Orten und zu gleichen oder unterschiedlichen Zeiten, an der gemeinsamen Aufgabenstellung zu arbeiten. Sie werden in Informationsverteilungs- und Konferenzsysteme unterteilt. INFORMATIONSVERTEILUNGSSYSTEME werden eingesetzt, wenn eine Bearbeitung am gleichen oder unterschiedlichen Ort zu unterschiedlichen Zeiten notwendig ist. Will man an unterschiedlichen Orten zur gleichen Zeit an einer Aufgabe arbeiten, werden KONFERENZSYSTEME oder gemeinsame Monitorbilder genutzt [vgl. DIER94, S. 33 ff.]. Mittels KONFERENZSYSTEMEN ist es möglich, eine synchrone Kommunikation zwischen mehreren, an unterschiedlichen Orten befindlichen Teilnehmern herzustellen. Häufig verwendet werden heute Telefon- und Videokonferenzen [vgl. SCHU97, S. 15 ff.; BRUG97, S. 207 f.].

---

[6] Weitere Ausführungen zu den Basistechnologien sind von HANSEN und STAHLKNECHT ausführlich behandelt [HANS96; STAH99].

[7] Bei den Groupware-Technologien ist eine zunehmende Integration mit Workflow-, Dokumentenmanagement und Bürokommunikations-Systemen zu verzeichnen. Die Einordnung ist daher als prinzipielle Einordnung zu interpretieren [vgl. DIER94, S. 34 ff.; DIER97, S. 75 f.; WAGN95, S. 73 ff.].

Grundlagen und Kennzeichnung der Situation

WORKFLOW-SYSTEME dienen der Steuerung der Arbeitsabläufe zwischen allen an der Bearbeitung eines Geschäftsprozesses beteiligten Mitarbeitern. Sie sind flexibel auf die jeweilige Aufgabenstellung anpassbar und koordinieren, steuern, überwachen und verfolgen einen genau definierten Arbeitsfluss. Schwerpunkt von Workflow-Systemen sind auf Grund der relativ aufwendigen Prozessdefinition stark strukturierte und häufig ablaufende Prozesse [vgl. SCHU97, S. 96; STAH99, S. 437].

DOKUMENTENMANAGEMENT-SYSTEME ermöglichen die systematische, einheitliche und zentrale Ablage von mit Hilfe des Computers erstellten bzw. erfassten Dokumenten [vgl. WAGN95, S. 95]. Alle Dokumente werden direkt bei der Erfassung mit Schlagworten oder Metainformationen indiziert. Dadurch wird die Suche erleichtert und ermöglicht zusätzlich die gewichtete Ausgabe der Suchergebnisse durch die Überprüfung der Suchworte mit den Schlagworten des Dokumentes [vgl. SCHU97, S. 12].

BÜROKOMMUNIKATIONSSYSTEME werden in Zeit- und Ressourcenmanagement- sowie Aufgaben- und Projektmanagement-Systeme unterschieden. Zweck der Zeit- und Ressourcenmanagement-Systeme ist die rasche und effiziente Koordination von Terminen mehrerer Personen oder Gruppen. Aufgaben- und Projektmanagement-Systeme unterstützen die zeitliche Projektplanung ebenso wie die Koordination der Gruppenmitglieder anhand von Aufgabenlisten. In den Aufgabenlisten werden alle Gruppen- oder Einzelaufgaben den jeweiligen Personen zugeordnet. Somit können die Ressourcenverteilung und die Termineinhaltung überwacht werden. Diese Systeme sind vornehmlich für Projektleiter konzipiert [vgl. SCHU97, S. 41].

Die dargestellten Informations- und Kommunikationstechnologien eignen sich grundsätzlich alle zur Unterstützung des Geschäftsprozesses Technologiemanagement. Auf Grund der hohen Komplexität der Aufgabenbearbeitung und der Wechselwirkungen zwischen den einzelnen Aufgaben werden zur Entwicklung des Informationssystems insbesondere Informationsverteilungs- und Dokumentmanagement-Systeme genutzt. Bei den Workflow-Systemen wird der informationsgesteuerte Workflow auf Grund der Komplexität der Geschäftsprozesse im Technologiemanagement bevorzugt.

2.3.2 Vorgehensweisen der Entwicklung von Informationssystemen

Der Geschäftsprozess Technologiemanagement stellt ein vielschichtiges System dar, in dem verschiedene Aufgaben, Informationen und Mitarbeiter miteinander verknüpft werden und zudem diese vor dem Hintergrund unterschiedlicher Zielsetzungen koordiniert werden müssen. Dass zu entwickelnde Informationssystem, das hierzu unterstützend eingesetzt werden kann, weist daher eine hohe Komplexität auf. Im Folgenden werden Konzepte für die Bearbeitung von komplexen Problemstellungen vorgestellt, die bei der Entwicklung und Strukturierung des Informationssystems unterstützend genutzt werden können.

2.3.2.1 Allgemeine Modelltheorie

Ein Modell ist ein vereinfachtes Abbild der Wirklichkeit [vgl. HAIS89, S. 183]. Es wird mit der Absicht erstellt, die Komplexität der Realität beherrschbar zu machen und aus den Grundzusammenhängen der realen Gegebenheiten neue Erkenntnisse zu gewinnen [vgl. HABE99, S. 10 f.; WÖHE00, S. 36 f.]. Für die Beschreibung von Modellen werden nach STACHOWIAK das Abbildungs-, Verkürzungs- und pragmatische Merkmal genutzt. Unter dem ABBILDUNGSMERKMAL wird verstanden, dass Modelle immer die Repräsentationen von natürlichen oder künstlichen Originalen sind. Das Original kann selbst wieder ein Modell sein und es kann verschiedene Modelle des selben Originals geben. Somit ist eine Zuordnung von Modell- zu Originalattributen möglich. Das VERKÜRZUNGSMERKMAL besagt hingegen, dass Modelle im Allgemeinen nicht alle Individuen oder Attribute des durch sie repräsentierten Originals erfassen. Es werden nur solche beschrieben, die dem jeweiligen Modellschaffenden relevant erscheinen. Die Erfüllung des PRAGMATISCHEN MERKMALS beinhaltet, dass für das Modell sein Original, mögliche Nutzer, ein Nutzungszeitraum und die mit dem Modell verfolgte Zwecksetzung definiert werden [vgl. GLIN02; STAC73, S. 131 ff.].

Der Modellierungsprozess wird nach HAIST in drei Phasen unterteilt (Bild 2.21). In der ersten Phase erfolgt unter Berücksichtigung der von STACHOWIAK definierten Merkmale die FORMULIERUNG DES MODELLS. Nachfolgend wird in der zweiten Phase die AUSWERTUNG DES MODELLS durchgeführt. Hierzu können physikalische Experimente, die Lösung mathematischer Gleichungen oder die Simulation genutzt werden, so dass Erkenntnisse über das Modellverhalten erlangt werden. Die Simulation ist dabei ein besonders mächtiges aber auch gleichzeitig wirtschaftliches Verfahren, setzt aber die Kenntnis von entsprechenden Simulationssprachen voraus. In der dritten Phase werden die Ergebnisse interpretiert. Zunächst werden diese empirisch auf Brauchbarkeit überprüft, dann erfolgt die ÜBERTRAGUNG DER MODELLERGEBNISSE auf das reale System [vgl. HAIS89, S. 188-191].

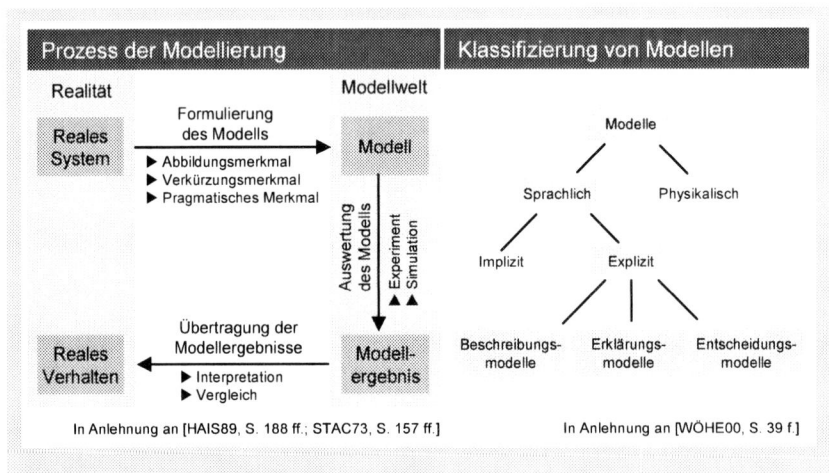

Bild 2.21: Grundlagen der allgemeinen Modelltheorie

In der Literatur werden zur Klassifizierung von Modellen unterschiedliche Konzepte diskutiert [vgl. HAIS89, S. 185 ff.; GABL97, S. 2648; STAC73, S. 157 ff.; WÖHE00, S. 38-40]. Vor dem Hintergrund der Aufgabenstellung wird auf die Unterteilung nach WÖHE zurückgegriffen. Wie in Bild 2.21 dargestellt, wird zwischen Beschreibungs-, Erklärungs- und Entscheidungsmodelle unterschieden. In BESCHREIBUNGSMODELLEN werden die Objekte aus empirischen Erscheinungen erfasst, so dass über ihre Ist-Beschaffenheit verschiedene Informationen gewonnen werden. Mit ERKLÄRUNGSMODELLEN sollen Aussagen über künftige Systemzustände erzielt werden. Dazu werden verschiedene Theorien im Hinblick auf mehr oder weniger typische Tatbestände interpretiert. Durch ENTSCHEIDUNGSMODELLE sollen Handlungen unter Berücksichtigung von Zielsetzungen und Rahmenbedingungen abgeleitet werden. Sie übertragen die in einem Erklärungsmodell gewonnenen Erkenntnisse auf einen praktischen Anwendungsbereich [vgl. WÖHE00, S. 38 ff.].

2.3.2.2 Systemtechnik

Das Ziel der Systemtechnik, auch häufig mit Systems Engineering bzw. Systems Thinking bezeichnet, besteht in der Bereitstellung von allgemeinen Vorgehensweisen und Hilfsmitteln zur zweckmäßigen und zielgerichteten Gestaltung komplexer Systeme (Bild 2.22) [vgl. CHES73, S. 16 ff.; ROPO79, S. 196; ZÜST97, S. 22f.]. Sie gestattet dabei, ingenieurmäßige Methoden auf Nachbargebiete zu übertragen und legt damit die Basis für interdisziplinäre Problemlösungen [vgl. BRUN91, S. 1].

Grundlagen und Kennzeichnung der Situation

Ein SYSTEM ist als Gesamtheit von MODULEN definiert, die miteinander durch BEZIEHUNGEN (z.B. Material- und Informationsfluss) verbunden sind und Eigenschaften aufweisen [vgl. BRUN91, S. 31]. Das System wird durch die SYSTEMGRENZE von seinem UMFELD abgegrenzt. Das offene System ist durch grenzüberscheitende Beziehungen zwischen einem System und Modul in Wechselwirkung mit dem UMSYSTEM oder UMFELDELEMENT zu verstehen [vgl. BRUN91, S. 43; HABE99, S. 6]. Der Systemtechnik liegt ein hierarchischer Aufbau zugrunde, so dass jedes Modul eines Systems selbst wieder als TEILSYSTEM betrachtet werden und somit eigene Module und Beziehungen aufweisen kann. Das abstrakte Anordnungsmuster der Module und ihre Beziehungen bilden die Struktur des Systems (Bild 2.22, links). Durch die Kenntnis der einzelnen Module und deren struktureller Anordnung wird die Voraussetzung für das Verstehen von Systemen geschaffen und die Grundaussage der Systemtechnik, dass das Ganze mehr als die Summe der Teile ist, verdeutlicht [vgl. HABE99, S. 12].

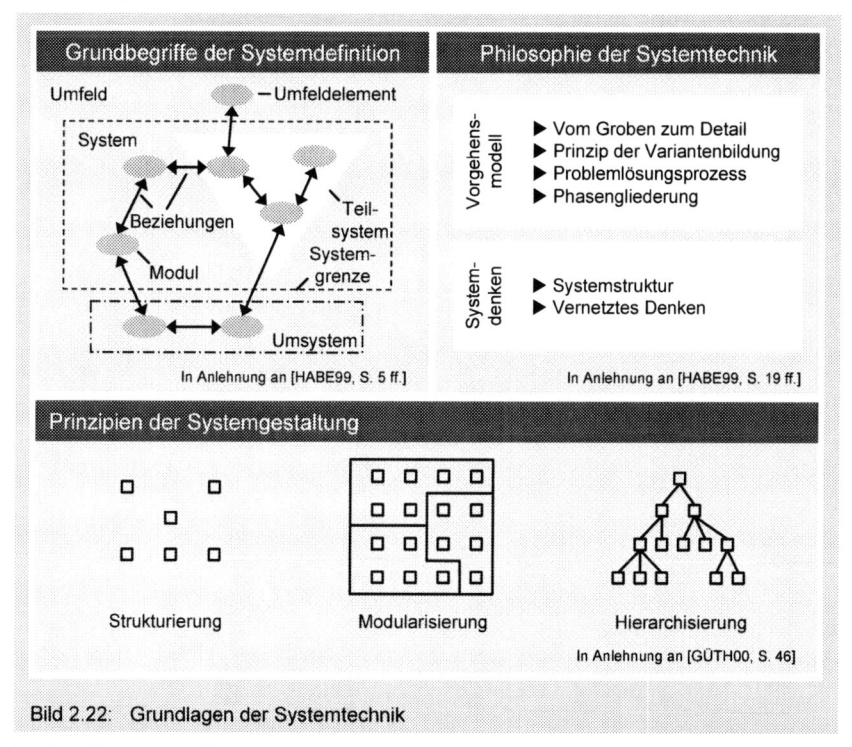

Bild 2.22: Grundlagen der Systemtechnik

In der Systemtechnik werden das VORGEHENSMODELL und das SYSTEMDENKEN unterschieden (Bild 2.22, rechts) [vgl. HABE99, S. 19 ff.]. Das VORGEHENSMODELL fordert ein systemhierarchisches Denken. Zunächst werden auf grober Ebene die Systemgrenzen beschrieben. Anschließend wird das System VOM GROBEN ZUM DETAIL mittels des Top-down-Ansatzes verfeinert. Mit Hilfe des PRINZIPS DER VARIANTENBILDUNG werden auf jedem Detaillierungsniveau alternative Lösungsprinzipien entwickelt und ihre Wirkung auf die Systemelemente bestimmt [vgl. HABE99, S. 33 f.].

Die Anwendung des PROBLEMLÖSUNGSPROZESSES unterstützt den Modellierer. Der Prozess beschreibt einen problemneutralen, arbeitslogischen Ablauf, um von einer gegebenen Problematik zu einer Lösung zu gelangen. Die PHASENGLIEDERUNG verfolgt das Ziel der zeitlichen Trennung von Systementwicklung und -realisierung [vgl. ZÜST97, S. 53]. Das SYSTEMDENKEN kann in die Bereiche SYSTEMSTRUKTUR und VERNETZTES DENKEN unterteilt werden. Die SYSTEMSTRUKTUR beinhaltet die Grundbegriffe der Systemtechnik mit allen beschriebenen Grundelementen (Bild 2.22, links). Das Vernetzte Denken stellt der Systemtechnik Methoden zur Problemstrukturierung zur Verfügung. Zu diesen zählen Ansätze der Regelungstechnik sowie Ursachen-Wirkungsdiagramme [vgl. BECK99].

2.3.2.3 Vorgehensmodell

Das Vorgehensmodell (V-Modell) ist für Softwareprojekte in Behörden der Bundesrepublik Deutschland und bei der Deutschen Bundeswehr entwickelt worden. Es handelt sich um ein sehr ausführliches Modell, in dem umfangreiche Beschreibungen von Aktivitäten und deren Ergebnisse zu einem vollständigen Entwicklungsprozess zusammengefasst sind. Es umfasst die drei Ebenen VORGEHENSMODELL, METHODENZUORDNUNG und FUNKTIONALE WERKZEUGANFORDERUNGEN [vgl. VMOD02].

Auf allen Ebenen werden die Regelungen nach den Tätigkeitsbereichen, den sogenannten Submodellen PROJEKTMANAGEMENT, SYSTEMERSTELLUNG, QUALITÄTSSICHERUNG und KONFIGURATIONSMANAGEMENT gegliedert. Die vier Submodelle sind eng miteinander vernetzt, so dass sie sich über den Austausch von Produkten bzw. Ergebnissen gegenseitig beeinflussen. Mittels des Submodells PROJEKTMANAGEMENT werden die Aufgaben und Funktionen des technischen Projektmanagement innerhalb des Entwicklungsprozesses geregelt. Das Submodell SYSTEMERSTELLUNG wird verwendet, um alle unmittelbar der Systemerstellung dienenden Aktivitäten und die jeweiligen Entwicklungsdokumente zusammenzufassen. Durch das Submodell QUALITÄTSSICHERUNG werden die Aufgaben und Funktionen der Qualitätssicherung innerhalb des System- bzw. Softwareentwicklungsprozesses abgebildet. Mittels des Submodells KONFIGURATIONSMANAGEMENT wird sicher gestellt, dass die Produkte eindeutig identifizierbar sind, Zusammenhänge und Unterschiede von verschiedenen Versionen einer Konfiguration erkennbar bleiben und Produktänderungen nur kontrolliert durchgeführt werden können [vgl. VMOD02].

Neben dem V-Modell existieren weitere Ansätze wie bspw. das Wasserfall-Modell oder das Spiralmodell. Da das V-Modell noch das Wasserfall- oder Spiralmodell auf Grund ihrer Eigenschaften und Vorgehensweisen für diese Arbeit geeignet sind, werden diese nicht weiter detailliert.

2.3.2.4 Auswahl der Vorgehensweise

Die allgemeine Modelltheorie, die Systemtechnik und das V-Modell stellen grundlegende Vorgehensweisen für die Entwicklung von Informationssystemen dar [vgl. SCHD85, S. 17]. Sie haben sich vielfach in der Wissenschaft und Praxis bewährt. Die systematische Strukturierung der Sachverhalte ermöglicht dabei die Bewältigung der Komplexität der jeweiligen Problemstellung [vgl. PFOH97, S. 53 ff.; ZELE99, S. 54]. Das V-Modell stellt dabei das komplexeste Konzept dar und wird in der Praxis als ein Entwicklungsstandard für unternehmensübergreifende Informationssysteme genutzt [vgl. VMOD02]. Auf Grund der beschriebenen Vorgehensweise kann für diese Arbeit festgehalten werden, dass das V-Modell ein zu diffiziles Vorgehensmodell darstellt, in dem viele Aufgaben oder Inhalte zu strikt vorgegeben werden. Die allgemeine Modelltheorie beschreibt zwar einerseits den Prozess der Modellierung und andererseits verschiedene Modelle, so dass die notwendige Modellverfeinerung zu einer großen Wirklichkeitsnähe führt, aber hierdurch der Modellierungsaufwand exponentiell steigt. Vor dem Hintergrund der Zielsetzung dieser Arbeit ist die Systemtechnik entscheidend, da sie auf der einen Seite durch die Systemdefinition einen Orientierungsrahmen für die nachfolgende Systemgestaltung zur Verfügung stellt und auf der anderen Seite ein Vorgehensmodell integriert [vgl. HANS87, S. 39].

Grundlagen und Kennzeichnung der Situation

2.4 Methoden zur Modellierung

Die angestrebte Entwicklung des Geschäftsprozesses Technologiemanagement und des Informationssystems erfordert eine Modellierung der relevanten Prozesse, Daten, Funktionen und Aufgaben. Hierzu werden im Folgenden die Anforderungen an die Modellierungsmethoden und -werkzeuge dargestellt und nachfolgend verschiedene Ansätze beschrieben, bevor abschließend die Auswahl der Modellierungsmethoden und -werkzeuge stattfindet.

2.4.1 Anforderungen an die Modellierungsmethoden und -werkzeuge

Zur Analyse der Anforderungen an die Modellierungsmethoden und -werkzeuge für die Entwicklung von Informationssystemen werden von SÜSSENGUTH die Anforderungsfelder ANWENDUNGSBEREICH, ABBILDBARE EIGENSCHAFTEN und MÄCHTIGKEIT definiert [SÜSS91, S. 45 ff.]. Für diese Arbeit werden zur Detaillierung die vorgeschlagenen Einzelkriterien übernommen und um weitere Kriterien von ERB, HANNEN und KRAH ergänzt [ERB96, S. 76; HANN96, S. 51; KRAH99, S. 179 ff.]. Der zentrale ANWENDUNGSBEREICH ist die Analyse und das Softwaredesign, die durch die Methode unterstützt werden müssen. Die Ergebnisse sollen durchgängig nutzbar sein. Alle Eigenschaften zur Beschreibung der Aufgaben des Geschäftsprozesses Technologiemanagement sowie der Informationen über Produkte und Technologien müssen als ABBILDBARE EIGENSCHAFTEN definiert werden können. Hierzu sind Funktionen, Abläufe, Daten, Organisationseinheiten und DV-Ressourcen sowie Beziehungen wie Datenrelationen, Informationsflüsse und Ablaufbeziehungen erforderlich. Insbesondere ist es wichtig, die Beziehungen zwischen Daten und Aufgaben zu erfassen. Ferner werden Strukturierungsoperationen z.B. zur Klassifikation oder Gruppenbildung benötigt. Hinsichtlich der MÄCHTIGKEIT sind zur systematischen Beschreibung Modelle mit definierten Beschreibungselementen und einem strukturierten Erstellungsvorgehen erforderlich. Schließlich sollte die Modellierung möglichst realitätsnah, benutzerfreundlich und einfach sein sowie durch ein DV-Werkzeug unterstützt werden [vgl. ERB96, S. 76; HANN96, S. 51; KRAH99, S. 179 ff.; SÜSS91, S. 66].

2.4.2 Darstellung von Modellierungsmethoden und -werkzeugen

Als Grundlage zur Auswahl wird in Anhang 8.2 ein Überblick über mögliche Modellierungsmethoden und -werkzeuge gegeben. Weitere Analysen, Vergleiche und Darstellungen befinden sich in AMBERG, HANEWINKEL, KLEVERS, KRAH, MERTINS, MÜLLER, SINZ, SPUR, STAUD und SÜSSENGUTH [vgl. AMBE99; HANE94; KLEV90; KRAH99; MERT94; MÜLL92; SINZ02; SPUR93; STAU01; SÜSS91]. Aus dem breiten Spektrum der bestehenden Modellierungsansätze werden diejenigen für die weiteren Betrachtungen ausgewählt, die auf Grund der Erfüllung der Modellierungsanforderungen eine hohe Relevanz für diese Arbeit besitzen. Die Darstellung der Methoden im Folgenden ist alphabetisch gegliedert.

Architektur Integrierter Informationssysteme (ARIS)

Die ARIS-Methodik wurde zur Konzeption und Realisierung von Informationssystemen entwickelt [vgl. SCHE98a, S. 1 ff.]. In ARIS werden bestehende Modellierungsmethoden für Informationssysteme ergänzt und miteinander verknüpft [vgl. SCHE98a; SCHE98b]. Hierdurch wird ein abgestimmter WERKZEUGKASTEN gebildet, der die Vorteile verschiedener Methoden vereint. Um die Komplexität der Modellierungsaufgabe zu reduzieren, werden zunächst Teilmodelle erstellt. In ARIS wird hierzu eine Unterteilung in SICHTEN und EBENEN gewählt (Bild 2.23), die intern stark vernetzt, untereinander hingegen relativ einfach und lose gekoppelt sind [vgl. SCHE97, S. 12].

Durch Sichten werden die Betrachtungsobjekte zunächst in getrennten Modellen für FUNKTIONEN, DATEN und ORGANISATION erfasst, die anschließend über Modelle der

Seite 35

Grundlagen und Kennzeichnung der Situation

STEUERUNGSSICHT miteinander verknüpft werden. Innerhalb der Sichten werden entsprechend dem Entwicklungsfortschritt und der Nähe zur Informationstechnik die Beschreibungsebenen FACHKONZEPT, DV-KONZEPT und IMPLEMENTIERUNG unterschieden. Für jede Sicht werden innerhalb der Ebenen geeignete MODELLIERUNGSMETHODEN bereitgestellt. Die Modelle können durch Hierarchisierung stufenweise detailliert werden, wodurch die Komplexität innerhalb der Modelle weiter reduziert wird.

In der FUNKTIONSSICHT werden die innerhalb des Systems auszuführenden Funktionen beschrieben, die zugehörigen Teilfunktionen aufgezählt und die Anordnungsbeziehungen zwischen den Teilfunktionen und Funktionen erfasst. Hierzu dienen bspw. Funktionsbäume. Analog werden in der ORGANISATIONSSICHT die Beziehungen von Mitarbeitern und ihre Zuordnung zu organisatorischen Einheiten modelliert. Ein Beispiel aus der Fachkonzeptebene der Organisationssicht ist das Organigramm. Informationsobjekte in Form von Daten werden in der DATENSICHT modelliert. Die Beziehungen zwischen den Daten werden in ARIS z.B. in einem erweiterten Entity-Relationship-Diagramm abgebildet. In der STEUERUNGSSICHT wird schließlich der gesamte Prozess modelliert. Hierzu werden Elemente der vorgenannten Sichten miteinander verknüpft. So werden in der erweiterten, ereignisgesteuerten Prozesskette die Prozesse durch ihre Funktionen mit den zugeordneten Daten und den verantwortlichen Organisationseinheiten beschrieben und durch Ereignisse als Übergangsbedingungen miteinander verbunden [vgl. SCHE97; SCHE98a; SCHE98b].

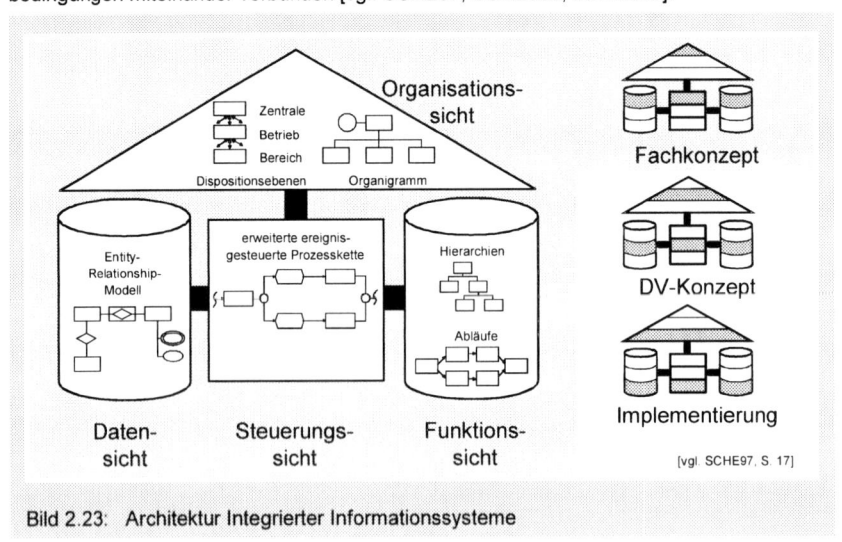

Bild 2.23: Architektur Integrierter Informationssysteme

Extensible Markup Language

Die Extensible Markup Language (XML) bietet eine standardisierte Erfassung von Daten in einer heterogenen Systemwelt. Bei XML handelt es sich um ein einheitliches, medienneutrales und herstellerunabhängiges Format. Die Daten werden in Dokumenten zusammengefasst, die in einer Datenbank ablegbar und gezielt abrufbar sind. Das Grundkonzept von XML ist die Trennung von Inhalt (XML), Struktur (XSD) und Layout (XSL). Für diese Aufgaben bietet XML ein Konzept, das sich immer mehr durchsetzt. XML-Dokumente enthalten Tags als Auszeichner und Inhalte zwischen den Tags. Zu XML-Dokumenten gehört eine Definition der nötigen/möglichen Namen mittels Tags und ihrer Struktur. Auf diese Weise wird eine Auszeichnungssprache definiert. Hierfür verwendet XML eine formale Grammatik, die XML Schema Definition (XSD). Um eine praxisgerechte Handhabung von XML zu gewährleisten und benutzerdefinierte Designs zu ermöglichen wird

Grundlagen und Kennzeichnung der Situation

XSL (Extensible Style Language) verwendet. XSL ist eine Style-Sprache, die die logischen Auszeichnungen der XML-Dateien in ein Layout einbindet [vgl. FISC00; GOLD99; PART02].

Integrated Computer Aided Manufacturing Definition

Die Integrated Computer Aided Manufacturing Definition, kurz IDEF, sind Modellierungsmethoden, die in Projekten der United States Air Force entwickelt wurden. Heute umfasst IDEF mehr als neun verschiedene Methoden [vgl. WIPW02], von denen im Folgenden die IDEF0-Modellierung vorgestellt wird. Im Mittelpunkt von IDEF0 stehen FUNKTIONEN. Eine Funktion wird dabei durch die vier KONZEPTE Input, Steuerung, Mechanismen und Output beschrieben. Eine Funktion hat einen Input, benutzt einen Mechanismus, unterliegt einer Steuerung und erzeugt einen Output [vgl. SCHM99, S. 145]. Die Steuerung besteht aus Parametern, die die Ausführung der Funktion spezifizieren. Mechanismen repräsentieren Ressourcen, die bei der Durchführung der Funktion benutzt werden (Bild 2.24).

Die graphische Beschreibungssprache von IDEF0 enthält Knoten zur Repräsentation der Funktionen und Pfeile zur Repräsentation der Konzepte. Werden mehrere Knoten und Pfeile miteinander verbunden, spricht man von einem Diagramm. Ein IDEF0-Modell besteht aus einem Baum von Diagrammen, der über mehrere Hierarchiestufen abgebildet wird [vgl. REIT97, S. 11]. Jedes Baumdiagramm enthält zwei bis neun Funktionen, die auf einer untergeordneten Ebene detaillierten ausgeführt werden können. In einem Textdiagramm werden Hervorhebung von Funktionen, Abläufen und Verbindungen dargestellt, um den Zweck von Objekten und Strukturen zu verdeutlichen.

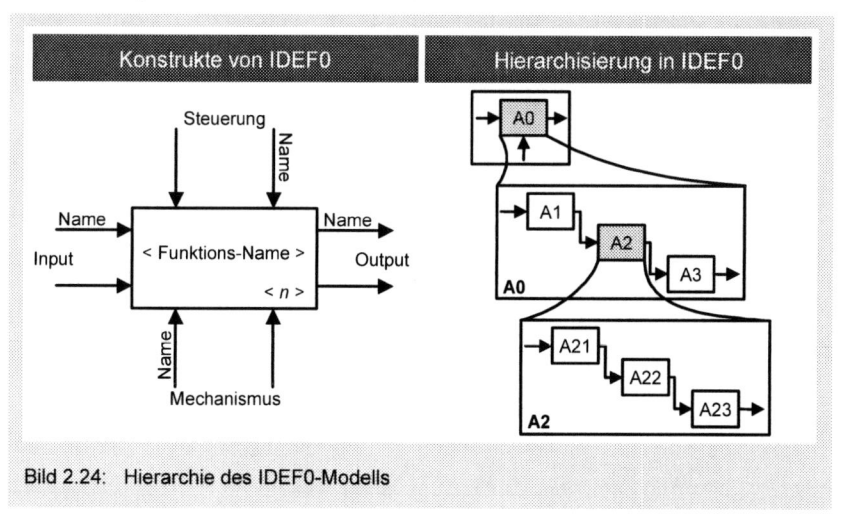

Bild 2.24: Hierarchie des IDEF0-Modells

2.4.3 Auswahl der Modellierungsmethoden

Für die Auswahl der geeigneten Methode zur Modellierung des Informationssystems ist im Bild 8.2 ein umfassender Vergleich aufgeführt. Die Gegenüberstellung der Methoden verdeutlicht, dass keine Methode alle Anforderungen erfüllt (vgl. Kapitel 2.4.1). Für die Abbildung des Geschäftsprozesses Technologiemanagement wird in dieser Arbeit die IDEF0-Modellierungsmethode ausgewählt. Vorteil ist die Übersichtlichkeit zur Beschreibung des Modells. IDEF0 erlaubt dem Anwender ein schnelles und einfaches Modellieren. Die Abbildung des Geschäftsprozesses in den dazu auf dem Markt verfügbaren Softwareprogrammen ist leicht verständlich [vgl. REIT97, S. 12]. Für die Gesamtabbildung der notwendigen Informationen, der am Prozess beteiligten Ressourcen, der erforderlichen

Methoden und Verflechtungen der einzelnen Aufgaben des Geschäftsprozesses Technologiemanagement ist IDEF0 detailliert genug und vollständig. Es existiert in IDEF0 jedoch kein integriertes Modell, dass die softwaretechnische Umsetzung unterstützt und eine Modellierung der einzelnen Informationen in verschiedenen Informationsarten und -strukturen ermöglicht. Daher wird für die Modellierung der Datenbanken XML verwendet. Mittels XML können alle zur Erstellung des Informationssystems für das Technologiemanagement erforderlichen Daten umfassend modelliert werden. XML ermöglicht eine komplexitätsreduzierende Hierarchisierung sowie eine systematische Gliederung in verschiedene Ebenen. Hierdurch können neben den erarbeiteten inhaltlichen auch die formalen Anforderungen an Konsistenz, Ordnung und Vollständigkeit sichergestellt werden. Darüber hinaus stehen für XML leistungsfähige, benutzerfreundliche DV-Werkzeuge bereit.

2.5 Zwischenfazit: Forschungs- und Handlungsbedarf

Zu Beginn des Kapitels wurde der Betrachtungsraum der vorliegenden Arbeit eingegrenzt. Hierzu wurden die für die Aufgabenstellung relevanten Begriffe definiert. Der mit diesen Begriffen eingegrenzte Untersuchungsbereich bezieht sich auf den Geschäftsprozess Technologiemanagement der Konsum- und Investitionsgüterindustrie. Es erfolgt weiterhin eine Fokussierung auf Produkte, die einen hohen Anteil an mechanischen Komponenten besitzen. Der zweite Teil des Kapitels befasste sich mit relevanten Konzepten und Modellen des Technologiemanagement sowie entsprechenden Forschungsarbeiten. Dabei konnte festgestellt werden, dass in der ingenieur- und wirtschaftswissenschaftlichen Literatur eine große Anzahl von Ansätzen existiert, die unterschiedliche Erkenntnisse und Lösungsansätze im definierten Untersuchungsbereich liefern. Durch die Diskussion wurde deutlich, dass in den Ansätzen jeweils nur einzelne Themenfelder oder Aufgabenschwerpunkte behandelt wurden. Darüber hinaus fehlen softwaretechnische Ansätze, die das Technologiemanagement ganzheitlich unterstützen. Die Analyse und Diskussion bereits bestehender Konzepte, Methoden und Forschungsarbeiten hat gezeigt, dass Teile dieser Ansätze für die vorliegende Arbeit adaptierbar sind.

Im dritten Teil des Kapitels wurden auf Grund des zunehmenden Einflusses der Information als Produktionsfaktor die verschiedenen Arten der Informationssysteme diskutiert. Dabei konnte festgestellt werden, dass eine Integration von Informationssystemen in den Geschäftsprozess Technologiemanagement eine wichtige Möglichkeit darstellt, die Wettbewerbsfähigkeit für Unternehmen zu steigern. Aufbauend auf diesen Ergebnissen wurden Vorgehensweisen zur Entwicklung von Geschäftsprozessen und Informationssystemen dargestellt. Anschließend wurden im vierten Teil des Kapitels Modellierungsmethoden und -werkzeuge zur Abbildung des Geschäftsprozesses Technologiemanagement und des Informationssystems diskutiert und ausgewählt.

Aus den genannten Defiziten und der in Kapitel 1 aufgezeigten Bedeutung des Technologiemanagement für die Wettbewerbsfähigkeit von Unternehmen resultiert der Forschungsbedarf für ein Informationssystem, dass die Geschäftsprozesse im Technologiemanagement durchgängig und praxisorientiert unterstützt. Aufbauend auf der Erfassung und Typisierung praxisrelevanter Probleme sowie der Analyse problemrelevanter Theorien und Verfahren werden nachfolgend der Geschäftsprozess Technologiemanagement und das Informationssystem konzipiert.

3 Konzeption und Detaillierung des Geschäftsprozesses Technologiemanagement

Aufgabe des Technologiemanagement ist einerseits der systematische Aufbau einer Technologiebasis durch die Entwicklung neuer und die Integration bestehender Technologien sowie andererseits die gezielte Nutzung des Know-how-Bestandes in konkreten Anwendungen [ZAHN95, S. 16]. Das Technologiemanagement umfasst dabei alle Aktivitäten, die naturwissenschaftlich-technische Erkenntnisse unter dem Aspekt der praktischen Verwertung analysieren und erweitern, um zu neuem Wissen und zum Ausbau technischer Fähigkeiten für die Produkt- und Prozessentwicklung zu gelangen [vgl. SPEC95, S. 493].

Aufbauend auf den in Kapitel 2 dargestellten Konzepten, Modellen und Forschungsarbeiten wird der Geschäftsprozess Technologiemanagement in drei Ebenen strukturiert. Die erste Ebene stellen die normative, strategische und operative Managementdimensionen dar. Als zweite Ebene wird die zeitliche Ausrichtung in lang-, mittel- und kurzfristig genutzt. Die ablauforientierte Gliederung des Prozesses in Phasen, Vorgänge und Aufgaben findet in der dritten Ebene statt (Bild 3.1).

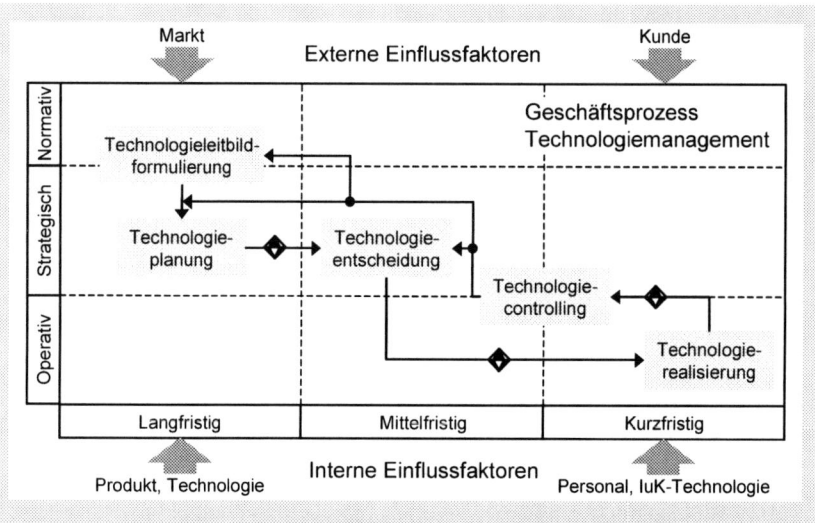

Bild 3.1: Konzept des Geschäftsprozesses Technologiemanagement

Auf Grund der Einteilung in die verschiedenen Managementdimensionen und Umsetzungszeiträume wird der Geschäftsprozess in die Phasen TECHNOLOGIELEITBILDFORMULIERUNG, TECHNOLOGIEPLANUNG, TECHNOLOGIEENTSCHEIDUNG, TECHNOLOGIEREALISIERUNG und TECHNOLOGIECONTROLLING unterteilt.

Zwischen und innerhalb der jeweiligen Phasen werden ergebnisorientiert Meilensteine definiert, um das Controlling zu unterstützen, sowie fest definierte Ergebnisse zu erlangen. Der Geschäftsprozess involviert unterschiedliche Unternehmensbereiche und Akteure. Die Komplexität der Aufgaben erfordert eine sich ergänzende, parallele Betrachtungsweise hinsichtlich einer Top-down- und Bottom-up-Planung und -Steuerung der Ergebnisse, da die meisten Verbesserungsvorschläge oder Anstöße zu wichtigen technologischen Änderungen von Mitarbeitern der unteren Ebenen stammen [vgl. EVER97, S. 45 f.]. Diese haben in der Regel detaillierte Kenntnisse der spezifischen Kundenanforderungen bzw. als Experten besitzen sie das erforderliche Detailwissen. Die Top-down-Sichtweise ermöglicht die Einbeziehung der Unternehmensstrategie als auch der Perspektiven der verschiedenen Geschäftsfelder [vgl. WOLF94, S. 80]. Die Abstimmung zwischen den Mitarbeitern und die Berücksichtigung von Änderungen wird durch Iterationsschleifen unterstützt.

Der in diesem Kapitel entwickelte Geschäftsprozess ist nicht kein allgemeingültiger Prozess. Es handelt sich um einen exemplarischen Prozess, der den unternehmensspezifischen Randbedingungen angepasst werden kann, da sich die externen und internen Einflussfaktoren oft stark unterscheiden. Der Einflussfaktor Markt wird durch Konjunktur, Geschäftsgebiete, Wettbewerber, Marktwachstum, -anteile, -stättigung und den Wertewandel geprägt. Der Einflussfaktor Kunde drückt sich durch Bedürfnisse, Wünsche, Nutzen, Zufriedenheit und Kundenumfeld aus. Interne Einflussfaktoren sind die hergestellten Produkte, die angewendeten Technologien, das Personal sowie die unterstützenden IuK-Technologien. Im Folgenden wird der Geschäftsprozess für das Technologiemanagement detailliert und beschrieben. Die Gliederungstiefe wird so gewählt, dass aus Sicht der Praxis handhabbare Einheiten entstehen. Der Geschäftsprozess wird mittels IDEF0 bis auf Aufgabenebene abgebildet (Bild 3.2). Das durchgängige und vollständig spezifizierte IDEF0-Aktivitätenmodell ist im Anhang 8.3 wiedergegeben. Die erste Gliederungsebene {A1-A5} umfasst die Phasen des Geschäftsprozesses. In den Ausführungen der folgenden Kapitel zum Geschäftsprozess wird jeweils auf das IDEF0-Modell Bezug genommen. Dazu werden die Ordnungsnummern der Planungsaktivitäten mit geschwungenen Klammern { } gekennzeichnet.

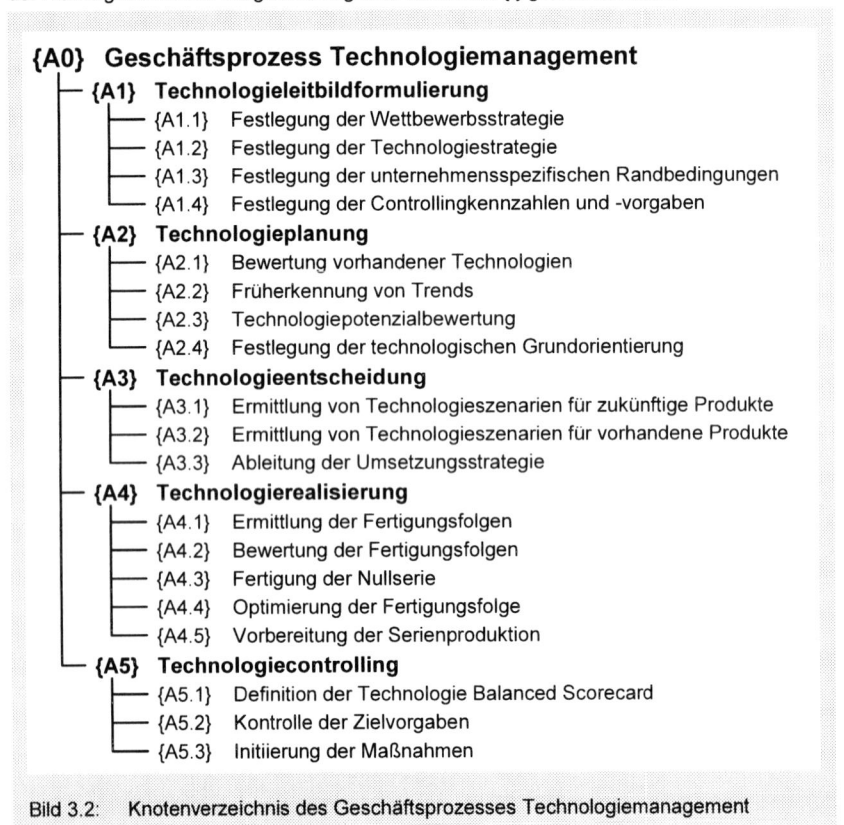

{A0} **Geschäftsprozess Technologiemanagement**
- {A1} **Technologieleitbildformulierung**
  - {A1.1} Festlegung der Wettbewerbsstrategie
  - {A1.2} Festlegung der Technologiestrategie
  - {A1.3} Festlegung der unternehmensspezifischen Randbedingungen
  - {A1.4} Festlegung der Controllingkennzahlen und -vorgaben
- {A2} **Technologieplanung**
  - {A2.1} Bewertung vorhandener Technologien
  - {A2.2} Früherkennung von Trends
  - {A2.3} Technologiepotenzialbewertung
  - {A2.4} Festlegung der technologischen Grundorientierung
- {A3} **Technologieentscheidung**
  - {A3.1} Ermittlung von Technologieszenarien für zukünftige Produkte
  - {A3.2} Ermittlung von Technologieszenarien für vorhandene Produkte
  - {A3.3} Ableitung der Umsetzungsstrategie
- {A4} **Technologierealisierung**
  - {A4.1} Ermittlung der Fertigungsfolgen
  - {A4.2} Bewertung der Fertigungsfolgen
  - {A4.3} Fertigung der Nullserie
  - {A4.4} Optimierung der Fertigungsfolge
  - {A4.5} Vorbereitung der Serienproduktion
- {A5} **Technologiecontrolling**
  - {A5.1} Definition der Technologie Balanced Scorecard
  - {A5.2} Kontrolle der Zielvorgaben
  - {A5.3} Initiierung der Maßnahmen

Bild 3.2: Knotenverzeichnis des Geschäftsprozesses Technologiemanagement

Konzeption und Detaillierung des Geschäftsprozesses Technologiemanagement

3.1 Technologieleitbildformulierung

Die Formulierung des Technologieleitbildes ist die erste Phase im Geschäftsprozess Technologiemanagement und beinhaltet wichtige Aufgaben des normativen sowie teilweise des strategischen Management. Es werden Regeln und Vorschriften vorgegeben, nach denen das strategische und operative Technologiemanagement handeln muss. Eingangsinformationen sind die Managementphilosophie, die Unternehmensvision, die Unternehmensmission, die Unternehmensziele, die Unternehmenskennzahlen und die gesetzlichen Randbedingungen. Die Darstellung der Managementphilosophie, der Unternehmenskennzahlen und gesetzlichen Randbedingungen ermöglichen dem Mitarbeiter, sich mit dem Unternehmen zu identifizieren und somit einen Beitrag für die Werterhaltung und -entwicklung zu leisten [vgl. BULL94a, S. 77]. Die Unternehmensvision, die Unternehmensmission und die Unternehmensziele geben in diesem Zusammenhang die Richtung vor, durch die das Denken, Handeln und Fühlen innerhalb des Unternehmens gelenkt werden soll. Der Nutzen der Unternehmensvision ist dann gegeben, wenn ein klarer Zukunftsbezug gegeben, das Wettbewerbsumfeld ausreichend berücksichtigt ist und die Vision einen Realitätssinn aufweist [vgl. BULL94a, S. 79]. Die Phase der Technologieleitbildformulierung wird in folgende Vorgänge gegliedert [vgl. BULL96; KAPL97; PORT97; ZAHN86]:

- Festlegung der Wettbewerbsstrategie {A1.1},
- Festlegung der Technologiestrategie {A1.2},
- Festlegung der unternehmensspezifischen Randbedingungen {A1.3} und
- Festlegung der Controllingkennzahlen und -vorgaben {A1.4}.

3.1.1 Festlegung der Wettbewerbsstrategie

Die Festlegung der Wettbewerbsstrategie {A1.1} definiert unter Nutzung der fünf Wettbewerbskräfte (neuer Konkurrent, vorhandener Wettbewerber, Kunde, Lieferant und Ersatzprodukt) eine oder mehrere kombinierte Strategien für das Unternehmen (Bild 3.3).

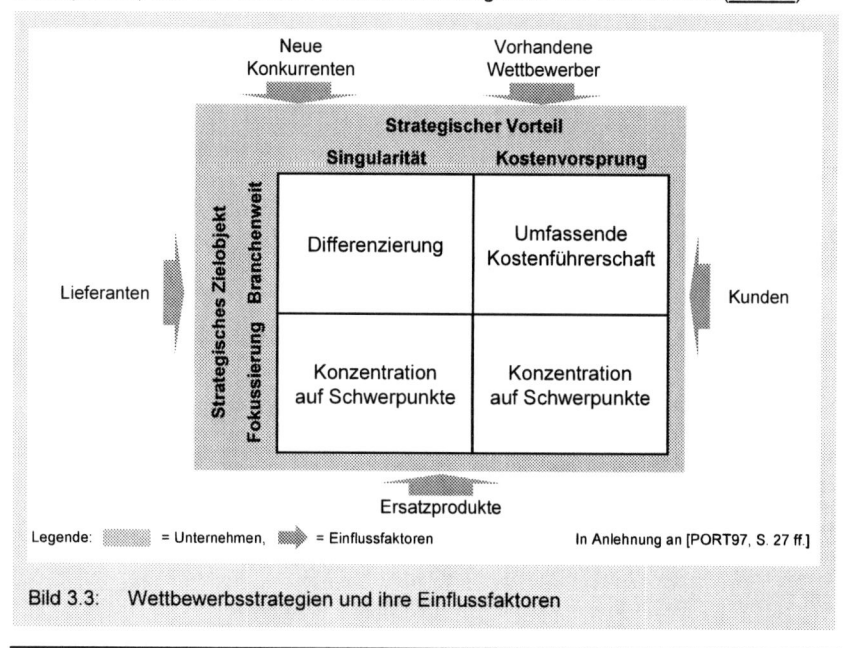

Bild 3.3: Wettbewerbsstrategien und ihre Einflussfaktoren

Seite 41

Entsprechend der Zielsetzung wird zwischen Differenzierung, umfassender Kostenführerschaft und Konzentration auf Schwerpunkte unterschieden [vgl. PORT97, S. 62 ff.]. Die Wettbewerbsstrategie Differenzierung besteht darin, dass die Produkte oder die Dienstleistungen des Unternehmens sich von den Wettbewerbern in der Branche stark unterscheiden. Die Produkte und Dienstleistungen werden als einzigartig angesehen. Die Dimensionen der Differenzierung sind u. a. Design der Produkte, Markenname, Produkttechnologie, Händlernetz, Dienstleistungen usw. Ziel ist es, bei möglichst vielen dieser Dimensionen gleichzeitig erfolgreiche Differenzierungen zu erreichen. Durch Differenzierung können überdurchschnittliche Erträge erzielt werden, da sie eine gefestigte Position in der Auseinandersetzung mit den fünf Wettbewerbskräften schafft. Ebenso kann ein Unternehmen durch Differenzierung sich gegenüber dem Wettbewerb abschirmen, indem es Kunden an das Unternehmen bindet und die Preisempfindlichkeit verringert. Die entstehende Kundenloyalität und der Zwang für die Konkurrenten, die Einzigartigkeit des Produktes zu überwinden, schaffen Eintrittsbarrieren. Da die Differenzierung höhere Ertragsspannen erbringt, entkräftigt sie die Macht der Zulieferer. Gleiches gilt für die Kundenmacht, die durch fehlende Alternativen und geringere Preisempfindlichkeit gemildert wird. Ein Unternehmen, das sich zum Zweck des Aufbaus von Kundenloyalität differenziert hat, sollte gegenüber Ersatzprodukten besser gestellt sein als seine Konkurrenten [vgl. PORT97, S. 65 ff.].

Die Strategie der umfassenden Kostenführerschaft erfordert die Nutzung effizienter Produktionsprozesse, die strenge Kontrolle variabler Kosten und Gemeinkosten, die Kostenoptimierung in Forschung und Entwicklung, Service, Werbung usw. Niedrigere Kosten im Verhältnis zu Wettbewerbern müssen sich wie ein roter Faden durch die gesamte Strategie ziehen. Eine günstige Kostenposition erbringt einem Unternehmen selbst dann überdurchschnittliche Erträge, wenn innerhalb der Branche ein starker Wettbewerbsdruck vorliegt. Seine Kostenposition verleiht ihm Schutz gegen Rivalität der Konkurrenten. Ein Kostenvorsprung schützt das Unternehmen gegen mächtige Kunden, weil diese die Preise nur bis auf das Niveau des zweiteffizientesten Konkurrenten drücken können. Niedrige Kosten schützen vor mächtigen Lieferanten, indem sie größere Flexibilität im Umgang mit Kostensteigerungen bei Inputs erlauben. Die Faktoren, die zu einem Kostenvorsprung führen, schaffen in der Regel zugleich erhebliche Eintrittsbarrieren in Form von Betriebsgrößenersparnissen oder Kostenvorteilen. Ein Unternehmen mit niedrigen Kosten kann Ersatzprodukte besser kompensieren als seine Branchenkonkurrenten, da es einen Kostenvorsprung gegenüber dem zweiteffizientesten Konkurrenten hat. Dieser Vorsprung verschafft ihm die entscheidende Zeit, um auf die Veränderung zu reagieren [vgl. PORT97, S. 63 ff.].

Die Konzentration auf Schwerpunkte bedingt eine Fokussierung auf eine bestimmte Kundengruppe, ein Produktspektrum oder einen geographisch abgegrenzten Markt. Die Strategie beruht auf der Prämisse, dass das Unternehmen ein eng begrenztes strategisches Ziel wirkungsvoller oder effizienter erreichen kann als Konkurrenten, die sich im breiteren Wettbewerb befinden. Im Ergebnis erzielt das Unternehmen entweder eine Differenzierung oder Kostenführerschaft [vgl. PORT97, S. 67 ff.; SWAI02, S. 44-46].

3.1.2 Festlegung der Technologiestrategie

Die Festlegung der Technologiestrategie {A1.2} bestimmt, wie Technologien genutzt, wie technologisches Know-how erworben und welche Rollen im Technologiewettbewerb eingenommen werden sollen [vgl. PORT86, S. 234]. Die Technologiestrategie basiert einerseits auf der Wettbewerbsstrategie und ermöglicht, marktspezifische sowie technologiespezifische Aspekte zu berücksichtigen. Andererseits wird zusätzlich die Produktstrategie benötigt. Diese Informationen sind Grundlage für die Technologiestrategie, da die Anwendung und Planung von Technologien auf die Produkte und den Markt abgestimmt werden muss. Die Technologiestrategien für das Unternehmen werden in diesem Vorgang grob ermittelt und während der Festlegung der technologischen Grundorientierung {A2.4.3} detailliert ausgearbeitet. Technologiestrategien werden in Pionier-, Imitator- und Kooperationsstrategie unterschieden [vgl. BULL96, S. 4 ff.; PORT86, S. 234 ff.; ZAHN86, S. 35 ff.].

Pionierstrategien haben zum Ziel, als erster Schrittmachertechnologien anzuwenden, um neue Produkte oder Produktfunktionen herzustellen und Zukunftstechnologien frühzeitig für die unternehmensinterne Technologieentwicklung bereitzustellen. Der Imitator lernt aus den Erfahrungen des Pioniers, orientiert sich aber stärker als dieser am Markt. Die Imitatorstrategie wird in kreative Nachahmung und unternehmerische Handeln unterschieden. Durch Kooperationsstrategien ist es möglich, die Pionier- oder Imitatorstrategien zu forcieren. In Kooperationen mit externen Unternehmen können Technologien oder technologisches Wissen durch z.B. Lizenznahme, Technologiekauf, Venture-Management oder strategische Allianzen erlangt werden [vgl. BULL96, S. 4-35]. Für die jeweiligen Wettbewerbsstrategien können somit die entsprechenden Technologiestrategien bestimmt werden. Detaillierte Ausführungen zu den verschiedenen Strategien sind in Kapitel 2.2.1.1 dargestellt. Die Festlegung der Technologiestrategien erfolgt anhand der von PORTER entwickelten Vorgehensweise [PORT86]. Die Kombination von Wettbewerbs- und Technologiestrategie ermöglicht nachfolgend die Festlegung der Randbedingungen für die Technologieplanung.

3.1.3 Festlegung der unternehmensspezifischen Randbedingungen

Der Vorgang der Festlegung der unternehmensspezifischen Randbedingungen {A1.3} gibt erste Vorgaben, um zielgerichtet die technologische Grundorientierung entsprechend der normativen Managementvorgaben zu entwickeln (Bild 3.4).

		Technologiestrategie		
		Pionier	Imitator	Kooperation
Gesamtbudget	[€]	5.000.000	1.500.000	500.000
Amortisationszeit der Technologieinvestition	[a]	8	2	4
Personalkapazität	[MJ]	10	4	6
Unterstützt welche Wettbewerbsstrategie		▶ Differenzierung ▶ Kostenführerschaft ▶ Konzentration auf Schwerpunkte	▶ Kostenführerschaft	▶ Differenzierung ▶ Konzentration auf Schwerpunkte

Bild 3.4: Unternehmensspezifische Randbedingungen

Die Unternehmensführung gibt aufbauend auf Unternehmensvision und Managementphilosophie das Gesamtbudget der Technologieentwicklung, die Amortisationszeit der jeweiligen Investition, die zur Verfügung stehende Personalkapazität, die Vertriebswege, die wichtigsten Kunden usw. an. Diese Vorgaben werden durch organisatorische Rahmenbedingungen wie Projektlaufzeiten, Projektgröße und maximales Projektbudget detailliert. Die unternehmensspezifischen Randbedingungen werden unternehmensspezifisch von der Geschäftsführung festgelegt und sind wichtige Eingangsinformationen für die Festlegung der Controllingkennzahlen und -vorgaben. Einige dieser Randbedingungen sollten so formuliert werden, dass sie sich in Kennzahlen transformieren lassen.

Konzeption und Detaillierung des Geschäftsprozesses Technologiemanagement

3.1.4 Festlegung der Controllingkennzahlen und -vorgaben

Die Festlegung der Controllingkennzahlen und -vorgaben {A1.4} dient der späteren Kontrolle und der gleichzeitigen Steuerung bei etwaigen Abweichungen von den Zielvorgaben. Als Controllinginstrument wird für den Geschäftsprozess Technologiemanagement die Balanced Scorecard (BSC) ausgewählt, da die Kennzahlen in verschiedenen Ebenen entsprechend ihrer Wirkung dargestellt und gemessen werden können. Weiterhin ermöglicht die BSC die Darstellung von Ursachen-/Wirkungszusammenhängen, um Maßnahmen zur Steuerung bei Abweichungen vom Zielwert abzuleiten [vgl. KAPL97, S. 247]. Notwendige Eingangsinformationen sind Unternehmensziele, Unternehmenskennzahlen, Unternehmensvision, Unternehmensmission sowie ermittelte Wettbewerbs- und Technologiestrategien. Ziel der BSC sind die Überprüfung

- der Gültigkeit der Voraussetzungen,
- des zeitlichen Ablaufs,
- der Wirksamkeit und
- der Ergebnisse.

Für das Technologiemanagement wird die klassische BSC zur Technologie-Balanced Scorecard erweitert. Den vier Ebenen Finanzen, Kunden, Prozesse und Lernen [vgl. KAPL97] werden die Dimensionen Leitbildformulierung, Planung, Entscheidung und Realisierung vertikal überlagert. Somit können in jeder Phase des Geschäftsprozesses relevante Kennzahlen definiert und kontrolliert werden (Bild 3.5).

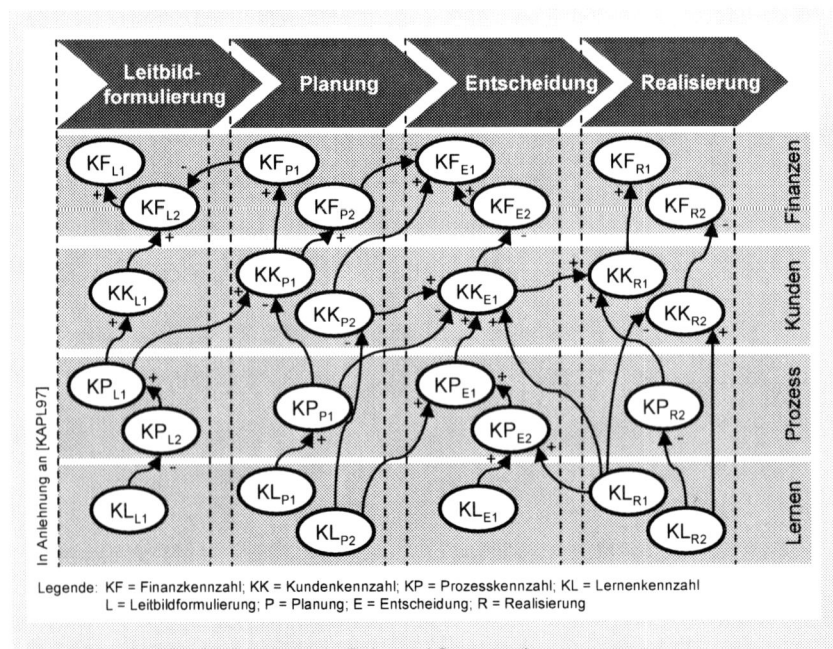

Bild 3.5: Aufbau der Technologie-Balanced Scorecard

Während dieser Aufgabe werden die Kennzahlen für die Technologieleitbildformulierung definiert und entsprechende Zielvorgaben festgelegt. Pro Bereich der Technologie-Balanced Scorecard, also der Schnittfläche der Ebenen und Dimension, werden auf Grund der

Komplexität ca. zwei bis fünf Kennzahlen definiert, so dass in der Summe bei 16 Schnittflächen ca. 32 bis 80 Kennzahlen existieren. Die Kennzahlen der ersten Ebene werden Top-down bis auf die vierte Ebene detailliert. Somit ist ein kaskadischer Zusammenhang zwischen den Kennzahlen möglich. Die Leistungsmessung der Kennzahlen findet dann Bottom-up statt und ermöglicht so Rückschlüsse auf die Wirksamkeit der Maßnahmen.

Auf Basis der vier Vorgänge wird abschließend das Technologieleitbild zusammenfassend dargestellt. Das Technologieleitbild besteht aus den jeweiligen Ausgangsinformationen der vier Vorgänge der Technologieleitbildformulierung und stellt für die Mitarbeiter des Unternehmens einen Handlungsleitfaden dar. Wichtige Inhalte sind die Wettbewerbsstrategie, die Technologiestrategie, die Kennzahlen für die einzelnen Ebenen und Dimensionen der BSC sowie die unternehmensspezifischen Randbedingungen.

3.2 Technologieplanung

Aufgaben der Technologieplanung sind, auf Basis des Technologieleitbildes, die expliziten Technologiestrategien für einzelne Technologien bzw. Technologiefelder zu formulieren sowie die unterstützenden Bereiche Forschung und Entwicklung und Produktion zu unterstützen. Die Phase der Technologieplanung wird in die Vorgänge unterteilt [vgl. BÜHL99; BULL94a; BULL94b; PELZ99; VDI91; VDI97; WOLF94]:

- Bewertung vorhandener Technologien {A2.1},
- Früherkennung von Trends {A2.2},
- Technologiepotenzialbewertung {A2.3} und
- Festlegung der technologischen Grundorientierung {A2.4}.

3.2.1 Bewertung vorhandener Technologien

Die Bewertung vorhandener Technologien {A2.1} dient zur Ermittlung der technologischen Stärken und Schwächen und der Darstellung in einem Technologieportfolio. Durch die Erstellung des Technologieportfolios werden die technologischen Kernkompetenzen des Unternehmens ermittelt. Kernkompetenzen umfassen dabei mehr als die alleinige Beherrschung der Anwendung der Technologie. Sie zeichnen sich durch die Fähigkeit aus, für einen bestimmten Aufgaben- oder Problembereich die technologischen Ressourcen so miteinander zu kombinieren, dass auch zukünftige Problemstellungen auf diesem Gebiet effizient gelöst werden können [vgl. PELZ99, S. 48].

Die Ermittlung und Priorisierung relevanter Technologien {A2.1.1} stellt eine zeitpunktbezogene Unternehmensabbildung dar [vgl. AZZO96, S. 2520 f.; HALL02, S. 49-52]. Um die Vollständigkeit der Aufnahme sicherzustellen, sind die Inventarlisten des Maschinenparks zu analysieren. Während Inventarlisten den Vorteil der Vollständigkeit besitzen, haben diese den Nachteil, dass sie keine Aussagen bezüglich der Wertschöpfung einer Maschine zulassen. Eine Differenzierung zwischen einer 5- oder 3-Achsen-Fräsmaschine ist anhand der Inventarlisten kaum möglich. Daher bedarf es im Folgenden der Priorisierung der Technologien mittels der Untersuchung der Maschinendaten und technologischen Fähigkeiten. Kriterien für die Priorisierung der Maschinendaten sind u.a. Arbeitsraum, Anschaffungspreis, Auslastung und Nutzungsdauer. Die technologischen Fähigkeiten werden auf Grundlage qualitativer Bewertungen der Experten und verantwortlicher Entscheidungsträger priorisiert.

Die Analyse der Technologiebeherrschung {A2.1.2} basiert auf den identifizierten und priorisierten Technologien. Den Technologien wurden in A2.1.1 die entsprechenden Maschinen zugeordnet. Für jede Maschine werden nun die Maschinendaten und technologischen Fähigkeiten ermittelt. Zur Beschreibung der Maschinendaten werden

Konzeption und Detaillierung des Geschäftsprozesses Technologiemanagement

Kennwerte wie Alter, Art der Steuerung, Leistung, Flexibilität und Automatisierungsgrad bestimmt. Die technologischen Fähigkeiten beziehen sich dabei auf die Weiterentwicklung einer Technologie zur Herstellung der Produkte (Bild 3.6).
Die Weiterentwicklung wird durch die Position im Technologielebenszyklus bestimmt (Anhang 8.4). Die Fähigkeit einer Technologie Produkte herzustellen, kann durch Features[8] beschrieben werden. Hierzu wird untersucht, welche und wie viele Features eine Technologie realisieren kann. Je mehr Features die Technologie erzeugen kann, desto höher ist die technologische Fähigkeit. Zur vollständigen Darstellung der Maschinendaten und technologischen Fähigkeiten kann das Technologieinformationsmodell genutzt werden. Das Technologieinformationsmodell wird in Kapitel 5.1 detailliert beschrieben und ist im Anhang 8.8.1 aufgeführt.

Technologie/ Maschine	Maschinendaten	
	▶ Alter	▶ Leistung
	▶ Arbeitsraum	▶ Automatisierungsgrad
	Fähigkeiten	
	▶ Technologie-lebenszyklus	▶ Feature

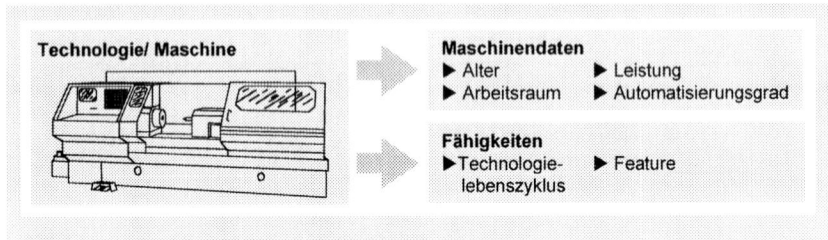

Bild 3.6: Analyse der Technologiebeherrschung

Des Weiteren bedarf es der Erfassung von Substitutionstechnologien {A2.1.3}. Dies ist notwendig, um der Anforderung nach einer Bewertung der zukünftigen Relevanz einer Technologie im Vergleich mit konkurrierenden Technologien zu genügen. Während sich die Beherrschung einer Technologie als relative Überlegenheit der Leistungsfähigkeit des Unternehmens gegenüber anderen Technologieanwendern darstellt, bezeichnet eine hohe zukünftige Relevanz die unternehmensunabhängige Überlegenheit gegenüber anderen Technologien. Den Vergleichsmaßstab bilden damit alternative Technologien. Bei klassischen Technologiebewertungen resultieren diese aus den Merkmalen des zu produzierenden Produktes. Da eine produktunabhängige Bewertung erfolgt, sind alle diejenigen Technologien als mögliche Substitutionstechnologien zu bezeichnen, die dieselben Features unter Verwendung der gleichen Werkstoffe herstellen können. Dabei sollten sowohl klassische als auch zukunftsweisende Technologien ermittelt werden. Zur Recherche der Substitutionstechnologien stehen einerseits Datenbanken und andererseits Internet-Dienste zur Verfügung. Eine Auswahl von entsprechenden Datenbanken und Online-Diensten ist in Anhang 8.5 aufgelistet. Die recherchierten Technologien werden ebenso beschrieben wie die im Unternehmen vorhandenen Technologien. Entsprechend werden Maschinendaten und technologische Fähigkeiten ermittelt und im Technologieinformationsmodell dokumentiert.

Die Bewertung der Technologiebeherrschung {A2.1.4} liefert eine Aussage bezüglich der Überlegenheit des technologischen Leistungsvermögens hinsichtlich der eingesetzten Technologien relativ zum Marktniveau. Das aktuelle Leistungsvermögen des Unternehmens wird auf der ersten Detaillierungsstufe durch das Sachmittelpotenzial, die Anwendungsperformance sowie die Weiterentwicklungsfähigkeit beschrieben. Während das Sachmittelpotenzial ausschließlich die maschinellen Ressourcen bewertet und damit die prinzipiellen Möglichkeiten des Unternehmens zum Gegenstand hat, dient die Anwendungsperformance zusätzlich als Maß für die zeitpunktbezogene Umsetzung der vorhandenen technologischen Fähigkeiten. Um dem strategischen Aspekt technologischer Leistungspotenziale zu

---

[8] Eine detaillierte Feature-Definition ist in Kapitel 5.1.1 dargestellt.

genügen, ist eine zeitpunktbezogene Bewertung nicht ausreichend. Zusätzlich ist zu bewerten, welchen Grad der Technologiebeherrschung das Unternehmen in Zukunft erreichen wird. Als Indikator dient das aktuell im Unternehmen vorhandene Weiterentwicklungsfähigkeit [vgl. PELZ99; S. 75 ff.].

Die Bewertung der Zukunftsträchtigkeit {A2.1.5} berücksichtigt die langfristigen Wettbewerbsvorteile. Die Zukunftsträchtigkeit einer Technologie beschreibt deren Möglichkeit, Wettbewerbsvorteile zu generieren bzw. auf deren Erschließung und Sicherung Einfluss zu nehmen. Eine Technologie wirkt sich auf Wettbewerbsvorteile aus, wenn sie für die relative Kostenposition oder Differenzierung eine wichtige Funktion übernimmt [vgl. PORT97, S. 225]. Die beiden bisher angeführten Kriterien treffen lediglich Aussagen über den aktuellen Beitrag zu den Strategietypen. Eine dynamische Perspektive lässt sich durch eine zusätzliche Betrachtung des Weiterentwicklungspotenzials der Technologie erzeugen. Ein durch Technologien negativ beeinflusstes Image, wie z.B. Herstellung von Farbe auf Basis von Lösungsmitteln, kann die Marktchancen reduzieren, während der positive Effekt eher als gering einzuschätzen ist. Dieser Aspekt findet Berücksichtigung durch das Kriterium des Imagepotenzials. Die bewerteten Technologien werden abschließend in einem Technologieportfolio dargestellt [vgl. PELZ99; S. 75 ff.] (Bild 3.7).

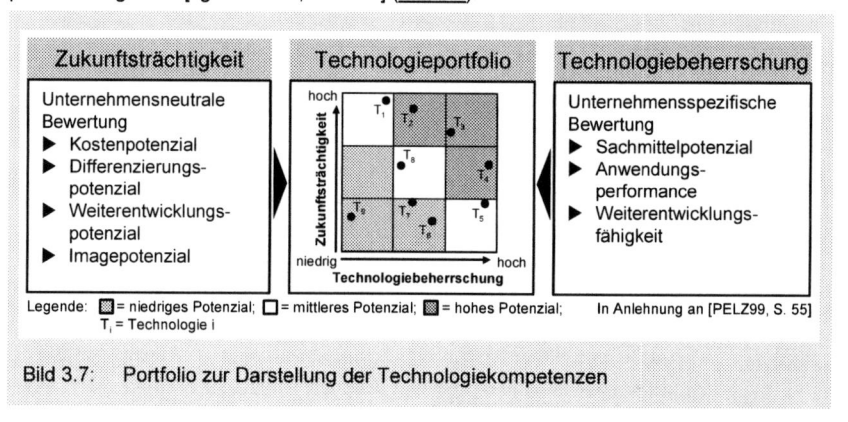

Zukunftsträchtigkeit	Technologieportfolio	Technologiebeherrschung
Unternehmensneutrale Bewertung ▶ Kostenpotenzial ▶ Differenzierungspotenzial ▶ Weiterentwicklungspotenzial ▶ Imagepotenzial	hoch Zukunftsträchtigkeit niedrig ──────► hoch Technologiebeherrschung	Unternehmensspezifische Bewertung ▶ Sachmittelpotenzial ▶ Anwendungsperformance ▶ Weiterentwicklungsfähigkeit

Legende: ▨ = niedriges Potenzial; ☐ = mittleres Potenzial; ▣ = hohes Potenzial;   In Anlehnung an [PELZ99, S. 55]
T_i = Technologie i

Bild 3.7: Portfolio zur Darstellung der Technologiekompetenzen

3.2.2 Früherkennung von Trends

Die Früherkennung von Trends {A2.2} soll Signale suchen, filtern und in Hinblick auf neue Ansätze für die Technologieentwicklung untersuchen. Somit sind die Suche nach Informationen über neue zukunftsweisende Technologien, die Analyse der Ausrichtung der Wettbewerber, die Analyse des gesellschaftlichen Wertewandels, die Ermittlung geänderter Kundenbedürfnisse sowie das Ableiten von relevantem Unternehmenswissen aus diesen Informationen Aufgaben der Technologiefrüherkennung. Ziel muss es sein, aus neuen technologischen Entwicklungen und dem Kundenverhalten entstehende Chancen für neue Geschäfte oder Bedrohungen für bestehende Geschäfte rechtzeitig zu erkennen [vgl. ZAHN95, S. 23]. Somit kann mit zeitlichem Vorsprung auf Ereignisse hingewiesen werden, die mit hoher Wahrscheinlichkeit in Zukunft die Technologieentwicklung nachhaltig beeinflussen werden. Einerseits werden so direkte Technologieentwicklungen (Technologypush) erkannt, andererseits werden die Marktbedürfnisse (Market-pull) aufgenommen.

Die Recherche von schwachen und starken Signalen {A2.2.1, A2.2.2} ist Basis der Früherkennung von Trends. Schwache Signale leiten sich aus diffusen Sachverhalten ab und erlauben lediglich qualitative Aussagen. Starke Signale ermöglichen eine quantitative Aussage und stützen sich auf gesicherte Daten. Als Unterscheidungskriterium für schwache und starke Signale dient somit der Informationsgehalt. Dieser ist bei starken Signalen so hoch, dass sich die Art der Chance oder die Bedrohung für das Unternehmen, der Umfang und Zeitraum der Auswirkungen auf das Unternehmen und auch die geeigneten Reaktionsstrategien sowie deren Konsequenzen in etwa abschätzen lassen. Schwache Signale dagegen sind durch kaum definierte und weitgehend unstrukturierte Informationen gekennzeichnet, die den Beobachter in einem Stadium hoher Unsicherheit belassen und zudem in unterschiedlicher Weise interpretiert werden können. Damit können divergente Reaktionsstrategien impliziert werden [vgl. WOLF94, S. 135 f.]. Ein eindeutiges starkes Signal, das einen technologischen Umschwung ankündigt, stellt bspw. die erstmalige Vorstellung eines Prototyps einer neuen Technologie dar. Ein schwaches Signal hingegen ist das Auffinden einer relativen Häufigkeit von Patentanmeldungen auf einem Technologiegebiet. Die Detaillierung der Informationsgüte durch Kontaktierung von Informationsquellen oder weitergehende Recherchen ist notwendig, um aus dem schwachen Signal wertvolle Aussagen ableiteten zu können {A2.2.3}.

Durch die Früherkennung von Trends müssen neben den im Unternehmen selbst genutzten Technologien insbesondere die Neu- und Weiterentwicklungen sowie Anwendungspotenziale von Zukunfts-, Schlüssel- und Schrittmachertechnologien permanent überwacht werden. Dazu ist es einerseits erforderlich, Patente zu analysieren, bibliometrische Analysen von Publikationen durchzuführen, die Tätigkeiten von Forschung und Entwicklung in Hochschulen und Instituten zu beobachten, die Technologielieferanten kontinuierlich zu analysieren, sich mit Wettbewerbern zu vergleichen sowie die Anforderungen des Marktes an neue Produkte zu untersuchen. Andererseits können u.a. aus Expertenbefragungen, Delphi-Umfragen oder Analogieverfahren wichtige Signale ermittelt werden [vgl. UNIK02]. Bei Expertenbefragungen werden unternehmensinterne oder -externe Experten hinsichtlich der Auswirkungen in Gruppendiskussionen interviewt. Hierbei ist auf die Interdisziplinarität der Experten zu achten. Nachteil der Expertenbefragung ist, dass bei der Gruppendiskussion maximal 10 bis 15 Personen einbezogen werden können, da sonst die Effizienz der Diskussion fragwürdig ist [vgl. BÜHL99, S. 236 f.]. Delphi-Umfragen beruhen auf der Analyse von 50 bis 100 Experten, die unabhängig voneinander und anonym mittels Fragebogen befragt werden. Die Ergebnisse werden nachfolgend ausgewertet und pro Frage wird ein Mittelwert gebildet. In den nachfolgenden Befragungsrunden werden von den Experten Meinungen eingeholt, warum sie von dem Mittelwert abweichen. Die Ergebnisse werden abschließend interpretiert und Prognosen abgeleitet. Neben dem Vorzug, dass ein großer Expertenkreis befragt wird, sind Nachteile der Delphi-Umfrage, dass die Ergebnisse sehr stark von der Eindeutigkeit der Fragen abhängen und der Zeitaufwand der Durchführung sehr hoch ist [vgl. UNIK02]. Durch Analogieverfahren werden mit Hilfe von Analogieschlüssen bekannte Entwicklungen aus sachlich und räumlich anderen Bereichen auf den interessierten Technologiebereich übertragen. Es wird angenommen, dass die Entwicklung im zeitlich nachgelagerten Bereich in etwa nach dem gleichen Muster verläuft wie die der Erstnutzung. Bspw. folgte bis zum Zeitalter der Überschallflugzeuge die Steigerung der maximalen Geschwindigkeit von Zivilflugzeugen der Höchstgeschwindigkeit von Militärmaschinen in einem zeitlich ziemlich gleichbleibenden Abstand [vgl. WOLF94, S. 164]. Ergebnisse der Früherkennung von Trends sind mögliche Technologien, die in Zukunft für das betrachtete Unternehmen produktionstechnische Vorteile haben könnten. Unklar sind die jeweiligen Risiken und Chancen der Technologie, um die Technologiestrategie zu bestimmen.

3.2.3 Technologiepotenzialbewertung

Die generelle Aufgabe der Technologiepotenzialbewertung {A2.3} ist es, aufbauend auf den Trends, sowohl die Risiken, d.h. die bewussten und nichtbeabsichtigten Gefahren und Folgen, als auch die Chancen d.h. die Nutzenpotenziale und Entwicklungsmöglichkeiten, einer Technologie zu beurteilen [vgl. BULL94a, S. 50; BULL94b, S. 15 f.]. Dabei werden u.a. die Bewertungsdimensionen Unternehmen, Umwelt und Gesellschaft betrachtet. Die Technologiepotenzialbewertung kann für diese Dimensionen sowohl natur- und ingenieur-

Konzeption und Detaillierung des Geschäftsprozesses Technologiemanagement

als auch wirtschafts-, sozial- und geisteswissenschaftliche Gesichtspunkte umfassen, so dass eine Vielzahl von Bewertungskriterien abgeleitet werden können. Diese Kriterien sind bspw. Funktionsfähigkeit, Wirtschaftlichkeit, Wohlstand, Gesundheit, Umweltqualität, Persönlichkeitsentfaltung, Sicherheit und Gesellschaftsqualität [vgl. VDI97, S. 78 ff.]. Für die Technologiepotenzialbewertung wird ein unternehmensinternes, interdisziplinäres Team aus Experten eingesetzt, das alle Bereiche repräsentiert, aus denen Informationen zu den Risiken und Chancen von Technologien zu erwarten sind [KORN91, S. 1554].

Im ersten Vorgang der Technologiepotenzialbewertung wird die Bilanzgrenze festgelegt {A2.3.1}. Dazu werden einerseits die Bewertungsdimensionen andererseits die relevanten Technologien ausgewählt. Entsprechend der unternehmenseigenen Managementphilosophie werden durch einen Paarweisen Vergleich die zwei wichtigsten Bewertungsdimensionen ermittelt. Die relevanten Technologien werden durch die Bewertung des Technologietrends bestimmt. Hier ist es wichtig, zu beachten in welchem Lebenszyklus sich eine Technologie befindet. Wird eine Zukunftstechnologie bewertet, besteht die Problematik, dass sie noch in einem sehr frühen Entwicklungsstadium ist und ihre Effekte nicht mit ausreichender Genauigkeit abgeschätzt werden können. Andererseits ist die Bewertung einer Schrittmachertechnologie oftmals unnötig, da die stellenweise Implementierung möglicherweise schon erhebliche Folgewirkungen u.a. auf die Gesellschaft haben kann. Für die folgende Betrachtung sind daher nur Technologien auszuwählen, die im Technologielebenszyklus den Schlüssel- und Zukunftstechnologien zuzuordnen sind. Die Ermittlung des allgemeinen Technologiepotenzials {A2.3.2} erfolgt anhand der drei Dimensionen: Anwendungsfelder, Einfluss auf die Weiterentwicklung der Technologie und Chance der Technologie eine neuartige technische Lösung für ein bestehendes Problem darzustellen [vgl. BULL94b, S. 3-33; VDI97] (Bild 3.8).

		Dimension [D_a]								
		Anwendungsfeld			Einfluss auf Weiterentwicklung			Chance der Technologie		
		D_1	D_2	D_3	D_4	D_5	D_6	D_7	D_8	D_9
		Gegenwärtig realisiert	Gegenwärtig möglich	Zukünftig möglich	Beschleunigen	Verlangsamen	Richtung ändern	Gering	Mittel	Hoch	Gesamtpotenzial [GZ_{T_c}]
	Einzelpotenzial [EZ_a]	1	2	2	1	1	2	1	2	3	
Technologie T_c	Technologie A [T_1]	$N_{1,1}$	$N_{1,2}$	...	...	...	...	...	...	$N_{1,9}$	
	Technologie B [T_2]	:								:	
	⋮		$N_{c,1}$			$N_{c,a}$				:	
	Technologie N [T_p]	$N_{p,1}$	...	...	...	...	...	...	...	$N_{p,9}$	

Bild 3.8: Ermittlung des Technologiepotenzials

Jede Dimension [D_a] wird in drei Ausprägungen unterteilt. Bei der Bewertung der Ausprägungen der Dimension „Anwendungsfeld" ist eine Dreifachnennung möglich, da eine Technologie in mehreren Anwendungsfeldern verschiedene Ausprägungen haben kann. Die

Ausprägung „gegenwärtig realisiert" wird mit dem Einzelpotenzial [EZ_a] „1" bewertet; die Ausprägung „gegenwärtig möglich" hat das Einzelpotenzial „2", da das Technologiepotenzial für das Unternehmen neu ist und somit eine Verbesserung der Wettbewerbsposition ermöglicht. Die Ausprägung „zukünftig möglich" wird mit dem Einzelpotenzial „2" bewertet.

Mit der Dimension „Einfluss auf die Weiterentwicklung" wird die Möglichkeit eines Unternehmens beurteilt, die Nutzung der Potenziale auszuschöpfen. Kann ein Unternehmen die Entwicklung der Anwendung nur „beschleunigen" oder „verlangsamen", also nicht die Richtung der Auswirkung (positiv oder negativ für das Unternehmen oder die Gesellschaft) ändern, ist das Einzelpotenzial „1" ansonsten bei „Richtung ändern" „2".

Bei der Bewertung der Dimension „Chance der Technologie", eine neuartige technische Lösung für ein bestehendes Problem darzustellen, ist nur eine Einfachnennung möglich. Entsprechend der Höhe der Chance der Technologie wird das Einzelpotenzial mit „1" bis „3" bewertet (gering = „1", mittel = „2", hoch = „3"). Für jede Technologie wird auf Basis der für die Technologie zutreffenden Einzelpotenziale [$N_{c,a}$] das Gesamtpotenzial [GZ_{Tc}] berechnet (Formel 3.1). Das Gesamtpotenzial ist die erste Bewertungsgröße, die zur Bewertung des Technologiepotenzials benötigt wird, um die technologischen Chancen und Risiken zu ermitteln.

$$GZ_{T_c} = \sum_{a=1}^{9} N_{c,a}$$

Formel 3.1: Ermittlung Gesamtpotenzial einer Technologieanwendung

Im Folgenden werden die für die jeweiligen Bewertungsdimensionen wichtigen Kriterien [K_d] ausgewählt und gewichtet {A2.3.3}. Mögliche Kriterien sind Funktionsfähigkeit, Wirtschaftlichkeit, Wohlstand, Gesundheit, Umweltqualität, Persönlichkeitsentfaltung, Sicherheit, Gesellschaftsqualität, Stabilität, Fehlerfreundlichkeit, Arbeitszufriedenheit und Wettbewerbsfähigkeit [KORN91, S. 1559 f.; VDI91, S. 4 ff.]. Die Kriterien sind detailliert im Anhang 8.6 dargestellt. Mittels Paarweisen Vergleichs werden ausgewählte Kriterien gegeneinander bewertet und anschließend normiert, so dass sich die Wichtung [W_{Kd}] des Kriteriums [K_d] ergibt. Die Kriterien sind die zweite Bewertungsgröße zur Ermittlung der Chancen und Risiken des Technologiepotenzials und somit dem Einfluss einer Technologie.

Der Technologieeinfluss {A2.3.4} wird anschließend bestimmt, indem pro Bewertungsdimension die Chancen und Risiken [$CR_{q,p}$] jede Technologie [T_c] und Kriterium [K_d] ermittelt werden. Zur Bewertung der Chancen und Risiken wird jedes Kriterium für jede Technologie einzeln bewertet. Der Einfluss einer Technologie [E_{Tc}] wird anhand der bewerteten Chance bzw. des bewerteten Risikos, der Wichtung [W_{Bd}] des Kriteriums und des Gesamtpotenzials [GZ_{Tc}] ermittelt (Formel 3.2).

$$E_{T_c} = \sum_{d=1,c=1}^{q,p} CR_{d,c} \times K_d \times GZ_{T_c}$$

Formel 3.2: Ermittlung Einfluss einer Technologieanwendung

Nachfolgend werden die Ergebnisse in einem Portfolio dargestellt. Die Dimensionen des Portfolios ergeben sich aus den beiden priorisierten Bewertungsdimensionen (Bild 3.9).

Die Technologieeinflussbewertung berücksichtigt somit die Entwicklung der Technologie selbst als auch die Veränderungen und Wechselwirkungen im technischen, sozialen und ökologischen Umfeld. Um die Unsicherheit der Abschätzung zu reduzieren, ist eine zyklische Aktualisierung erforderlich. Die Bewertung sollte alle drei bis vier Jahre wiederholt werden.

Bild 3.9: Technologische Chancen und Risiken

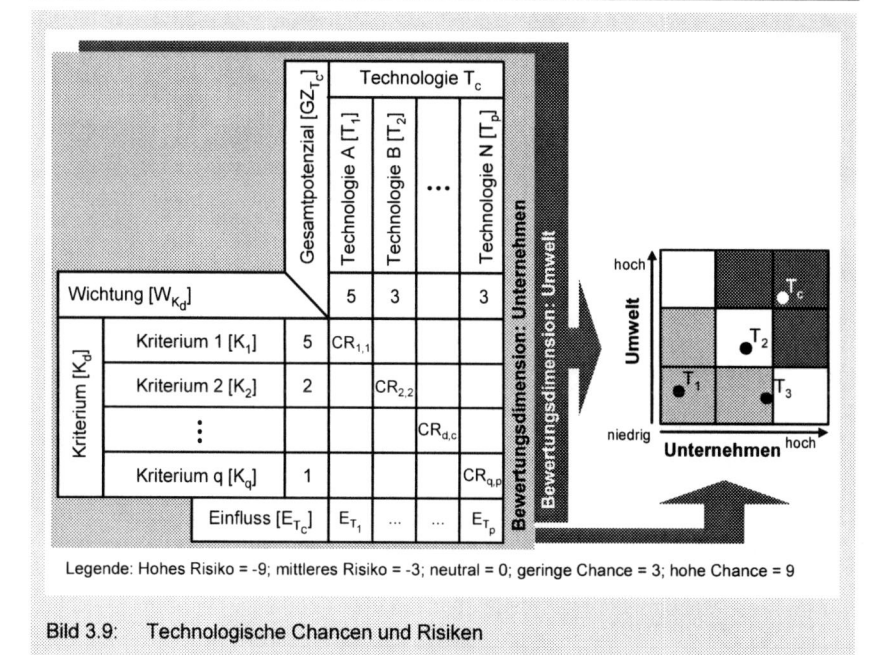

3.2.4 Festlegung der technologischen Grundorientierung

Die Definition der strategischen Geschäftsfelder dient zur Beschreibung der Attraktivität aktueller und/oder potenzieller Aktivitäten eines Unternehmens hinsichtlich der Schaffung von Wettbewerbsvorteilen {A2.4.1}. Sie werden durch die Dimensionen Kundenfunktion, Kundengruppen und Technologien beschrieben [EWAL89, S. 14 f.]. Die Kundenfunktion charakterisiert die Art des Nutzens, den eine Unternehmensleistung bei einer Kundengruppe erreicht. Technologien stellen in diesem Zusammenhang die unterschiedlichen technologischen Realisationen dar, mit denen die Funktion gegenüber dem Kunden erfüllt werden kann. Die Kundengruppe ist ein Segment des Gesamtmarktes, das ähnliche oder gleiche Nutzenarten nachfragt und relativ homogene kaufrelevante Verhaltensmerkmale aufweist. Das strategische Geschäftsfeld weist ein bestimmtes autonomes Erfolgspotenzial auf und ist unabhängig von anderen strategischen Geschäftsfeldern, so dass sich Wettbewerbsvorteile erzielen lassen [vgl. EWAL89, S. 94 ff.; PELZ99, S. 48 ff.]. Die strategischen Technologiefelder werden auf Basis der Bewertung der Chancen und Risiken neuer Technologien definiert und stellen einen Ausschnitt aus dem aktuellen und potenziellen technologischen Betätigungsfeld eines Unternehmens dar {A2.4.2}. Strategische Technologiefelder werden weiterhin bezüglich Technologie- und Wettbewerbsstrategie bewertet (Bild 3.10).

Nachfolgend werden ähnliche Technologien zu Technologiefeldern zusammengefasst. Als Kriterium für die Clusterung kann bspw. die Funktion einer Technologie genutzt werden. Diese wird durch die Möglichkeit beschrieben, welche Features eine Technologie als Differenz zwischen In- und Output herstellen kann. Die Features sind die Grundlage für die Realisierung von gewünschten Funktionen. Technologien gehören dann einer gemeinsamen Kategorie an, wenn diese prinzipiell ähnliche Veränderungen des Inputs vornehmen können. Eine derartige Kategorisierung wird in der DIN 8580 vorgenommen. Die darin vorgenommene Einteilung der Technologien in Hauptgruppen basiert auf der Tatsache, dass diese entweder die Schaffung einer Ausgangsform (Urform) aus formlosem Stoff, die Veränderung der Form oder die Veränderung der Stoffeigenschaften zum Ziel haben.

Daraus resultieren die Gruppen Urformen, Umformen, Trennen, Fügen, Beschichten und Stoffeigenschaft ändern [vgl. DIN85, S. 1-39]. Die Verwendung der DIN 8580 hat zudem den Vorteil, dass ein einheitliches Begriffsverständnis genutzt wird, das den Vergleich mit anderen Technologienanwendern vereinfacht. Auf Basis der kategorisierten Technologien sind die Technologiefelder definiert. Technologiefelder werden zu strategischen Technologiefeldern, wenn sie eine hohe Relevanz bezüglich einer oder mehrerer Branchen, eines direkten Kundennutzens aufweisen oder ein strategisches Geschäftsfeld unterstützen. Zur Bestimmung der strategischen Bedeutung kann die Checkliste im Anhang 8.7 genutzt werden. Dabei ist zu beachten, dass die Beziehungen zwischen den einzelnen Technologien eines Technologiefeldes konkurrierend, komplementär oder neutral sein können.

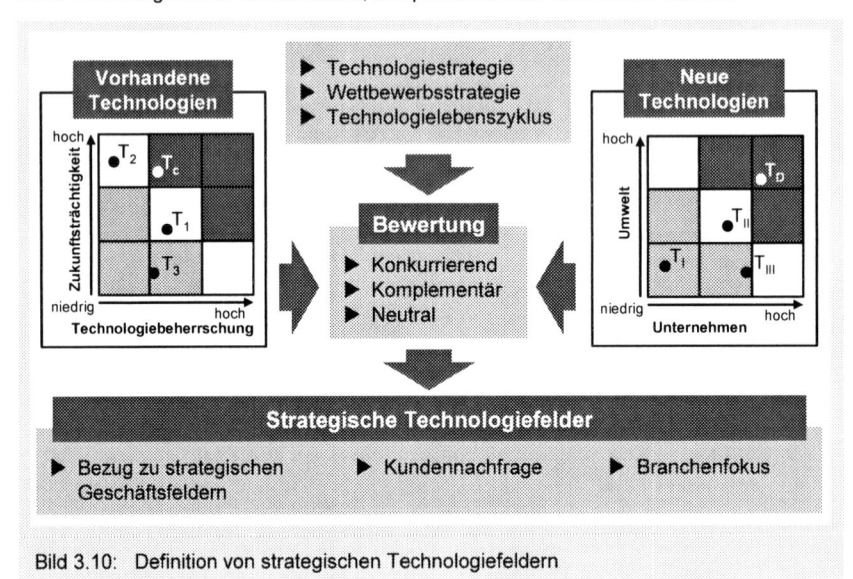

Bild 3.10: Definition von strategischen Technologiefeldern

Die personellen und finanziellen Ressourcen, die für die folgenden Phasen der Technologieentscheidung und -realisierung in der Praxis bereitstehen, sind oftmals begrenzt. Mit dem Ziel, Ressourcen effektiv zu nutzen, erfolgt daher die Definition von strategischen Technologieprojekten {A2.4.3}. Die Aufgabe besteht darin, eine Planungsbasis von repräsentativen Produkten zu schaffen. Diese müssen für die Anforderungen des derzeitigen, wie auch des zukünftigen Produktprogramms der Fertigung repräsentativ sein. Wie viele relevante Produkte bestimmt werden, hängt prinzipiell von dem gewünschten Konkretisierungsgrad der Planungen sowie der Produktkomplexität ab.

Zur Auswahl der wichtigen vorhandenen und zukünftig relevanten Produkte für die Technologieentscheidung ist die Beantwortung der Fragestellungen notwendig [vgl. SCHT96, S. 53]:

- Welche Produkte sollen als Basis für eine Technologieentscheidung dienen?
- Welche Produkte weisen hohes Gesamtnutzenpotenzial auf?

Zur Eingrenzung sind die Kriterien strategische Bedeutung, Umsatzanteil, Entwicklungspotenzial, Produktlebenszyklus und Marktentwicklung erforderlich (Bild 3.11).

Anhand der strategischen Bedeutung werden die Produkte [P_b] aus dem Produktportfolio ausgewählt, deren Relevanz für das Unternehmen hoch ist (Kriterium 1). Unternehmensbezogen wird von der Analyse des Anteiles eines Produktes am Deckungsbeitrags des

Konzeption und Detaillierung des Geschäftsprozesses Technologiemanagement

Unternehmens bzw. des Bereichs ausgegangen. Hierbei wird die Annahme zugrunde gelegt, dass mit der Höhe des Umsatzanteiles (Kriterium 2) die Bedeutung des Umsatzträgers und damit die Relevanz als Planungsbasis wächst. Mit dem Entwicklungspotenzial (Kriterium 3) eines Produktes wird abgeschätzt, wie hoch der Anteil der Produktkosten ist, die durch neue Technologien eingespart werden bzw. wie viele neue Funktionen noch in das Produkt integriert werden können. Durch die Berücksichtigung des Produktlebenszyklus (Kriterium 4) wird die Wahrscheinlichkeit reduziert, dass langfristig auf Basis von derzeit bedeutsamen Produkten geplant wird, obwohl diese kurz- bzw. mittelfristig substituiert werden. Anhand der Marktdaten ist eine erste Eingrenzung der Marktentwicklung möglich (Kriterium 5). Die Einbeziehung der Markteinflüsse erfolgt an dieser Stelle anhand qualitativer Prognosen des Nachfragewachstums. Dabei ist die Produktentwicklung in den nächsten drei bis fünf Jahren abzuschätzen. Kann dabei nicht auf Datenmaterial der Abteilung Marktforschung/Marketing zurückgegriffen werden, so ist eine pragmatische Abschätzung durchzuführen. Für jedes Kriterium $[K_e]$ müssen unternehmensspezifisch die Bewertungsgrenzen definiert werden. Ist für das Unternehmen A bspw. der Umsatzanteil hoch, wenn 10% des Umsatzes mit einem Produkt erreicht werden. Andererseits liegt die Schwelle für einen hohen Umsatzanteil bei dem Unternehmen B erst bei 30%.

		Gewichtung $[G_e]$	Produkte $[P_b]$						
			Vorhandene			Zukünftige			
			Produkt 1 $[P_1]$	Produkt 2 $[P_2]$	...	Produkt 7 $[P_7]$	Produkt 8 $[P_8]$	Produkt 9 $[P_9]$	...	Produkt b $[P_b]$
Kriterium $[K_e]$	Strategische Bedeutung [1, 5, 9][1] $[K_1]$	0,2	9	5		5	1	1		1
	Umsatzanteil[2] [1, 5, 9][3] $[K_2]$	0,3	5	9		1	9	1		1
	Entwicklungspotenzial [1, 5, 9][4] $[K_3]$	0,1	1	5		5	1	5		5
	Produktlebenszyklus [1, 5, 9][5] $[K_4]$	0,1	1	9		5	9	5		9
	Marktentwicklung [1, 5, 9][6] $[K_5]$	0,3	9	1		1	1	9		5
	Nutzwert $[NW_{Pb}]$		6,2	5,4		2,6	4,2	4,2		3,4

Legende:
1: 1 = gering; 5 = mittel; 9 = hoch
2: Gemittelt über die nächsten fünf Jahre in Prozent
3: 1 = x < 5%; 3 = 5% ≤ x ≤ 15%; 9 = x > 15%
4: 1 = Alterung; 5 = Wachstum; 9 = Entwicklung
5: 1 = x < 5%; 3 = 5% ≤ x ≤ 15%; 9 = x > 15%
6: 1 = nach 5 Jahren fallend; 5 = nach 5 Jahren stagnierend; 9 = nach 5 Jahren steigend

Bild 3.11: Nutzwert relevanter Produkte für Technologieprojekte

Entsprechend der Gewichtung $[G_e]$ wird pro Produkt der Nutzwert[9] $[NW_{Pb}]$ berechnet (Formel 3.3). Auf Basis dieser Vorgehensweise können entsprechend der normativen Randbedingungen die Produkte ausgewählt werden, für die eine Technologieentscheidung durchgeführt werden soll. Hierbei sollen sowohl Produkte der laufenden Produktion als auch Produkte im Planungsstadium betrachtet werden.

---

[9] Der Nutzwert ist ein subjektiv bestimmter Wert bspw. eines Gutes oder einer Dienstleistung [vgl. GABL97, S. 2804].

$$NW_{P_b} = \sum_{e=1}^{5}(K_e \times G_e)$$

Formel 3.3: Berechung Produktnutzwert

Durch die Detaillierung der Controllingkennzahlen {A2.4.4} wird die zweite Dimension der Technologie-Balanced Scorecard aufgebaut. Die Vorgaben der Dimension Leitbildformulierung werden in der Technologieplanung kaskadisch detailliert. Die Darstellung der Ergebnisse ist in Kapitel 3.5 dargestellt.

3.3 Technologieentscheidung

Aufgaben der Technologieentscheidung sind, Technologieprojekte für die operative Umsetzung auszuwählen, eine unternehmensweite TechnologieRoadMap zu erstellen und Make-or-buy-Strategien für Produkte bzw. Einzelteile zu definieren. Mittels des Vorgangs der Technologieentscheidung werden die strategischen Vorgaben der Technologieplanung detailliert und die kurz- bis mittelfristigen Aktivitäten für die Technologierealisierung terminiert. Dazu sind folgende Aufgaben erforderlich [vgl. BUCH02,S. 23 ff.; SCHT96, S. 47 ff.]:

- Ermittlung von Technologieszenarien für zukünftige Produkte {A3.1},
- Ermittlung von Technologieszenarien für vorhandene Produkte {A3.2} und
- Ableitung der Umsetzungsstrategie {A3.3}.

Als Eingangsinformationen werden das Technologieportfolio, die planungsrelevanten Produkte, die Wettbewerbsdaten, die strategischen Technologiefelder und die unternehmensspezifischen Randbedingungen genutzt.

3.3.1 Ermittlung von Technologieszenarien für zukünftige Produkte

Technologieszenarien werden generiert, indem wichtige Merkmale und Eigenschaften der Produkte mit den Fähigkeiten der Technologien verglichen und anschließend bewertet werden. Dazu wird der Vorgang in sechs Aufgaben unterteilt. Die erste Aufgabe ist die Produktanalyse {A3.1.1}. Ziel ist die Ermittlung und Verdichtung aller benötigten Planungsinformationen über das Produkt und seine Einzelteile als Basis für die folgenden Aufgaben. Die systematische Sammlung und Dokumentation der produkt- und einzelteilbezogenen Daten bis hin zu Kunden- und Marktanforderungen sind für den Erfolg der Ermittlung von Technologieszenarien mitentscheidend. Für die ermittelten Produkte {A2.3.4} ist als Planungsbasis eine Vielzahl von Informationen zu sammeln und zu verdichten. Diese sind materialisiert für zukünftige Produkte in Ideenskizzen, Konzeptentwürfen, handschriftlichen Notizen sowie immateriell in Form von Mitarbeiterwissen und dem spezifischen Wissen der unterschiedlichsten Abteilungen. Aus diesen Gründen ist das Produktinformationsblatt als Hilfsmittel zur Dokumentation und Formalisierung des produktbezogenen Ist- und Soll-Zustandes unerlässlich (Bild 3.12). Ziel ist es, alle planungsrelevanten Daten zusammenzufassen. Durch die formalisierte Erfassung ist die Vollständigkeit der benötigten Planungsinformationen gewährleistet. Für das Produkt wird eine Erzeugnisstruktur angelegt. Den Baugruppen und Einzelteilen in dieser Erzeugnisstruktur werden, soweit schon vorhanden, Daten wie Klassifizierungsnummer, Zeichnungs- und Arbeitsplannummer, Stückzahlen, Qualitätsspezifikationen, geometrische Abmessungen, Festigkeitsanforderungen sowie Produkteigenschaften (Gestalt, Schnittstellen zu anderen Bauteilen, Toleranzen) etc. zugeordnet. Mit der Annahme, dass Einsparungen bei sehr kostenintensiven Einzelteilen eher möglich sind und relativ gesehen einen höheren Nutzen bringen, werden weiterhin die Herstellkostenanteile der jeweiligen Einzelteile abgeschätzt. Nach einer Prognose der Produktionszahlen für den Betrachtungszeitraum, wird eine ABC-Analyse bezogen auf Herstellkosten durchgeführt, um eine kostenorientierte Priorisierung dieser zu erhalten. Neben herstellkostenintensiven Einzelteilen müssen auch jene Einzelteile als relevant für weitere Untersuchungen angesehen werden, in denen die Leistungsmerkmale mit Erlöswirkung umgesetzt werden - die sogenannten Know-how-Teile des Unternehmens. Besonders bei diesen Bauteilen kann durch eine Technologieführerschaft ein frühzeitiges Imitieren durch den Wettbewerber verhindert werden, so dass der gezielte Einsatz zukunftsweisender Technologien Wettbewerbsvorteile sichert und hilft, diese auch auszubauen. Unterstützt werden kann dieser Vorgang durch das Produkt Reengineering. Hierbei steht die Reduzierung der Kosten im Vordergrund [vgl. SCHZ00, S. 25 f.; TQMO02].

Produktinformationsblatt

▶ Planung {A2}
- Strategische Bedeutung
- Umsatzanteil
- Entwicklungspotenzial
- Produktlebenszyklus
- Marktentwicklung
- Produktionsprogramm

▶ Entscheidung {A3}
- Erzeugnisstruktur
- Identifizierungs- und Klassifikationsnummer
- Zeichnungen
- Arbeitspläne
- Formelemente
- Toleranzen
- Werkstoff

▶ Realisierung {A4}
- Produktionsprozess
- Bearbeitungszeiten
- Verantwortlichkeiten

▶ Controlling {A5}
- Tatsächliche Kosten
- Herstellungsprobleme
- Anwendungsprobleme

Bild 3.12: Hilfsmittel zur Produktanalyse

Inhalt der Ideengenerierung {A3.1.2} ist die Anforderungs- und Belastungsanalyse des Produktes. Während der Analyse werden die geplanten Anforderungen und wahrscheinlichen Belastungen des Produktes kritisch geprüft. Durch die Definition von Bereichen, in denen die Anforderungen und Belastungen variieren können, wird der Suchraum für die Ideengenerierung und die anschließende Technologierecherche erweitert. Hilfreich bei der intuitiven Lösungsfindung ist die Synektik. Dazu wird die eigentliche Produktionsaufgabe in einem interdisziplinären Projektteam verfremdet. Dieses geschieht durch eine Reduktion der Produktbeschreibung auf Einzelteilanforderungen wie Oberflächengüte, Toleranzen, Festigkeit, Verschleiß, Belastung und Gestaltungsfreiheit. Dazu werden die Bereiche Gestalt, Werkstoff und Produktionsprozess untersucht. Zunächst wird jeweils die Gestalt mit den entsprechenden Schnittstellen in Frage gestellt. Auf Basis der Erzeugnisstruktur werden die wichtigsten Features ermittelt (Bild 3.13). Features sind für die Funktionserfüllung und die Realisierung der Kundenanforderungen notwendig. Features, die keinen Beitrag dazu leisten, werden im Folgenden nicht betrachtet, um die Möglichkeit zu schaffen, neue Ansätze zu verfolgen [vgl. SCHT96, S. 54 ff.].

Aufbauend auf der Gestalt werden neue Werkstoffansätze untersucht. Dazu werden die Werkstoffanforderungen aufgenommen und nachfolgend mit alternativen Werkstoffen und deren Eigenschaften verglichen. Neue Werkstoffe ermöglichen oftmals geringere Material- oder Bearbeitungskosten und/oder die Erfüllung von neuen Kundenanforderungen, bspw. der Gewichtsreduzierung. Dies erst befähigt zum effizienten Vergleich der potenziellen Werkstoffe. Im Bereich der Produktionsprozesse werden erste Ideen für neue Technologien generiert und dokumentiert. Hierbei wird nur auf vorhandenes Wissen zurückgegriffen. Die schriftliche und strukturierte Dokumentation aller Ansätze stellt sicher, dass kein Ansatz vorschnell verworfen wird. Um die Planungshistorie abzubilden, werden alle Ansätze mit einem Verweis auf den Status abgelegt. Der Status wird unterteilt in „Idee", „in Bearbeitung", „wird weiter verfolgt" und „verworfen". Wenn der Ansatzstatus verworfen lautet, so ist eine detaillierte Begründung mit den entscheidenden Ausschlusskriterien erforderlich.

Art	Beschreibung (1. Ebene)	Beschreibung (2. Ebene)
Gradverzahnung	Flächen	...
	Abmessungen	...
	Toleranzen	Formtoleranz
Phase	Oberflächenangaben	Richtungstoleranz
	Funktionen	Ortstoleranz
Innenzylinder	Anforderungen	Lauftoleranz
	Schnittstellen	...
		...
		...
		...

Bild 3.13: Featureanalyse

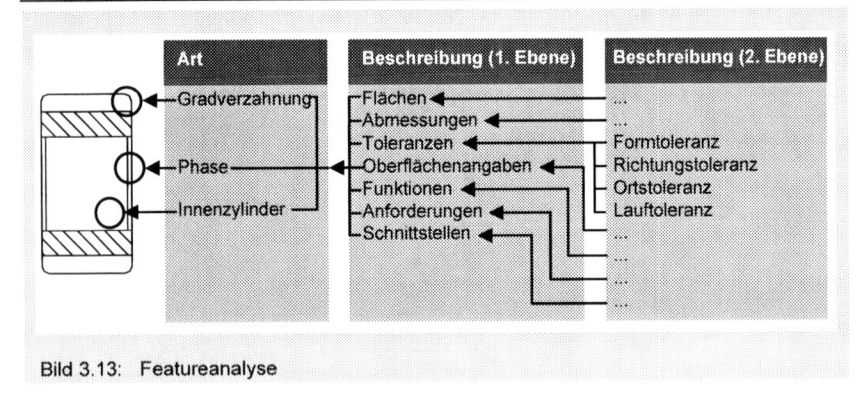

Die planungsrelevanten Produktinformationen sowie die Ansätze zur Gestalt- und Werkstoffänderung sind Eingangsinformationen für die Technologierecherche {A3.1.3}. Die Einsatzmöglichkeit einer Technologie zu erkennen und diese für eine Technologieanwendung zu konkretisieren, setzt gleichzeitig allgemeine und sehr spezielle Informationen voraus. Aufgaben der Technologierecherche sind die Ermittlung prinzipiell einsetzbarer Technologien und die Dokumentation der Informationen. Damit wird in starkem Maße detailliertes Wissen benötigt, das sowohl unternehmensintern als auch unternehmensextern verfügbar ist. Erschwert wird die Informationsakquisition durch eine Informationsflut. Bereits 1995 existieren weltweit ca. 650.000 Fachzeitschriften. Wöchentlich werden 15.000 neue Patente angemeldet [vgl. EVER95, S. 1 ff.]. Um ein Vielfaches höher ist die Zahl der im World Wide Web pro Woche entstehenden Internet-Seiten, die einen inhaltlichen Bezug zum Thema Technologie aufweisen. Zudem verdoppelt sich das Wissen, das weltweit vorhanden ist, alle fünf bis zehn Jahre [vgl. BOUT98, S. 87; ORTH98, S. 66-73]. Zur Technologierecherche können Datenbanken und Kataloge, Humankontakte, das World Wide Web sowie intelligente Agenten genutzt werden.

Der Begriff Datenbank umfasst generell alle Quellen, in denen Informationen zu einem bestimmten Thema abgelegt sind. Gleichzeitig müssen die Informationen direkt verfügbar sein. Der Nutzer darf nicht nur einen Querverweis auf die eigentliche Informationsquelle erhalten. Über Literaturdatenbanken und -kataloge ist der Zugriff auf Bücher, Zeitschriften, Zeitschriftenartikel sowie Aufsätze möglich [vgl. HEHL99, S. 73]. Patentdatenbanken bieten einen schnellen Zugriff auf nationale und international Patente. Sie ermöglichen, Patente ohne großen Aufwand zu sichten und diese als Früherkennungssysteme für technologische Trends, zur Konkurrenzbeobachtung oder zur Initiierung von Forschungs- und Entwicklungsvorhaben einzusetzen. Durch die Standardisierung des Patentrechtes ist die absolute Neuheit der Erfindung zum Anmeldetermin zwingend erforderlich. Vor der Offenlegung des Patentes existiert daher keine Veröffentlichung der Informationen in der wissenschaftlichen Literatur [vgl. EHRA97, S. 75]. Somit bietet die Recherche in Patentdatenbanken einen deutlichen Zeitvorteil gegenüber der entsprechenden Fachliteratur.

Humankontakte bezeichnen den Austausch von Informationen von Mensch zu Mensch. Expertennetzwerke dienen dazu, Technologieexperten des Unternehmens mit Zulieferern, Instituten und Forschungseinrichtungen in Kontakt treten zu lassen. Grundsätzlich zeichnen sich Expertennetzwerke dadurch aus, dass alle Mitglieder das gleiche Basisinteresse haben [vgl. PROB98, S. 132]. Die Netzwerke basieren hauptsächlich auf dem direkten Kontakt der Teilnehmer untereinander. So bieten bspw. regelmäßig stattfindende Workshops, Tagungen und Symposien eine Möglichkeit, den Wissensaustausch innerhalb des Netzwerks zu realisieren. Eine wichtige externe Informationsquelle sind Experten. Da innerhalb eines Unternehmens meist nur auf einzelnen Gebieten Experten anzutreffen sind, bieten Messen und Kongresse eine wichtige Möglichkeit zur Kontaktaufnahme.

Das World Wide Web ist die größte, aber auch die unübersichtlichste Datenbasis. Durch die Präsenz von Firmen, Hochschulen, Instituten und Forschungseinrichtungen im Internet stehen eine Vielzahl von Informationen zur Verfügung, die geeignet sind, im Rahmen der Technologierecherche zur Anwendung zu kommen. Des Weiteren bietet das Internet neben den unmittelbar erhältlichen Internetseiten auch die notwendige Infrastruktur für den Zugriff auf Informationsquellen wie Patent- sowie Literaturdatenbanken. Im World Wide Web werden Themengebiete in Portalen und Marktplätzen zusammengefasst. Der Unterschied zwischen den beiden Elementen besteht in der Ausrichtung der Inhalte. Mit Portale wird das Ziel verfolgt, Informationen in einem Themengebiet darzustellen, um für den Nutzer als Eingangsbereich in das Internet zu fungieren. Durch Marktplätze sollen Anbieter und Käufer zusammengebracht werden.

Intelligente Agenten dienen dazu, Informationen aus beliebigen Quellen zusammenzutragen und dem Nutzer in einer übersichtlichen Form zu präsentieren [vgl. LIEB99, S. 146]. Dabei nutzen intelligente Agenten das Nutzerprofil als Leitfaden für die zu suchenden Informationen. Dieses wird definiert, indem der Agent das Verhalten des Nutzers während der Internetrecherche beobachtet und daraus ableitet, welche Informationen für diesen von Interesse sind [vgl. ROHS02]. Mit Hilfe dieser intelligenten Agenten können Informationen mit einem deutlich geringeren Aufwand gesucht werden. Ein weiterer Vorteil ergibt sich durch die Möglichkeit, auf eine größere Datenmenge zuzugreifen, da der intelligente Agent nicht nur begrenzt in Suchmaschinen und Katalogen, sondern in der aktuellen Struktur des Internets nach Informationen sucht [vgl. BAEZ99, S. 393 f.; BETZ01, S. 34 ff.].

Die während der Technologierecherche ermittelten Technologien werden in einer Technologiedatenbank dokumentiert und sind Eingangsinformationen für die Technologiezuordnung. Unterstützt werden kann der Prozess der Dokumentation der Informationen, wenn standardisierte Formate für die Darstellung der Informationen genutzt werden. Eine Möglichkeit ist die XML[10]-Technologie. Somit sind die gesuchten Inhalte einfacher zu identifizieren und unterschiedliche, z.B. rollenbezogene- oder endgeräteabhängige Sichten können über die Dokumente gelegt werden. Eine Stückzahl in einem Technologiedatenblatt kann explizit durch das XML-Tag <Stückzahl> definiert werden, so dass bei einer Suche nur das XML-Tag <Stückzahl> und der entsprechende Wert ausgegeben werden.

Als Hilfsmittel für die Technologiezuordnung {A3.1.4} empfiehlt sich der technologieorientierte Morphologische Kasten. In ihm werden alle Alternativen, die in Bezug auf die Einzelteilgestalt und den Werkstoff ermittelt wurden, den Technologien der strategischen Technologiefelder gegenübergestellt (Bild 3.14).

Der Auswahlprozess erfolgt in Form einer Negativselektion. Bei dieser werden verschiedene Lösungsansätze, die strukturiert im technologieorientierten Morphologischer Kasten dargestellt sind, anhand von Beurteilungskriterien einer qualitativen Grobbewertung unterzogen. Beurteilungskriterien können z.B. Funktionstüchtigkeit, Nützlichkeit, Neuartigkeit im Vergleich zu anderen Produkten oder der Realitätsbezug der Idee sein. Gründe für den Ausschluss z.B. konkrete Erfahrungen bereits durchgeführter Versuche, werden dokumentiert. Hierdurch kann das Risiko reduziert werden, dass ein Lösungsansatz auf Grund einer fehlerhaften oder unvollständigen Informationsgrundlage endgültig ausgeschlossen wird. Ändert sich die Informationsgrundlage durch neue Erkenntnisse, so kann diese Idee erneut aufgegriffen werden.

Beginnend mit der Bestimmung einer Haupttechnologie, werden nachfolgend zugehörige Nebentechnologien ermittelt [vgl. SFB361, S. 532 ff.]. Eine Haupttechnologie ist eine Technologie, mit der die grobe Form oder Gestalt des gesamten Bauteils erzeugt werden kann. Der Auswahl von Haupttechnologien kommt in der Technologiezuordnung eine große

---

[10] Die XML-Technologie wird ausführlich in Kapitel 2.4.2 und Kapitel 6.1 dargestellt.

Konzeption und Detaillierung des Geschäftsprozesses Technologiemanagement

Bedeutung zu, da das Leistungspotenzial der Haupttechnologie zur Erzeugung der Features einen erheblichen Einfluss auf die technische und wirtschaftliche Qualität des Produktionsprozesses hat und die Technologie strategisch wichtig sein sollte. Wenn das Leistungspotenzial der Haupttechnologie nicht ausreicht, um alle Features zu erzeugen, führt dies nicht zu einem unmittelbaren Verwerfen der Haupttechnologie. Vielmehr wird diese dann um geeignete Nebentechnologien ergänzt, mit denen die erforderlichen Merkmale der Features in Bezug auf Geometrie, Eigenschaften oder Genauigkeit erzeugt werden können. Die Haupttechnologie und die ergänzenden Nebentechnologien werden für jede Gestalt- bzw. Werkstoffalternative des Einzelteils zu ersten Ansätzen in Form einer Technologiekette kombiniert. Auf Grund der Vielzahl der einzusetzenden Technologien können bei der Technologiezuordnung für jeden Gestalt- und Werkstoffansatz auf Einzelteilebene mehrere alternative Ansätze von möglichen Technologieketten ermittelt werden. Die Haupttechnologie, mit der zunächst die grobe Gestalt des Einzelteils erzeugt wird, steht in der Regel am Anfang der Technologiekette, da die erforderlichen Nebentechnologien durch das Leistungsvermögen der Haupttechnologie zur Erzeugung der Einzelteilmerkmale bestimmt werden. Um aus den Ansätzen die vielversprechendsten auswählen zu können, sollten diese hinsichtlich folgender Fragen grob bewertet werden {A3.1.5}:

- Wie lassen sich die einzelnen Technologiepotenziale miteinander vergleichen?
- Wie können Entwicklungen auf der Produkt- und auf der Technologieseite in der Bewertung der Technologieketten berücksichtigt werden?

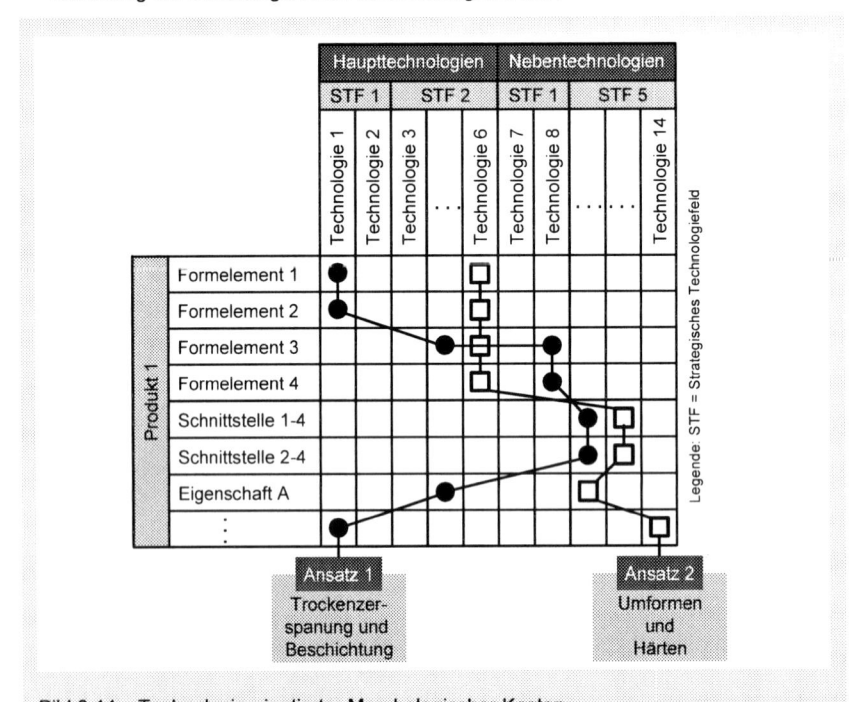

Bild 3.14: Technologieorientierter Morphologischer Kasten

Da in der vorhergehenden Aufgabe besonderer Wert auf uneingeschränkte, kreative Lösungsfindung und breitgefächerte Untersuchungen neuer Technologien gelegt wurde, sind in der Regel eine große Anzahl von Ansätzen ermittelt worden. Es gilt zunächst

Konzeption und Detaillierung des Geschäftsprozesses Technologiemanagement

diejenigen Ansätze [A_d] zu identifizieren, die einen hohen Nutzen versprechen und eine Bindung weiterer Ressourcen für eine detaillierte Prüfung und Umsetzung rechtfertigen. Um die Ansätze vergleichen zu können, wird bei der Grobbewertung ein anwendungsneutraler Kriterienkatalog zugrunde gelegt. Die Kriterien [$K_{a,b,c}$] werden in drei Klassen Gesamtnutzen [GN], Umsetzungsaufwand [UA] und technische Machbarkeit [TM] unterteilt (Bild 3.15).

		Gewichtung 1. Ebene [$G1_{GN,UA,TM}$]	Gewichtung 2. Ebene [$G2_{a,b,c}$]	Ansätze der Technologiezuordnung Ansatz [A_d]							
				Ansatz 1 [A_1]	Ansatz 2 [A_2]						Ansatz n [A_n]
Gesamtnutzen [GN]		0,60									
K_{GNa}	Fertigungsaufwand [K_{GN1}]		0,20	1	9						3
	Materialaufwand [K_{GN2}]		0,10	8	2						6
	Kostenwirkung [K_{GN3}]		0,10	3	7	$B_{a,d}$					2
	Funktionserfüllung [K_{GN4}]		0,10	6	4						5
	⋮										
	Kundenwirkung [K_{GNm}]		0,50	5	8						8
Umsetzungsaufwand [UA]		0,10									
K_{UAb}	Konstruktionsaufwand [K_{UA1}]		0,05	2	6						4
	Technologieinvestition [K_{UA2}]		0,50	7	3						7
	Personalschulung [K_{UA2}]		0,15	1	8						$B_{b,d}$ 3
	⋮										
	Entwicklungsaufwand [K_{UAn}]		0,30	9	2						8
Technische Machbarkeit [TM]		0,30									
K_{TMc}	Technologiebeherrschung [K_{TM1}]		0,20	5	4						2
	Entwicklungspotenzial [K_{TM2}]		0,40	8	3						9
	⋮					$B_{c,d}$					
	Reproduzierbarkeit [K_{TMp}]		0,40	2	9						1
Prioritätskennziffer [Pk_d]				24	16						12

Legende: K = Kriterium

Bild 3.15: Nutzwertanalyse der technologischen Ansätze

Mit der Kriterienklasse Gesamtnutzen werden u.a. die Kosten- und Kundenwirkungen, der Fertigungs- und Materialaufwand sowie die Funktionserfüllung der Ansätze bewertet. Bei der Kundenwirkung ist bspw. ein reduziertes Produktgewicht als positive Kundenwirkung zu berücksichtigten. Die Kriterienklasse Umsetzungsaufwand kennzeichnet u.a. die Initialleistung, die bei der Einführung eines neuen Ansatzes notwendig ist. Diese enthält etwa Anschaffungskosten für Maschinen und Werkzeuge, Aufwände für die Personalakquisition und -ausbildung, notwendige Entwicklungsleistungen für die Anpassung einer Technologie für die konkrete Anwendung oder die technologiebedingte Rekonstruktion des Produktes mit den damit einhergehenden Freigabeprozeduren. Mit der Kriterienklasse technische Machbarkeit wird u.a. bewertet, in welchem Maße ein Ansatz geeignet ist, Geometrie und Werkstoff eines konkreten Bauteils in der angestrebten Qualität und Reproduzierbarkeit zu fertigen. Darüber hinaus wird beurteilt, wie sich die technologische Leistungsfähigkeit voraussichtlich in der Zukunft entwickeln wird.

Bei der Definition der Kriterien ist auf deren Messbarkeit und das Aufwand-/Nutzenverhältnis der Bewertung zu achten. Die Gesamtanzahl der zu untersuchenden Kriterien sollte nicht größer als 15 sein, da andernfalls der Beurteilungsaufwand erheblich anwächst, die

Komplexität erhöht wird, ohne dass eine höhere Qualität des Beurteilungsergebnisses erreicht wird. Für die spezifizierten Kriterien werden anschließend Messskalen von 1 bis 10 Punkten aufgestellt. Eine hohe Punktzahl repräsentiert dabei stets einen positiven Einfluss auf das Unternehmen z.B. große Kosteneinsparung, geringer Investitionsaufwand. Nachfolgend werden die Kriterien der 1. und 2. Ebene gewichtet [G_1, G_2]. Innerhalb einer Ebene erhalten die Kriterien Gewichtungsfaktoren, die in der Summe jeweils 100% ergeben muss. Somit ist eine relative Gewichtung der einzelnen Kriterien zur Erreichung bspw. der Unternehmensziele möglich. Die Größe der einzelnen Gewichtungsfaktoren ist unternehmens- und insbesondere auch produktspezifisch. Die Prioritätskennziffer [Pk_d] wird anschließend anhand der Bewertungen [$B_{a,d}$; $B_{b,d}$; $B_{c,d}$] der einzelnen Ansätze und den jeweiligen Gewichtungen berechnet (Formel 3.4).

$$Pk_d = G1_{GN} \times \sum_{a=1}^{m}(G2_a \times B_{a,d}) + G1_{UA} \times \sum_{b=1}^{n}(G2_b \times B_{b,d}) + G1_{TM} \times \sum_{c=1}^{p}(G2_c \times B_{c,d})$$

Formel 3.4: Prioritätskennziffer eines technologischen Ansatzes

Für die folgende Betrachtung sollten auf Grund des Aufwand-/Nutzenverhältnisses bei der Detaillierung und der notwendigen Personalkapazitäten, die für eine Detailbewertung notwendig sind, die drei bis sechs Technologieansätze mit der höchsten Prioritätskennziffer ausgewählt werden.

Aufgaben der Detailbewertung der Ansätze {A3.1.6} sind die Ausarbeitung sowie die grobe Kostenbewertung der einzelnen Ansätze. Den Ansätzen, bestehend aus den Haupt- und Nebentechnologien, werden die entsprechenden Maschinen zugeordnet. Für jede Maschine werden die Informationen ermittelt, die erforderlich sind, um den Maschinenstundensatz zu kalkulieren. Die Werte werden in das Kalkulationsschema eingetragen (Bild 3.16). Weiterhin wird für jeden Bearbeitungsschritt die Bearbeitungszeit abgeschätzt. Ergänzend werden die Material- sowie Fremdleistungskosten berechnet. In diesem frühen Stadium der Kostenermittlung muss auf Grund der Unsicherheit der Informationen und der nicht exakt abzuschätzenden Entwicklung der Technologien und der Kosten mit Unsicherheiten gerechnet werden. Um diese Unsicherheiten auszugleichen, wird für jeden Ansatz ein Unsicherheitsfaktor bestimmt. Ist es nicht möglich, den Maschinenstundensatz zu berechnen, da die Informationen über Zukunfts- oder Schlüsseltechnologien noch zu ungenau sind, ist es erforderlich, sie abzuschätzen und zusätzlich den Unsicherheitsfaktor entsprechend zu erhöhen. Wichtige Ausgangsinformationen der Detailbewertung sind somit die unterschiedlichen Technologieszenarien in Form von Technologieansätzen und die Abschätzung der Herstellkosten der jeweiligen Ansätze inklusive der Unsicherheit der Bewertung.

3.3.2 Ermittlung von Technologieszenarien für vorhandene Produkte

Die Ermittlung von Technologieszenarien für vorhandene Produkte {A3.2} ist in den wesentlichen Aufgaben gleich der Ermittlung von Technologieszenarien für zukünftige Produkte. Unterschiedlich ist die Planungsgrundlage, da der Konkretisierungsgrad der Produktinformationen wesentlich höher ist. Die Produkte befinden sich in der laufenden Serie. Im Folgenden wird für jede Aufgabe nur auf die Unterschiede zur Ermittlung von Technologieszenarien eingegangen.

Während der Produktanalyse {A3.2.1} können die notwendigen Informationen vollständig erhoben werden. Diese sind materialisiert in einer großen Anzahl von Datenträgern wie Konstruktionsunterlagen, Arbeitsplänen, Kalkulationen, handschriftlichen Notizen sowie immateriell in Form von Mitarbeiterwissen und dem spezifischen Wissen der unterschiedlichsten Abteilungen verfügbar. Die Ideengenerierung {A3.2.2} und Technologierecherche {A3.2.3} unterscheiden sich nicht von der Ideengenerierung und Technologiezuordnung für zukünftige Produkte {A3.1.2; A3.1.4}. Bei der Technologiezuordnung {A3.2.4}

Konzeption und Detaillierung des Geschäftsprozesses Technologiemanagement

ist darauf zu achten, wie lange das Produkt noch produziert werden soll. Bei einer Restproduktionsdauer von unter drei bis vier Jahren kann es sinnvoll sein, dass als Haupt- und Nebentechnologien nur noch Schrittmacher- oder Basistechnologien ausgewählt werden. Durch diese Fokussierung kann der Aufwand für die weitere Betrachtung reduziert werden. Es kann weiterhin davon ausgegangen werden, dass die Planungsgenauigkeit auf Grund der besseren Informationsbasis zunimmt. Für die Detailbewertung der Ansätze {A3.2.5} kann das Bewertungsschema aus Bild 3.16 genutzt werden. Der Unsicherheitsfaktor bei der Bewertung ist für vorhandene Produkte und bekannte Technologien entscheidend geringer als bei der Bewertung von zukünftigen Produkten mit Technologien, die noch in der Entwicklung sind.

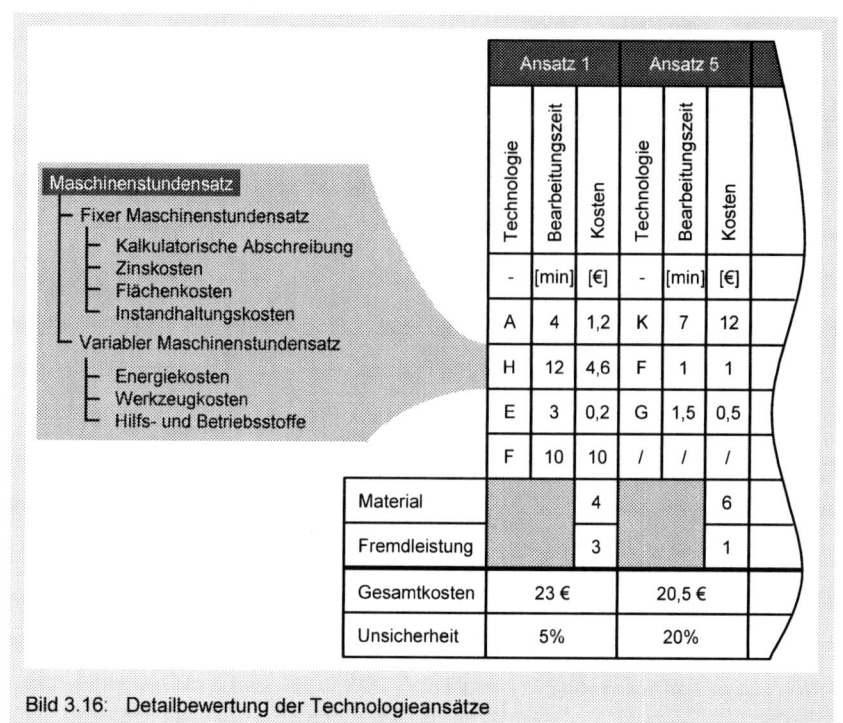

	Ansatz 1			Ansatz 5		

Maschinenstundensatz
– Fixer Maschinenstundensatz
   – Kalkulatorische Abschreibung
   – Zinskosten
   – Flächenkosten
   – Instandhaltungskosten
– Variabler Maschinenstundensatz
   – Energiekosten
   – Werkzeugkosten
   – Hilfs- und Betriebsstoffe
	Technologie	Bearbeitungszeit [min]	Kosten [€]	Technologie	Bearbeitungszeit [min]	Kosten [€]

	A	4	1,2	K	7	12
	H	12	4,6	F	1	1
	E	3	0,2	G	1,5	0,5
	F	10	10	/	/	/
Material			4			6
Fremdleistung			3			1
Gesamtkosten			23 €			20,5 €
Unsicherheit			5%			20%

Bild 3.16: Detailbewertung der Technologieansätze

3.3.3 Ableitung der Umsetzungsstrategie

Durch die Erstellung von Technologieszenarien werden eine Vielzahl von Technologien ermittelt, die im Unternehmen noch nicht eingesetzt werden. Ziel der Ableitung der Umsetzungsstrategie ist es, diese Ergebnisse in einer TechnologieRoadMap zusammenzufassen und operative Technologieprojekte zu definieren. Dazu wird der Vorgang in die Aufgaben:

- Integration der Technologieszenarien {A3.3.1},
- Erstellung einer TechnologieRoadMap {A3.3.2},
- Auswahl von Umsetzungsprojekten {A3.3.3} und
- Definition von Zielvorgaben {A3.3.4} unterteilt.

Notwendige Eingangsinformationen sind die bewerteten Technologieszenarien inkl. der Herstellkostenabschätzungen, das Produkt- und Technologieportfolio, die strategischen Technologiefelder, die Technologiestrategien, die Wettbewerbsstrategien und die unternehmensspezifischen Randbedingungen.

Die Integration der Technologieszenarien {A3.3.1} ermöglicht die Spiegelung der bisherigen Ergebnisse an den Technologiestrategien sowie den Synergiepotenzialen zwischen den Technologieanwendungen. Um die Umsetzungsstrategien für zukünftige und vorhandene Produkte zu ermitteln, ist es notwendig, die Technologieansätze gegeneinander zu bewerten und anschließend ähnliche zusammenzufassen. Aus diesem Grund werden die drei Kriterienklassen [KK_b] der Detailbewertung der Ansätze {A3.1.6; A3.2.5} um die Kriterienklassen Technologiestrategie und Synergiepotenzial erweitert. Mittels der Kriterienklasse der Technologiestrategie wird überprüft, ob die bisherigen Ergebnisse mit den Vorgaben zur Technologiestrategie übereinstimmen (Bild 3.17).

		Gewichtung [GW_b]	Produkt 1 [P_1]					Produkt 2 [P_2]					M_a	
			M_1	M_2	...	...	...	...	...	...	...	...		...
			Ansatz 1	Ansatz 5	Ansatz 7	Ansatz 12	Ansatz 13	Ansatz 1	Ansatz 4	Ansatz 5	Ansatz 6	Ansatz 3	Ansatz 4
Kriterienklasse [KK_b]	Prioritätskennziffer	0,30	$B_{1,1}$										
	Gesamtkosten	0,20											
	Unsicherheit	0,05										$B_{b,a}$	
	Technologiestrategie	0,20											
	Synergiepotenzial	0,25	$B_{5,1}$										
Erfolgskennziffer [EZ_a]													

Bild 3.17: Ermittlung erfolgversprechender Technologiestrategien

Durch die Kriterienklasse Synergiepotenzial wird untersucht, ob sich die identifizierten Technologien auch in weiteren Produkten des Unternehmens anwenden lassen. Die mögliche Multiplizierbarkeit der Technologieanwendungen kann nach dem Anwendungspotenzial in bestehende und in zukünftige Produkte unterschieden werden. Für die Kriterienklassen werden anschließend Skalen von 1 bis 10 Punkten genutzt. Eine hohe Punktzahl repräsentiert dabei stets einen positiven Einfluss auf das Unternehmen (Geringe Herstellkosten = 10, hohe Herstellkosten = 0). Die Kriterienklassen werden relativ zueinander gewichtet [GW_b]. Die Summe der Gewichtungsfaktoren muss 100% ergeben. Anschließend wird die Erfolgskennziffer [EZ_a] für jeden technologischen Ansatz [M_a] der Produkte [P_d] bestimmt, indem die Kriterienkassen einzeln bewertet werden [$B_{b,a}$] (Formel 3.5).

$$EZ_a = \sum_{b=1}^{5}(GW_b \times B_{b,a})$$

Formel 3.5: Berechung der Erfolgskennziffer von neuen technologischen Ansätzen

Aufgabe der Erstellung einer TechnologieRoadMap {A3.3.2} ist es, aufbauend auf den bisherigen Aktivitäten die ermittelten Technologien zu terminieren, zu priorisieren und den jeweiligen strategischen Technologiefeldern zuzuordnen. Die primäre Zielsetzung der TechnologieRoadMap ist somit die Identifizierung und Darstellung aller technologischen Entwicklungen für zukünftige und vorhandene Produkte, damit rechtzeitig notwendige technologische Entscheidungen getroffen werden können. Die TechnologieRoadMap besteht aus den Bereichen Haupt- und Nebentechnologien, die entsprechend des möglichen Einsatzes im Unternehmen anhand der zeitlichen Verfügbarkeit dargestellt werden (Bild 3.18).

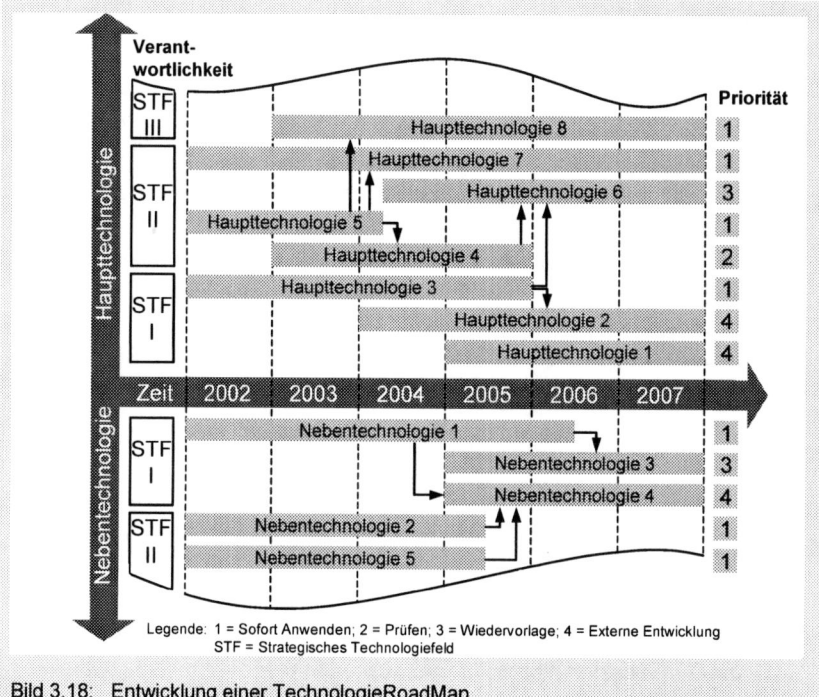

Bild 3.18: Entwicklung einer TechnologieRoadMap

Die Terminierung der Haupt- und Nebentechnologien wird entsprechend der technologischen Verfügbarkeit der Technologien im Unternehmen oder am Markt durchgeführt. Hier ist zu beachten, dass selbst Basistechnologien für ein Unternehmen nicht sofort verfügbar sein können. Dies ist dann der Fall, wenn die Technologie erst noch zugekauft werden muss und somit eine Vorlaufzeit benötigt wird, um die Technologie und den Produktionsprozess für die Serienproduktion auszulegen.

Den Technologien werden nachfolgend vier Prioritätsklassen zugeordnet. Die höchste Priorität (Sofort Anwenden) erhalten Technologien, die bei der Ermittlung der Technologiestrategien das höchste Potenzial aufweisen. Diese Technologien werden im Rahmen einer detaillierten Kalkulation für den sofortigen Einsatz im Unternehmen überprüft. In der zweiten Prioritätsklasse (Prüfen) sind Technologien eingeordnet, die ein erhebliches Potenzial versprechen. Diese werden jedoch erst in zweiter Instanz geprüft. Technologien, die erst bei einer Weiterentwicklung der Technologie oder bei einer Änderung der produktspezifischen Randbedingungen Design, Stückzahl, etc. für eine Realisierung relevant sind, fallen in die dritte Klasse (Wiedervorlage). Schließlich sind solche Technologien und Technologieansätze in einer vierten Klasse (Externe Entwicklung) zusammengefasst, deren Bewertung sowohl für die Ist-Situation als auch in der Prognose gegenüber der bestehenden Technologie keine Potenziale für das Unternehmen aufzeigt. Der Technologieanwendungsfall wird erst wieder relevant, wenn externe Entwicklungen neue Potenziale der Technologie erschlossen haben. Abschließend werden entsprechend der Definition der strategischen Technologiefelder die Verantwortlichkeiten in die TechnologieRoadMap eingetragen.

Die Auswahl von Umsetzungsprojekten {A3.3.3} definiert die Aktivitäten für das operative Technologiemanagement der Technologierealisierung. In einem ProjektRoadMap werden die Unternehmensaktivitäten mit dem Ziel zusammengefasst, ein Produkt bzw. eine Technologie zu einem definierten Zeitpunkt am Markt einzuführen. Für jedes einzelne Projekt wird eine separate ProjektRoadMap erstellt. Somit werden die Komplexität der Darstellung reduziert sowie Verantwortlichkeiten eindeutig zugeordnet. Ziel ist es, die Aktivitäten so aufeinander abzustimmen, dass eine optimale Zielerreichung und eine effiziente Nutzung der vorhandenen und notwendiger Ressourcen gewährleistet wird. In die ProjektRoadMap werden die bisherigen Ergebnisse produktbezogen in einem Vorgehensplan zusammengefasst, indem der identifizierte Entwicklungsbedarf in eine Projektstruktur überführt wird. Dabei werden alle produkt- und technologiebezogenen Aktivitäten zusammengefasst. Die ProjektRoadMap dient als Visualisierungsinstrument. Sie ergänzt die üblichen Inhalte einer Projektbeschreibung wie z.B. Vorgehensplan, Zeit- und Arbeitsplan. In die ProjektRoadMap werden alle erforderlichen Aktivitäten und unterstützenden Haupt- und Nebentechnologien entsprechend der zeitlichen Notwendigkeit dargestellt (Bild 3.19).

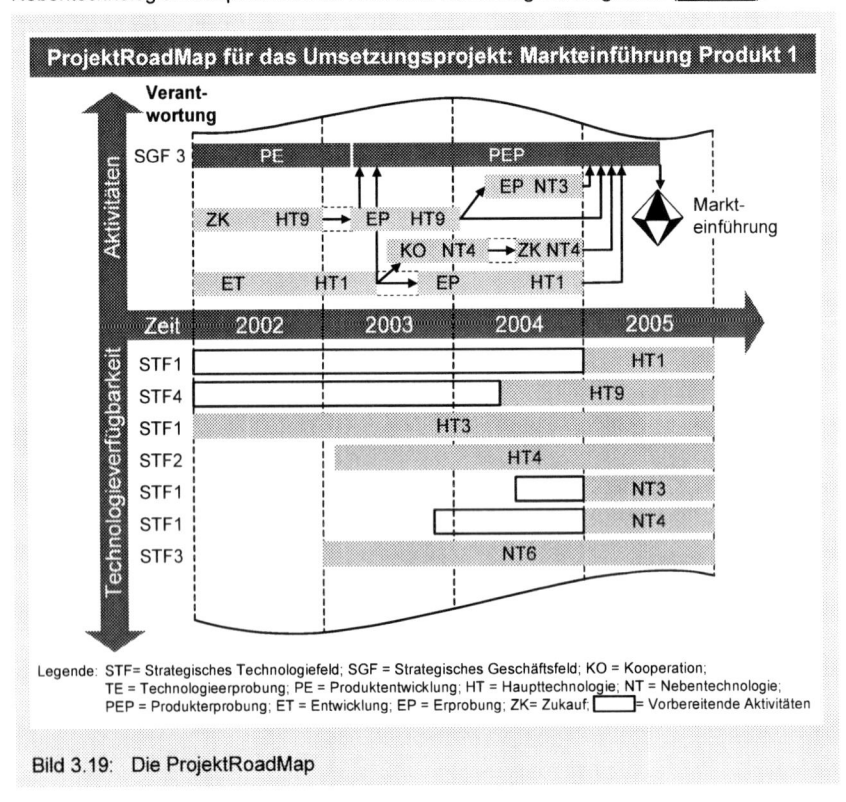

Bild 3.19: Die ProjektRoadMap

Typische Entscheidungen, die während der Erstellung der ProjektRoadMap getroffen werden, sind:

- der Anstoß von Entwicklungsprojekten für spezielle Technologien,
- der Zukauf einer Maschine oder eines Bauteils,
- die Kooperation mit einem Forschungsinstitut oder einem Technologiegeber zur Weiterentwicklung einer Technologie,
- die Einführung einer speziellen Maschine,
- die Technologieerprobung zur Erbringung der Serientauglichkeit,
- die Forcierung der Produktentwicklung oder
- die Produkterprobung vorhandener Produkte zur effizienten Nutzung von Technologien.

Daraus ergibt sich die Möglichkeit, sowohl nicht deckungsgleiche Erwartungen, Vorgehensweisen und Ziele (z. B. zwischen Technik und Marketing) abzustimmen als auch Zukunftsvisionen als Basis einer gemeinsam getragenen Strategie zu vermitteln.

Durch die Definition von Zielvorgaben {A3.3.4} wird die dritte Dimension der Technologie-Balanced Scorecard aufgebaut. Die Vorgaben der Technologieplanungsperspektive werden in die Technologieentscheidungsperspektive kaskadisch detailliert. Die Darstellung der Ergebnisse ist in Kapitel 3.5 beschrieben.

3.4 Technologierealisierung

Die Technologierealisierung soll den Transfer der strategischen Ziele und Ergebnisse in operative Maßnahmen und Ergebnisse sicherstellen. Ziel ist, auf Basis der ausgewählten Umsetzungsprojekte die Serienproduktion zu ermöglichen. Dazu wird die Phase in folgende Vorgänge [vgl. FALL00; KLOC02; TROM00]:

- Ermittlung der Fertigungsfolgen {A4.1},
- Bewertung der Fertigungsfolgen {A4.2},
- Fertigung der Nullserie {A4.3},
- Optimierung der Fertigungsfolge {A4.4} und
- Vorbereitung der Serienproduktion {A4.5} unterteilt.

Notwendige Eingangsinformationen sind die ProjektRoadMaps inkl. aller Informationen über die entsprechenden Technologien und Produkte. Weiterhin werden die Zielvorgaben und die unternehmensspezifischen Randbedingungen benötigt. Für jede ProjektRoadMap werden die Fertigungsfolgen auf Basis des ausgewählten Ansatzes ermittelt {A4.1}. Entsprechend der Technologien werden die notwendigen Fertigungs-, Handhabungs-, Transport-, Lagerungs- und Prüfmittel bestimmt (Bild 3.20).

Randbedingungen sind die verschiedenen Produktionsstandorte und möglichen Zulieferer. Der Vorgang wird dazu in drei Aufgaben gegliedert. Aufbauend auf dem Technologieansatz werden mittels der ersten Aufgabe die direkt-wertschöpfenden Prozessschritte sowie technologisch notwendigen Folgeschritte z.B. Entgraten oder Richten ermittelt. Ein entsprechender Verweis die Notwendigkeit eines technologischen Folgeschrittes kann direkt aus den Technologie- und Maschinendaten entnommen werden. Die ermittelte Fertigungsabfolge wird nun um die notwendigen Prüfschritte ergänzt (2. Aufgabe). Durch eine Integration von Prüfschritten wird die rechtzeitige Überprüfung der geforderten Bauteilqualität ermöglicht. Je nach Anforderungen an das Bauteil werden die entsprechenden Prüfmittel ausgewählt und in die Fertigungsmittelabfolge integriert. Die Fertigungs- und Prüfmittelabfolge wird anschließend um die notwendigen Handhabungs-, Transport- und Lagermittel erweitert (3. Aufgabe). Durch die Integration der indirekt-wertschöpfenden Zwischenschritte werden die

Konzeption und Detaillierung des Geschäftsprozesses Technologiemanagement

bisherigen Abfolgen zu Fertigungsfolgen erweitert. In die Fertigungs- und Prüfmittelabfolge werden zur Realisierung eines Materialflusses jeweils vor und nach einem direktwertschöpfenden Prozessschritt und/oder notwendigem Folgeschritt bzw. Prüfschritt, prinzipiell ein Handhabungs-, Lager- oder Transportschritt vorgesehen. Verfügt ein Fertigungsmittel bspw. über eine automatische Einlege- oder Entnahmeeinrichtung, so kann vereinfachend der entsprechende Handhabungsschritt eliminiert werden. Können zwei aufeinanderfolgende Prozessschritte auf einem Fertigungsmittel durchgeführt werden, so entfallen Handhabungs- und Transportschritte ganz [vgl. FALL00, S. 99 ff.; TROM00, S. 52 ff.].

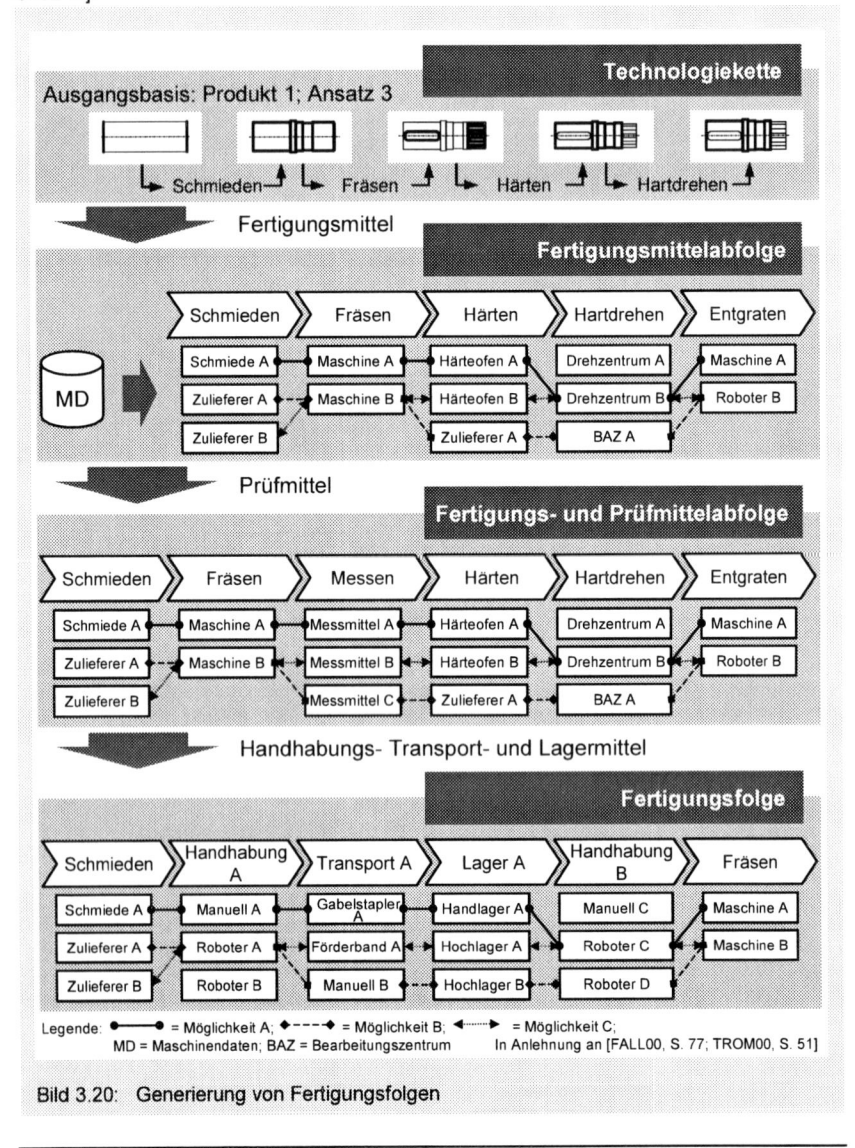

Bild 3.20: Generierung von Fertigungsfolgen

Konzeption und Detaillierung des Geschäftsprozesses Technologiemanagement

So lässt sich zu diesem Zeitpunkt eine Aussage über das Vorhandensein von Fertigungs-, Handhabungs-, Transport-, Lagerungs- und Prüfmittel in der vorgesehenen Produktionsumgebung treffen. Dies ist besonders für große Unternehmen mit mehreren Produktionsstandorten oder beim Einsatz von zukunftsweisenden Technologien wichtig.

Die Bewertung der Fertigungsfolgen {A4.2} wird anhand der Kriterien Ökonomie, Qualität, Strategie und Ökologie in zwei Stufen durchgeführt [vgl. HEIT00, S. 46 ff.; TROM00, S. 79 ff.]. Zu Beginn werden in einer vierdimensionalen Bewertung alle Kriterien qualitativ, anschießend die priorisierten Fertigungsfolgen anhand der Herstellkosten quantitativ bewertet (Bild 3.21).

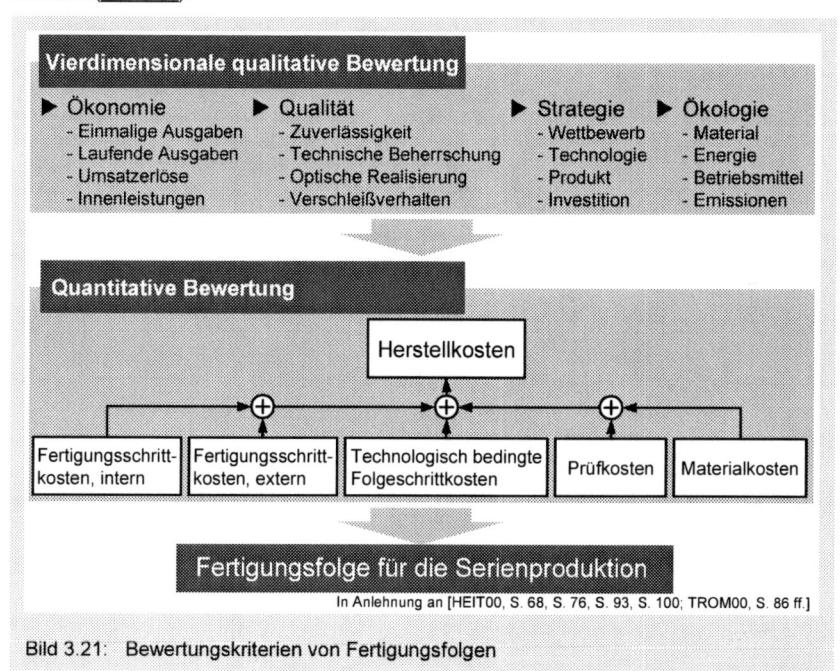

Vierdimensionale qualitative Bewertung

▶ Ökonomie	▶ Qualität	▶ Strategie	▶ Ökologie
- Einmalige Ausgaben	- Zuverlässigkeit	- Wettbewerb	- Material
- Laufende Ausgaben	- Technische Beherrschung	- Technologie	- Energie
- Umsatzerlöse	- Optische Realisierung	- Produkt	- Betriebsmittel
- Innenleistungen	- Verschleißverhalten	- Investition	- Emissionen

Quantitative Bewertung

Herstellkosten

| Fertigungsschrittkosten, intern | Fertigungsschrittkosten, extern | Technologisch bedingte Folgeschrittkosten | Prüfkosten | Materialkosten |

Fertigungsfolge für die Serienproduktion

In Anlehnung an [HEIT00, S. 68, S. 76, S. 93, S. 100; TROM00, S. 86 ff.]

Bild 3.21: Bewertungskriterien von Fertigungsfolgen

Die vierdimensionale Bewertung wird entsprechend der Bewertung der Ansätze der Technologiezuordnung durchgeführt (Bild 3.15). Als 1. Ebene der Bewertung werden die vier Kriterien (s.o.) genutzt und entsprechend der Bedeutung für das Unternehmen relativ zueinander gewichtet. Diese Kriterien werden in der 2. Ebene wiederum unternehmensspezifisch detailliert. Für die spezifizierten Kriterien werden anschließend Messskalen von 1 bis 10 Punkten aufgestellt. Eine hohe Punktzahl repräsentiert dabei stets einen positiven Einfluss auf das Unternehmen z.B. große Kosteneinsparung, geringer Investitionsaufwand etc. Die Prioritätskennziffer wird anschließend berechnet. Für die folgende Betrachtung werden die zwei Fertigungsfolgen mit der höchsten Prioritätskennziffer ausgewählt. Für die beiden priorisierten Fertigungsfolgen werden die Herstellkosten ermittelt. Die Herstellkosten setzen sich aus den fünf Kostenpositionen internen und externen Fertigungsschrittkosten, technologischen Folgeschrittkosten, Prüfkosten und Materialkosten zusammen.

Die Fertigung der Nullserie {A4.3} erfolgt im Anschluss an die Bewertung der Fertigungsfolge. Dabei werden nur die entsprechenden Serientechnologien verwendet, so dass oftmals eine kombinierte Herstellung aus interner sowie externer Fertigung erforderlich ist. Aufbauend auf der Nullserie wird die Qualität des Produktes kritisch beurteilt. Es werden weiterhin interne Funktionsnachweise und Tests der Nullserien beim Pilotkunden/-anwender durchgeführt. Ebenso wird die Möglichkeit der Reparierbarkeit der Nullserie untersucht. Während dieser Aufgabe können letzte Schwachstellen noch relativ kostengünstig beseitigt werden, bevor teure Änderungen in der Serienproduktion notwendig sind. Nach erfolgreichen Nullserientests ist es weiterhin sinnvoll, das Marketing zu verstärken. Zu diesem Zeitpunkt sollte es möglich sein, die Serieneinführung genau zu terminieren und alle kritischen Produktfehler zu eliminieren. Die Optimierung der Fertigungsfolge {A4.4} ist die vorletzte Aufgabe der Technologierealisierung. Es werden die letzten Feinabstimmungen an den jeweiligen Fertigungs-, Handhabungs-, Transport-, Lagerungs- und Prüfprozessen vorgenommen und die jeweiligen Prozesse zugelassen. Oftmals ist eine interne Zulassung nicht ausreichend. In der Luftfahrtindustrie sind bspw. langwierige und teure Zulassungen beim Luftfahrtbundesamt erforderlich.

Die Vorbereitung der Serienproduktion {A4.5} befasst sich mit der Detailplanung des Fertigungslayouts, der Beschaffung der Fertigungs-, Handhabungs-, Transport-, Lagerungs- und Prüfmittel und dem regelmäßigen Soll-Ist-Abgleich der Planzahlen für die Produktion und des Markteinführungstermins. Neben der Einplanung der Ressourcen von vorhandenen Produktionsmitteln ist die Integration der neu beschafften Technologien in die heutige Produktion und die Durchführung der notwendigen Abnahmen eine wichtige Aufgabe der Vorbereitung der Serienproduktion. Durch die Freigabe der Produktion wird diese Phase beendet.

3.5 Technologiecontrolling

Das Technologiecontrolling ist eine Phase des Geschäftsprozesses Technologiemanagement, die zwar am Ende des Geschäftsprozesses angeordnet ist, aber Einfluss auf alle zuvor durchlaufenen Phasen hat. Ziel des Technologiecontrollings sind die laufende Überprüfung der Voraussetzungen und die nachgelagerte Überprüfung der Ergebnisse sowie die Ableitung von Maßnahmen bei Abweichungen von Zielgrößen. Notwendige Eingangsinformationen sind die Unternehmensziele, die Unternehmensvision, die Unternehmensmission sowie ermittelte Wettbewerbs- und Technologiestrategien. Dazu wird die Phase in die Vorgänge [vgl. KAPL97]:

- Definition der Technologie-Balanced Scorecard {A5.1},
- Kontrolle der Zielvorgaben {A5.2} und
- Initiierung der Maßnahmen {A5.3} unterteilt.

3.5.1 Definition der Technologie-Balanced Scorecard

Für das Technologiemanagement wird die klassische Balanced Scorecard von NORTON und KAPLAN[11] zur Technologie-Balanced Scorecard erweitert {A5.1}. Den vier Ebenen Finanzen, Kunden, Prozesse und Lernen werden die Dimensionen Leitbildformulierung, Planung, Entscheidung und Realisierung vertikal überlagert. Hierbei ist der Zusammenhang zwischen der Technologie-Balanced Scorecard und den verschiedenen Bereichs- oder Funktions-Balanced Scorecards sowie der Balanced Scorecard für das Unternehmen wichtig. Bei der Definition der Technologie-Balanced Scorecard werden im ersten Schritt die Kennzahlen der jeweiligen Ebene auf das Technologiemanagement übertragen und direkt den entsprechenden Dimensionen zugeordnet (Bild 3.22). In jeder Phase des Geschäftsprozesses können nachfolgend weitere relevante Kennzahlen definiert werden. Pro Bereich der Technologie-Balanced Scorecard, also der Schnittfläche aus einer vertikalen und horizontalen Dimension, werden ca. zwei bis fünf Kennzahlen definiert. Wichtig ist, dass der

---

[11] Norton und Kaplan gelten als die Entwickler der Balanced Scorecard. Detaillierung zu diesem Thema sind in [KAPL97] dargestellt.

Konzeption und Detaillierung des Geschäftsprozesses Technologiemanagement

kaskadische Zusammenhang zwischen den Kennzahlen erhalten bleibt. Die Leistungsmessung der Kennzahlen findet dann Bottom-up statt und ermöglicht so Rückschlüsse auf die Wirksamkeit der Maßnahmen.

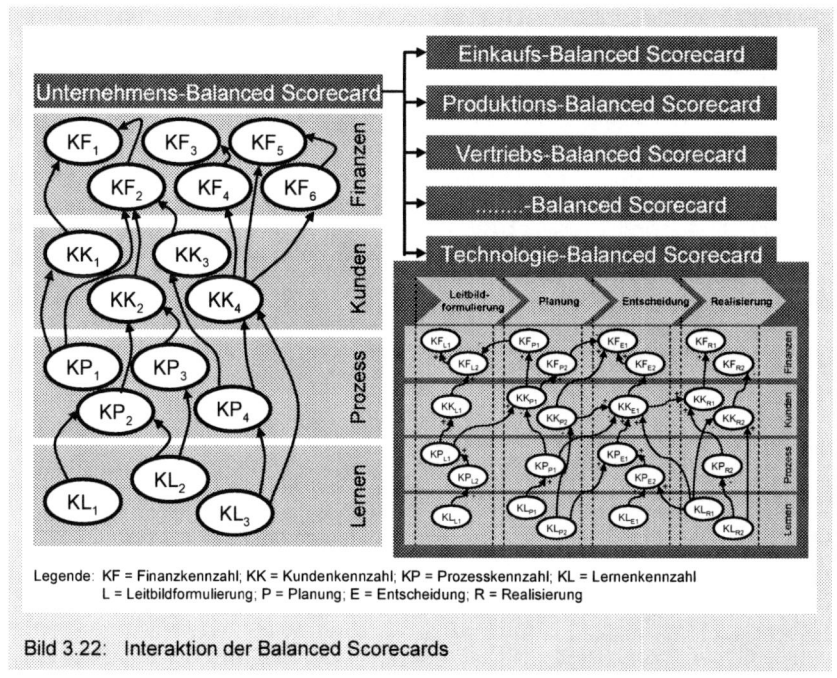

Legende: KF = Finanzkennzahl; KK = Kundenkennzahl; KP = Prozesskennzahl; KL = Lernenkennzahl
L = Leitbildformulierung; P = Planung; E = Entscheidung; R = Realisierung

Bild 3.22: Interaktion der Balanced Scorecards

Die Kennzahlen der jeweiligen Perspektive haben unterschiedliche Ausrichtungen. Die Technologiefinanzperspektive verfolgt die Fragestellung, welchen Beitrag das Technologiemanagement leisten kann, um den Unternehmenserfolg sicherzustellen. Durch die Technologieplanungsperspektive wird sich mit der Fragestellung befasst, wie die richtigen technologischen Entscheidungen vor dem Hintergrund der strategischen Unternehmensausrichtung aussehen, um die Vision des Unternehmens umzusetzen. Die Technologieentscheidungsperspektive hat zum Ziel, die richtige Technologie-Produktkombination auszuwählen, um die Kernkompetenzen zielgerichtet anzuwenden. Mittels der Technologierealisierung wird das Ziel verfolgt, die Produktion anhand der zuvor definierten Kernkompetenzen und der wirtschaftlichen Zielvorgaben auszurichten, um die Kundenbedürfnisse zu befriedigen.

3.5.2 Kontrolle der Zielvorgaben

Die Kontrolle der Zielvorgaben {A3.5.2} wird in den jeweiligen Vorgängen bzw. Aufgaben der einzelnen Phasen durchgeführt. Während dieses Vorgangs werden die Zusammenhänge zwischen den Kennzahlen auf Plausibilität überprüft und die daraus resultierenden möglichen Maßnahmen definiert. Sind als Handlungsoption bei Abweichung einer Kennzahl von der Sollgröße mehrere Maßnahmen möglich, so werden diese entsprechend priorisiert.

3.5.3 Initiierung der Maßnahmen

Die Initiierung von Maßnahmen {A3.5.2} ist der letzte Vorgang im Geschäftsprozess Technologiemanagement. Durch die Initiierung von Maßnahmen wird steuernd in die zuvor getroffenen Entscheidungen oder Planungen eingegriffen, um die neuen Erkenntnisse aus z.B. der Technologiefrüherkennung in die Umsetzung von Maßnahmen einfließen zu lassen. Die Maßnahmen korrespondieren dabei alle mit den Unternehmenszielen sowie der Unternehmensvision und Unternehmensmission. Hierbei ist darauf zu achten, dass alle an dem Prozess der Veränderung beteiligten Personen im Unternehmen von der Veränderung einer vorab getroffenen Entscheidung benachrichtigt werden.

3.6 Zwischenfazit: Geschäftsprozess Technologiemanagement

Aufbauend auf der Eingrenzung des Betrachtungsbereiches und einer Analyse relevanter bestehender und adaptierbarer Ansätze zum Technologiemanagement wurde als Forschungsbedarf die Entwicklung eines durchgängigen Geschäftsprozesses Technologiemanagement festgestellt (Kapitel 2.2). In inhaltlicher Hinsicht wurden anschließend Ansätze aus den Bereichen der Modelltheorie und der Systemtechnik analysiert, anhand derer komplexe Prozesse wie der Geschäftsprozess Technologiemanagement strukturiert werden können. Die Systemtechnik wurde ausgewählt, da die Vorgehensweise für die Entwicklung des Geschäftsprozesses Technologiemanagement sehr gut adaptierbar ist. Weiterhin wurden verschiedene Methoden und Werkzeuge zur Modellierung von Geschäftsprozessen analysiert. IDEF0 wurde für die Modellierung des gesamten Geschäftsprozesses Technologiemanagement ausgewählt (Kapitel 2.4).

In diesem Kapitel wurde der Geschäftsprozess Technologiemanagement entwickelt. Dieser ist in drei Ebenen strukturiert. Die erste Ebene sind die normative, strategische und operative Managementdimension. Als zweite Ebene wird die zeitliche Ausrichtung in lang-, mittel- und kurzfristig genutzt. Die ablauforientierte Gliederung des Prozesses in Phasen, Vorgänge und Aufgaben ist die dritte Ebene der Strukturierung. Durch die Einteilung in die verschiedenen Managementdimensionen und Umsetzungszeiträume wurde der Geschäftsprozess in die Phasen Technologieleitbildformulierung, -planung, -entscheidung, -realisierung und -controlling unterteilt. Zwischen und innerhalb der jeweiligen Phasen wurden ergebnisorientiert Meilensteine definiert, um das Controlling zu unterstützen. Der Geschäftsprozess involviert unterschiedliche Unternehmensbereiche und Akteure. Die Abstimmung zwischen den Akteuren und die Berücksichtigung von Änderungen wurde durch Iterationsschleifen unterstützt. Entsprechend der Fokussierung dieser Arbeit waren die Phasen Technologieplanung und -entscheidung der Schwerpunkt der Ausarbeitung. Durch den Geschäftsprozess werden wichtige Aufgaben dargestellt, die erforderlich sind, um von den normativen Unternehmensvorgaben systematisch zu umsetzbaren Fertigungsfolgen für vorhandene oder geplante Produkte zu gelangen.

4 Konzept des Informationssystems für das Technologiemanagement

Die Anforderungen an den Einsatz von Informationssystemen in produzierenden Unternehmen sind qualitativ und quantitativ enorm gestiegen. Geschäftsprozessorientierte Strukturen in Verbindung mit kürzeren Produktlebenszyklen sowie abnehmende Fertigungstiefe sind Stichworte, auf die moderne Informationssysteme bezüglich ihres Nutzens bewertet werden [vgl. EIGN01, S. 1].

Aufbauend auf der Einleitung und den Grundlagen dieser Arbeit wird in diesem Kapitel das Konzept des Informationssystems für das Technologiemanagement dargestellt. Dazu werden in Kapitel 4.1 die Anforderungen aus verschiedenen Sichtweisen abgeleitet. Nachfolgend wird in Kapitel 4.2 das Konzept entwickelt. Das Konzept wird abschließend in einem Zwischenfazit bewertet (Kapitel 4.3).

4.1 Anforderungen an das Informationssystem

Die Gestaltung des Informationssystems soll insbesondere vor dem Hintergrund der Anwendungsanforderungen mittlerer und großer produzierender Unternehmen konzipiert werden und auf den Möglichkeiten moderner Informations- und Kommunikationstechnologien aufbauen, um eine hohe Akzeptanz der Nutzer zu erzielen. Hierdurch werden ein hohes Qualitätsniveau und eine ausreichende Breite der verwalteten Informationen sichergestellt.

Die Anforderungen[12] an das Informationssystem resultieren einerseits aus den Zielen und den beschriebenen Aufgaben im Technologiemanagement und andererseits ihren Defiziten (Bild 4.1). Sie werden als Grundlage für eine zielorientierte, systematische und wissenschaftlich fundierte Systementwicklung in einem Anforderungsprofil zusammengefasst [vgl. HANS96, S. 163 f.]. Zu seiner Erstellung werden zunächst inhaltliche, formale und technische Anforderungen analytisch-deduktiv abgeleitet und anschließend induktiv um anwendungsbezogene Anforderungen ergänzt, so dass die praktische Nutzbarkeit des Informationssystems sichergestellt wird [vgl. BURG96; BOUT96; DATA02; EIGN01; HABE99; MOTZ02; MUTZ01; STAH99; PART02].

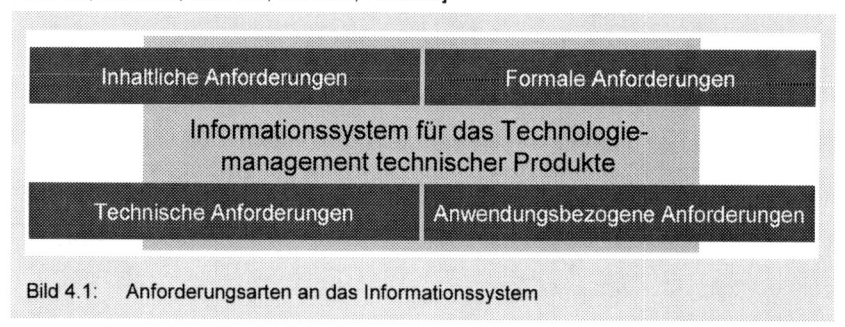

Bild 4.1: Anforderungsarten an das Informationssystem

4.1.1 Inhaltliche Anforderungen

Die inhaltlichen Anforderungen beziehen sich auf die im Informationssystem zu berücksichtigenden Prozesse und die damit verbundenen Aufgaben und Informationen.

---

[12] Anforderungen sind sämtliche von einem System zu erbringenden Eigenschaften zur Zweckerfüllung des Systems [PATZ82, S. 165].

Diese ergeben sich aus den Zielen, den Randbedingungen im Technologiemanagement sowie dem in Kapitel 3 entwickelten Geschäftsprozess. Wichtig ist eine durchgängige, adäquate und effiziente informatorische und methodisch-instrumentarische Unterstützung der Aufgaben, die zielgerichtete Koordination des Ablaufs zur Bearbeitung der Aufgaben zwischen den zahlreichen beteiligten Mitarbeitern und Unternehmensbereichen sowie ein umfassender, systematischer Erfahrungsaustausch bei technologischen Fragestellungen (Bild 4.2).

Die BEARBEITUNG VON SPEZIFISCHEN TECHNOLOGIEPROJEKTEN umfassen zahlreiche Tätigkeiten und Aufgaben, die von unterschiedlichen Mitarbeitern aus den verschiedenen Unternehmensbereichen bearbeitet werden. Zur Durchführung dieser Projekte ist eine Koordination der Aufgaben, Mitarbeiter und Unternehmensbereiche erforderlich [vgl. HABE99, S. 240; MUTZ01, S. 35]. Im Informationssystem sind somit Funktionalitäten bereitzustellen, die sowohl die Planung als auch die Durchführung von spezifischen Projekten unterstützen [vgl. BURG97, S. 15; HABE99, S. 243 f.]. In der Planung werden unternehmensspezifisch den einzelnen allgemeingültigen Rollen des Informationssystems die jeweilig verantwortlichen Stellen im Unternehmen zugewiesen. Diese Rollen werden anschließend projektspezifisch den involvierten Mitarbeiter zugeordnet. Auf Grund des Projektcharakters ist eine Flexibilisierung erforderlich, die es ermöglicht, auch neu gewonnene Erkenntnisse zu berücksichtigen [vgl. BURG97, S. 55 ff.]. Dies erfordert, dass an genau definierten Aufgaben bzw. Meilensteinen im Projekt Iterationsschleifen möglich sind, um Anpassungen der Informationen vorzunehmen.

In den spezifischen Technologieprojekten müssen Mitarbeiter eines Unternehmens eine Vielzahl verschiedener Aufgaben bearbeiten. Die METHODISCHE UNTERSTÜTZUNG DER ABGEBILDETEN AUFGABEN ist daher eine inhaltliche Anforderung an das Informationssystem. Hierzu sind Methoden und Techniken bereitzustellen, die den im Unternehmen auftretenden Aufgaben angepasst sind. Es werden eine Kategorisierung und Beschreibung benötigt, die die Sichtweisen und Erfahrungen der verschiedenen Unternehmensbereiche zusammenführt [vgl. MUTZ01, S. 35]. Die Methoden sollen dabei möglichst nicht nur eine Aufgabe, sondern die gesamte Breite und Abfolge der Vorgehensweise unterstützen [vgl. SCHE98a, S. 11 ff.; STAH99, S. 304]. Eine Abstimmung der Methoden und Techniken ist erforderlich, um eine Durchgängigkeit zu erzielen. Wichtig ist ebenso, neuentwickelte Methoden und Techniken aufgabenspezifisch hinzuzufügen, so dass eine Erweiterbarkeit gegeben ist.

Die Grundlage der spezifischen Technologieprojekte und der methodischen Unterstützung ist die ABBILDUNG DER RELEVANTEN INFORMATIONEN. Sie bildet die Basis für die Realisierung der aufgabenbezogenen Systemfunktionen [vgl. STAH99, S. 155]. Für das Technologiemanagement sind Produktinformationen aus allen Lebenszyklusphasen sowie Technologieinformationen in unterschiedlichster Detaillierung notwendig. Hierzu ist die Nutzung von zahlreichen unternehmensinternen und -externen Quellen grundlegende Voraussetzung. Bei der Bestimmung der relevanten Informationen sind neben Nutzinformationen (z.B. Schnittwerte von Zerspanungstechnologien) auch Steuerungsinformationen (z.B. Termine) zu beachten [vgl. HANS96, S. 9]. Ferner müssen Unterschiede in Art (Einzelwert, Dokument, Datei) und Form (Papier, Datenverarbeitung) der Informationen berücksichtigt werden. Schließlich sind die Beziehungen zwischen den Informationen zu erfassen [vgl. SCHE97, S. 31].

Die einzelnen Tätigkeiten oder Aufgaben im Technologiemanagement sind teilweise sehr umfangreich. Die DOKUMENTATION VON ZWISCHEN- UND ARBEITSERGEBNISSEN ist daher eine wichtige Anforderung an das Informationssystem. Dem Mitarbeiter wird somit die Möglichkeit gegeben, seine Ergebnisse nur für sich zu nutzen. Erst nach einer genauen Prüfung gibt er die Ergebnisse für alle involvierten Mitarbeiter frei. Solange er die dokumentierten Ergebnisse nicht freigibt, kann die nachfolgende Aufgabe nicht bearbeitet werden.

Die NUTZUNG VON INFORMATIONEN erfolgt dezentral durch die am Technologiemanagement beteiligten Mitarbeiter. Hierzu sind umfassende Eingabe-, Verwaltungs-, Such- und Ausgabefunktionen bereitzustellen, die sowohl direkte als auch indirekte Zugriffsformen unterstützten [vgl. MUTZ01, S. 35]. Informationen können mit Hilfe von direkten Ein- und Ausgaben als Volltext eingeben und angezeigt oder als umfangreiche Dokumente als Datei referenziert und verwaltet werden [vgl. STAH99, S. 222]. Eine indirekte Nutzung von Informationen erfolgt durch DV-Werkzeuge, die auf bestehende Informationen zugreifen und hierauf basierend neue Informationen erzeugen oder hinterlegen kann.

Ein IM- UND EXPORT VON AUSGEWÄHLTEN INFORMATIONEN ist für die Verbreitung der Informationen notwendig, damit eine Mehrfacheingabe von Informationen in andere Systeme oder von neuen Informationen aus anderen Systemen nicht erforderlich ist. Hierzu ist die Nutzung von standardisierten Austauschformaten vorteilhaft. Neben den Austauschformaten ist ebenso der Export als Textdokument für das Verfassen von Ergebnisberichten sinnvoll. Um nicht nur unternehmensinterne Informationen im Informationssystem bereitzustellen, können auch über Schnittstellen strukturierte Informationen in das Informationssystem integriert werden. Als potenzielle Informationsquellen stehen z.B. Datenbanken wie Technologie-, Lieferanten- sowie Patentdatenbanken oder Forschungseinrichtungen zur Verfügung [vgl. BOUT96, S. 290 f.; BRAP71, S. 50].

Inhaltliche Anforderungen

- ▶ Bearbeitung von spezifischen Technologieprojekten
- ▶ Methodische Unterstützung der abgebildeten Aufgaben
- ▶ Abbildung der relevanten Informationen
- ▶ Dokumentation von Zwischen- und Arbeitsergebnissen
- ▶ Nutzung von Informationen
- ▶ Im- und Export von ausgewählten Informationen

Bild 4.2: Inhaltliche Anforderungen

4.1.2 Formale Anforderungen

Neben inhaltlichen Anforderungen, die die Leistungsfähigkeit beschreiben, werden bei der Konzeption formale Anforderungen berücksichtigt. Sie beziehen sich auf die systematischen und strukturellen Systemeigenschaften (Bild 4.3).

Grundanforderungen an ein Informationssystem sind die FORMALE UND EMPIRISCHE RICHTIGKEIT. Ein FORMAL RICHTIGES System ist widerspruchsfrei und formal einwandfrei. Es liefert möglichst quantitativ nachprüfbare Ergebnisse [PATZ82, S. 310]. Eine Bedingung hierfür sind sinnvolle Ordnung und Konsistenz, durch die die Beziehungen zwischen den Systemelementen sowie zwischen den hinterlegten Informationen geregelt werden. Eine Möglichkeit der Regelung ist die Redundanzprüfung. EMPIRISCHE RICHTIGKEIT bedeutet, dass das Systemverhalten mit der Realität hinsichtlich Systemstruktur und -elementen möglichst gut übereinstimmt [PATZ82, S. 310].

Der Grundsatz des MODULAREN UND SYSTEMATISCHEN AUFBAUS fordert die Integrationsfähigkeit von Modellen, die aus unterschiedlichen Sichtweisen entwickelt wurden. Dazu ist ein sichtenübergreifendes Meta-Modell erforderlich. Die Modularität des Aufbaus ermöglich die Aufteilung beim Aufbau des Systems und somit die Testbarkeit einzelner Anwendungen [vgl. SCHE98a, S. 120]. Auf diese Weise werden Fehlersuche und Wartbarkeit des Informationssystems unterstützt [vgl. MOTZ02]. Die Modularität ermöglicht dem Anwender auch die Nutzung von den Teilen des Informationssystems, die für seine Anwendung wichtig sind.

Konzept des Informationssystems für das Technologiemanagement

Die VOLLSTÄNDIGKEIT DER INFORMATIONEN UND METHODEN stellt sicher, dass alle Informationen, Werkzeuge und Hilfsmittel zur Verfügung stehen oder beschafft werden, um ein Projekt bzw. die integrierten Aufgaben gänzlich bearbeiten zu können [vgl. EIGN01, S. 253]. Dabei ist zu beachten, dass die Vollständigkeit immer nur in Relation zu den benötigten Informationen und Methoden gesehen werden kann.

Eine ANPASSBARKEIT UND ERWEITERBARKEIT DER MODULE sind notwendig, um Veränderungen bereits vorhandener Objekte zu erfassen sowie neue Objekte anlegen zu können. Diese Anforderung ermöglicht die vollständige Erfassung der Informationen und bildet die Grundlage für die Konsistenz und Aktualität der Informationen [vgl. EIGN01, S. 255 f.; MISC00, S. 39 f.; MUTZ01, S. 36 f.].

Die KONSISTENZ DER INFORMATIONEN in Informationssystemen hat zwei Ausprägungen. Eine Ausprägung ist die einmalige Ablage der Informationen [vgl. HUBE02]. Widersprüche in Informationssystemen können schon in der Entwurfsphase begründet sein, oder während der Nutzung bei der Anpassung der Strukturen auf die unternehmensspezifischen Randbedingungen entstehen. Die andere Ausprägung ist in Bezug auf die Kommunikation verschiedener Informationssysteme zu sehen. Wichtig ist, dass die Informationssysteme, die Daten miteinander austauschen, diese auf die gleiche Weise interpretieren [vgl. HUBE02]. Die Gefahr der falschen Interpretation wird durch die Redundanz gefördert. Je mehr Interpretationen in einem Informationssystem verwendet werden, desto größer ist das Risiko, eine unangebrachte Interpretation anzuwenden.

Die ABBILDUNG AKTUELLER INFORMATIONEN ist die Voraussetzung dafür, dass die folgenden Aufgaben auf den richtigen Ergebnissen basieren. Veraltete Informationen können zu falschen Richtungsvorgaben führen und die folgenden Aufgaben zu falschen Ergebnissen [vgl. MUTZ01, S. 36]. Diese formale Anforderung bedingt neben der Möglichkeit der Dokumentation der aktuellen Informationen mit entsprechender Versionskontrolle auch entsprechende organisatorische Maßnahmen.

Formale Anforderungen

- ▶ Formale und empirische Richtigkeit
- ▶ Modularer und systematischer Aufbau
- ▶ Vollständigkeit der Informationen und Methoden
- ▶ Anpassbarkeit und Erweiterbarkeit der Module
- ▶ Konsistenz der Informationen
- ▶ Abbildung aktueller Informationen

Bild 4.3: Formale Anforderungen

4.1.3 Technische Anforderungen

Die inhaltlichen und formalen Anforderungen berücksichtigen die wissenschaftlichen Aspekte des Informationssystems. Für die sinnvolle Realisierung aus Sicht der Softwaretechnologien und der technischen Administration des Informationssystems sind die technischen Anforderungen wichtig (Bild 4.4).

Unter der NUTZUNG VORHANDENER IT-INFRASTRUKTUR ist einerseits zu verstehen, dass auf vorhandene Daten und Programme komfortabel zurückgegriffen werden kann. Dabei ist an die semantische Angemessenheit der zu übertragenden Daten zu denken, so dass dem Empfänger so viel über die Semantik bekannt ist, wie er für die Weiterverarbeitung der Daten und Informationen benötigt [vgl. EIGN01, S. 233-239; MOTZ02]. Andererseits ist in der Unternehmenspraxis eine Kompatibilität zu vorhandenen Betriebssystemen und Softwareapplikationen notwendig, um die Kosten für die Implementierung und Pflege des Informationssystems gering zu halten.

Konzept des Informationssystems für das Technologiemanagement

Die Informationssysteme müssen sich leicht auf möglichst verschiedenen Servern und Betriebssystemplattformen installieren lassen. Die Verwendung einer Multi-Schicht-Architektur macht die Software schlanker, das Informationssystem kann auf mehrere Server verteilt werden und die Performance der Anwendung wird verbessert [vgl. EIGN01, S. 224 ff.; AMBE99, S. 216 f.]. Der GERINGE ADMINISTRATIVE AUFWAND wird weiterhin durch standardisierte Schnittstellen erreicht. Vorhandene Daten können bspw. aus der Anwenderverwaltung in das Informationssystem übernommen werden.

Eine HOHE VERFÜGBARKEIT DES SYSTEMS ist erforderlich, da die Integration im technischen Sinne in dem Umfang zunimmt, in dem Daten und Programme unabhängig davon, wo sie physikalisch innerhalb des Unternehmens zu finden sind, am einzelnen Arbeitsplatz verfügbar sind [vgl. EIGN01, S. 252 ff.; MOTZ02]. Zunehmende Verfügbarkeit vergrößert dabei den Spielraum der Organisation und der Anwender, die Aufgaben in den geplanten Rahmenbedingungen zu bearbeiten.

Im Informationssystem werden Informationen verwaltet, die für das Unternehmen von hoher Bedeutung sind. Daher ist eine HOHE DATENSICHERHEIT eine besonders wichtige Anforderung [vgl. EIGN01, S. 243; DATA02]. Das Informationssystem beinhaltet in seiner Datenbank alle wichtigen Informationen über die Produkte sowie die Technologien, die das Unternehmen anwendet. Es wird auf zukünftige Entwicklungen Bezug genommen, technologisches Wissen wird dokumentiert und weitere sensible Daten wie Herstellungskosten von Produkten und Stückzahlentwicklungen sind verfügbar. Da in das Informationssystem unternehmensexterne Daten über die XML-Schnittstelle automatisch integriert werden können, ist die Datensicherheit besonders wichtig.

Technische Anforderungen	
▶ Nutzung vorhandener IT-Infrastruktur	▶ Hohe Verfügbarkeit des Systems
▶ Geringer administrativer Aufwand	▶ Hohe Datensicherheit

Bild 4.4: Technische Anforderungen

4.1.4 Anwendungsorientierte Anforderungen

Für die Anwendbarkeit und Akzeptanz in der betrieblichen Praxis sind darüber hinaus weitere Anforderungen zu berücksichtigen [vgl. STAH99, S. 511 ff.] (Bild 4.5).

Die zentralen Nutzungsvoraussetzungen sind die EINFACHE EINARBEITUNG UND BENUTZUNG des Informationssystems [PATZ82, S. 309]. Somit wird eine Basis für eine hohe Benutzerfreundlichkeit geschaffen, so dass ein einfaches, angenehmes und damit gleichzeitig effizientes und fehlerarmes Arbeiten ermöglicht wird [vgl. RAAS93, S. 24 f.]. Wesentlichen Einfluss hat die Ergonomie. Dies spiegelt sich in der Art der Benutzerschnittstelle sowie der Anordnung und Darstellung der Informationen wieder [vgl. HANS96, S. 317 f.]. Durch eine anwendungsgerechte Strukturierung wird ein intuitives und schnelles Auffinden der gewünschten Funktionen erleichtert. Die Verwendung gleicher oder ähnlicher Eingabe- und Ausgabedarstellungen fördert den Wiedererkennungswert und erhöht somit den Nutzen für den Anwender [vgl. MISC00, S. 39]. Es vermindert gleichzeitig den Aufwand für die Eingabe und die Suche, da die gleichen Strukturen verwendet werden. Das Beschaffen, Identifizieren und Wiederfinden von gespeicherten Informationen, Dokumenten oder Dateien in kurzer Zeit ist ein wichtiger Nutzen für den Anwender [vgl. SCHN99, S. 44 ff.].

Eine BEREITSTELLUNG VON UNTERSCHIEDLICHEN SUCHMÖGLICHKEITEN ist für den Anwender des Informationssystems notwendig [vgl. STAH99, S. 511]. So kann der Aufwand für Recherchen durch Suchmaschinen mit der Möglichkeit zur Volltext-, Schlagwort- oder erweiterbaren Suche gering gehalten werden. Neben diesen Suchmaschinen stellen

Konzept des Informationssystems für das Technologiemanagement

Internetagenten und Data-Mining-Systeme weitere Möglichkeiten der Suche dar. Diese Systeme akquirieren automatisch Daten und Informationen zu definierten Suchfeldern aus dem Internet bzw. Intranet. Die Herausforderung für die Integration in das Informationssystem ist, dass die Rechercheergebnisse nur unstrukturierte Informationen bereitstellen [vgl. BALD98, S. 16; BAUE99, S. 5; SCHN99, S. 44; SOCK98, S. 18].

Informationssysteme brauchen eine aktive Beteiligung der Anwender, die das System mit Informationen versorgen. Damit alle Anwender an den neuen Informationen partizipieren, ist eine ÜBERPRÜFUNG DER AKTUALITÄT DER INFORMATIONEN notwendig [vgl. HÖNC99, S. 50 f.]. Auf Grund der Bedeutung der eigenständigen Informationsverarbeitung durch die Anwender sollte möglichst keine Arbeitsteilung zwischen Informationsbeschaffung, -dokumentation und -verarbeitung vorgesehen werden [vgl. HAUS89, S. 394]. Daher sind Agenten erforderlich, die den Anwender über Informationsänderungen im System informieren und ihn bei der Beschaffung, Dokumentation und Verarbeitung unterstützen.

Die Anwendung des Informationssystems erfordert die BERÜCKSICHTIGUNG VON VERSCHIEDENEN ROLLEN. Dazu ist es aus Anwendersicht notwendig, die spezifischen Informationsbedürfnisse und Kompetenzbereiche detailliert abzubilden [vgl. HAUS93, S. 121]. Die Rollen, die im Informationssystem benötigt werden, müssen den Stellen im Unternehmen zugeordnet werden. Dies ermöglicht eine zielgerichtete Steuerung der Informationen und Aufgaben in den Projekten und erhöht die Transparenz im Fall der Entscheidungen. In einem Informationssystem, das bspw. den Geschäftsprozess Technologiemanagement abbildet, sind viele verschiedene Rollen notwendig, die auf unterschiedliche Informationen zugreifen dürfen und sollen. Deswegen ist vorzusehen, die Rollen in einer Nutzerverwaltung den unternehmenstypischen Stellen zuzuordnen. Jeder Rolle sind weiterhin spezifische Rechte und Attribute zugeordnet.

Anwendungsbezogene Anforderungen

- Einfache Einarbeitung und Benutzung
- Bereitstellung von unterschiedlichen Suchmöglichkeiten
- Überprüfung der Aktualität der Informationen
- Berücksichtigung von Rollenprofilen

Bild 4.5: Anwendungsorientierte Anforderungen

4.2 Entwicklung des Konzepts für das Informationssystem

Das zu entwickelnde Konzept für das Informationssystem muss den definierten Zielen (Kapitel 1.2) und den daraus abgeleiteten Anforderungen an das Informationssystem (Kapitel 4.1) genügen. Grundlagen für die Entwicklung sind die Systemtechnik (Kapitel 2.3.2) und die unterstützenden Informations- und Kommunikationstechnologien (Kapitel 2.3.1).

Für die Konzeption des Informationssystems für das Technologiemanagement technischer Produkte wird auf Grund der hohen Anzahl von Aufgaben in der Systemtechnik u.a. die Modularisierung als Grundprinzip der Systemgestaltung und als Vorgehensmodell die Entwicklung vom Groben zum Detail vorgeschlagen. Hierbei werden hoch komplexe Strukturen in mehrere Teilstrukturen (Module) mit geringerer Komplexität einschließlich definierter Schnittstellen transformiert [vgl. HABE99, S. 276 f.; RAAS93, S. 76]. Die Modularisierung bietet weiterhin den Vorteil, dass die Module sowohl partiell angewendet als auch erweitert werden können [SCHW95, S. 148 f.]. Das Konzept für das Informationssystem resultiert aus den inhaltlichen, formalen und anwendungsorientierten Anforderungen. Die technischen Anforderungen sind erst für die Realisierung des Prototypen (Kapitel 6.1) relevant.

Die Abbildung des Geschäftsprozesses Technologienmanagement (Kapitel 3) wird im Prozess- und Projektmodul realisiert. Im PROZESSMODUL wird unternehmensneutral der

Konzept des Informationssystems für das Technologiemanagement

gesamte Geschäftsprozess Technologiemanagement hinterlegt, so dass sich der Anwender für sein Unternehmen verschiedene Phasen, Vorgänge oder Aufgaben zu spezifischen Projekten konfigurieren kann. Diese werden im PROJEKTMODUL hinterlegt. Innerhalb des Geschäftsprozesses Technologiemanagement und der unternehmensspezifischen Projekte werden eine Vielzahl von Informationen über die verwendeten oder geplanten Technologien, die Produkte sowie z.B. Kosten oder Projektinhalte benötigt. Diese Informationen sollen auf Grund der Anforderungen an das Informationssystem vollständig abgelegt werden und einfach nutzbar sein. Hierzu werden das INFORMATIONSMODUL sowie das KOMMUNIKATIONSMODUL definiert. In dem Informationsmodul werden die vier Teilmodule Technologie, Produkt, Unternehmen und Projekt detailliert und bereitgestellt. Der Anwender des Informationssystems kann somit die relevanten Informationen in entsprechend strukturierten Datenbanken ablegen und das Kommunikationsmodul nutzen, um die Informationen zu verarbeiten. Zur Unterstützung der Bearbeitung von Projekten und zur Dokumentation von Informationen werden in dem Informationssystem Benutzer definiert. Diese Benutzer haben zur Erfüllung von Aufgaben Rechte und Pflichten. Diese Rechte und Pflichten werden zusammen mit den Interessenprofilen der Benutzer in dem BENUTZERMODUL dokumentiert. Die fünf Module werden im Konzept des Informationssystems in die Teilsysteme PROZESSPLATTFORM und INFORMATIONSPLATTFORM unterteilt (Bild 4.6). Das Kommunikationsmodul wird als Bindeglied zwischen der Prozessplattform und der Informationsplattform genutzt, da es auf der einen Seite die Benutzerschnittstelle realisiert und auf der anderen Seite die Aufgaben der Informationsverarbeitung beinhaltet. Somit kann das Kommunikationsmodul beiden Plattformen zugeordnet werden.

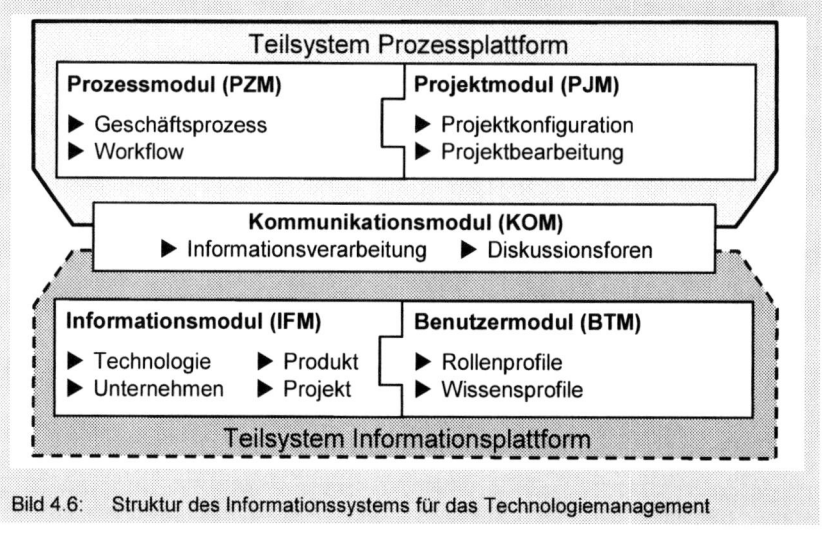

Teilsystem Prozessplattform

Prozessmodul (PZM)
▶ Geschäftsprozess
▶ Workflow

Projektmodul (PJM)
▶ Projektkonfiguration
▶ Projektbearbeitung

Kommunikationsmodul (KOM)
▶ Informationsverarbeitung   ▶ Diskussionsforen

Informationsmodul (IFM)
▶ Technologie   ▶ Produkt
▶ Unternehmen   ▶ Projekt

Benutzermodul (BTM)
▶ Rollenprofile
▶ Wissensprofile

Teilsystem Informationsplattform

Bild 4.6: Struktur des Informationssystems für das Technologiemanagement

Im Folgenden werden erst die Prozessplattform mit dem Kommunikationsmodul als Bindeglied und dann die Informationsplattform beschrieben.

4.2.1 Teilsystem Prozessplattform

Das Teilsystem Prozessplattform des Informationssystems für das Technologiemanagement verbindet die Informationen und Funktionalitäten der Informationsplattform mit dem Geschäftsprozess Technologiemanagement und den unternehmensspezifischen Projekten im Technologiemanagement. Die Prozessplattform beinhaltet die methodisch-instrumentelle

Konzept des Informationssystems für das Technologiemanagement

Unterstützung bei der Bearbeitung von Aufgaben oder Projekten im Technologiemanagement und wird in das PROZESSMODUL und PROJEKTMODUL unterteilt.

4.2.1.1 Prozessmodul

Ziel des PROZESSMODULS ist es, den gesamten GESCHÄFTSPROZESS Technologiemanagement mit dem notwendigen informationsgesteuerten WORKFLOW abzubilden (Bild 4.7). Dazu wird der Geschäftsprozess in drei verschiedene Dimensionen unterteilt. Die erste Dimension entspricht der normativen, strategischen und operativen Managementebene. Als zweite Dimension wird die Fristigkeit der Durchsetzung (lang, mittel und kurz) genutzt. Die Einteilung des Prozesses wird in der dritten Dimension in Phasen, Vorgänge und Aufgaben vorgenommen, so dass die jeweiligen Inhalte bis auf Informationsebene abgebildet werden können. Den einzelnen Aufgaben werden die relevanten Ein- und Ausgangsinformationen aus dem Informationsmodul, die unterstützenden Methoden und Hilfsmittel und die beteiligten Rollen zugeordnet (siehe Kapitel 3). Die Ein- und Ausgangsinformationen werden genutzt, um einen informationsgesteuerten Workflow für das Technologiemanagement darzustellen. Der Workflow steuert die Informationen entlang des Geschäftsprozesses und benachrichtigt die Benutzer des Informationssystems, welche Aufgaben zu bearbeiten sind. Der Geschäftsprozess Technologiemanagement wurde in Kapitel 3 entwickelt, so dass an dieser Stelle auf eine Darstellung verzichtet wird.

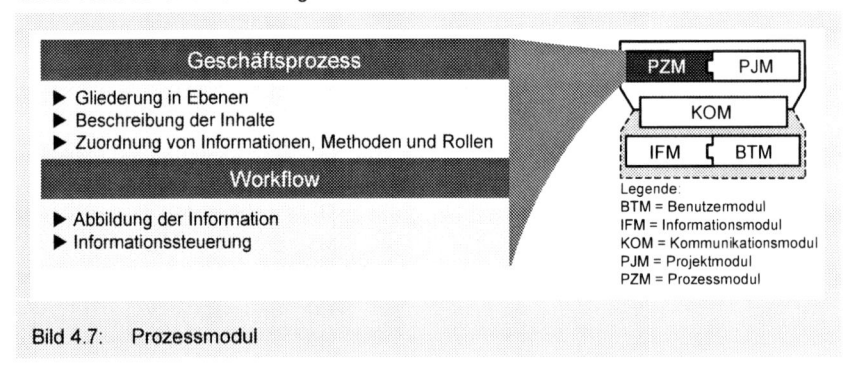

Geschäftsprozess
- ▶ Gliederung in Ebenen
- ▶ Beschreibung der Inhalte
- ▶ Zuordnung von Informationen, Methoden und Rollen

Workflow
- ▶ Abbildung der Information
- ▶ Informationssteuerung

Legende:
BTM = Benutzermodul
IFM = Informationsmodul
KOM = Kommunikationsmodul
PJM = Projektmodul
PZM = Prozessmodul

Bild 4.7: Prozessmodul

4.2.1.2 Projektmodul

Aufgabe des PROJEKTMODULS ist einerseits die PROJEKTKONFIGURATION und andererseits die Unterstützung der PROJEKTBEARBEITUNG. Die unterschiedlichen Ausprägungen der einzelnen Unternehmen und die unterschiedliche Definition von spezifischen Projekten im Technologiemanagement erfordern die Möglichkeit unternehmenstypische Projektarten im Informationssystem abzubilden. Im Bereich der Projektkonfiguration kann jedes Unternehmen für sich eigenständig die Projektarten definieren. Das Projektmodul nutzt dazu den im Prozessmodul definierten Geschäftsprozess. Die Projektarten können je nach Zielsetzung des Unternehmens aus den einzelnen Aufgaben des Geschäftsprozesses zusammengestellt werden. Somit ist die Definition von Projekten z.B. zur Ermittlung der technologischen Kernkompetenzen, zur Auswahl der Technologiestrategien oder zur Bearbeitung von Technologiekalenderprojekten möglich. Für jede dieser Projektarten werden im Folgenden die Projektziele definiert. Hierzu zählen die Festlegung des Bearbeitungszeitraums, das Kostenbudget, projektspezifische Kennzahlen etc. Zur Bearbeitung des Projektes werden im Projektmodul die Mitarbeiter über die Stellen des Unternehmens die jeweilig beschriebenen Rollen im Informationssystem zugeordnet. Während der Projektbearbeitung werden vom Informationssystem die einzelnen Aufgaben dargestellt. Die Mitarbeiter werden mittels des informationsgesteuerten Workflows durch die einzelnen Aufgaben geführt. Durch das Projektdatenmodell werden die notwendigen

Informationen für die Bearbeitung der Aufgaben bereitgestellt. Jeder Nutzer des Informationssystems kann individuell für sich Listen generieren lassen, die ihm eine Übersicht geben, welche Aufgaben abgeschlossen bzw. aktuell oder zukünftig zu bearbeiten sind. Durch die Nutzung des Informationssystems werden somit während eines Technologieprojektes in der Datenbank Informationen abgelegt, die sonst nur der Nutzer in seinem eigenen Wissensspeicher dokumentiert. Je nach Status des Projektes oder einer Entscheidung müssen in den Aufgaben auch die Ausschlusskriterien oder bspw. verworfene Herstellungsprozessansätze dokumentiert werden. Die Datenmodelle ermöglichen es dem Nutzer, strukturierte Informationen abzulegen, durch Suchagenten schnell und selektiv auf die gewünschten Informationen zuzugreifen und die Informationen dem gesamten Unternehmen zur Verfügung zu stellen. Durch die Nutzung kann sichergestellt werden, dass die wesentlichen Informationen für die nachgelagerten Prozessschritte und die involvierten Unternehmensbereiche erfasst werden. Über alle Projekte wird somit eine Erfahrungsdatenbank aufgebaut, die nicht nur für laufende Projekte von besonderem Interesse ist. Insbesondere kann für spätere Technologieprojekte über diese Datenbasis auf Erkenntnisse und Informationen aus vorangegangenen Projekten zurückgegriffen werden. Die Verknüpfung der Informationen mit Wissensträgern erhöht die Effektivität und die Effizienz im Technologiemanagement signifikant (Bild 4.8).

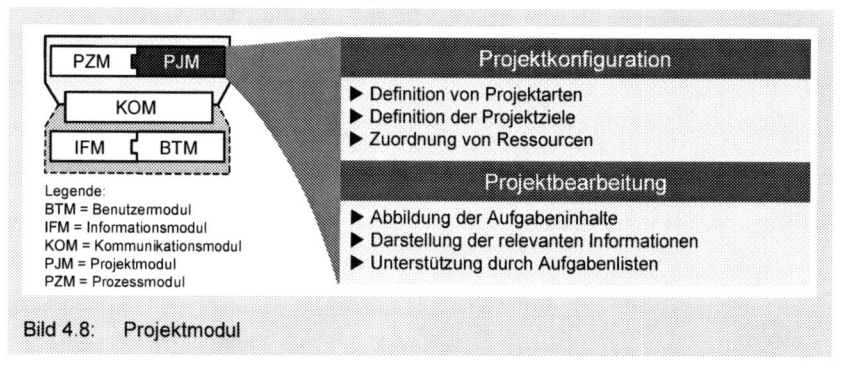

Projektkonfiguration
- ▶ Definition von Projektarten
- ▶ Definition der Projektziele
- ▶ Zuordnung von Ressourcen

Projektbearbeitung
- ▶ Abbildung der Aufgabeninhalte
- ▶ Darstellung der relevanten Informationen
- ▶ Unterstützung durch Aufgabenlisten

Legende:
BTM = Benutzermodul
IFM = Informationsmodul
KOM = Kommunikationsmodul
PJM = Projektmodul
PZM = Prozessmodul

Bild 4.8: Projektmodul

4.2.1.3 Kommunikationsmodul

Das KOMMUNIKATIONSMODUL hat die Aufgaben der INFORMATIONSVERARBEITUNG, der Förderung der Interaktion zwischen den Nutzern mittels DISKUSSIONSFOREN und der Realisierung der GRAPHISCHE NUTZERSCHNITTSTELLE (Bild 4.9). Die INFORMATIONSVERARBEITUNG stellt alle erforderlichen Ein- und Ausgabemasken für eine unmittelbare Erfassung und Nutzung der Informationen aller Module bereit. Die Nutzer des Informationssystems können entsprechend der Zuordnung ihrer Stellen zu den Rollen des Informationssystems sowie ihrer Attribute neue Informationen in das Informationssystem eingeben, Informationen für einen bestimmten Nutzerkreis sperren oder verschiedene Agenten nutzen. Zu den wichtigsten Agenten des Informationssystems zählen die Such-, Vergleichs-, Berechnungs- und Erinnerungsagenten. Die Suchagenten ermöglichen eine semantische Suche mit Einzelbegriffen, die Kombination von mehreren Schlagworten, eine unscharfe Suche oder eine Suche mit booleschen Parametern. Vergleichsagenten ermitteln die Übereinstimmung und Unterschiede zwischen bspw. den Produktanforderungen und den Technologiepotenzialen. Die Berechungsagenten unterstützten den Nutzer bei der Ermittlung von Maschinenstundensätzen oder Herstellkosten eines Bauteils. Erinnerungsagenten melden dem Nutzer den Zeitpunkt einer Überprüfung z.B. der Aktualisierung von Technologieinformationen oder einer Aufgabe, die der Nutzer in einem Projekt zu erfüllen hat.

Konzept des Informationssystems für das Technologiemanagement

Der Im- und Export von Informationen über XML-Schnittstellen ermöglicht es dem Nutzer, schnell und einfach bspw. neue Technologieinformationen von Technologieanbietern, Maschinenherstellern oder Hochschulen in das Informationssystem zu integrieren, um bei der Technologieplanung auch Technologien zu berücksichtigen, die nicht im Unternehmen vorhanden sind. Die DISKUSSIONSFOREN dienen dem themenbezogenen Austausch von Informationen und Wissen unabhängig von Projekten. Weiterhin können Informationsanfragen in die Diskussionsforen eingestellt werden. Dies ist eine Alternative zur direkten Suche anhand der Wissensprofile. Die Einbindung von externen Informationslieferanten über spezielle Zugriffsrechte auf verschiedene Diskussionsbereiche ist möglich, um den Informationshorizont und die Informationsbasis des Unternehmens kontinuierlich zu erweitern.

Die GRAPHISCHE BENUTZEROBERFLÄCHE bildet die Schnittstellen zwischen Informationssystem sowie Anwender und soll durch einen Standardbrowser realisiert werden. Der Benutzer steuert durch Interaktion mit der graphischen Benutzerschnittstelle die Anwendung. Unterstützt wird er dabei durch Menüs und Kommando-Eingaben, die ihm die Auswahl von Funktionsbefehlen ermöglichen. Die graphische Benutzeroberfläche legt fest, welche Informationen in welchen Masken angezeigt werden, zu welchen anderen Masken Verknüpfungen realisiert sind und welche Aktionen in der jeweiligen Maske durchgeführt werden können. Mögliche Aktionen sind dabei die Suche nach Informationen, die Eingabe von Informationen oder die Berechung der Herstellkosten eines Bauteils.

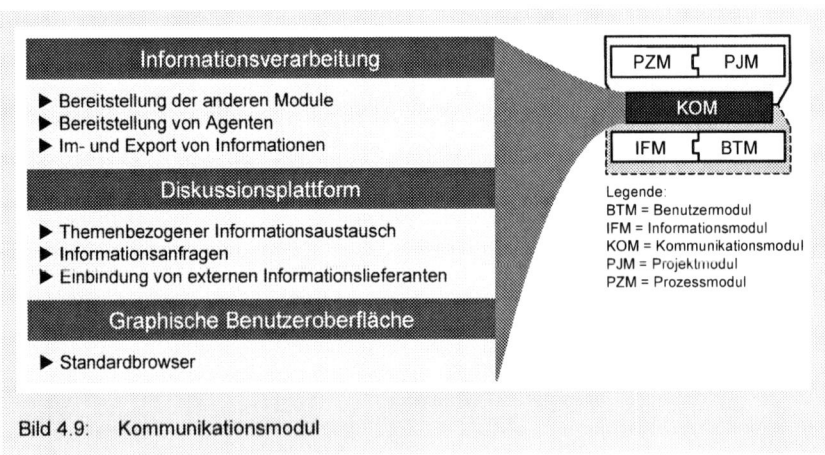

Informationsverarbeitung
- Bereitstellung der anderen Module
- Bereitstellung von Agenten
- Im- und Export von Informationen

Diskussionsplattform
- Themenbezogener Informationsaustausch
- Informationsanfragen
- Einbindung von externen Informationslieferanten

Graphische Benutzeroberfläche
- Standardbrowser

PZM	PJM
KOM	
IFM	BTM

Legende:
BTM = Benutzermodul
IFM = Informationsmodul
KOM = Kommunikationsmodul
PJM = Projektmodul
PZM = Prozessmodul

Bild 4.9:   Kommunikationsmodul

4.2.2   Teilsystem Informationsplattform

Durch das Teilsystem Informationsplattform werden die Informationen und Funktionalitäten bereitgestellt, die ein Unternehmen für das Technologiemanagement benötigt. Die Informationen und zusätzlich das anwenderspezifische Wissen werden gemeinsam im INFORMATIONSMODUL in einer Datenbank abgelegt. Diese Datenbank ist in die vier Bereiche Technologie, Produkt, Projekt und Unternehmen gegliedert. Jeder dieser Bereiche ist wiederum entsprechend der verwendeten Informationen und des zusätzlich zu dokumentierenden Wissens in verschiedene Abschnitte unterteilt. Im BENUTZERMODUL werden die allgemeingültigen Rollen im Technologiemanagement sowie die spezifischen Wissensprofile der Nutzer des Informationssystems beschrieben. Durch die Schnittstellen des Informations- und Benutzermoduls zu dem Kommunikationsmodul werden den Nutzern alle erforderlichen Funktionalitäten der Informationsverarbeitung sowie die direkte Kommunikation in den Diskussionsforen ermöglicht. Dazu zählt das Dokumentieren,

Suchen, Verarbeiten und Eingeben von Informationen und Wissen in die Modelle des Informationsmoduls.

4.2.2.1 Informationsmodul

Durch das Informationsmodul werden die Strukturen bereitgestellt, um die im Technologiemanagement benötigten und erzeugten Informationen mit ihren Beziehungen abzubilden. Im Folgenden werden hierzu das TECHNOLOGIEMODELL, das PRODUKTMODELL, das PROJEKTMODELL und das UNTERNEHMENSMODELL motiviert und eingeführt (Bild 4.10).

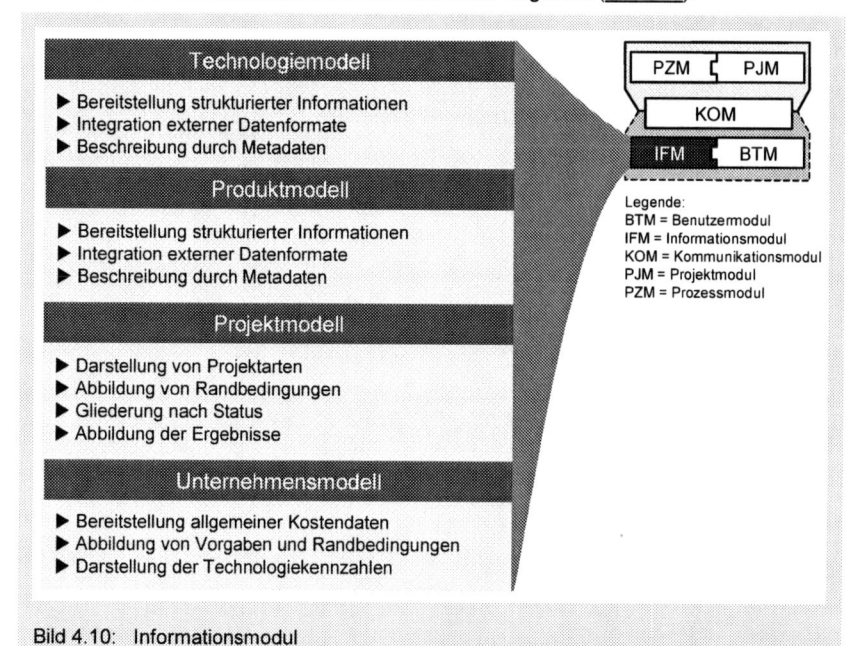

Technologiemodell
- ▶ Bereitstellung strukturierter Informationen
- ▶ Integration externer Datenformate
- ▶ Beschreibung durch Metadaten

Produktmodell
- ▶ Bereitstellung strukturierter Informationen
- ▶ Integration externer Datenformate
- ▶ Beschreibung durch Metadaten

Projektmodell
- ▶ Darstellung von Projektarten
- ▶ Abbildung von Randbedingungen
- ▶ Gliederung nach Status
- ▶ Abbildung der Ergebnisse

Unternehmensmodell
- ▶ Bereitstellung allgemeiner Kostendaten
- ▶ Abbildung von Vorgaben und Randbedingungen
- ▶ Darstellung der Technologiekennzahlen

Legende:
BTM = Benutzermodul
IFM = Informationsmodul
KOM = Kommunikationsmodul
PJM = Projektmodul
PZM = Prozessmodul

Bild 4.10: Informationsmodul

Technologien sind das zentrale Betrachtungsobjekt im Technologiemanagement. Durch das TECHNOLOGIEMODELL werden alle relevanten Informationen sowie das Wissen über die Technologien, die zur Herstellung von Produkten geeignet sind, erfasst. Auf Grund der Vielzahl von Technologien (Fertigungs-, Verfahrens-, Biotechnologie usw.) beschränkt sich das Informationsmodul auf die Fertigungstechnologien[13]. Es ist so gestaltet, dass ein möglichst allgemeingültiges Modell für alle Technologien der DIN 8580 bereitgestellt wird. Hierbei sind sowohl die Unterschiede der Technologien entsprechend der jeweiligen DIN-Klassifizierung als auch der verschiedenen Entwicklungsstadien der Technologien berücksichtigt, da es bei einer Zukunftstechnologie nicht möglich und auch nicht sinnvoll ist, die gleichen Informationen wie bei einer Basistechnologie zu erfassen. Eine redundanzfreie Gliederung von strukturierten Technologieinformationen im Technologiemodell ermöglicht eine eindeutige Zuordnung der Technologieinformationen sowie des unternehmensspezifischen Wissens. Neben der direkten Eingabe von strukturierten Informationen in das Technologiemodell können verschiedene Formate zu den entsprechenden Informationen

---

[13] Fertigungstechnologien sind alle Technologien zur Herstellung von geometrisch bestimmten, festen Körpern. Sie schließen die Verfahren zur Gewinnung erster Formen aus dem formlosen Zustand, zur Veränderung dieser Form sowie zur Veränderung der Stoffeigenschaften ein [DIN85].

integriert werden. Hierbei handelt es sich um Daten oder Bilder aus anderen Anwendungen. Bei der Integration der verschiedenen Formate wird zwischen datei- oder papiergestützten Dokumenten unterschieden. Alle Dokumente werden mit Hilfe von Schlagworten klassifiziert. Bei textbasierten Dokumenten besteht mittels Indexierung weiterhin die Möglichkeit der Volltextrecherche. Die Metadaten[14] des Technologiemodells beinhalten keine Technologieinformationen, sondern dienen der Dokumentation und Verwaltung von Versionen, der Zugriff- und Änderungshistorie sowie der eindeutigen Identifizierung des Datensatzes.

Im PRODUKTMODELL werden die für das Technologiemanagement notwendigen Produktinformationen bereitgestellt. Um eine Vergleichbarkeit von Produkt- und Technologieinformationen zu ermöglichen, werden wie im Technologiemodell strukturierte Informationen, integrierte Formate und Metadaten zur Beschreibung des Produktes verwendet. Die strukturierten Informationen werden im Modell dokumentiert, das bauteil- und prozessorientiert aufgebaut ist. Zu den jeweiligen strukturierten Informationen kann entsprechendes Wissen über das Produkt dargestellt und mit externen Daten ergänzt werden. Diese Daten werden in Form von integrierten Formaten eingebunden. Hierbei handelt es sich, ebenso wie bei dem Technologiemodell, um datei- oder papiergestützte Dokumente. Mittels Metadaten können die Zugriff- und Änderungshistorie dokumentiert sowie die eindeutige Identifizierung des Datensatzes ermöglicht werden.

Im PROJEKTMODELL werden auf Grund der vielseitigen Aufgaben im Technologiemanagement verschiedene Projektarten (Investitionsbewertung, Technologiekalender, Potenzialportfolio usw.) definiert. Diese Projektarten werden unternehmensspezifisch abgebildet. Für jedes Projekt, das mit dem Informationssystem durchgeführt wird, werden die entsprechend der Zielsetzung des Projektes definierten Randbedingungen dokumentiert. Der Projektstatus ist in geplante, laufende, beendete und abgebrochene Projekte untergliedert. Somit sind eine übersichtliche Darstellung und einfache Navigation durch die verschiedenen Projekte möglich. In den jeweiligen Projektarten werden die Ergebnisse und neu gewonnenen Erfahrungen des Projektes dokumentiert. Das Projektmodell besitzt entsprechend der Zielsetzung des Projektes Verknüpfungen mit Daten oder Informationen aus dem Technologie- oder Produktmodell. Ebenso sind Verknüpfungen mit dem Unternehmensmodell möglich. Im Projektmodell sollen keine Personalressourcen verwaltet werden. Hierzu sollte auf Standardsoftware zurückgegriffen werden.

Mittel des UNTERNEHMENSMODELLS werden alle Informationen verwaltet, die für die betrachteten Technologien, Produkte und Projekte gleich sind. Es besteht daher aus den Bereichen allgemeine Kostendaten, Vorgaben und Randbedingungen sowie Technologiekennzahlen. Die allgemeinen Kostendaten werden so detailliert, dass eine softwaretechnische Auswertung der Informationen möglich ist. Hierzu zählen u.a. die Personal-, Flächen- und Energiekosten. Weiterhin werden die normativen Randbedingungen des Unternehmens sowie die strategischen Vorgaben für das Technologiemanagement dokumentiert. Im dritten Bereich werden die Technologiekennzahlen des Unternehmens abgebildet. Diese werden direkt von den Unternehmenskennzahlen abgeleitet, so dass über die Ursachen-Wirkungsbeziehungen die Einflüsse zwischen den Kennzahlen abgebildet werden können.

4.2.2.2 Benutzermodul

Das Benutzermodul besteht aus den beiden Bereichen der ROLLEN- und WISSENSPROFILE. Die Rollenprofile sind im Informationssystem fest definiert und bilden u.a. die Schnittstelle zwischen dem Technologiemanagementprozess und den jeweiligen Stellen bzw. Funktionen

---

[14] Unter Metadaten versteht man strukturierte Daten, mit deren Hilfe eine Informationsressource beschrieben und dadurch besser auffindbar gemacht wird [vgl. SUBU02].

Konzept des Informationssystems für das Technologiemanagement

im Unternehmen. Innerhalb der Wissensprofile werden die Kompetenzen und die Zugehörigkeit zu den Organisationseinheiten beschrieben (Bild 4.11).

Durch die ROLLENPROFILE erfolgt über die Stellen die Anbindung der Mitarbeiter direkt an die Aufgaben im Technologiemanagement. Die Steuerung der Rechte der einzelnen Rollen wird durch einzelne Attribute oder Attributsklassen durchgeführt. Auf Grund der unterschiedlichen Strukturen sowie Aufgaben- und Kompetenzverteilung im Unternehmen ist eine unternehmensspezifische Zuordnung der Rollen zu den Stellen notwendig. Diese Zuordnung ist für die verschiedenen Projektarten nicht notwendig, da dies über die Zuordnung der Stellen zu den Aufgaben erfolgt. Die WISSENSPROFILE ermöglichen die benutzerspezifische Darstellung der Interessensbereiche und Kompetenzen. Im Informationssystem werden für die Interessensbereiche und Kompetenzen eine Untergliederung nach Technologien, Produkten und Werkstoffen vorgenommen. Die Wissensprofile verknüpfen weiterhin die Mitarbeiter mit den Organisationseinheiten. Durch diese Darstellung ist es dem Nutzer des Informationssystems möglich, Kompetenzträger im Unternehmen zu identifizieren.

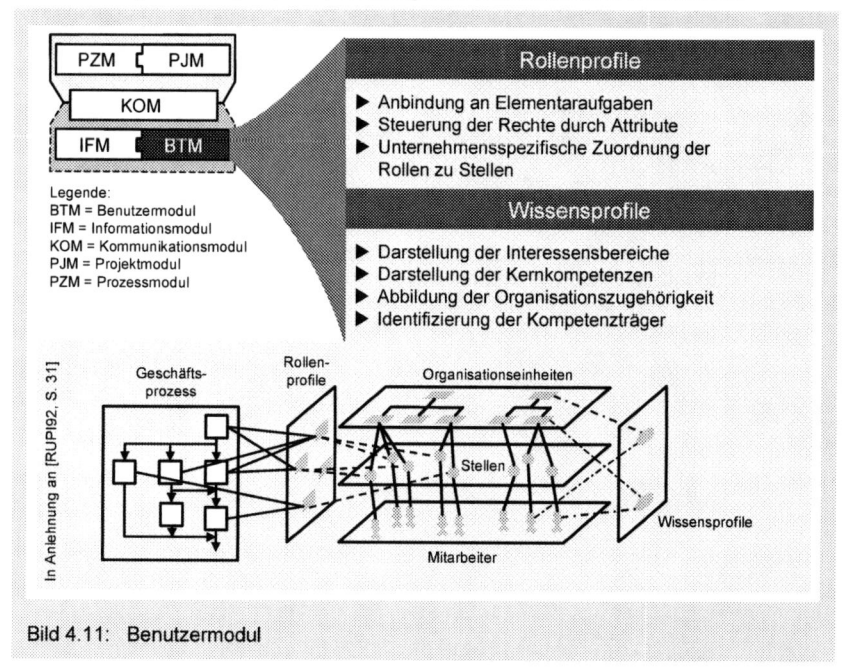

Rollenprofile
- Anbindung an Elementaraufgaben
- Steuerung der Rechte durch Attribute
- Unternehmensspezifische Zuordnung der Rollen zu Stellen

Wissensprofile
- Darstellung der Interessensbereiche
- Darstellung der Kernkompetenzen
- Abbildung der Organisationszugehörigkeit
- Identifizierung der Kompetenzträger

Legende:
BTM = Benutzermodul
IFM = Informationsmodul
KOM = Kommunikationsmodul
PJM = Projektmodul
PZM = Prozessmodul

In Anlehnung an [RUPI92, S. 31]

Bild 4.11: Benutzermodul

4.3 Zwischenfazit: Informationssystem für das Technologiemanagement

Aufbauend auf der Analyse möglicher Ansätze zur informationstechnischen Unterstützung des Technologiemanagement wurden relevante Informations- und Kommunikationstechnologien untersucht und der Handlungsbedarf zur Entwicklung eines Informationssystems zur durchgängigen Unterstützung des Geschäftsprozesses Technologiemanagement abgeleitet. In inhaltlicher Hinsicht wurden anschließend Ansätze aus den Bereichen der Modelltheorie, der Systemtechnik und der Softwareentwicklung analysiert, anhand derer komplexe Informationssysteme für das Technologiemanagement strukturiert werden können. Die Systemtechnik wurde ausgewählt, da die Vorgehensweise für die Entwicklung sehr gut adaptierbar ist und wichtige Grundlagen zur Entwicklung bereitstellt. Weiterhin wurden verschiedene Methoden und Werkzeuge zur Modellierung des Informationssystems analysiert. XML wurde für die Abbildung der Modelle des Informationssystems ausgewählt, da alle erforderlichen Informationen abgebildet werden können, ein nutzerfreundliches Modellierungswerkzeug verfügbar ist und die Modelle sich nachfolgend einfach in Datenbanken transformieren lassen (Kapitel 2.4).

Entsprechend der Beschreibung der Aufgaben im Technologiemanagement wurden in Kapitel 4 die Anforderungen an das Informationssystem aus vier Sichtweisen abgeleitet. Aufbauend wurde das Konzept des Informationssystems entwickelt. Das Konzept besteht aus den beiden Teilsystemen Prozess- und Informationsplattform und dem Kommunikationsmodul als Bindeglied. Die Prozessplattform beinhaltet das Prozess- und Projektmodul. In dem Prozessmodul wird der Geschäftsprozess Technologiemanagement unternehmensneutral dargestellt während das Projektmodul eine unternehmensspezifische Abbildung typischer Projekte ermöglicht. Die in den Projekten generierten Informationen und Erfahrungen werden strukturiert in der Informationsplattform hinterlegt, so dass diese für weitere Projekte nutzbar sind. Die Informationsplattform besteht aus dem Informationsmodul und dem Benutzermodul. Mittels der integrierten Datenbank des Informationsmoduls wird es den Anwendern ermöglicht, wichtige Informationen über Technologien, Produkte, Projekte und das Unternehmen zentral zu archivieren und zu nutzen. Das Benutzermodul befasst sich mit der Rechtevergabe und den Rollen- und Wissensprofilen, die zur zielgerichteten Nutzung eines Informationssystems erforderlich sind. Das Kommunikationsmodul verbindet die beiden Plattformen. Es bildet die Schnittstellen zwischen dem Informationssystem und dem Anwender und stellt alle notwendigen informationsverarbeitenden Funktionen wie Suchen, Auswerten, Im- und Exportieren dar.

Durch die Gestaltung der Teilsysteme Prozess- und Informationsplattform ist eine umfassende ganzheitliche Unterstützung des Geschäftsprozesses Technologiemanagement möglich. Der modulare Aufbau des Informationssystems wurde zur Komplexitätsreduzierung der Systemfunktionalität gewählt, wodurch die Informationsplattform unabhängig von der Prozessplattform nutzbar ist. Im Folgenden wird entsprechend der Zielsetzung dieser Arbeit das Detailkonzept des Informationssystems ausgearbeitet. Da das Nutzen-/Aufwandverhältnis bei der Einführung eines Softwaresystems für den Erfolg der Anwendung entscheidend ist, wird in Kapitel 5 die Informationsplattform und das Kommunikationsmodul detailliert. Die Prozessplattform wird im Folgenden nicht weiter betrachtet, da der Geschäftsprozess Technologiemanagement bereits in Kapitel 3 umfassend beschrieben ist.

5 Detaillierung des Informationssystems

In diesem Kapitel wird die Informationsplattform des in Kapitel 4 entwickelten Informationssystems detailliert. Hierzu werden zunächst Informationsmodul (Kapitel 5.1), Benutzermodul (Kapitel 5.2) und nachfolgend Kommunikationsmodul (Kapitel 5.3) entwickelt. Anschließend werden die Zusammenhänge zwischen den Modulen dargestellt (Kapitel 5.4).

5.1 Informationsmodul

Das Informationsmodul dient der Verwaltung der Informationen, die für den Geschäftsprozess Technologiemanagement (Kapitel 3) notwendig sind oder innerhalb dessen generiert werden. Die Informationen werden dazu in den vier Modellen TECHNOLOGIE-, PRODUKT-, PROJEKT- und UNTERNEHMENSMODELL dargestellt. Technologien sind zentrales Betrachtungsobjekt im Technologiemanagement und werden im Technologiemodell abgebildet. Im Produktmodell werden alle relevanten Informationen über die betrachteten Produkte dargestellt. Zusammenhängende Aufgaben und Prozesse, wie sie in Kapitel 3 hergeleitet worden sind, werden in Projekten von unterschiedlichen Mitarbeitern eines Unternehmens bearbeitet und im Projektmodell zusammengefasst. Zur Unterstützung der Bearbeitung von Projekten oder der Berechung von Herstellkosten von Produkten sind Unternehmensinformationen z.B. über Kostenstrukturen notwendig. Diese werden im Unternehmensmodell erfasst.

Die Anpassbarkeit und Erweiterbarkeit der Modelle sowie der Im- und Export von Informationen sind Anforderungen, die es notwendig machen, dass die MODELLE u.a. in eine DATENSTRUKTUR und Subsysteme, sogenannte KATALOGE, unterteilt werden. Somit ist es möglich, dass einerseits Unternehmen die gleiche Datenstruktur nutzen, um Informationen auszutauschen oder von Technologielieferanten zu erhalten. Andererseits können in den Katalogen unternehmensspezifische Anpassungen vorgenommen werden, so dass wichtiges, unternehmensinternes Wissen strukturiert und einheitlich darstellt werden kann. Weiterer Vorteil der Unterteilung der Modelle in eine Datenstruktur und Kataloge ist die Wiederverwendung von Katalogen in verschiedenen Modellen und somit die Steigerung der Benutzerfreundlichkeit durch den Wiedererkennungseffekt von Strukturen. Ergänzt werden die Datenstrukturen und Kataloge jeweils durch die Möglichkeit der Integration von EXTERNEN DATENFORMATEN zur Darstellung von Bildern (bspw. „jpg", „tif") und der Beschreibung der externen Datenformate sowie der Datenstruktur durch METADATEN (Bild 5.1).

Modell

Datenstruktur + Kataloge

Externe Datenformate
*.jpg; *.tif
*.doc; *.pdf

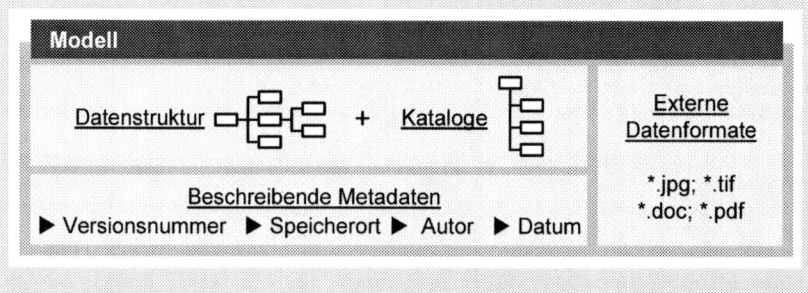

Beschreibende Metadaten
▶ Versionsnummer ▶ Speicherort ▶ Autor ▶ Datum

Bild 5.1: Aufbau der verwendeten Modelle im Informationsmodul

In den Kapiteln 5.1.1 bis 5.1.4 werden die Technologie-, Produkt-, Projekt- und Unternehmensmodelle beschrieben. Zu den entsprechenden Datenstrukturen werden die verwendeten Kataloge definiert. Dabei wird jeder Katalog nur einmal dargestellt, da sich der Aufbau der Kataloge zwischen den Verwendungen in den Datenstrukturen nicht unterscheidet. Alle Datenstrukturen sind im Anhang 8.8 dargestellt.

Detaillierung des Informationssystems

5.1.1 Technologiemodell

In den letzten Jahren sind einige Modelle konzipiert worden, um Technologieinformationen abzubilden. Darunter befinden sich im Wesentlichen Modelle, die zur Informationsbereitstellung in der Konstruktion [vgl. BRAC89; HOLL94], der Investitionsplanung [vgl. BERT94; EVER98; SENG95; ULLM95] und der Technologieplanung [vgl. EVER94; FALL00; KLOC99; SCHT96; TROM00] konzipiert wurden. Das in dieser Arbeit zu entwickelnde Technologiemodell soll nicht nur Teilbereiche oder Teilaufgaben des Technologiemanagement abbilden, sondern den gesamten Prozess vom Technologieleitbild bis zur Technologierealisierung unterstützen. Das Technologiemodell dieser Arbeit basiert auf den wissenschaftlichen Arbeiten von FALLBÖHMER und SCHMITZ [vgl. FALL00; SCHT96]. Es wird einerseits um die fehlenden Datenfelder erweitert und andererseits auf die Anforderungen der modernen Informationsverarbeitung und der unternehmensspezifischen Anpassung ausgelegt.

Das TECHNOLOGIEMODELL soll alle relevanten Informationen sowie das unternehmensinterne Wissen über Technologien abbilden. Es wird so gestaltet, dass ein allgemeingültiges Modell für Technologien der DIN 8580 bereitgestellt wird. Neben der BEREITSTELLUNG VON STRUKTURIERTEN INFORMATIONEN in der Technologiedatenstruktur und den Katalogen können EXTERNE DATEN zu verschiedenen Informationen integriert werden. Das Technologiemodell und die externen Daten werden zusätzlich durch METADATEN beschrieben. Metadaten beinhalten keine Technologieinformationen, sondern dienen der Dokumentation und Verwaltung von Versionen, der Zugriff- und Änderungshistorie sowie der eindeutigen Identifizierung des Datensatzes. Die Gesamtheit der Informationen, die in dem Technologiemodell hinterlegt werden, wird als Datenblatt bezeichnet.

<u>Bereitstellung von strukturierten Informationen</u>

Im Geschäftsprozess Technologiemanagement werden zahlreiche Informationen über Technologien genutzt und generiert sowie unternehmensinternes Wissen erzeugt. Aufbauend auf der Zielsetzung und der Notwendigkeit, diese Informationen und das Wissen verfügbar zu machen, wird nachfolgend eine Struktur entwickelt. Die Datenstruktur einer Technologie wird dazu auf der ersten Gliederungsebene in die Bereiche: ALLGEMEINE BESCHREIBUNG, TECHNISCHE MACHBARKEIT, PROZESSEIGNUNG, FACHWISSEN UND ERFAHRUNG, INFORMATIONSQUELLEN und TECHNOLOGIELIEFERANTEN unterteilt (<u>Bild 5.2</u>). Im Bereich der ALLGEMEINEN BESCHREIBUNG wird zuerst der Name des Datenblattes in einem Freitextfeld dokumentiert. Der Typ beschreibt, ob es sich bei dem Datenblatt um eine allgemeingültige Beschreibung einer Technologie oder um die Beschreibung einer bestimmten Maschine handelt. Der Reifegrad (Basis-, Schlüssel-, Schrittmacher- oder Zukunftstechnologie) ist eine wichtige Information für die Ableitung von Fertigungsfolgen. Je nach Reifegrad ist eine direkte Aussage über den möglichen Technologieeinsatzzeitpunkt möglich. Patente stellen Zusatzinformationen über die Nutzungsrechte der Technologie dar. Je nach Patentlage kann es auf Grund der strategischen Ausrichtung eines Unternehmens nützlich sein, verstärkte Aktivitäten im Bereich der Weiterentwicklung bspw. einer Zukunftstechnologie zu initiieren, um die Technologieführerschaft zu erlangen oder auszubauen. Internationale Bezeichnungen und Synonyme sind Informationen, die bspw. bei der Informationsrecherche nützlich sind, um möglichst viele Technologielieferanten oder Patente zu identifizieren. Die Verwendung einer Technologie ist eine Information, die für die Generierung von Technologieketten genutzt wird. Durch die Verwendung der Technologie und die Technologiezuordnung wird auf der einen Seite beschrieben, ob eine Technologie formverändernd, eigenschaftsverändernd, trennend, fügend oder formgebend ist und auf der anderen Seite welchem Bereich der DIN 8580 die Technologie zuzuordnen ist. Je nach Verwendung kann somit die relative Position in der Technologiekette bestimmt werden. Prinzipiell werden erst die formgebenden und formverändernden Technologien, dann trennende und eigenschaftsverändernde und abschließend fügende Technologien verwendet.

Detaillierung des Informationssystems

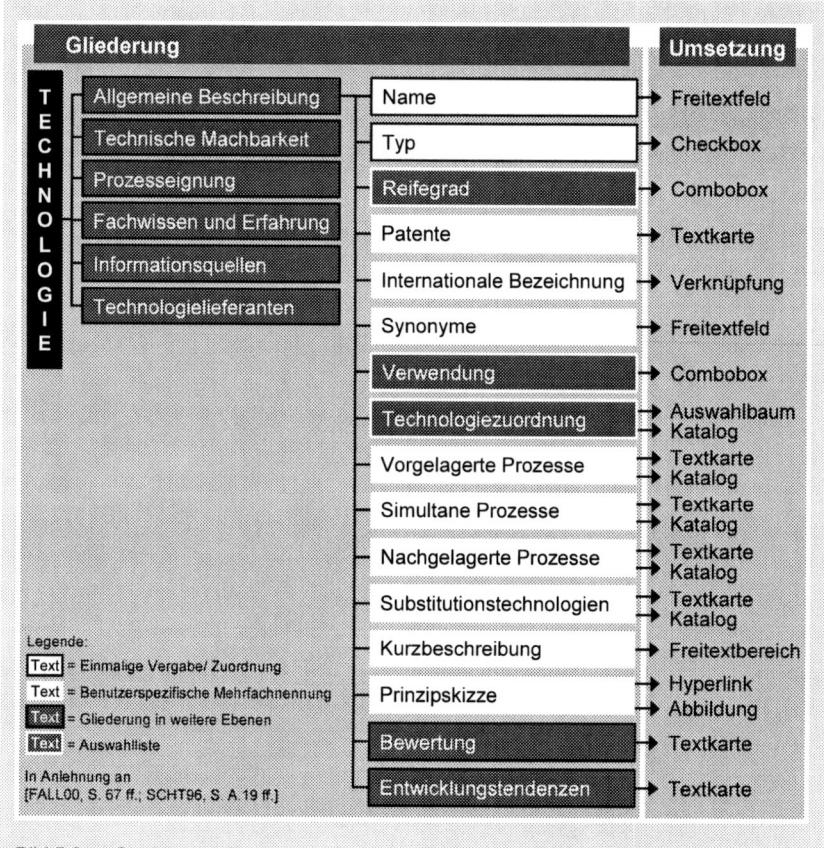

Gliederung		Umsetzung
TECHNOLOGIE		
Allgemeine Beschreibung	Name	Freitextfeld
Technische Machbarkeit	Typ	Checkbox
Prozesseignung	Reifegrad	Combobox
Fachwissen und Erfahrung	Patente	Textkarte
Informationsquellen	Internationale Bezeichnung	Verknüpfung
Technologielieferanten	Synonyme	Freitextfeld
	Verwendung	Combobox
	Technologiezuordnung	Auswahlbaum / Katalog
	Vorgelagerte Prozesse	Textkarte / Katalog
	Simultane Prozesse	Textkarte / Katalog
	Nachgelagerte Prozesse	Textkarte / Katalog
	Substitutionstechnologien	Textkarte / Katalog
	Kurzbeschreibung	Freitextbereich
	Prinzipskizze	Hyperlink / Abbildung
	Bewertung	Textkarte
	Entwicklungstendenzen	Textkarte

Legende:
[Text] = Einmalige Vergabe/ Zuordnung
Text = Benutzerspezifische Mehrfachnennung
[Text] = Gliederung in weitere Ebenen
[Text] = Auswahlliste

In Anlehnung an
[FALL00, S. 67 ff.; SCHT96, S. A.19 ff.]

Bild 5.2: Struktur des Technologiemodells

Die Angaben zu vorgelagerten, simultanen und nachgelagerten Prozessen sowie Substitutionstechnologien sind ergänzende Angaben zur Technologiekettenbildung, da in diesen Bereichen Technologien dokumentiert werden, die einen direkten Zusammenhang mit der beschriebenen Technologie haben. Im Bereich der Bewertung werden die Vor- und Nachteile sowie die Ausschlusskriterien definiert. So kann bspw. die Patentsituation zum Ausschluss einer Technologie für einen definierten Zeitraum führen, da ein anderes Unternehmen die Patentrechte an der Nutzung der Technologie hat. Entwicklungstendenzen beschreiben die zukünftigen Perspektiven bezüglich Werkstoffen, Kosten der Nutzung und technologischen Fähigkeiten. Im Bereich der TECHNISCHEN MACHBARKEIT werden anhand von technischen Prozessparametern und Features die Fähigkeiten der Technologie oder Maschine beschrieben, um geometrische Merkmale oder Produkteigenschaften zu erzeugen. Weiterhin werden bearbeitbare Werkstoffe und Beispiele beschrieben. Im Bereich der PROZESSEIGNUNG werden Angaben zu Stückzahlen, Werkzeugen und einmaligen sowie laufenden Kosten dokumentiert. FACHWISSEN UND ERFAHRUNGEN ist der Bereich, in dem das personenspezifische Wissen über die Technologie oder die Maschine dokumentiert werden soll. Dieser Bereich kann durch Zugriffsrechte geschützt werden und wird beim Austausch von Datenblättern nur berücksichtigt, wenn dies explizit gewünscht ist. Im Bereich der INFORMATIONSQUELLEN werden neben den unternehmensinternen Experten zusätzliche Literaturquellen, Forschungseinrichtungen, Verbände, Messen und Konferenzen hinterlegt.

Dies erleichtert die Verwendung der Informationen, da so zusätzliche Informationen über die Technologie einfach und schnell eingeholt werden können. Analog zu dem Bereich der Informationsquellen werden im Bereich der TECHNOLOGIELIEFERANTEN Lohnfertiger, Maschinen- und Anlagenhersteller, Serviceanbieter und Komponentenhersteller dargestellt.

Die Benutzerfreundlichkeit einer Softwareanwendung ist besonderes während der Detaillierung des Konzeptes zu berücksichtigen. Durch den Umfang der Datenstruktur wird die Komplexität der Anwendung determiniert. Weiterhin ist es für die Dateneingabe wichtig, wiederkehrende Strukturen und Möglichkeiten der Dateneingabe zu definieren, damit der Anwender des Informationssystems eine möglichst komfortable Informationseingabe hat. Im hier dargestellten Ansatz werden standardisierte Eingabemöglichkeiten in den verschiedenen Gliederungsebenen der Datenstruktur immer wieder verwendet. Als Eingabemöglichkeiten werden Überschriften, Freitextfelder, Auswahllisten und -bäume, Comboboxen, Checkboxen, Hyperlinks, Indexkarten, Bildkarten sowie Verknüpfungen zu anderen Dateien genutzt.

Bei der Beschreibung von Technologien können aufbauend auf der in Bild 5.2 und Anhang 8.8.1 dargestellten Datenstruktur Informationen über den Entwicklungsstatus der Technologie, verwendete Werkstoffe, erreichbare Toleranzen, herstellbare Features usw. dargestellt werden. Damit die Datenstruktur anpassbar und erweiterbar ist, die Komplexität nicht zu hoch wird, werden im Folgenden die Kataloge definiert. Für das Informationssystem werden die zehn Kataloge TECHNOLOGIEN, WERKSTOFF, EINHEITEN, EIGENSCHAFTEN, ABKÜRZUNGEN, WÄHRUNGEN, MITARBEITER, LÄNDERNAMEN, FEATURES[15] und FLÄCHEN verwendet. Alle zehn verwendeten Kataloge werden nach dem gleichen Schema aufgebaut, so dass ein Katalog immer aus einem standardisierten Bereich und einem unternehmensspezifischen Bereich besteht. Bei der Installation des Informationssystems in einem Unternehmen besteht der unternehmensspezifische Teil eines jeden Katalogs nur aus einer vordefinierten Struktur. Die Struktur ist identisch mit der Struktur des standardisierten Bereichs, so dass einerseits eine Übertragung der unternehmensspezifischen Ergänzungen zum Standard möglich ist, andererseits, um die Benutzerfreundlichkeit auf Grund der Verwendung von gleichen Masken und Strukturen zu verbessern. Der standardisierte Bereich ist bei allen Nutzern des Informationssystems gleich und wird zentral verwaltet, gepflegt und erweitert. In dem unternehmensspezifischen Bereich der Kataloge können gewisse Benutzergruppen Erweiterungen vornehmen (siehe Kapitel 5.3). Diese Erweiterungen sollten nicht von jedem Benutzer des Informationssystems durchgeführt werden, da es sonst durchaus vorkommen kann, dass z.B. die gleichen Anforderungen durch unterschiedliche Begriffe beschrieben werden. Dies hätte zur Folge, dass im Informationssystem Redundanzen entstehen.

Der TECHNOLOGIEKATALOG ist eine vollständige Abbildung der DIN 8580 mit allen ergänzenden Normen [vgl. DIN85]. Der Katalog wird als Baumstruktur dargestellt. Jedes Unternehmen kann in dem unternehmensspezifischen Bereich Technologieklassen oder Technologien definieren, die nicht in der Norm enthalten sind. Der WERKSTOFFKATALOG bezieht sich, entsprechend der von den Technologien der DIN 8580 verwendeten Werkstoffe, auf die Normen der Stähle, Nichteisenmetalle, Schweiß- und Kunststoffe [vgl. DIN78] und wird ebenso in einem Baum dargestellt, der entsprechend erweitert werden kann. Der EINHEITENKATALOG basiert auf den SI-Basisgrößen[16] und wurde um diverse Längen-, Flächen-, Raum-, Masse- und Leistungsgrößen ergänzt [vgl. INTE02]. EIGENSCHAFTENKATALOG und ABKÜRZUNGSKATALOG basieren auf eigenen Zusammenstellungen. Der Eigenschaftenkatalog ist in verschiedene Bereiche unterteilt, denen jeweils die Eigenschaften zu geordnet sind. Der WÄHRUNGSKATALOG ist der ISO 4217 entnommen [vgl.

---

[15] Features werden im Bild 5.3 detailliert dargestellt und nachfolgend beschrieben.
[16] SI-Basisgrößen sind seit Juni 1969 rechtsverbindlich in Deutschland und basieren auf dem internationalen Einheitensystem (Système International d'Unités - SI) [vgl. DAX89, S. 15].

EURO02]. Der FEATUREKATALOG sowie der FLÄCHENKATALOG basieren auf dem Optiz-Schlüssel und wurde um die Features[17] ergänzt [vgl. OPIT66].

Feature- und Flächenkataloge werden genutzt, um die technologischen Fähigkeiten einer Technologie sowie die geometrischen Merkmale von Bauteilen zu beschreiben. Ein Feature ist ein informationstechnisches Element, das Bereiche von besonderem technischen Interesse darstellt. Sie sind die kleinsten Bausteine, die Cax-Systeme nutzen, um Produkte abzubilden. Die Features aggregieren verschiedene Elemente wie Flächen und Volumen mit der Möglichkeit des Hinzufügens einer Semantik und der Abbildung sowie Wiederverwendung von Expertenwissen als Bindeglied zum Wissensmanagement[18]. Features eignen sich somit, um phasenübergreifend Informationen handhaben und weiterleiten zu können. Hintergrundinformationen zu Entwicklungsergebnissen können erfasst und die im Entwicklungsprozess entstandenen Daten können mit den in nachfolgenden Schritten benötigten Daten verknüpft werden [vgl. VDI99, S. 3-5] (Bild 5.3).

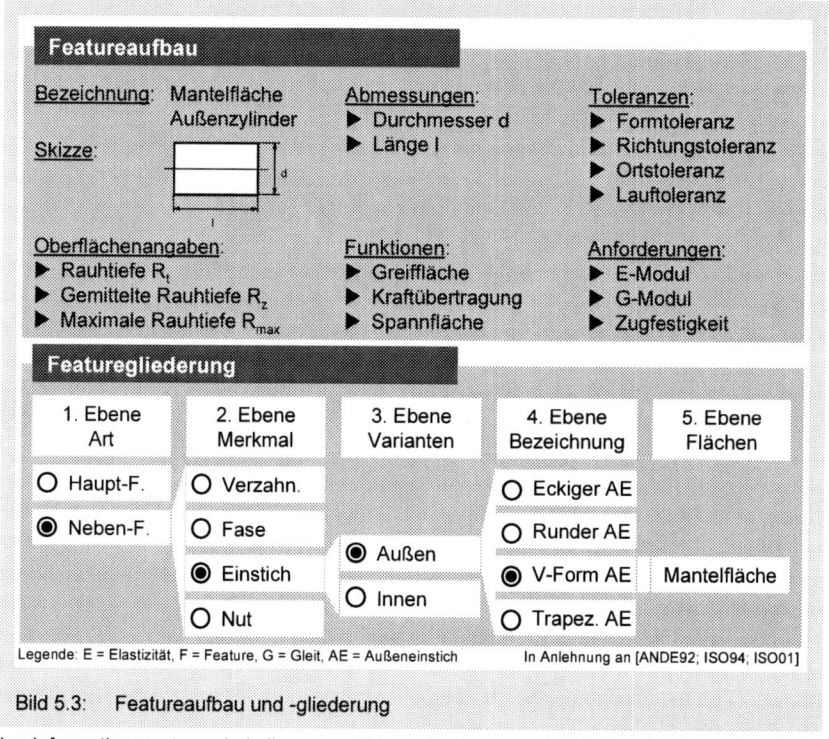

Featureaufbau

Bezeichnung: Mantelfläche Außenzylinder
Skizze:

Abmessungen:
▶ Durchmesser d
▶ Länge l

Toleranzen:
▶ Formtoleranz
▶ Richtungstoleranz
▶ Ortstoleranz
▶ Lauftoleranz

Oberflächenangaben:
▶ Rauhtiefe R_t
▶ Gemittelte Rauhtiefe R_z
▶ Maximale Rauhtiefe R_{max}

Funktionen:
▶ Greiffläche
▶ Kraftübertragung
▶ Spannfläche

Anforderungen:
▶ E-Modul
▶ G-Modul
▶ Zugfestigkeit

Featuregliederung

1. Ebene Art	2. Ebene Merkmal	3. Ebene Varianten	4. Ebene Bezeichnung	5. Ebene Flächen
○ Haupt-F.	○ Verzahn.		○ Eckiger AE	
◉ Neben-F.	○ Fase	◉ Außen	○ Runder AE	
	◉ Einstich	○ Innen	◉ V-Form AE	Mantelfläche
	○ Nut		○ Trapez. AE	

Legende: E = Elastizität, F = Feature, G = Gleit, AE = Außeneinstich   In Anlehnung an [ANDE92; ISO94; ISO01]

Bild 5.3: Featureaufbau und -gliederung

Im Informationssystem sind die wesentlichen Features vordefiniert und entsprechend der allgemeinen Beschreibung im standardisierten Teil des Kataloges abgelegt. Da Features eine höher Komplexität als bspw. Einheiten aufweisen, wird im Informationssystem ein Default-Feature abgebildet, das als Grundlage für andere benutzerspezifische Features genutzt werden kann (Anhang 8.10). Ein graphischer Feature-Editor unterstützt den Nutzer

---

[17] Detaillierte Ausführungen zur Definition der Feature siehe 5.1.2.
[18] Detaillierte Ausführungen zum Wissensmanagement sind im Anhang 8.9 dargestellt.

bei der Erzeugung neuer Features. Durch den Feature-Editor kann der Nutzer die Geometrie und die Parameter des Features und deren Abhängigkeiten intuitiv definieren.

Externe Daten

Externe Daten werden genutzt, um Ergänzungen zu den im Technologiedatenblatt vorhandenen Informationen darzustellen. Diese Daten können auf der einen Seite über Importfunktionen direkt in ein Technologiedatenblatt also in das Informationssystem integriert oder auf der anderen Seite kann auf die Daten durch eine Verknüpfung referenziert werden. Beispiele für externe Daten sind Zeichnungen, Bilder, Arbeitspläne, Kostenkalkulationen, Dokumente aus anderen Anwendungen sowie multimediale Elemente wie Audio- und Videodateien [vgl. BURG97, S. 33; HANS96, S. 225 ff.]. Voraussetzung für die Nutzung und effiziente Suche nach den externen Daten ist eine geeignete Beschreibung der erfassten Daten. Eine solche Beschreibung wird durch Metadaten ermöglicht [vgl. BURG97, S. 34 ff.; HANS96, S. 250.].

Metadaten

Durch die Verwendung von Metadaten wird das Ziel verfolgt, das Datenblatt oder die externen Daten zu benennen, einen zeitlichen Bezug zur Aktualität herzustellen sowie eine Zuordnung des Bezugsobjektes zu verschiedenen Schlagworten zu ermöglichen. Es werden zwei Arten von Metadaten unterschieden:

1. Metadaten zur Beschreibung des Datenblattes und
2. Metadaten zur Beschreibung der externen Daten.

Diese Metadaten werden weiterhin in KLASSIFIKATORISCHE und VERWALTUNGSTECHNISCHE DATEN unterteilt. Nach Art der Metadaten sind die Ausprägungen verschieden (Bild 5.4).

KLASSIFIKATORISCHE DATEN haben den Zweck, relevante Daten aus dem häufig umfangreichen Gesamtbestand effizient zu ermitteln [vgl. STAH99, S. 164]. Hierzu werden die Daten definierten Gruppen zugeordnet, innerhalb derer sie vereinfacht wieder aufgefunden werden können. Eine eindeutige Zuordnung erfolgt über eine Signatur, die als Schlüssel für alle Daten dient. Jedoch enthält diese Signatur im Regelfall keine Informationen über Inhalt bzw. Charakter der Daten (z.B. fortlaufende Nummer) [vgl. MUTZ01, S. 67f.]. Ein weiteres Merkmal der klassifikatorischen Daten ist die Art, mit der die Zugehörigkeit zu einer inhaltlichen Klasse (z.B. Ideenblätter, Portfolios, Methodendatenblätter) erfasst wird. Durch das Format können die Herkunft der Daten oder Dokumente (z.B. *.doc, *.jpg, *.xls, *.a14) beschrieben werden. Mit dem Merkmal Erfassung wird beschrieben, ob die Daten oder Dokumente innerhalb des Systems vorliegen oder ob sie dort ausschließlich referenziert werden [vgl. STAH99, S. 222]. Anhand der Form lassen sich datei- und papiergebundene Dokumente unterscheiden. Als weiteres Merkmal wird die Beschreibung bei externen Daten genutzt, um einen Überblick über den Inhalt zugeben.

Mit VERWALTUNGSTECHNISCHEN DATEN werden der Kontext der Entstehung und zugehörige Wissensquellen im Unternehmen beschrieben. Hierzu werden bspw. der Ersteller sowie das Datum der Erstellung hinterlegt. Ferner können weitere Ansprechpartner erfasst werden. Anhand von Versionsnummern lässt sich die Entwicklung der Daten über die Zeit verfolgen. Schließlich können freie Schlagwörter vergeben werden, die für Recherchen genutzt werden [vgl. MEIT96, S. 716; STAH99, S. 223 f.]. Die Angabe der Sprache des Datenblattes und der Herkunft, z.B. unternehmensintern oder unternehmensextern, sind weitere Merkmale zur Beschreibung der externen Daten.

Die verwendeten Metadaten werden durch jeweils verschiedene Merkmale beschrieben. Jedes Merkmal wird durch mindestens zwei Attribute klassifiziert und anhand von unterschiedlichen Ausprägungen spezifiziert. Durch diese Beschreibung wird eine einheitliche Beschreibung der externen Daten und Datenblätter ermöglicht.

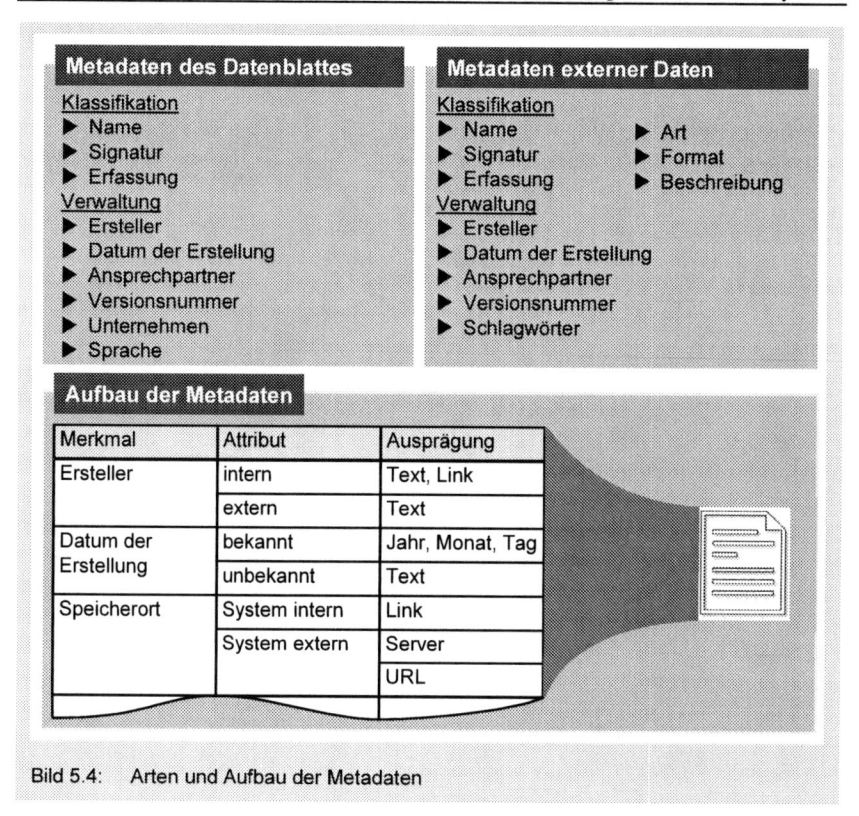

Metadaten des Datenblattes	**Metadaten externer Daten**	
Klassifikation	Klassifikation	
▶ Name	▶ Name	▶ Art
▶ Signatur	▶ Signatur	▶ Format
▶ Erfassung	▶ Erfassung	▶ Beschreibung
Verwaltung	Verwaltung	
▶ Ersteller	▶ Ersteller	
▶ Datum der Erstellung	▶ Datum der Erstellung	
▶ Ansprechpartner	▶ Ansprechpartner	
▶ Versionsnummer	▶ Versionsnummer	
▶ Unternehmen	▶ Schlagwörter	
▶ Sprache		

Aufbau der Metadaten

Merkmal	Attribut	Ausprägung
Ersteller	intern	Text, Link
	extern	Text
Datum der Erstellung	bekannt	Jahr, Monat, Tag
	unbekannt	Text
Speicherort	System intern	Link
	System extern	Server
		URL

Bild 5.4: Arten und Aufbau der Metadaten

5.1.2 Produktmodell

Ziel von Produktmodellen ist die Ordnung und Aggregation von Produktinformationen zur Vereinfachung der Informationsverarbeitung [vgl. MUTZ01, S. 60]. Die Gliederung und der Aufbau hängen somit von Zielsetzung und Einsatzgebiet ab [vgl. EVER96, S. 7-45]. Beispiele sind baugruppen-/bauteilorientierte [vgl. ANDE92], funktionsorientierte [vgl. MUTZ01], montageorientierte [vgl. TÖNS97; UNGE86] und prozessorientierte [vgl. SCHT96; SFB361] Modelle. Das in dieser Arbeit zu entwickelnde Produktmodell soll während des gesamten Geschäftsprozesses Technologiemanagement genutzt werden. Auf Grund dessen ist das Modell aus einer kombinierten prozessorientierten und baugruppen-/bauteilorientierte Sichtweise aufgebaut. Das Produktmodell basiert auf den wissenschaftlichen Arbeiten von ANDERL und dem SFB 361 [vgl. ANDE92; SFB361]. Es wird einerseits um die fehlenden Datenfelder erweitert und anderseits auf die Anforderungen der modernen Informationsverarbeitung und der unternehmensspezifischen Anpassung ausgelegt.

Im PRODUKTMODELL werden die für das Technologiemanagement notwendigen Produktinformationen abgebildet. Um die Anwenderfreundlichkeit des Informationssystems zu erhöhen, wird das Produktmodell ähnlich dem Technologiemodell aufgebaut. Neben der BEREITSTELLUNG VON STRUKTURIERTEN INFORMATIONEN in der Produktdatenstruktur und den Katalogen können EXTERNE DATEN zu verschiedenen Informationen integriert werden. Das Produktmodell wird zusätzlich mit METADATEN beschrieben. Die externen Daten und

Detaillierung des Informationssystems

Metadaten des Produktmodells sind adäquat zu den externen Daten und Metadaten des Technologiemodells[19].

Bereitstellung von strukturierten Informationen

Die Unterstützung des Produktmodells zielt auf die übersichtliche Darstellung der Produkte ab, um diese z.B. entsprechend geplanter Kosten herzustellen. Daher wird die Produktdatenstruktur primär baugruppen-/bauteilorientiert aufgebaut (Bild 5.5). Produkte werden hierzu in vier Ebenen unterteilt. In der ersten Ebene werden alle Module[20] des Produktes dargestellt. Bauteile stellen die zweite Ebene des Modells dar und sind die kleinst mögliche Einheit der Produktion. Um die Zuordnung von Technologien zu erleichtern, werden den Bauteilen in der dritten und vierten Ebene in sogenannte Feature und Flächen unterteilt.

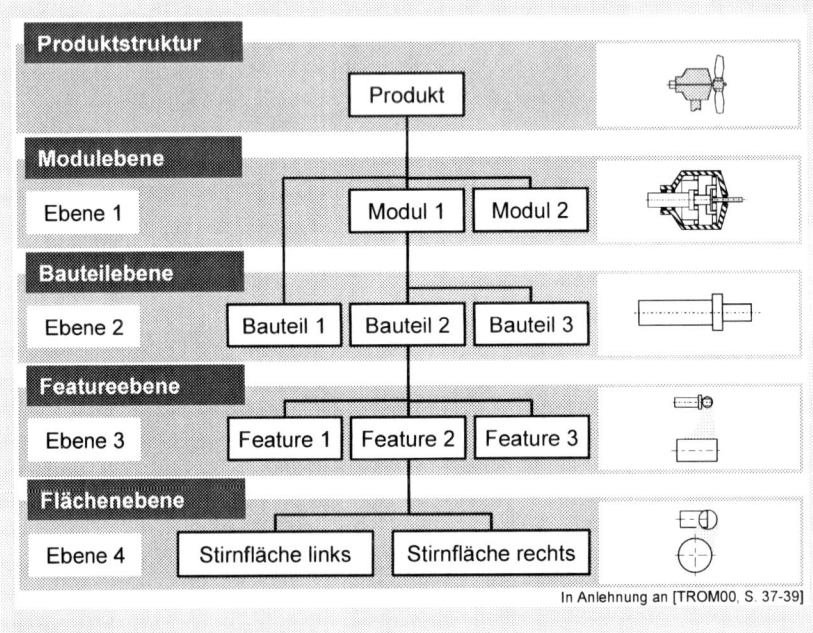

Produktstruktur			
Modulebene			
Ebene 1	Modul 1	Modul 2	
Bauteilebene			
Ebene 2	Bauteil 1	Bauteil 2	Bauteil 3
Featureebene			
Ebene 3	Feature 1	Feature 2	Feature 3
Flächenebene			
Ebene 4	Stirnfläche links	Stirnfläche rechts	

In Anlehnung an [TROM00, S. 37-39]

Bild 5.5: Bauteilorientierte Produktstruktur

Die baugruppen-/bauteilorientierte Darstellung des Produktes wird mit der prozessbezogenen Darstellung kombiniert, da je nach Detaillierung der Planung verschiedene Informationen in unterschiedlichen Qualitäten und Quantitäten vorliegen. Wichtige Informationen zur Beschreibung eines Produktes sind daher Entwicklungsstatus, Gestalt, Funktionen, Schnittstellen, Varianten, Kundenanforderungen usw. Damit diese Informationen strukturiert verwaltet und genutzt werden können, wird das Produktstrukturmodell entwickelt (Anhang 8.8.2). Das Modell wird in fünf Gliederungsebenen unterteilt (Bild 5.6, Bild 5.8). In die erste Gliederungsebene wird das Produktmodell in die Bereiche ALLGEMEINE BESCHREIBUNG, TECHNISCHE BESCHREIBUNG, PRODUKTIONSPROZESS, FACHWISSEN UND

---

[19] Siehe Beschreibung der externen Daten und Metadaten in Kapitel 5.1.1.

[20] Der Bergriff MODUL kann im vorliegenden Fall synonym mit dem Begriff SYSTEM verwendet werden. Detaillierte Betrachtungen der Unterscheidungen zwischen Modulen und Systemen sind in HEYN dargestellt [vgl. HEYN99, S. 7].

ERFAHRUNG sowie WETTBEWERBSDATEN unterteilt. Ergänzend zur Struktur des Produktmodells werden die Kataloge TECHNOLOGIEN, WERKSTOFF, EINHEITEN, EIGENSCHAFTEN, ABKÜRZUNGEN, WÄHRUNGEN, FEATURES und FLÄCHEN verwendet.

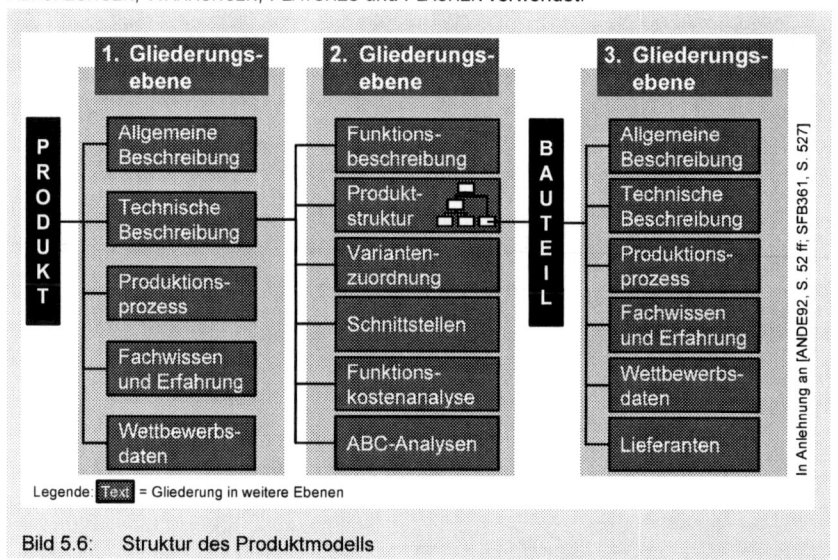

1. Gliederungsebene	2. Gliederungsebene	3. Gliederungsebene
PRODUKT: Allgemeine Beschreibung, Technische Beschreibung, Produktionsprozess, Fachwissen und Erfahrung, Wettbewerbsdaten	Funktionsbeschreibung, Produktstruktur, Variantenzuordnung, Schnittstellen, Funktionskostenanalyse, ABC-Analysen	**BAUTEIL**: Allgemeine Beschreibung, Technische Beschreibung, Produktionsprozess, Fachwissen und Erfahrung, Wettbewerbsdaten, Lieferanten

Legende: Text = Gliederung in weitere Ebenen

In Anlehnung an [ANDE92, S. 52 ff; SFB361, S. 527]

Bild 5.6: Struktur des Produktmodells

Der Bereich ALLGEMEINENE BESCHREIBUNG wird innerhalb der zweiten Ebene in zwölf Informationsmerkmale gegliedert. Zuerst wird das Produkt durch Klassifizierungs- und Identifizierungsnummern sowie den Namen spezifiziert. Ergänzende Informationen sind verwendete Synonyme und internationale Bezeichnungen für das Produkt. Diese fünf Informationsmerkmale werden durch ein Freitextfeld dokumentiert. Verantwortlichkeiten beschreiben für den gesamten Produktlebenszyklus die relevanten Ansprechpartner im Unternehmen. Diese Ansprechpartner werden durch Verknüpfungen dargestellt. Der Entwicklungsstatus wird durch eine Combobox realisiert und beschreibt die vordefinierten Zustände Produktidee „in Konstruktion", „in Erprobung", „in Serie" und „Entwicklung abgeschlossen". Bildkarten unterstützen die Darstellung der vorhandenen Unterlagen und der Patente, die das Produkt betreffen. Die Bildkarte ermöglicht je Dokument, das eingebunden werden soll, die Definition durch einen Namen, die Beschreibung durch einen Freitext, die Darstellung eines Graphikformates und die Abbildung der Verknüpfung zur Originaldatei. Das Merkmal Anforderungen wird in technische, kunden- und unternehmensseitige Anforderungen gegliedert. Hierbei ist zu beachten, dass keine Anforderungen an einzelne Bauteile beschrieben werden, da dies direkt innerhalb der Bauteilbeschreibung dokumentiert wird. Diese Anforderungen werden in Indexkarten beschrieben, so dass pro Anforderung eine einzelne Indexkarte erstellt wird. Eine Indexkarte besteht immer aus einem Namen, der als Überschrift definiert wird, aus einer Verknüpfung auf externe Daten sowie einem Freitextfeld. Dies vereinfacht die Suche in der Datenbank, da der Nutzer gezielt nach Anforderung in Zusammenhang mit einer Überschrift suchen kann. Der Absatzplan beschreibt als letztes Merkmal der allgemeinen Beschreibung die Stückzahl des Produktes pro Jahr. Die Stückzahlen werden durch Fuzzy-Sets beschrieben. Damit besteht die Möglichkeit neben scharfen auch unscharfe Mengen abzubilden.

Die TECHNISCHE BESCHREIBUNG wird in der zweiten Gliederungsebene in die Informationsmerkmale Funktionsbeschreibung, Produktstruktur (siehe Bild 5.6), Varianten-, Gleichteilezuordnung, Schnittstellen, Funktionskostenanalyse und ABC-Analyse unterteilt. Die

Funktionsbeschreibung wird anhand der in der VDI 849 dargestellten Vorgehensweise durchgeführt [VDI90b, S. 5 f.]. Die Ergebnisse der Funktionsanalyse werden in Indexkarten dokumentiert. Dazu wird pro Funktionsart und -klasse eine Indexkarte erstellt. Diese Indexkarten stellen die Basis für die spätere Darstellung und Berechung der Funktionskosten dar. Funktionskosten werden genutzt, um die wichtigen Bauteile für die weitergehende Betrachtung auszuwählen. Die Produktstruktur dient der Abbildung der einzelnen Module und Bauteile des Produktes. Jedes Modul wird bis auf Bauteilebene gegliedert. Um das Produkt vollständig zu beschreiben, ist es notwendig, die Bauteile detaillierter zu betrachten. Dazu werden die dritte bis fünfte Gliederungsebene genutzt. Die erste Gliederungsebene des Bauteils entspricht bis auf das zusätzliche Merkmal Lieferanten der ersten Gliederungsebene des Produktes, so dass einerseits Informationen vererbt werden können, andererseits die Anwenderfreundlichkeit des Informationssystems gefördert wird. Die Varianten- und Gleichteilezuordnung ermöglicht die Zusammenfassung von Bauteilen, um Skaleneffekte für die Auswahl geeigneter Technologien zu ermöglichen. Schnittstellen zu anderen Produkten und innerhalb des Produktes geben Hinweise und Restriktionen für Gestaltungsfreiheiten, um neue oder andere Technologien mit bspw. Kosteneinsparungspotenzialen zu ermitteln.

Ein wichtiges Informationsmerkmal zur Beschreibung von Produkten sowie Bauteilen ist das Feature. Features werden durch folgende Eigenschaften gekennzeichnet [vgl. CUNN88, S. 154 ff.; FALL00, S. 21; KRAU92, S. 247-251; TÖNS97, S. 179-194]:

- Ein Feature ist ein INFORMATIONSTECHNISCHES ELEMENT, das Bereiche von technischem Interesse eines Produktes oder Bauteils definiert.
- Ein Feature stellt immer eine SPEZIFISCHE SICHTWEISE auf eine Produkt- oder Bauteilbeschreibung dar. Die Sichtweisen stehen in Zusammenhang mit dem Produktlebenszyklus und Eigenschaftsklassen.
- Ein Feature wird durch VERSCHIEDENE EIGENSCHAFTEN aus den Eigenschaftsklassen beschrieben. Eine Eigenschaft besteht immer aus einem Wert und einer Beziehung.
- Einem Feature können Eigenschaften aus VERSCHIEDENEN EIGENSCHAFTSKLASSEN zugewiesen werden.
- Mittels Features werden die relevanten Eigenschaften des Produktes oder Bauteils in einem BESTIMMTEN KONTEXT beschrieben.

Die Beschreibung der Features basiert auf den EXPRESS-G-Modellen des „Standard for the Exchange of Product Model Data (STEP)" [vgl. ISO94; ISO01]. Durch die Verwendung der Feature sowohl im Technologiemodell als auch im Produktmodell können die Vorteile moderner Informationstechnologien genutzt werden. Durch die Verwendung von Agenten[21] können die technologischen Fähigkeiten mit den Produktanforderungen automatisch verglichen werden, da beide Beschreibungen auf der Feature-Technologie basieren. Die Beschreibung der Eigenschaften der Features kann je nach Typ der Eigenschaft nur durch unsichere Informationen erfolgen. Nach YOUNG können vier Arten der Unsicherheit auftreten [vgl. YOUN95, S. 36 ff.]:

- UNSICHERE RELATIONEN werden definiert als unscharfe Abhängigkeiten und Beziehungen von Parametern.
- LINGUISTISCHE UNSICHERHEIT VON DATEN, RELATIONEN UND OBJEKTEN sind Sachverhalte, die sich oftmals nur qualitativ erfassen lassen.

---

[21] Intelligente Agenten sind Softwareeinheiten, die Operationen im Auftrag eines Benutzers oder eines anderen Programms mit einem gewissen Grad von Unabhängigkeit oder Autonomie ausführen und dabei Wissen über die Ziele und Wünsche des Benutzers anwenden [HUBE02].

Detaillierung des Informationssystems

» DATENUNSICHERHEIT liegt vor, wenn der Wert eines Parameters nicht explizit bekannt ist und nur als Wertebereich erfasst werden kann.

» INKONSISTENZ VON INFORMATIONEN ist gegeben, wenn die Berücksichtigung von Anforderungen in verschiedenen Bereichen des Lebenszyklus zu Widersprüchen führt.

Um diese Unsicherheiten und Unschärfen zu nutzen, werden Fuzzy-Sets[22] verwendet. Im Gegensatz zur scharfen Mengentheorie, bei der ein Element oder Wert zu einer bestimmten Menge gehört oder nicht, wird mit Fuzzy-Sets der Grad der Zugehörigkeit zu einer bestimmten Menge beschrieben. Die Zugehörigkeit μ wird im Intervall zwischen 0 und 1 definiert. Der Wert 1 bedeutet eine vollständige Zugehörigkeit zu der Menge, der Wert 0 keine Zugehörigkeit zu der Menge [vgl. ZADE65, S. 338-353; ZIMM93, S. 12 ff.; ZIMM95, S. 143]. Zur Beschreibung der unscharfen Informationen im Produktmodell wird angenommen, dass sich die unscharfen Mengen in einem stetigen Raum abbilden lassen [vgl. BRAN02, S. A-38 ff.]. Hierbei wird der Grad der Zugehörigkeit durch die Zugehörigkeitsfunktion μ_a definiert. Die Zugehörigkeitsfunktionen können verschiedene Ausprägungen aufweisen (Bild 5.7).

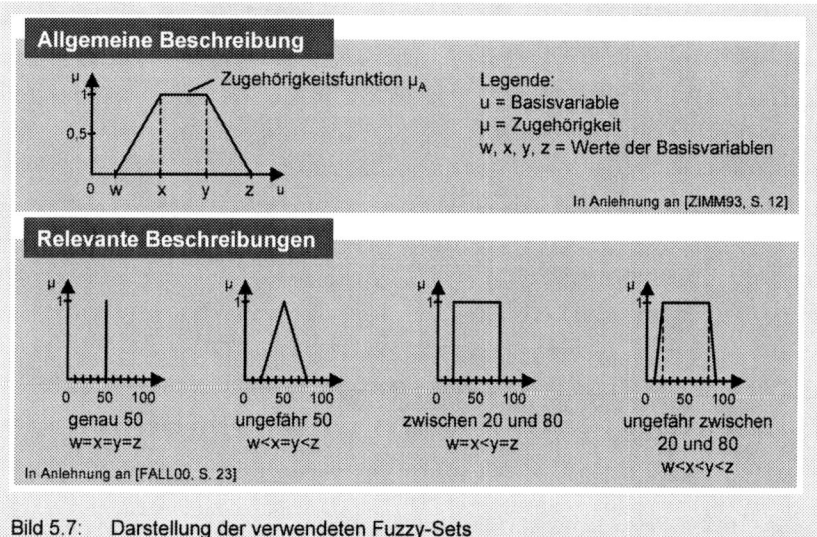

Bild 5.7: Darstellung der verwendeten Fuzzy-Sets

Die relevanten Formen für das Technologie- und Produktmodell werden aus der allgemeinen Beschreibung der Trapezvariante abgeleitet und können durch vier Werte der Basisvariablen in Form (w, x, y, z) angegeben werden. Durch diese Fuzzy-Sets können im Modell die Unsicherheiten „ungefähr", „zwischen" und „ungefähr zwischen" abgebildet werden. Durch die Modellierung dieser Unsicherheiten können während des gesamten Geschäftsprozesses Informationen frühzeitig bereitgestellt werden, da durch die Nutzung der Unsicherheit eine Information aus der Planungsphase als unscharfe Information beschrieben werden kann. Diese Information kann während der Realisierungsphase detailliert und als scharfe Information oder weiterhin als unscharfe Informationen in einem geringern Intervall abgebildet werden. Die Möglichkeiten der Beschreibung von unscharfen Informationen wird

---

[22] Die Anwendbarkeit der Fuzzy-Sets zur Modellierung von unsicheren Informationen wird durch die Arbeiten von ABUOSBA, BRANDENBURG, DERICHS, FALLBÖHMER, ROGGARTZ und SCHELL unterstrichen [vgl. ABUO94; BRAN02; DERI96; FALL00; ROGG97; SCHL96].

Detaillierung des Informationssystems

auch bei der Beschreibung der Leistungsfähigkeit der Technologie verwendet, um frühzeitig erste Technologiekettenansätze abzubilden und somit die Möglichkeiten der Nutzung der konstruktiven Freiheiten in frühen Phasen des Geschäftsprozesses Technologiemanagement zu ermöglichen (Bild 5.8).

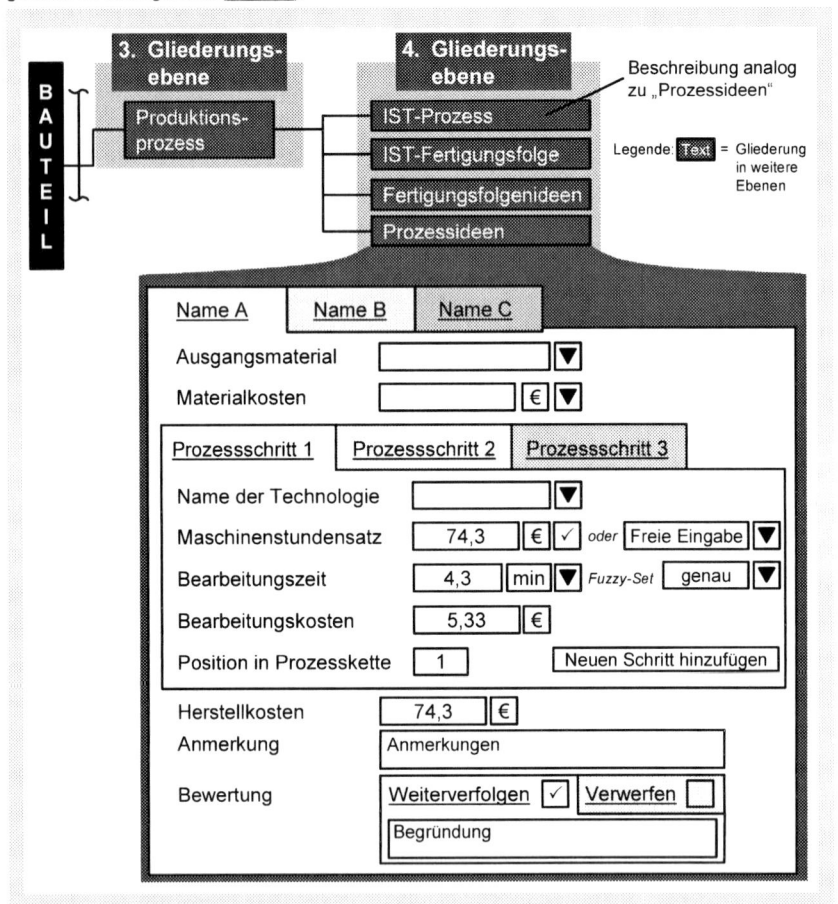

Bild 5.8: Beschreibung einer Prozesskette eines Bauteils im Produktmodell

Die Technologiekettenansätze werden im Produktmodell bauteilspezifisch beschrieben. Unterstützt wird die Beschreibung der Ansätze durch die Verwendung der Kataloge TECHNOLOGIEN, WERKSTOFF, EINHEITEN, ABKÜRZUNGEN und WÄHRUNGEN. Jeder Ansatz wird durch den beschreibenden Namen z.B. Trockenzerspanung definiert. Das Ausgangsmaterial wird aus dem Werkstoffkatalog ausgewählt und die Materialkosten werden angegeben. Einzelne Technologien, die zur Herstellung des Bauteils geeignet sind, werden dem Bauteil zugeordnet. Dies ist möglich, indem der Anwender auf Grund seines Erfahrungswissens Technologien aus dem Technologiekatalog auswählt und diese entsprechend der Anwendungsreihenfolge abbildet. Weiterhin wird die Beschreibung der Ansätze durch die Suchfunktionen des Informationsmoduls unterstützt. Der Anwender kann durch verschiedene Suchmöglichkeiten in der Technologiedatenbank nach z.B. technologischen Fähigkeiten,

Stückzahlen oder Werkstoffen recherchieren. Die ermittelten Technologien werden durch eine Verknüpfung mit dem Technologiedatenblatt dokumentiert. Je nach Planungsstadium können Maschinenstundensatz und Bearbeitungszeit ergänzt werden. Bei diesen Angaben ist es möglich, Fuzzy-Sets zur Beschreibung zu verwenden. Die Bearbeitungs- und Herstellkosten werden durch Algorithmen automatisch berechnet und in den Prozessideen dokumentiert. Im Modell ist vorgesehen, endlich viele Möglichkeiten von Prozessideen abzubilden. Für jeden Ansatz können allgemeine Anmerkungen z.B. über noch zu prüfende Informationen oder nächste Aufgaben gespeichert werden. Die Beschreibung von Technologiekettenansätzen enthält weiterhin eine Bewertung und Begründung der Entscheidung, ob der Ansatz weiterzuverfolgen ist oder verworfen wird.

5.1.3 Projektmodell

Mit den Technologie- und Produktmodellen werden die grundlegenden Informationen für den Geschäftsprozess Technologiemanagement bereitgestellt. Zur Unterstützung der Handhabung der Aufgaben im Technologiemanagement wurde in Kapitel 3 der Geschäftsprozess abgebildet. Im Projektmodell werden als Grundlage hierzu projektcharakterisierende Daten erfasst. Für die konkrete Durchführung der Aufgaben werden Projekte definiert, die auf Randbedingungen und Zielen basieren, unterschiedliche Ausprägungen haben, einen Status der Bearbeitung aufweisen und verschiedene Ergebnisse erzeugen. Die Datenstruktur eines Projektes wird in der ersten Gliederungsebene in die Bereiche PROJEKTART, ZIELE, RANDBEDINGUNGEN, PROJEKTSTATUS und PROJEKTERGEBNIS unterteilt (Bild 5.9).

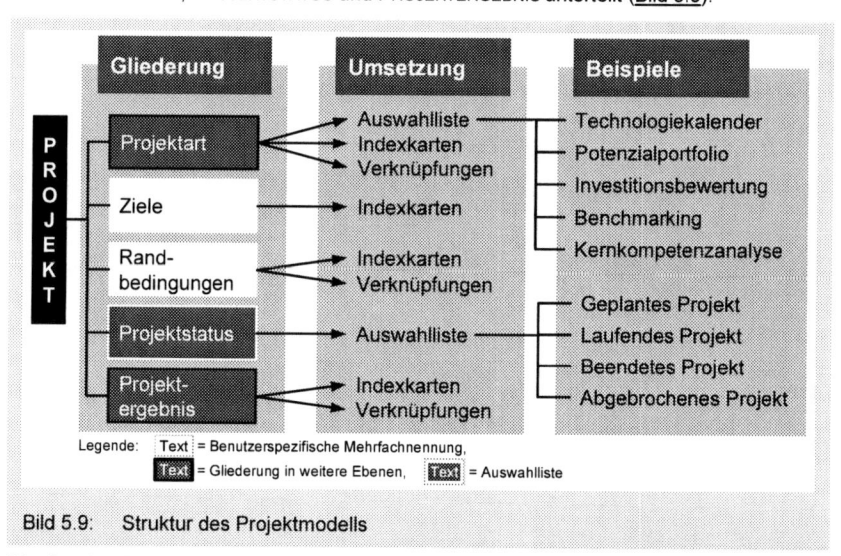

Bild 5.9: Struktur des Projektmodells

Die Beschreibung der PROJEKTART wird in die Bereiche Projektauswahl, neue Projektart, Projektname, Projektleiter, Projektteam sowie Projektlaufzeit gegliedert und ermöglicht somit die Abbildung unternehmensspezifischer Projektarten. Dabei wird einmalig eine neue Projektart beschrieben und als Standardprojekttyp definiert. Der Standardprojekttyp wird in der Auswahlliste der Projektauswahl dargestellt. In einem Standardprojekttyp sind die notwendigen Ressourcen, Projektphasen und -aufgaben sowie übliche Projektlaufzeiten als Hilfsmittel für die Projektbearbeitung abgebildet. Durch die Auswahl eines Projekttyps und die Definition eines Projektnamens wird ein neues Projekt im Informationssystem angelegt. Jedem Projekt muss ein Projektleiter und eine Projektlaufzeit zugeordnet werden. Die

Angabe des Projektteams ist optional, da es theoretisch möglich ist, dass ein Projekt nur von einem Mitarbeiter bearbeitet wird.

In den Bereichen der ZIELE UND RANDBEDINGUNGEN werden in einzelnen Indexkarten die jeweiligen Ziele oder Randbedingungen erfasst. Hierzu ist es erforderlich, jedes Ziel bzw. jede Randbedingung durch eine Überschrift und eine Freitextbeschreibung darzustellen. Dies bildet die Grundlage für eine zielgerichtete Suche nach Projekten mit ähnlichen Zielsetzungen oder Randbedingungen. Erfahrungswissen, das in einzelnen Projekten generiert und dokumentiert wird, kann wiederverwendet werden, so dass Doppelarbeiten vermieden werden können. Der PROJEKTSTATUS wird in geplante, laufende, beendete und abgebrochene Projekte untergliedert. Somit sind eine übersichtliche Darstellung und einfache Navigation durch die verschiedenen Projekte möglich. PROJEKTERGEBNISSE stellen wichtige Zusammenfassungen des gesamten Projektes dar. In diesem Bereich werden durch Indexkarten oder Verweise auf externe Daten die wichtigsten Projektergebnisse dargestellt. Alle externen Daten werden durch Metadaten beschrieben. Dies erleichtert die Suche und Klassifizierung der Ergebnisse. Im Projektmodell sind ebenso Verknüpfungen mit dem Technologie-, Produkt- oder Unternehmensmodell möglich. Die Projektergebnisse stellen einen wertvollen Erfahrungsspeicher dar, auf den bei weiteren Projekten zurückgegriffen werden kann.

5.1.4 Unternehmensmodell

Im Unternehmensmodell werden Informationen abgebildet, die vom Technologie-, Produkt- und Projektmodell genutzt werden sowie Informationen zu Kennzahlen und Unternehmensvorgaben. Das Modell besteht aus den Bereichen VORGABEN, KOSTENDATEN und KENNZAHLEN (Bild 5.10).

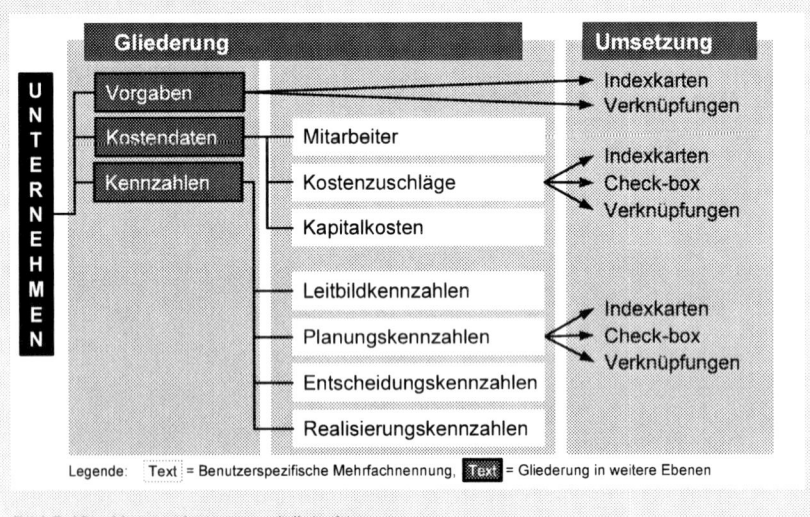

Bild 5.10: Unternehmensmodellstruktur

Zu wichtigen Informationen in dem Bereich der VORGABEN gehören Unternehmensvision, Unternehmensmission, Technologiebudget, Amortisationszeit für Investitionen, Wettbewerbsstrategie, Kernkompetenzen, Unternehmensziele, Managementphilosophie etc. Die Informationen werden in Indexkarten dargestellt und somit durch eine Überschrift und einen Freitext beschrieben. Zusätzlich können über Verknüpfungen noch externe Dokumente erfasst und mittels Metadaten näher spezifiziert werden. Die Vorgaben sind somit Leitlinien für z.B. Projekte im Technologiemanagement und für Investitionen in Technologien.

Der Bereich KOSTENDATEN wird in Mitarbeiter, Kostenzuschläge und Kapitalkosten unterteilt. Die Kosteninformationen über Mitarbeiter werden in einem Katalog definiert. Auf Basis einer allgemeinen Beschreibung können unternehmensspezifisch beliebig viele Mitarbeiterarten definieren werden. Diese Beschreibung basiert auf dem Namen für die Mitarbeiterart, der zugehörigen Kostenstelle und dem Mitarbeiterkosten pro Monat. Die Kostenzuschläge sind für die Kalkulation der Prozess- oder Herstellkosten notwendig und können entweder entsprechend einer Auswahlliste ausgewählt und beschrieben oder frei definiert werden. Zur allgemeinen Auswahl sind im Informationssystem bspw. Möglichkeiten der Abbildung von Gemeinkostenzuschlägen für die Fertigung, Material, Verwaltung sowie allgemeine Kostendaten zu Hilfs- und Betriebsstoffen dargestellt. Die Angaben werden jeweils in einer Indexkarte mit Checkboxen abgebildet. In den Checkboxen werden unter Nutzung von Fuzzy-Sets die Angaben der Kosten bzw. der Zuschläge dokumentiert. Zur Ermittlung der Kapitalkosten sind Angaben über Abschreibung, Zinsen und Wagnis notwendig, die wiederum in Indexkarten abgebildet werden. Die Kostendaten werden so dargestellt und modelliert, dass eine softwaretechnische Auswertung der Informationen möglich ist.

KENNZAHLEN sind ein wichtiges Instrument zur Erfolgskontrolle von Geschäftsprozessen. Im Bereich Kennzahlen wird daher das verwendete Kennzahlensystem mit den entsprechenden Kennzahlen abgebildet. Entsprechend des verwendeten Kennzahlensystems können für eine Balanced Scorecard pro Phase des Geschäftsprozesses Technologiemanagement Kennzahlen definiert werden. Diese Kennzahlen werden jeweils in den einzelnen Bereichen z.B. Phasen des Geschäftsprozesses Technologiemanagement dargestellt. Je Bereich können beliebig viele Kennzahlen definiert werden. Es sollten aus Gründen der Handhabbarkeit und Anwendungskomplexität mindestens zwei bis maximal sechs Kennzahlen pro Bereich abgebildet werden. Die zentrale Darstellung in dem Unternehmensmodell ermöglicht die unternehmensweite Nutzung der Kennzahlen bzw. des Kennzahlensystems. Der Bereich der Kennzahlen kann weiterhin als zentrales Managementsystem genutzt werden, um die einzelnen Bereiche oder Funktionen des Unternehmens miteinander zu verknüpfen.

5.2 Benutzermodul

Im Benutzermodul werden Rechte und Pflichten, die Mitarbeiter für die Nutzung des Informationssystems haben, sowie deren Kompetenzen und Interessensbereiche beschrieben. Dazu wird das Benutzermodul in die Bereiche ROLLEN- und WISSENSPROFILE unterteilt (Bild 5.11).

ROLLENPROFILE fassen Mengen von STELLEN mit gleichen Kompetenzen bzw. einer gemeinsamen Teilmenge von Kompetenzen zusammen und definieren so organisatorische Funktionen. Kompetenzen, die mehrere Stellen gemeinsam haben, können in einer Rolle zusammen gefasst werden [vgl. RUPI92, S. 29]. Eine Rolle kann demnach als Gruppierungsfunktion für Stellen oder Funktionen[23] verwendet werden [vgl. GALL97, S. 53]. Eine Rolle definiert in diesem Sinne eine organisatorische Funktion als Oberbegriff für alle Stellen mit charakteristischen gemeinsamen Aufgabengebieten und Zugriffsbeziehungen. ORGANISATIONSEINHEITEN bilden die Unternehmenshierarchie ab. Ihnen sind Stellen zugeordnet. Stellen werden einerseits durch die Zuordnung zu Organisationseinheiten, andererseits durch die Zuordnung von MITARBEITERN gruppiert [vgl. RUPI92, S. 29 f.]. WISSENSPROFILE beschreiben die Kompetenzen der Mitarbeiter und die Zugehörigkeiten in den Organisationseinheiten.

---

[23] Die Begriffe FUNKTION und STELLEN sind von der Bedeutung her gleich. Im Folgenden wird der Begriff STELLE verwendet [vgl. GALL97, S. 53].

Detaillierung des Informationssystems

Durch das Benutzermodul werden die Rechte und Pflichten sowie die Möglichkeiten der Nutzung des Informationssystems gesteuert. Durch Kompetenzen und Interessenbereiche soll die Kommunikation gefördert werden.

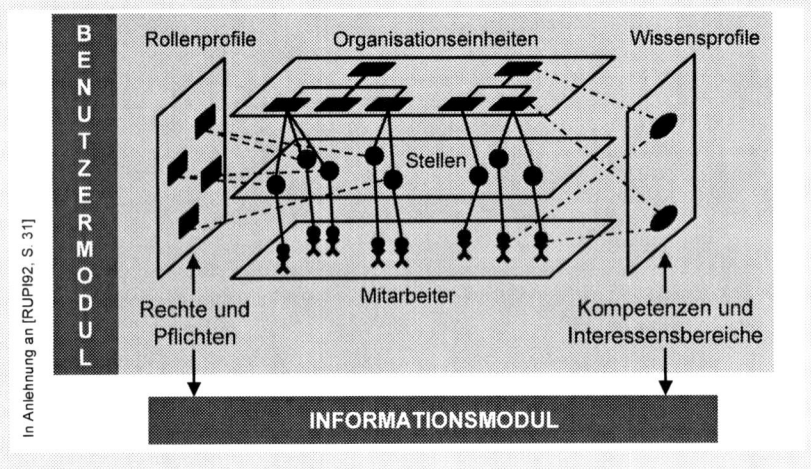

Bild 5.11: Aufbau des Benutzermoduls

5.2.1 Rollenprofile

Das Rollenprofil ist ein Konstrukt zur indirekten Verbindung von organisatorischen Einheiten und trägt dazu bei, dass definierte Strukturen eines Informationssystems flexibel adaptierbar und erweiterbar sind, da diese nicht direkt auf die Organisationseinheiten referenzieren [vgl. GALL97, S. 52]. Es wird genutzt, um eine Verbindung zwischen Mitarbeitern, im Unternehmen verwendeten Stellen sowie zugeordneten Rechten und Pflichten zu ermöglichen. Der Aufbau der Rollenprofile ist im Benutzermodul fest definiert (Bild 5.12).

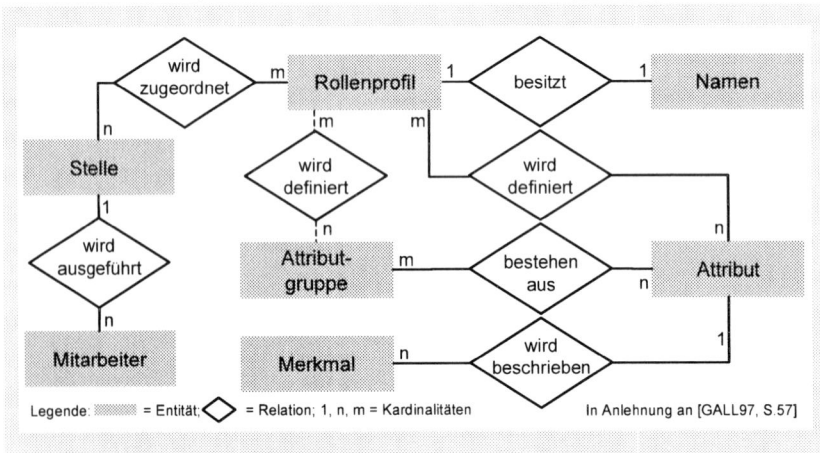

Bild 5.12: Aufbau der Rollenprofile

Detaillierung des Informationssystems

Die Rollenprofile können wie Kataloge unternehmensspezifisch auf Basis einer Default-Rolle erweitert werden. Eine im Rollenprofil definierte Rolle bildet die Rechte und Pflichten durch die Zuordnung von Attributgruppen und Attributen ab. Jedes Attribut wird durch verschiedene Merkmale beschrieben, die somit die Ausprägung des Rechtes oder der Pflicht beschreiben. Dieses Konstrukt wird durch einen Namen z.B. Leiter Technologieplanung oder Konstrukteur eindeutig beschrieben. Im Bild 5.13 sind einige Beispiele von Rollenprofilen, Attributgruppen und Attribute dargestellt.

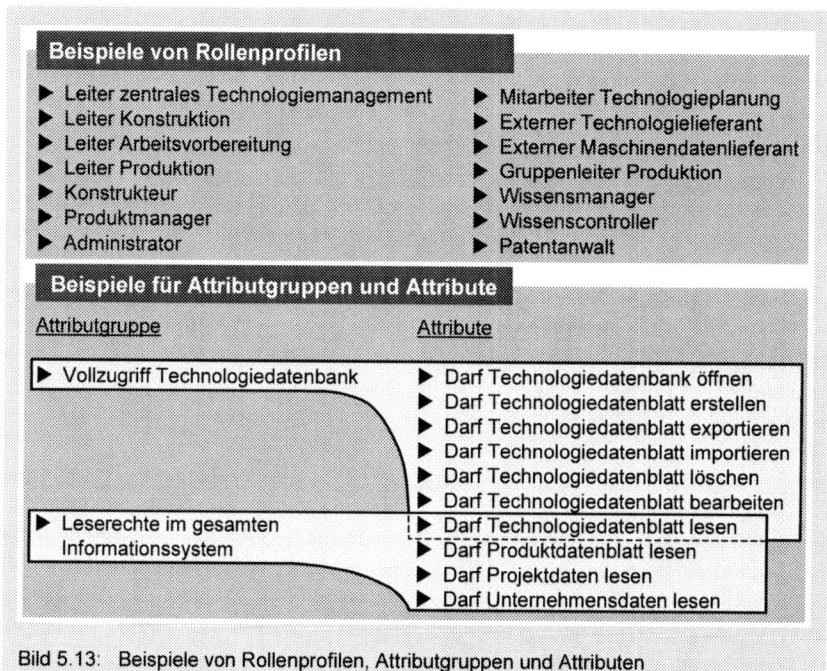

Beispiele von Rollenprofilen

- Leiter zentrales Technologiemanagement
- Leiter Konstruktion
- Leiter Arbeitsvorbereitung
- Leiter Produktion
- Konstrukteur
- Produktmanager
- Administrator
- Mitarbeiter Technologieplanung
- Externer Technologielieferant
- Externer Maschinendatenlieferant
- Gruppenleiter Produktion
- Wissensmanager
- Wissenscontroller
- Patentanwalt

Beispiele für Attributgruppen und Attribute

Attributgruppe	Attribute
▶ Vollzugriff Technologiedatenbank	▶ Darf Technologiedatenbank öffnen ▶ Darf Technologiedatenblatt erstellen ▶ Darf Technologiedatenblatt exportieren ▶ Darf Technologiedatenblatt importieren ▶ Darf Technologiedatenblatt löschen ▶ Darf Technologiedatenblatt bearbeiten
▶ Leserechte im gesamten Informationssystem	▶ Darf Technologiedatenblatt lesen ▶ Darf Produktdatenblatt lesen ▶ Darf Projektdaten lesen ▶ Darf Unternehmensdaten lesen

Bild 5.13: Beispiele von Rollenprofilen, Attributgruppen und Attributen

Die Rollenprofile werden aus den Organisationseinheiten und aus den Möglichkeiten bzw. Aufgaben des Informationssystems abgeleitet. Beispiele für Rollenprofile, die aus Organisationseinheiten abgeleitet wurden sind: Leiter Konstruktion, Leiter Arbeitsvorbereitung, Konstrukteur usw. Auf Basis der Nutzung des Informationssystems für den Geschäftsprozess Technologiemanagement ist es notwendig, Rollenprofile wie bspw. Leiter zentrales Technologiemanagement, Technologielieferant, Wissenscontroller zusätzlich zu definieren. Diese Rollenprofile haben bestimmte Aufgaben zu erfüllen und werden den Stellen des Unternehmens zugeordnet. Jedes Rollenprofil wird durch Verknüpfung mit mindestens einem Attribut und eventuell einer Attributgruppe beschrieben. Die Anzahl der möglichen Attributgruppen und Attribute, die einem Rollenprofil zugewiesen werden, ist nach oben hin offen, so dass es theoretisch möglich ist, einem Rollenprofil alle Attribute zuzuordnen. Attribute beschreiben Rechte und Pflichten. Zu den Rechten gehören bspw. „darf Technologiedatenbank öffnen", „darf Technologiedatenblatt löschen". Pflichten hingegen sind u.a. „muss Technologiedatenblatt aktualisieren", „muss Technologiedatenblatt auf Richtigkeit prüfen". Rechte und Pflichten werden mittels booleschen Parametern (ja/nein), Integer (ganze Zahl), Integer Bereichen, Freitext, Datumsangabe oder Währungen den Merkmalen zugewiesen, so dass die Attribute automatisch auswertbar sind.

Detaillierung des Informationssystems

5.2.2 Wissensprofile

Mittels WISSENSPROFILEN wird die benutzerspezifische Darstellung des Mitarbeiterprofils ermöglicht und die Kompetenzen, Interessen und die Zugehörigkeit zu der Organisationseinheit können beschrieben werden. Dazu werden Wissensprofile in die vier Bereiche ALLGEMEINE INFORMATIONEN, EXPERTENSTATUS, VERANTWORTLICHKEIT und INTERESSENSGEBIET unterteilt (Bild 5.14). Alle vier Bereiche werden im Benutzermodul vorkonfiguriert und können bei Bedarf unternehmensspezifisch erweitert werden.

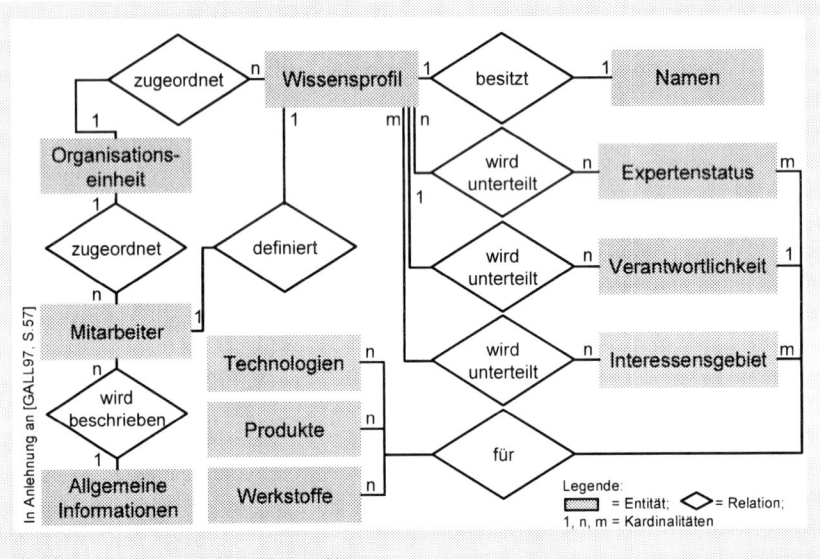

Bild 5.14: Aufbau der Wissensprofile

Der Bereich der allgemeinen Informationen dient der Identifizierung des Mitarbeiters in der Organisation anhand standardisierter Informationen (Nachname, Vorname, Telefon, Fax, E-Mail, Abteilung, Organisationseinheit, Standort, Sprache). Diese Informationen können entweder in die Wissensprofile eingegeben oder mittels Schnittstellen[24] importiert werden. Die Bereiche Expertenstatus, Verantwortlichkeit und Interessensgebiet beziehen sich jeweils auf Technologien, Produkte und Werkstoffe. Im Wissensprofil wird angegeben, welchen Status der Mitarbeiter bezüglich der drei Betrachtungsobjekte hat. Wird auf eine Technologie verwiesen, kann der Technologiekatalog als Grundlage der Verknüpfung genutzt werden. Entsprechend werden bei einem Werkstoff der Werkstoffkatalog und bei einem Produkt das Produktmodell verwendet. Dies hat den Vorteil, dass die Suche im Kommunikationsmodul nach Experten oder Interessenten erleichtert wird, da die gleichen Begriffe für die Beschreibung z.B. einer Technologie genutzt und gezielt in definierten Felder des Benutzermoduls gesucht werden kann. Es ist nicht notwendig, eine aufwendige Freitextrecherche zu initiieren, da der Suchende eine Verknüpfung von Standardbegriffen nutzen kann.

---

[24] Als Schnittstelle kann bspw. die LDAP-Schnittstelle genutzt werden. Mittels der LDAP-Schnittstellen können Informationen aus Benutzermanagementsystemen wie Microsoft Active Directory, NT Domain Controller, Novell eDirectory, M/User oder ERP- und SAP-Systemen eingelesen werden.

5.3 Kommunikationsmodul

Der Geschäftsprozess Technologiemanagement ist gekennzeichnet durch kontinuierlichen Informationsbedarf, den intensiven Austausch und die Zusammenführung von Informationen aus vielfältigen Quellen sowie hohe individuelle, kreative Anteile [vgl. HANS96, S. 249; HASE94, S. 19]. Die Situation erfordert den schnellen Zugriff auf und die Suche nach Informationen sowie eine effiziente Kommunikation.

Mit dem KOMMUNIKATIONSMODUL wird mittels der GRAPHISCHEN NUTZERSCHNITTSTELLE die INFORMATIONSVERARBEITUNG zum schnellen Zugriff und der Suche nach Informationen ermöglicht sowie DISKUSSIONSFOREN bereitgestellt, die die Kommunikation und den Austausch von Informationen fördert. Die graphische Nutzerschnittstelle wird durch einen Standardbrowser realisiert. Im Folgenden wird detaillierter auf die Informationsverarbeitung und die Diskussionsplattform des Informationssystems eingegangen.

5.3.1 Informationsverarbeitung

Die INFORMATIONSVERARBEITUNG stellt alle erforderlichen Ein- und Ausgabemasken für z.B. Informationsmodul, Benutzermodul und Diskussionsplattform bereit. Weiterhin werden Funktionalitäten der Informationsverarbeitung wie: Suchen, Drucken, Speichern sowie Im- und Exportieren von Informationen unterstützt. Bild 5.15 stellt einen möglichen Aufbau der Einstiegsseite des Informationssystems nach der persönlichen Anmeldung durch Benutzernamen und Kennwort dar. Die Informationsverarbeitung wird dabei konsequent in die Bereiche MEINE EINSTELLUNGEN, FUNKTIONALITÄTEN und MODULE/DISKUSSIONSFOREN getrennt. Funktionalitäten und Meine Einstellungen sind auf jeder Maske des Informationssystems im gleichen Design und an der selben Stelle vorhanden, so dass die Benutzerfreundlichkeit verbessert wird.

Meine Einstellungen	Speichern	Drucken	Im- und Export	Agenten
Informationsmodul	▶ Technologiedatenbank ▶ Produktdatenbank ▶ Projektdatenbank ▶ Unternehmensdatenbank			
Benutzermodul	▶ Rollenprofile ▶ Wissensprofile			
Diskussionsforen	▶ Technologie ▶ Markt ▶ Unternehmen			

Legende: ABC = Verknüpfung; ABC = Funktion

Bild 5.15: Aufbau der Informationsverarbeitung

Das Feld MEINE EINSTELLUNGEN ermöglicht dem Nutzer den direkten Zugriff auf alle persönlichen Konfigurationen im Informationssystem. Dazu zählen das eigene Wissensprofil, die persönlich definierten Suchabfragen, die Spracheinstellungen im Informationssystem sowie die Übersicht mit den aktiven Anfragen in der Diskussionsplattform. Zu den FUNKTIONALITÄTEN zählen das Speichern eines beliebigen Arbeitsergebnisses, Drucken von Datenblättern oder Suchergebnissen sowie Im- und Exportieren von Datenblätter oder externen Daten. Der Im- und Export von Informationen wird durch die Verwendung der XML-Schnittstellen ermöglicht. Somit können einfach und schnell bspw. neue Technologie-

Detaillierung des Informationssystems

informationen von Technologieanbietern, Maschinenherstellern oder Hochschulen in das Informationssystem integriert werden, um bei der Technologieplanung auch Technologien zu berücksichtigen, die nicht im Unternehmen vorhanden sind. Einzige Voraussetzung ist, dass das gleiche oder ein kompatibles Informationsmodell genutzt wird, in dem der XML-Standard zur Beschreibung des Informationsmodells verwendet wird. Ergänzt werden die Funktionalitäten durch die Agenten. Zu den wichtigsten Agenten des Informationssystems zählen Such-, Vergleichs-, Berechnungs- und Erinnerungsagenten. Suchagenten ermöglichen eine semantische Suche mit Einzelbegriffen, Kombinationen von mehreren Schlagworten, unscharfe Suchen oder Suche mit booleschen Parametern. Vergleichsagenten ermitteln die Übereinstimmung und Unterschiede zwischen bspw. den Produktanforderungen und den Fähigkeiten der Technologie durch den Vergleich der Features. Berechungsagenten unterstützten den Nutzer bei der Ermittlung von Maschinenstundensätzen oder Herstellkosten eines Bauteils. Erinnerungsagenten melden dem Nutzer den Zeitpunkt einer Überprüfung z.B. der Aktualisierung von Technologieinformationen.

Im Bereich MODULE/DISKUSSIONSFOREN wird übersichtlich eine Verknüpfung zu allen vier Modellen des Informationsmoduls dargestellt. In den einzelnen Modulen oder den Diskussionsforen kann der Nutzer entweder durch das Öffnen weitere Browserfenster oder Strukturen durch die Datenbanken navigieren oder die übergeordneten Funktionalitäten nutzen, um gezielt zu suchen oder ein Datenblatt auszudrucken.

Mit den entwickelten Funktionalitäten und den bereitgestellten Modulen werden umfassende Möglichkeiten für die Nutzung und Verwaltung der Informationen für den Geschäftsprozess Technologiemanagement geschaffen.

5.3.2 Diskussionsforen

Die DISKUSSIONSFOREN dienen dem themenbezogenen Austausch von Informationen und Wissen unabhängig von Projekten sowie der Möglichkeit unternehmensweit Informationsanfragen zu platzieren, um spezielle Probleme zu diskutieren [vgl. INTE97, S. 20]. Zeitliche und räumliche Barrieren können überwunden werden. Weiterhin erreichen entsprechende Lösungen wesentlich gezielter und umfassender die Mitarbeiter, als dies bislang auf dem klassischen hierarchie- und funktionsorientierten Kommunikationswege der Fall war [vgl. HASL96, S. 161].

In den Diskussionsforen besteht die Möglichkeit zu einer teilnehmergesteuerten Diskussion. Über die Vergabe von Zugriffsrechten im Benutzermodul ist der Teilnehmerkreis gestaltbar, wodurch eine z.B. nach Vertraulichkeitsstufen abgestufte Verbreitung und Diskussion möglich ist. Es ist weiterhin realisierbar, dass unternehmensexterne Mitarbeiter an den Diskussionen teilnehmen. Somit werden der Informationshorizont und die Informationsbasis erweitert. Diskussionsforen ermöglichen die Ansprache einer großen Gruppe bei im Vergleich zu Sitzungen geringem Aufwand, die Zuordnung bzw. Strukturierung von Informationen nach Themenbereichen sowie einen asynchronen, aber zeitnahen und für alle Teilnehmer verfolgbaren Austausch. Angesichts der Vielfalt möglicher Themen müssen die Nutzer die für sie relevanten Foren nach Schwerpunkten selektieren können. Umgekehrt ist eine weitgehende Abdeckung aller Themenbereiche sicherzustellen. Kernaufgabe bei der Konzeption von Diskussionsforen für das Technologiemanagement ist damit, eine adäquate Struktur zu entwickeln. Hierbei sind TECHNISCHE und INHALTLICHE ASPEKTE zu berücksichtigen.

TECHNISCH können marktgängige Groupware-Systeme genutzt werden, die Funktionen für Erstellung, Verwaltung und Nutzung der Nachrichten wie Klassifizierung, Eingabe, Antworten, Übersichts- und Detailansichten bereitstellen [vgl. MUTZ01, S. 97]. Durch sie wird die Gründung unterschiedlicher Diskussionsforen zu verschiedenen Themenbereichen in einer Hierarchie ermöglicht, wodurch die Breite der Inhalte eines Forums begrenzt und damit auch die Anzahl der Nachrichten handhabbar bleibt. INHALTLICH erweist sich die

Detaillierung des Informationssystems

Strukturierung als schwieriger. Einerseits soll den Nutzern trotz des geringeren Strukturierungsgrads der Informationen eine Einordnung ermöglicht werden, mit der die gewünschte Zielgruppe erreicht wird. Andererseits muss die Struktur hinreichend definiert sein, damit die Nutzer weitestgehend für sie relevante Beiträge erhalten und eine Informationsflut vermieden wird.

Ein Ansatz zur Strukturierung von Diskussionsforen bilden die verschiedenen Sichtweisen auf das Technologiemanagement. Zunächst ist die Unterscheidung einer Markt- und Technologiesicht sinnvoll, da Technologiemanagement stets im Spannungsfeld zwischen marktseitigen Forderungen bzw. Wünschen und technologischen Möglichkeiten steht [vgl. FRIE75, S. 21; PELZ99; S. 79]. Ergänzend ist eine unternehmensbezogene Sicht erforderlich, in der die Positionierung und das Verhalten des Unternehmens in diesem Spannungsfeld erfasst wird. Hieraus können durch Detaillierung weitere Gliederungsebenen für die Diskussionsforen abgeleitet werden (Bild 5.16).

Sicht	Hauptkategorie	Unterkategorie
Technologie	Produktionstechnologie	Fertigungsverfahren Montageverfahren
	Produkttechnologie	Funktionen Arbeitsprinzipien
	Werkstofftechnologie	Eisenwerkstoff Nicht-Eisenwerkstoff Polymerer Werkstoff Faserverstärkter Werkstoff Sonstige Werkstoffe
Markt	Lieferanten	Qualitätsprobleme Vereinbarungen
	Wettbewerber	Produkte Technologien Strategie
	Kunden	
Unternehmen	Kooperationspartner	Forschungsseitig Industrieseitig
	Methoden und Hilfsmittel	Erfahrungen Neue Methoden und Hilfsmittel

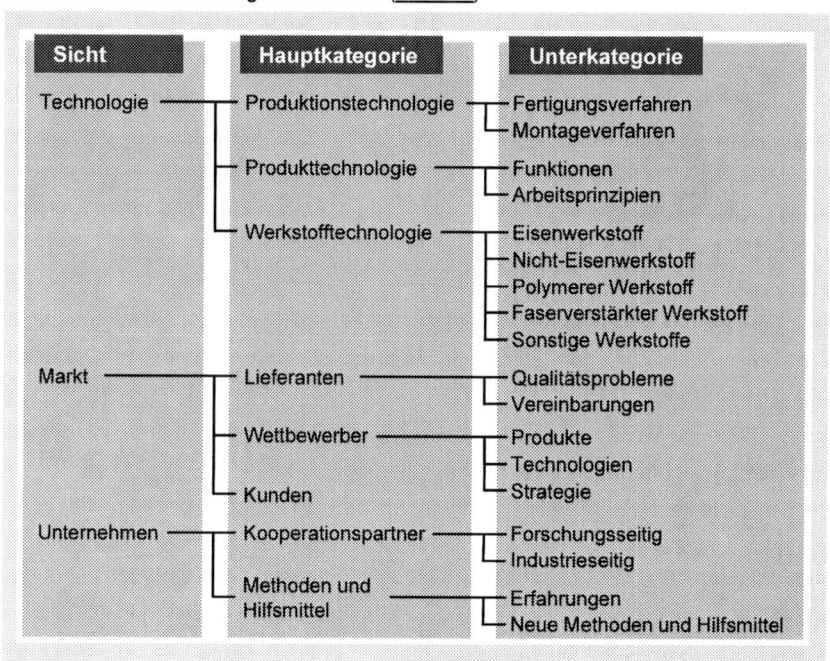

Bild 5.16: Strukturierung der Diskussionsforen

Innerhalb der TECHNOLOGIESICHT lassen sich Produkt-, Produktions- und Werkstofftechnologien unterscheiden [vgl. VDI80, S. 2]. Produktionstechnologien werden allgemein in Fertigungs- und Montagetechnologien unterteilt, für die ihrerseits Gliederungen bestehen [vgl. DIN85; SPUR96, S. 11-1 ff.]. Bei den Produkttechnologien werden Informationen zu Funktionen und Arbeitsprinzipien hinterlegt, die Auswirkungen auf die Auswahl von Produktionstechnologien haben. Eine weitere Detaillierung ist anhand der Konstruktionslehre möglich [vgl. KOLL98; PAHL97]. Werkstofftechnologien können in die Unterkategorien Eisenwerkstoffe, Nicht-Eisenmetalle, polymere Werkstoffe, faserverstärkte Werkstoffe, keramische Werkstoffe und sonstige Werkstoffe unterteilt werden [vgl. BITA02]. Die MARKTSICHT kann in Lieferanten, Wettbewerber und Kunden gegliedert werden. Zu Lieferanten werden produktübergreifende Angaben wie generelle und spezifische Qualitätsprobleme, Vereinbarungen sowie Aspekte der Lieferantenwahl behandelt. Bezogen

Detaillierung des Informationssystems

auf die Wettbewerber sind besonders Informationen zu Produkten und eingesetzten Technologien sowie über die Unternehmensstrategie interessant. Zu den Kunden können allgemeine Erfahrungen beschrieben werden. Besonders interessant sind Probleme oder Besonderheiten des Kunden. Diese Erfahrungen können genutzt werden, um das Kundenverhältnis zu verbessern. Die UNTERNEHMENSSICHT umfasst zwei Hauptkategorien. Auf der einen Seite kann während des Geschäftsprozesses Technologiemanagement das Unternehmen Kooperationspartner aufgaben- oder projektbezogen involvieren. Die Kooperationspartner werden forschungs- und industrieseitig unterteilt. Methoden und Hilfsmittel unterstützen den Mitarbeiter bei vielen Aufgaben in den verschiedenen Projekten. Hierzu ist ein stetiger Informationsaustausch über die Erfahrungen mit den Methoden und Hilfsmitteln sinnvoll. Weiterhin kann auf neue Methoden und Hilfsmittel verwiesen werden.

Einige der auftretenden Fragestellungen lassen sich mehreren der entwickelten Kategorien sinnvoll zuordnen. So können bspw. Beiträge auf die Verwendung eines Werkstoffs der Kategorie Werkstofftechnologie oder den Qualitätsproblemen eines Lieferanten oder einem forschungsseitigen Kooperationspartner zugeordnet werden. Eine solche Mehrfachführung ist in der Diskussionsplattform beabsichtigt. Zu diesem Zweck werden auf Querverweisen basierende Funktionalitäten von Diskussionsplattformen genutzt, durch die ein Beitrag in mehreren Kategorien gleichzeitig veröffentlicht wird. Auch die Folgebeiträge werden entsprechend referenziert. Die Zuordnung der Querverweise kann dabei plattformspezifisch vorgegeben sein oder für einen einzelnen Beitrag durch den Nutzer erweitert werden. Durch diese Verweisfunktionalitäten wird eine Vernetzung der Diskussionsplattform innerhalb der hierarchischen Grundstruktur ermöglicht. Da einmal gelesene Beiträge auch an anderen Stellen markiert werden, entsteht keine Mehrbelastung des Nutzers. Durch solche Verweise werden die Beiträge für die verschiedenen Sichten aufbereitet.

5.4 Zusammenwirken der Module, Modelle und Kataloge

Bei der Entwicklung des Konzepts wurde ein modularer Ansatz gewählt, um die Komplexität des Gesamtsystems durch Dekomposition zu ermöglichen. Die gebildeten Module sind in sich abgeschlossene Einheiten, die in den vorangehenden Abschnitten detailliert wurden. Neben der Komplexitätsreduzierung ermöglicht der modulare Ansatz eine flexible Kombination der einzelnen Systemfunktionen. Durch diese Kombinationsfähigkeit können die benötigten Funktionen entsprechend den spezifischen Anforderungen und Rahmenbedingungen ausgewählt und genutzt werden [vgl. STAH99, S. 306]. Eine solche kombinierte Nutzung sich ergänzender Einzelfunktionen erhöht die Leistungsfähigkeit des Gesamtsystems erheblich, da über die umfassende Unterstützung der einzelnen Teilaufgaben hinaus auch deren synergetisches Zusammenwirken ermöglicht wird. Im Folgenden werden das Zusammenwirken der Module und der zugrundeliegenden Modelle/Kataloge verdeutlicht sowie die Nutzungsmöglichkeiten bei der Anwendung im Geschäftsprozess beschrieben (Bild 5.17).

Ausgangspunkt der Nutzung des Informationssystems ist das KOMMUNIKATIONSMODUL. Es stellt durch die graphische Benutzeroberfläche die Schnittstelle zwischen dem Nutzer und den verwendeten Modulen, Modellen und Katalogen dar. Dem Nutzer werden mit dem Kommunikationsmodul alle erforderlichen Funktionalitäten zur Verfügung gestellt. Das BENUTZERMODUL stellt die Verbindung zwischen Kommunikations- und Informationsmodul dar. Je nachdem, welche Rechte und Pflichten einem Nutzer über die Rollenprofile zugewiesen wurden, kann dieser die Modelle des Informationsmoduls nutzen. Die Wissensprofile sind mit den einzelnen Modellen ebenso verknüpft, da sie genutzt werden, um die Kommunikation im Unternehmen bezogen auf z.B. Technologie, Produkte und Projekte zu verstärken. Im INFORMATIONSMODUL werden durch die Umsetzung der Modelle und Kataloge die Datenbanken abgebildet. Die Modelle und Kataloge sind zentraler Bestandteil des Informationssystems, da sie die Möglichkeit bieten, strukturierte Informationen unternehmensweit verfügbar zu machen.

Detaillierung des Informationssystems

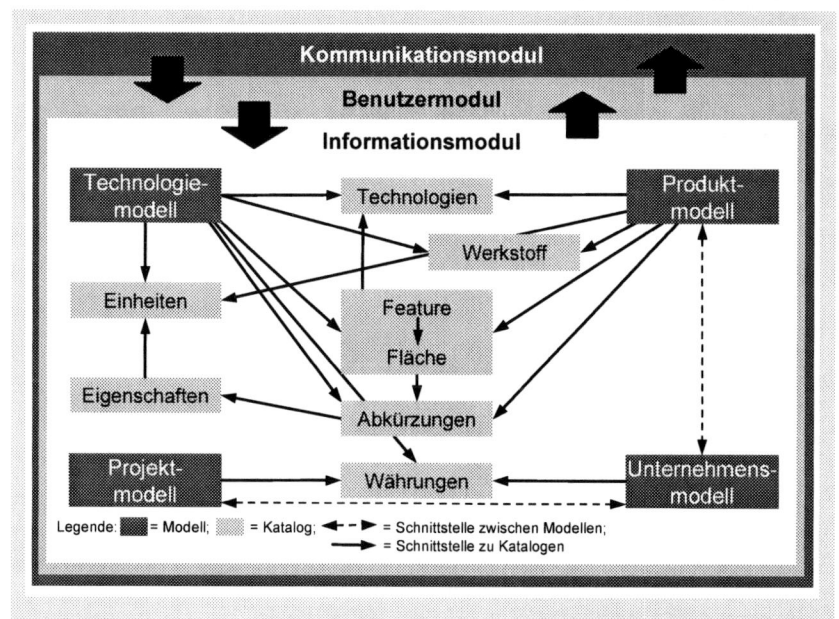

Bild 5.17: Zusammenhänge zwischen den einzelnen Modellen und Katalogen

Im Geschäftsprozess Technologiemanagement wird der Nutzer durch die Kombination der drei Module bei der Bearbeitung von verschiedensten Aufgaben unterstützt. Auf der einen Seite kann der Nutzer in den verschiedenen Datenbanken nach Informationen suchen oder Informationen eingeben. Unabhängig von der Aufgabe oder einem Projekt ist somit eine Unterstützung möglich. Auf der anderen Seite können mit dem Informationssystem unternehmensspezifische Projekte des Technologiemanagement bearbeitet werden. In der Projektdatenbank sind hierzu verschiedene Standardprojekte definiert und abgebildet. Außerdem kann der Nutzer sich eigene Projekte konfigurieren und unterstützt durch das Informationssystem bearbeiten. Durch die Verknüpfung der einzelnen Modelle und Kataloge des Informationsmoduls und die darauf aufbauende Verknüpfung mit dem Benutzermodul und dem Kommunikationsmodul wird es den Agenten des Kommunikationsmoduls ermöglicht, sämtliche im Informationssystem vorhandenen Informationen zu nutzen, um diese benutzerspezifisch darzustellen. Ein Konstrukteur kann durch die Nutzung eines Vergleichsagenten nach vorhandenen Informationen oder Wissen suchen. Der Konstrukteur stellt dazu eine Anfrage an das Informationssystem, indem er ein Feature mit verschiedenen Merkmalen beschreibt. Der Vergleichsagent ermittelt in einer Ähnlichkeitsanalyse alle gleichen oder ähnlichen Features, die im Informationssystem vorhanden sind. Bei der Ähnlichkeitsanalyse besteht die Möglichkeit, den Suchraum einzugrenzen. Interessiert sich der Konstrukteur nur für vorhandenes Bauteilwissen, wird nur die Produktdatenbank für die Analyse verwendet. Will der Konstrukteur zusätzlich überprüfen, ob dieses Feature im Unternehmen produktionstechnisch realisiert worden ist und in welchen Bauteil, werden automatisch Technologie- und Produktdatenbank für den Vergleich genutzt (Bild 5.18). Ebenso kann der Nutzer suchen, ob ein besonderes Bauteil oder eine Technologie in einem Projekt angewendet wird oder wurde. Aus den Ergebnissen kann der Nutzer evtl. Synergieeffekte für seine Aufgaben ermitteln.

Detaillierung des Informationssystems

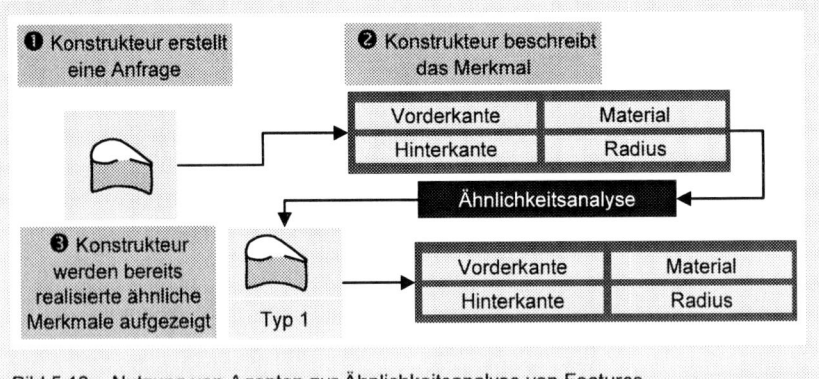

Bild 5.18: Nutzung von Agenten zur Ähnlichkeitsanalyse von Features

5.5 Zwischenfazit: Detaillierung des Informationssystems

Auf Grundlage des in Kapitel 3 entwickelten Geschäftsprozesses Technologiemanagement wurde in Kapitel 4 das Informationssystem konzeptioniert. Das Konzept basiert auf der Informations- und der Prozessplattform und dem Kommunikationsmodul als Bindeglied. Der modulare Aufbau des Informationssystems wurde einerseits zur Komplexitätsreduzierung der Systemfunktionalität gewählt, andererseits um die Informationsplattform unabhängig von der Prozessplattform nutzen zu können. Im vorliegenden Kapitel wurden die Informationsplattform und das Kommunikationsmodul detailliert.

Das Informationsmodul bildet die Grundlage des Informationssystems, da sämtliche Modelle in ihm abgebildet sind, die dem Nutzer des Systems als Datenbanken zur Verfügung stehen (Kapitel 5.1). Die Informationen werden dazu in den Technologie-, Produkt-, Projekt- und Unternehmensmodellen dargestellt. Technologien sind das zentrale Betrachtungsobjekt im Technologiemanagement und werden im Technologiemodell abgebildet. Im Produktmodell werden alle relevanten Informationen über die betrachteten Produkte dokumentiert. Zusammenhängende Aufgaben und Prozesse, werden in Projekten von unterschiedlichen Mitarbeitern eines Unternehmens bearbeitet und im Projektmodell zusammengefasst. Zur Unterstützung der Bearbeitung von Projekten oder der Berechnung von Produktkosten sind Unternehmensinformationen z.B. über Kostenstrukturen notwendig. Diese werden im Unternehmensmodell erfasst. Die Anpassbarkeit und Erweiterbarkeit der Modelle sowie der Im- und Export von Informationen machen es erforderlich, dass die Modelle u.a. in Datenstrukturen und Kataloge unterteilt werden. Somit ist es möglich, dass einerseits Unternehmen die gleiche Datenstruktur nutzen, um Informationen auszutauschen oder von Technologielieferanten zu erhalten. Andererseits können in den Katalogen unternehmensspezifische Anpassungen vorgenommen werden, so dass wichtiges unternehmensinternes Wissen strukturiert und einheitlich darstellt werden kann. Ergänzt werden die Datenstrukturen und Kataloge jeweils durch die Möglichkeit der Integration von externen Datenformaten (z.B. Bildern, Dokumenten) und der Beschreibung der externen Datenformate sowie der Datenstrukturen durch Metadaten.

Im Benutzermodul werden Rechte und Pflichten, die Mitarbeiter während der Nutzung des Informationssystems haben, sowie deren Kompetenzen und Interessensbereiche beschrieben (Kapitel 5.2). Dazu wird das Benutzermodul in die Bereiche Rollen- und Wissensprofile unterteilt. Rollenprofile erfassen Rechte und Pflichten. Die Rollenprofile sind im Benutzermodul vordefiniert und können wie Kataloge unternehmensspezifisch erweitert werden. Wissensprofile stellen die Zugehörigkeiten der Mitarbeiter zu den Organisationseinheiten dar und beschreiben ihre Kompetenzen und Interessen.

Mit dem Kommunikationsmodul werden mittels der graphischen Nutzerschnittstelle die Informationsverarbeitung zum schnellen Zugriff und zur Suche nach Informationen ermöglicht sowie Diskussionsforen bereitgestellt (Kapitel 5.3). Die graphische Nutzerschnittstelle wird durch Standardbrowser realisiert. Die Informationsverarbeitung stellt alle erforderlichen Ein- und Ausgabemasken für das Informationsmodul, Benutzermodul und die Diskussionsforen bereit. Weiterhin werden Funktionalitäten der Informationsverarbeitung wie Suchen, Drucken, Speichern sowie Im- und Exportieren von Informationen unterstützt. Die Diskussionsforen dienen dem themenbezogenen Austausch von Informationen und Wissen unabhängig von Projekten sowie der Möglichkeit unternehmensweit Informationsanfragen zu platzieren, um spezielle Probleme zu diskutieren. Für die Realisierung des Informationssystems wird im Folgenden auf die Abbildung der Technologie- und Produktdatenbank in Verbindung mit dem Benutzer- und dem Kommunikationsmodul fokussiert.

6 Realisierung und Evaluierung von Informationssystem und Geschäftsprozess

Entsprechend der Forschungsstrategie nach ULRICH und dem wissenschaftlichen Vorgehen werden die in den vorangehenden Kapiteln entwickelten Prozesse, Modelle und Module abschließend im Anwendungszusammenhang geprüft [ULRI84, S. 193 f.]. Das Informationssystem wird in einem empirisch-induktiven Schritt auf seine Funktionsfähigkeit, Anwendbarkeit und Eignung sowie der Geschäftsprozess Technologiemanagement auf seine Anwendbarkeit überprüft (Kapitel 6.1). Anschließend werden das Informationssystem und der Geschäftsprozess evaluiert. Hierzu werden Praxisrelevanz, Anwendung und Nutzen des Einsatzes aufgezeigt (Kapitel 6.2).

6.1 Realisierung des Informationssystems

Die in Kapitel 5 entwickelte Informationsplattform und das Kommunikationsmodul wurden bis auf das Diskussionsforum in dem Informationssystem eTEMsolution™ umgesetzt. eTEMsolution™ wird als Abkürzung für die „elektronische Technologiemanagement Lösung" verwendet und wurde in drei Unternehmen validiert. Um eTEMsolution™ anwendungs- und wartungsfreundlich umzusetzen, wurden einerseits Standardkomponenten (u.a. Datenbanken, Benutzermanagement, Web-Browser) verwendet, andererseits wurden die in dieser Arbeit entwickelten Datenstrukturen, Kataloge und Agenten programmiert (Bild 6.1).

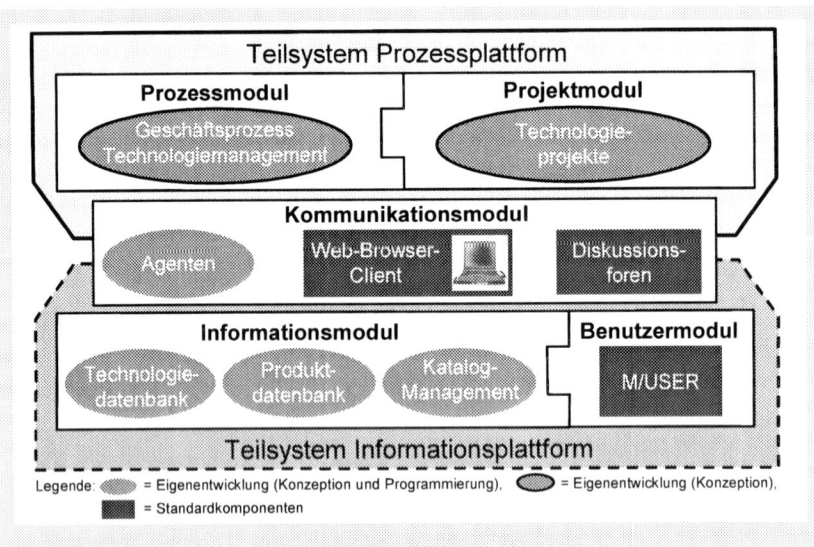

Bild 6.1: Komponenten des Informationssystems eTEMsolution™

eTEMsolution™ wurde als 5-Schicht-Architektur strukturiert, um eine ausreichende Leistungsfähigkeit und Anpassbarkeit des Systems auf unterschiedliche Unternehmensanforderungen zu realisieren. Für diese Strukturierung sind drei Umsetzungsebenen erforderlich, in denen verschiedene Standardkomponenten angewendet werden. Als erste Umsetzungsebene werden die Web-Browser von z.B. Microsoft oder Netscape verwendet, so dass zur Nutzung von eTEMsolution™ auf den Client-Systemen keine zusätzlichen Programme installiert werden müssen. Zur Realisierung der Logik von eTEMsolution™ wird die Programmiersprache Java™ verwendet. Der BEA WebLogic Server™ ermöglicht zusätzlich die standardisierte Darstellung von Anwendungen, die in Java™ programmiert

Realisierung und Evaluierung von Informationssystem und Geschäftsprozess

wurden, um aus verschiedenen Datenbanksystemen die Anwendungen in Web-Browsern darzustellen. Die Transaktionen von eTEMsolution™ werden durch den M/USER der kühn & weyh Software GmbH realisiert. In M/USER werden dazu Rechte, Pflichten, Interessen- und Wissensprofile der Anwender mittels sogenannter Attribute dargestellt. Diese Attribute können gruppiert und in Schablonen zusammengefasst und den Anwendern zugewiesen werden. Als Datenbanksystem zur Speicherung und Verwaltung sämtlicher Daten von eTEMsolution™ werden relationale Datenbanken von Oracle genutzt (Bild 6.2).

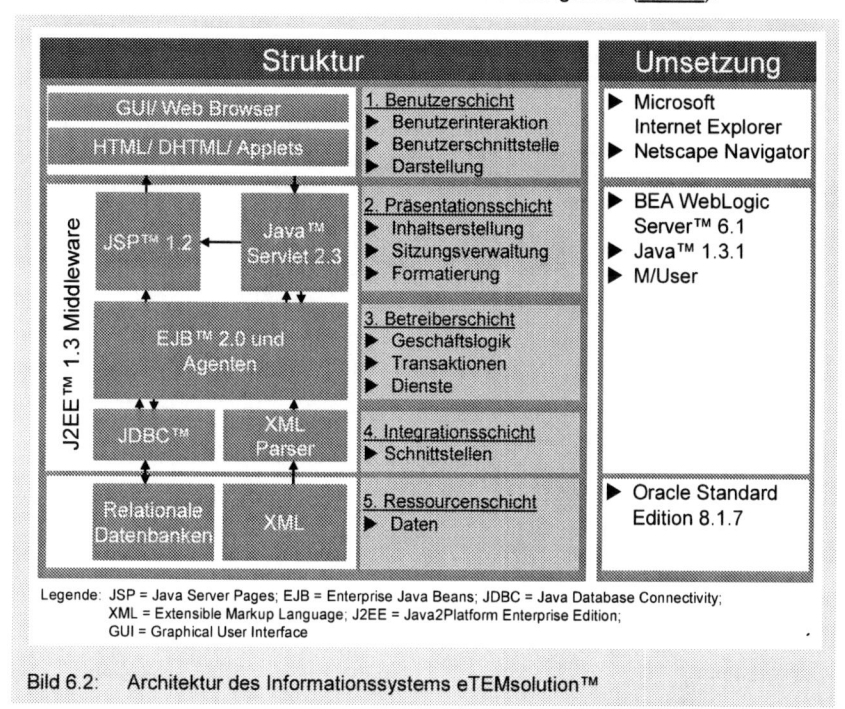

Struktur			Umsetzung
GUI/ Web Browser	1. Benutzerschicht ▶ Benutzerinteraktion ▶ Benutzerschnittstelle ▶ Darstellung		▶ Microsoft Internet Explorer ▶ Netscape Navigator
HTML/ DHTML/ Applets			
JSP™ 1.2 ← Java™ Servlet 2.3	2. Präsentationsschicht ▶ Inhaltserstellung ▶ Sitzungsverwaltung ▶ Formatierung		▶ BEA WebLogic Server™ 6.1 ▶ Java™ 1.3.1 ▶ M/User
EJB™ 2.0 und Agenten	3. Betreiberschicht ▶ Geschäftslogik ▶ Transaktionen ▶ Dienste		
JDBC™ XML Parser	4. Integrationsschicht ▶ Schnittstellen		
Relationale Datenbanken XML	5. Ressourcenschicht ▶ Daten		▶ Oracle Standard Edition 8.1.7

(J2EE™ 1.3 Middleware)

Legende: JSP = Java Server Pages; EJB = Enterprise Java Beans; JDBC = Java Database Connectivity; XML = Extensible Markup Language; J2EE = Java2Platform Enterprise Edition; GUI = Graphical User Interface

Bild 6.2: Architektur des Informationssystems eTEMsolution™

Die erste Schicht von eTEMsolution™ ist die BENUTZERSCHICHT. Sie stellt die Benutzerschnittstellen dar und es wird somit die Interaktion zwischen Anwender und Informationssystem ermöglicht. Informationstechnologisch werden HMTL, DHMTL und Applets[25] verwendet, um die Bildschirmmasken darzustellen. Die PRÄSENTATIONSSCHICHT besteht aus Inhaltserstellung, Sitzungsverwaltung und Formatierung. Die Durchführung wird durch Verwendung von Java Server Pages[26] (JSP™) und Java™ Servlets[27] realisiert. Diese Java-Technologien transferieren den Inhalt der Datenbanken entsprechend der Formatierung in die Web-Browser. Die Sitzungsverwaltung befasst sich mit allen Prozeduren wie dem An- oder Abmelden im Informationssystem sowie der Überprüfung der Zugriffsrechte. Die BETREIBERSCHICHT wird durch Enterprise Java Beans (EJB™ 2.0) und Agenten ausgeführt.

---

[25] Ein Applet ist eine kleine Applikation, das für das World Wide Web geschrieben worden ist. Es wird von einem HTML-Dokument aus gestartet. Applets unterliegen verschiedenen Sicherheitsrestriktionen, so dürfen sie z.B. nicht auf das lokale Filesystem zugreifen.

[26] Mit Java Server Pages lassen sich schnell und einfach kleinere Web Anwendungen erstellen. Die Server Page ist eine um Java Code angereicherte HTML Seite.

[27] Servlets sind kleine, plattformunabhängige Programmeinheiten, die serverseitig ausgeführt werden.

EJB™ und Agenten ermöglichen die Durchführung der Geschäftslogik, die Realisierung von Transaktionen und die Bereitstellung verschiedener Dienste. Die Geschäftslogik beinhaltet u.a. die Verknüpfungen zwischen den einzelnen Datenmodellen und den Katalogen. Als Dienste werden z.B. verschiedene Suchmöglichkeiten und Vergleichsagenten dem Anwender zur Verfügung gestellt.

Die INTEGRATIONSSCHICHT besteht aus der Java Database Connectitvity (JDBC™) und dem XML-Parser. Die JDBC™ übertragen mittels standardisierter Schnittstellen Daten aus den Datenbanken in die Geschäftslogik. Durch die Nutzung des XML-Parsers werden die XML-Dokumente in Java transferiert, so dass die Inhalte über die JDBC™ in den Datenbanken strukturiert gespeichert werden können. In der RESSOURCENSCHICHT (fünfte Schicht) werden relationale Datenbanken von Oracle zur Datenverwaltung genutzt. Die XML-Technologie wird zum Im- und Export von Daten sowie zur Strukturierung der einzelnen Informationsmodelle verwendet. Die Informationsmodelle für Technologie-, Produkt-, Projekt- und Unternehmensdaten sind im Anhang 8.8. dargestellt. Im Folgenden wird die Benutzersicht von eTEMsolution™ detaillierter beschrieben.

Das Informationssystem wird gestartet, indem im Web-Browser die entsprechende URL aufgerufen wird. Nachdem sich der Anwender mit Namen und Kennwort eingeloggt hat (Bild 6.3, Nr.1), überprüft eTEMsolution™ im M/USER die Attribute des Anwenders. Entsprechend der Attribute können die Funktionalitäten, Daten und Agenten von eTEMsolution™ genutzt werden. Nach der Anmeldung kann in der Technologiedatenbank entweder der Technologieeditor oder der Technologiebrowser genutzt werden (Bild 6.3, Nr.2).

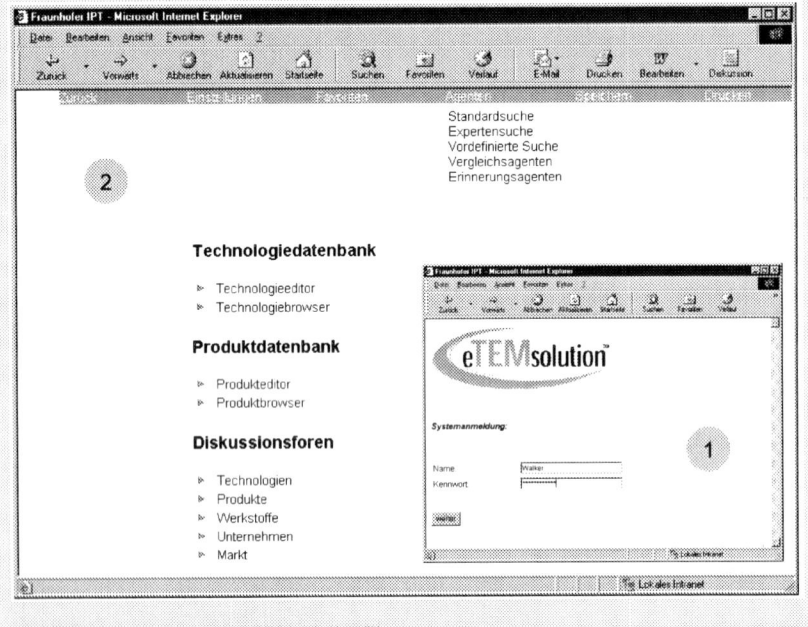

Bild 6.3: Startseite von eTEMsolution™

Im Technologieeditor werden Informationen über allgemeine Technologien und Maschinen eingegeben, gespeichert, qualitätsgeprüft, geändert, aktualisiert sowie in den Technologiebrowser übertragen. Mit dem Technologiebrowser kann der Anwender von eTEMsolution™ durch die Technologiedatenbank navigieren, um Informationen zu suchen oder zu lesen. Will

Realisierung und Evaluierung von Informationssystem und Geschäftsprozess

ein Anwender von eTEMsolution™ neue Informationen zu einer Technologie eingeben, prüft dieser erst, ob die Technologie im Technologieeditor oder -browser vorhanden ist. Ist die Technologie noch nicht vorhanden, nutzt der Anwender den Button „Erstelle neue Technologie" (Bild 6.4). Daraufhin wird ein leeres Technologiedatenblatt in einem neuen Browserfenster geöffnet. Der Anwender kann nun alle Informationen in die entsprechenden Bereiche einfügen. Das Technologiedatenblatt wird abschließend gespeichert. Ist die Technologie im Technologiebrowser enthalten, so muss diese erst wieder in den Technologieeditor übertragen werden. Für die Dauer der Änderung ist die Technologie im Technologiebrowser gesperrt und kann nur gelesen werden. Nachdem die Änderungen eingeben sind, kann über den „Exportieren"-Button die Technologie zurück in den Technologiebrowser übertragen werden. Die gleiche Vorgehensweise wird angewandt, um die Qualität der Informationen zu prüfen, Informationen zu ändern oder zu aktualisieren. Der „Löschen"-Button ist nur im Technologieeditor und nur für Anwender mit den entsprechenden Rechten sichtbar, da nach Betätigen des Buttons und Bestätigen der Aktion die Technologie aus der Datenbank gelöscht wird und die Informationen somit verloren sind.

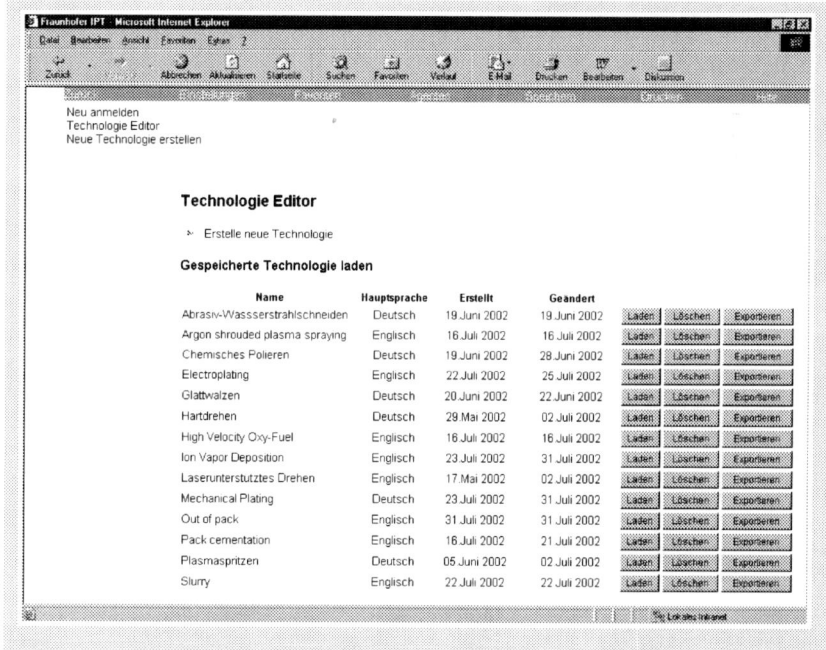

Bild 6.4: Der Technologieeditor von eTEMsolution™

Oftmals ist es erforderlich, dass Informationen zu Technologien in verschiedenen Sprachen im Unternehmen bereitgestellt werden. Hierzu wird im Technologieeditor die Technologie ausgewählt und geöffnet. Nachfolgend kann in dem selben Technologiedatenblatt die Sprache bspw. von Deutsch in Englisch geändert werden, so dass nun alle entsprechenden Informationen eingegeben werden können. Vorteil dieser Eingabeart ist, dass Informationen zu Kosten, Toleranzen, Qualitäten oder Werkstoffen nicht nochmals implementiert werden müssen, da diese in beiden Sprachen gleich sind und somit wiederverwendet werden können. Eine weitere wichtige Funktion des Technologieeditors, die über die Exportfunktion genutzt werden kann, ist die Übertragung eines Technologiedatenblattes aus der unternehmensinternen Technologiedatenbank zu einem anderen Unternehmen. Anstatt

Realisierung und Evaluierung von Informationssystem und Geschäftsprozess

einer Übertragung in den Technologiebrowser ist es möglich, die E-Mail-Adresse des Empfängers anzugeben, so dass das Technologiedatenblatt nachfolgend als XML-File an den E-Mail-Empfänger übertragen wird.

Die Navigation im Technologiebrowser wird auf Grundlage der Strukturierung von DIN 8580 realisiert (Bild 6.5). Dazu wird die DIN 8580 in einer Baumstruktur abgebildet. In der ersten Ebene sind die Hauptgruppen, in der zweiten Ebene die Gruppe, in der dritten Ebene die Untergruppe, in der vierten Ebene die Technologie und in der fünften Ebene schließlich die Varianten dargestellt. Wenn der Anwender eine besondere Technologie sucht, kann er durch die Baumstruktur navigieren oder die Suchfunktionen nutzen, um die Technologie zu finden. In der Trefferausgabe der Suche sind die Technologien direkt mit den Technologiedatenblättern verknüpft, so dass der Anwender durch Anklicken des Technologienamens direkt zum Technologiedatenblatt gelangt. Eine weitere Möglichkeit nach Informationen oder Technologien im Technologiebrowser zu suchen, wird durch die integrierte Suchmaschine realisiert. In die Suchanfrage können beliebige Begriffe eingeben werden. Diese kann der Anwender mit anderen Begriffen durch „und", „oder" sowie „nicht" verknüpfen. Ebenfalls können Suchbereiche angefragt werden. Somit ist es bspw. möglich, nach einer Technologie zu suchen, die einen bestimmten Werkstoff bearbeiten kann und zusätzlich eine definierte Oberflächenrauhigkeit gewährleistet.

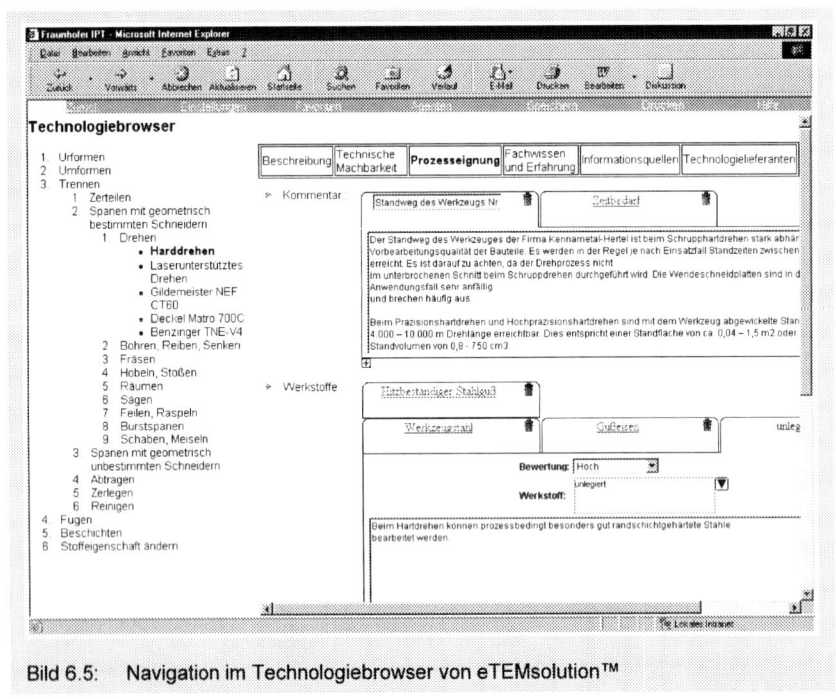

Bild 6.5: Navigation im Technologiebrowser von eTEMsolution™

Die vorangegangene Beschreibung verdeutlicht, dass alle wesentlichen Funktionen der Technologiedatenbank in eTEMsolution™ umgesetzt wurden. Im Folgenden werden die Anwendbarkeit und der Nutzen von eTEMsolution™ und dem Geschäftsprozess Technologiemanagement im Rahmen von industriellen Fallbeispielen evaluiert.

6.2 Evaluierung des Informationssystems und Geschäftsprozesses

Das Informationssystem eTEMsolution™ und der Geschäftsprozess Technologiemanagement wurden in drei Industrieunternehmen evaluiert. In Kapitel 6.2.1 werden die drei Anwendungsfälle kurz dargestellt, bevor in Kapitel 6.2.2 die Anwendung von eTEMsolution™ und dem Geschäftsprozess Technologiemanagement in den Unternehmen beschrieben wird.

6.2.1 Darstellung der Anwendungsfälle und Zielsetzungen

Unternehmen A wurde 1973 gegründet und ist Zulieferer für die Luft- und Raumfahrtindustrie, Chemische Industrie, Glasindustrie, Mechatronik, Medizintechnik und Rüstungsindustrie. Das Unternehmen fertigt kleinere und größere Serien von komplexen Bauteilen aus schwerzerspanbaren Metallen und hochfesten Kunststoffen. Weiterhin befasst sich das Unternehmen mit der Montage von Elektronikkomponenten, medizintechnischen Geräten und Motoren. Es beschäftigt an zwei Standorten 150 Mitarbeiter. Davon sind zehn Konstrukteure und Ingenieure sowie 100 Mitarbeiter in der Produktion. Das Unternehmen produziert für seine weltweiten Kunden im allgemeinen hochkomplexe Produkte, die höchsten Anforderungen an Toleranzen und Oberflächeneigenschaften unterliegen. Technologische Schwerpunkte sind Drehen, Fräsen, Honen, Bohren, Schleifen und die 5-Achsen-Bearbeitung. Die Zielsetzung der Nutzung von eTEMsolution™ und dem Geschäftsprozess Technologiemanagement sind u.a. die Identifizierung von neuen Technologien, durch deren Nutzung das Unternehmen die Herstellkosten der Bauteile reduzieren kann. Weiterhin soll der Geschäftsprozess Technologiemanagement eingeführt werden, um den Angebots- und Auftragsprozess durch die Bereitstellung von technologischen Informationen zu unterstützen. Außerdem sollen die Technologieinformationen des Unternehmens allen Mitarbeitern elektronisch zur Verfügung gestellt werden (Bild 6.6).

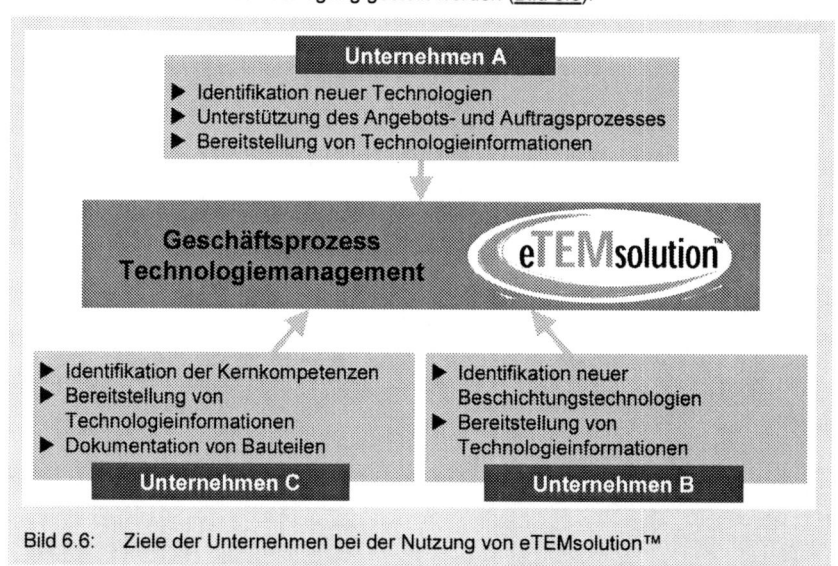

Unternehmen A
- Identifikation neuer Technologien
- Unterstützung des Angebots- und Auftragsprozesses
- Bereitstellung von Technologieinformationen

Geschäftsprozess Technologiemanagement — eTEMsolution™

Unternehmen C
- Identifikation der Kernkompetenzen
- Bereitstellung von Technologieinformationen
- Dokumentation von Bauteilen

Unternehmen B
- Identifikation neuer Beschichtungstechnologien
- Bereitstellung von Technologieinformationen

Bild 6.6: Ziele der Unternehmen bei der Nutzung von eTEMsolution™

Unternehmen B wurde im August 1999 gegründet und ist spezialisiert auf die Beschichtung von Gas- und Flugzeugturbinenbauteilen mit Wärmeschutzschichten. Es hat heute 60 Angestellte an zwei Standorten. Technologisch ausgerichtet ist das Unternehmen auf die Anwendung von Technologien wie Vakuum-Plasmaspritzen, atmosphärisches Plasmaspritzen und Hochgeschwindigkeitsflammspritzen.

Durch die Anwendung von eTEMsolution™ will das Unternehmen das unternehmensinterne Wissen über die verwendeten Technologien dokumentieren und den involvierten Mitarbeitern zur Verfügung stellen. Die Nutzung der Technologiedatenbank ermöglicht es dem Unternehmen, wichtige Informationen zur Auslegung der Beschichtungsprozesse bereitzustellen sowie die Auswahl der richtigen Werkstoffe zu unterstützen. Durch die Nutzung des Wissens und den Aufbau eines durchgängigen, abteilungsübergreifenden Technologiemanagementprozesses sollen neue Technologien identifiziert und neue Dienstleistungen entwickelt und umgesetzt werden.

Unternehmen C wurde 1997 gegründet und entwickelt und produziert mit 65 Mitarbeitern Zentralschmierungssysteme für schwere Maschinen, hydraulische Komponenten, hydraulische Standardeinheiten und Zubehör für Schmiersysteme. Technologisch hat sich das Unternehmen auf manuelle Dreh- und Fräsbearbeitungen, Bohren, Läppen, Honen, Schleifen und CNC-Fräsen spezialisiert. Der Geschäftsprozess Technologiemanagement soll genutzt werden, um die Kernkompetenzen und Alleinstellungsmerkmale des Unternehmens zu identifizieren, sowie darauf aufbauend die Technologiestrategie für die nächsten drei bis fünf Jahre zu ermitteln. Kurzfristige Ziele sind, durch die Nutzung von eTEMsolution™, einen schnelleren Zugang zu Informationen über Technologien zu erhalten, die für das Unternehmen interessant sind, sowie die Nutzung von eTEMsolution™ zur Bereitstellung von Technologieinformationen. Weiterhin soll die Produktdatenbank genutzt werden, um das Produktwissen zu dokumentieren.

6.2.2 Ergebnisse der Anwendung

Im Folgenden werden die Ergebnisse der Nutzung von eTEMsolution™ und des Geschäftsprozesses Technologiemanagement bezüglich der jeweiligen Zielsetzung der drei Unternehmen beschrieben. Abschließend werden die Ergebnisse quantifiziert zusammengefasst. Die Beispieldaten und Informationen sind zum Teil verfremdet oder anonymisiert dargestellt.

<u>Unternehmen A</u>
Der Geschäftsprozess Technologiemanagement und eTEMsolution™ wurden im Unternehmen in einem sechsstufigen Vorgehen eingeführt. In der ersten Stufe wurde der Geschäftsprozess Technologiemanagement vorgestellt. Anschließend wurde der gesamte Angebots- und Auftragsprozess aufgenommen und Unterstützungsmöglichkeiten mit den involvierten Mitarbeitern diskutiert (2. Stufe). Auf dieser Basis wurden die vorhandenen Angebots- und Auftragsprozesse um wichtige Schritte ergänzt (3. Schritt) sowie im vierten Schritt der unternehmensspezifische Geschäftsprozess Technologiemanagement aufgebaut (Bild 6.7). Im fünften Schritt wurden Schnittstellen zwischen den beiden Prozessen definiert. Den einzelnen Aufgaben der Prozesse wurden systematisch Hilfsmittel und Methoden zugeordnet. Außerdem wurde eTEMsolution™ implementiert. Im sechsten Schritt wurde der gesamte Geschäftsprozess Technologiemanagement, der neue integrierte Angebots- und Auftragsprozess und eTEMsolution™ anhand von Fallbeispielen genutzt.

Der angepasste Geschäftsprozess Technologiemanagement konnte für das Unternehmen A auf Grund der Unternehmenscharakteristika in den drei Phasen Technologieplanung, -entscheidung und -realisierung dargestellt werden. Während der Technologieplanung werden in dem Unternehmen hauptsächlich neue Technologien ermittelt und die vorhandenen Technologien bezüglich der technologischen Fähigkeit bewertet. Diese Informationen werden in eTEMsolution™ dokumentiert. Die Technologieentscheidung wurde in die Vorgänge der Ermittlung von Technologieszenarien für vorhandene Produkte sowie der Ermittlung von Technologieszenarien für neue Produkte untergliedert. Im Vorgang der Ermittlung von Technologieszenarien für vorhandene Produkte werden in eTEMsolution™ alle Produktinformationen, die Technologiekette, Kosteninformationen usw. dokumentiert. Die Ermittlung von Technologieszenarien für neue Produkte wurde weiterhin in „neue Kunden" und „vorhandene Kunden" unterteilt. Bei vorhandenen Kunden können Informationen aus eTEMsolution™ wie bspw. verwendete Maschinen genutzt werden, um

Realisierung und Evaluierung von Informationssystem und Geschäftsprozess

bei der Planung für ein neues Produkt Maschinen zu verwenden, die vom Kunden geprüft und abgenommen wurden. Dies ist besonders für dieses Unternehmen wichtig, da die Kunden in der Luftfahrt- und Raumfahrt- sowie Medizinindustrie für die Herstellung jeweils Maschinenabnahmen fordern. Durch die Verwendung von geprüften Maschinen müssen nur noch die Produktionsprozesse genehmigt werden. Somit können Kosten für die personalintensiven Genehmigungsprozesse gespart werden. Diese Vorgehensweise ermöglicht die Nutzung von Erfahrungswissen schon bei der Angebotserstellung. Nachdem das Unternehmen eine Zusage zu einem Angebot erhält, beginnt die Phase der Technologierealisierung. Erst wird die Fertigungsfolge ermittelt, dann der Auftrag detailliert geplant und eine Produktionsmappe erstellt. Diese Produktionsmappen enthalten alle Informationen über den Ablauf, von der Materialentnahme aus dem Lager, über die Werkzeuge, die notwendigen Prüf- und Transportschritte bis hin zum Abnahmeprotokoll für den Versand. Abschließend übernimmt der Produktionsmeister den Auftrag und die Technologierealisierung endet mit der Serienproduktion.

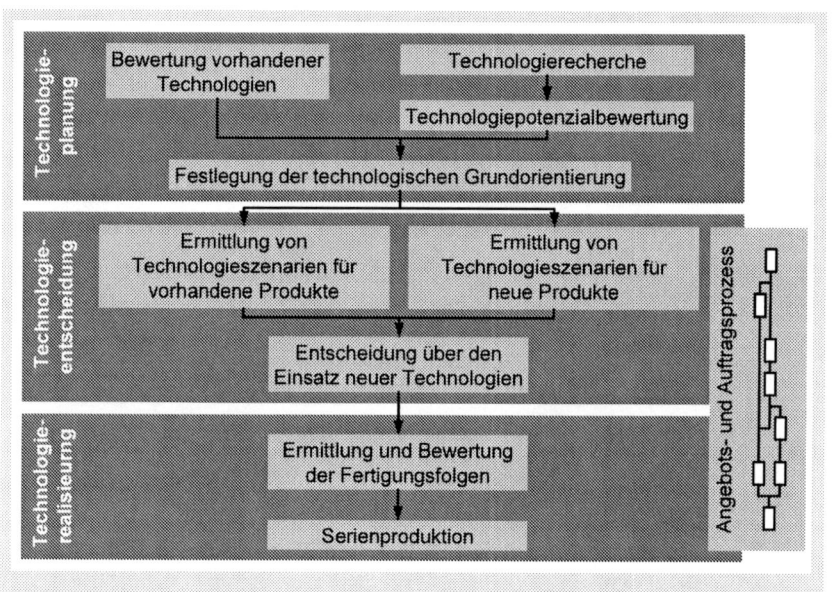

Bild 6.7: Angepasster Geschäftsprozess Technologiemanagement

Während dieser Vorgänge nutzen die involvierten Mitarbeiter eTEMsolution™, um einerseits Informationen über die Maschinen und die verwendeten Werkzeuge zu ermitteln oder andererseits ihre Erfahrungen zu den jeweiligen Prozessen und Maschinen in die Technologiedatenbank zu implementieren. Die Dokumentation des technologischen Wissens in eTEMsolution™ ist dem Unternehmen so wichtig, dass diese Aufgabe in die Stellenbeschreibungen der Mitarbeiter aufgenommen wurde. Ergebnis dieser Prozesse der Wissensdokumentation sind zahlreiche Anmerkungen zu Anwendungserfahrungen der Produktionsmitarbeiter. Diese Erfahrungen stehen somit dem gesamten Unternehmen zur Verfügung. Besonders wichtig sind die Produktionserfahrungen für die Mitarbeiter der Arbeitsvorbereitung, um möglichst genau die Angebotskosten zu ermitteln. Früher wurde oftmals von idealen Maschinenergebnissen hinsichtlich der technologischen Leistungsfähigkeit ausgegangen. Diese Angaben stammten aus Abnahmeprotokollen der Maschinen. Heute hingegen werden nur noch die aktuellen Prozessparameter und Werkstoffangaben aus der Technologiedatenbank von eTEMsolution™ genutzt (Bild 6.8).

Seite 117

Realisierung und Evaluierung von Informationssystem und Geschäftsprozess

Diese Angaben werden regelmäßig von der Fertigung geprüft und aktualisiert. Die gesammelten Erfahrungen werden für die Angebotsphase genutzt. Angebote können somit besser kalkuliert werden.

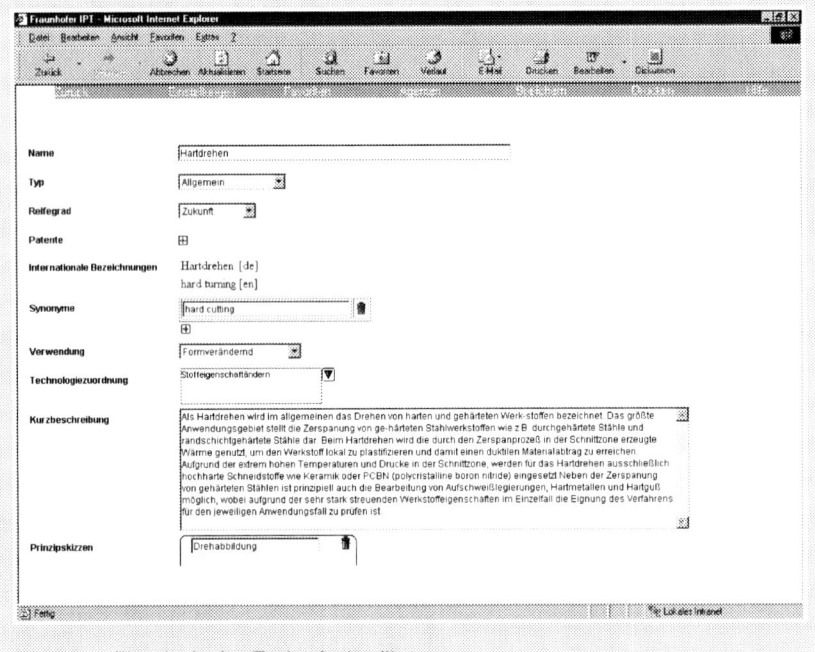

Bild 6.8: Eingabe in den Technologieeditor

Unternehmen B

Der Geschäftsprozess Technologiemanagement und eTEMsolution™ wurden im Unternehmen in einem fünfstufigen Vorgehen eingeführt. In der ersten Stufe wurden zum einen der vorhandene Prozess des Technologiemanagement aufgenommen sowie zum anderen der Geschäftsprozess Technologiemanagement vorgestellt (2. Schritt). Nachfolgend wurde der vorhandene Prozess um wichtige Schritte aus dem Geschäftsprozess Technologiemanagement ergänzt (3. Schritt). Im vierten Schritt wurde eTEMsolution implementiert, so dass anschließend anhand von Fallbeispielen der neue Geschäftsprozess Technologiemanagement und eTEMsolution™ geschult werden konnten.

Für das Unternehmen B ist es wichtig, sich im Bereich der Beschichtungstechnologien und den angebotenen Dienstleistungen (z.B. Entschichten, spanende Nachbearbeitung) von den Konkurrenten zu differenzieren und somit die Wettbewerbsposition zu stärken. Somit sind Schwerpunkte des neuen Geschäftsprozesses besonders die Vorgänge Technologiefrüherkennung, Ableitung der Technologiestrategie und Ermittlung von Technologieszenarien für zukünftige Produkte. Während der Technologiefrüherkennung wird gezielt nach schwachen und starken Signalen gesucht. Die Ergebnisse werden in die Technologiedatenbank von eTEMsolution™ implementiert und direkt allen im Geschäftsprozess Technologiemanagement involvierten Mitarbeitern zugänglich gemacht. Somit kann während der Festlegung der Technologiestrategien auf eine aktuelle Informationsbasis zurückgegriffen werden, in der nicht nur Informationen über im Unternehmen genutzte, sondern auch über potenziell interessante Technologien gespeichert sind. Auf Basis der Technologiestrategie wird der neue Prozess genutzt, um gezielt neue Technologien einzuführen oder Dienstleistungen zu definieren. Die Ergebnisse werden genutzt, um neue Kunden zu akquirieren. eTEMsolution™ wird hierbei primär als Wissensdatenbank für vorhandene und neue Technologien eingesetzt.

Unternehmen C
Die Einführung von eTEMsolution™ und dem Geschäftsprozess Technologiemanagement unterscheidet sich im Unternehmen C von den anderen beiden Unternehmen in sofern, dass kein Geschäftsprozess Technologiemanagement vorhanden war. Aufbauend auf der Vorstellung und Diskussion des Geschäftsprozesses Technologiemanagement wurden die Ziele des Technologiemanagement dargestellt und in die heutige Unternehmensstruktur eingebunden. Da das Unternehmen eigene Produkte entwickelt, fertigt und montiert, wurde der Geschäftsprozess Technologiemanagement eng mit dem Innovationsmanagement verknüpft, um frühzeitig Prozesse zu parallelisieren und Synergiepotenziale zwischen Produktentwicklung, Technologieentwicklung und -anwendung zu nutzen. Im nächsten Schritt wurde eTEMsolution™ implementiert und in Verbindung mit dem neuen Geschäftsprozess Technologiemanagement in Fallbeispielen angewendet. Schwerpunkte des Geschäftsprozesses Technologiemanagement sind die Technologieplanung, -entscheidung und -realisierung. Während der Technologieplanung werden die Potenziale vorhandener und neu identifizierter Technologien bewertet, so dass strategische Technologieprojekte entsprechend des Produktspektrums definiert werden können. Die Technologieentscheidung fokussiert auf die Ermittlung von Technologieszenarien für zukünftige und vorhandene Produkte sowie die Entscheidung in technologische Investitionen. Die Technologierealisierung wird in die Ermittlung und Bewertung von Fertigungsfolgen sowie die Unterstützung der Serienproduktion unterteilt. In eTEMsolution™ werden die neu identifizierten Technologien, die im Unternehmen angewendeten Technologien und Maschinen sowie die Produkte dokumentiert. Die Mitarbeiter aus dem Innovations- sowie Technologiemanagement nutzen eTEMsolution™ gemeinsam. Während der Produktentwicklung werden die ersten Produktideen dokumentiert. Diese werden regelmäßig aktualisiert und dienen dem Technologiemanagement als Grundlage für die Technologieentscheidung.

Im Folgenden werden die Ergebnisse der Anwendung von eTEMsolution™ und dem Geschäftsprozess Technologiemanagement für die einzelnen Unternehmen dargestellt und zusammengefasst.

Unterstützt durch die Anwendung des Geschäftsprozesses Technologiemanagement wurden im Unternehmen A die technologischen Kernkompetenzen ermittelt. Kernkompetenzen sind u.a. die Bearbeitung von hochfesten Stählen mit komplexen dreidimensionalen Geometrien sowie die Realisierung von höchsten Oberflächen- und Toleranzanforderungen. Ergänzend zu den heute vorhandenen Technologien und den verwendeten Maschinen wurden für das Unternehmen neue Technologien wie Hartdrehen, Hartfräsen, laserunterstütztes Fräsen und Laserstrukturieren ermittelt und deren Technologiepotenzial bewertet. Alle Informationen über die Technologien und Maschinen wurden in eTEMsolution™ eingegeben, so dass ca. 90% der Maschinen- und Technologieinformationen elektronisch unternehmensweit zur Verfügung stehen. Beim Vergleich des neuen und alten Vorgehens in den indirekten Prozessen konnte eine Verkürzung der Bearbeitungszeit (ca. 15%) und eine verbesserte Abstimmung zwischen den beteiligten Bereichen festgestellt werden, so dass die Effektivität und Effizienz der Angebots- und Auftragsbearbeitung gesteigert werden konnten. In der Produktion führte dies zu einer Reduzierung der Herstellkosten von vorhandenen Bauteilen um durchschnittlich fünfzehn Prozent. Durch die Ermittlung und Dokumentation der Leistungsparameter vorhandener Maschinen während der Einführung von eTEMsolution™, konnte die Arbeitsvorbereitung die Fertigungsfolgen entsprechend den Anforderungen der Produkte auslegen.

Im Unternehmen B wurden durch die Technologiefrüherkennung zwei neue Technologien identifiziert und nachfolgend bewertet. Auf Basis der bewerteten Chancen der Technologien für das Unternehmen wurde die Technologiestrategie überarbeitet. Auf Basis der neuen

Technologiestrategie entschied sich das Unternehmen, eine Entschichtungstechnologie einzuführen und somit das Dienstleistungsangebot auszubauen. Durch die neue Technologie kann die Komplettbearbeitung des Bauteils - entschichten, beschichten, prüfen - angeboten werden. Alle Informationen über Technologien und Maschinen wurden auch bei diesem Unternehmen in eTEMsolution™ eingegeben, so dass das Unternehmen von einer 95%igen Verfügbarkeit des technologischen Wissens und der Informationen ausgeht. Vor der Einführung von eTEMsolution™ waren die Informationen bei den einzelnen Mitarbeitern in den verschiedenen Standorten und Büros verteilt, so dass ein Zugriff nur schwer oder mit größerem Aufwand möglich war. Ebenso existierten früher einzelne, nicht kompatible Informationssysteme, die von einzelnen Abteilungen zur Dokumentation genutzt wurden. Durch die Nutzung eines zentralen Informationssystems stehen heute alle eingepflegten Informationen allen relevanten Mitarbeitern zur Verfügung.

Unternehmen A
- Darstellung der Kernkompetenzen
- Fünf neue Technologien identifiziert
- Technologieinformationen in eTEMsolution™ eingebunden
- Verbesserte unternehmensinterne Kommunikation
- 15%ige Verkürzung der durchschnittlichen Angebotserstellungsdauer
- 15%ige Reduzierung der Bauteilkosten

Geschäftsprozess Technologiemanagement — eTEMsolution™

Unternehmen C
- Darstellung der Kernkompetenzen
- Darstellung der Technologiestrategie
- Sechs neue Technologien identifiziert und bewertet
- 80% der Maschinen- und Technologieinformationen in eTEMsolution™ eingebunden
- 60% der Bauteile in eTEMsolution™ abgebildet
- Zwei neue Maschinen eingeführt
- 30% Reduzierung des Ausschusses in der Produktion

Unternehmen B
- Zwei neue Technologien identifiziert und bewertet
- Darstellung der Technologiestrategie
- Eine neue Technologie eingeführt
- Dienstleistungsangebot ergänzt
- Unternehmensweite Verfügbarkeit der Technologieinformationen
- 95% der Maschinen- und Technologieinformationen in eTEMsolution™ eingebunden

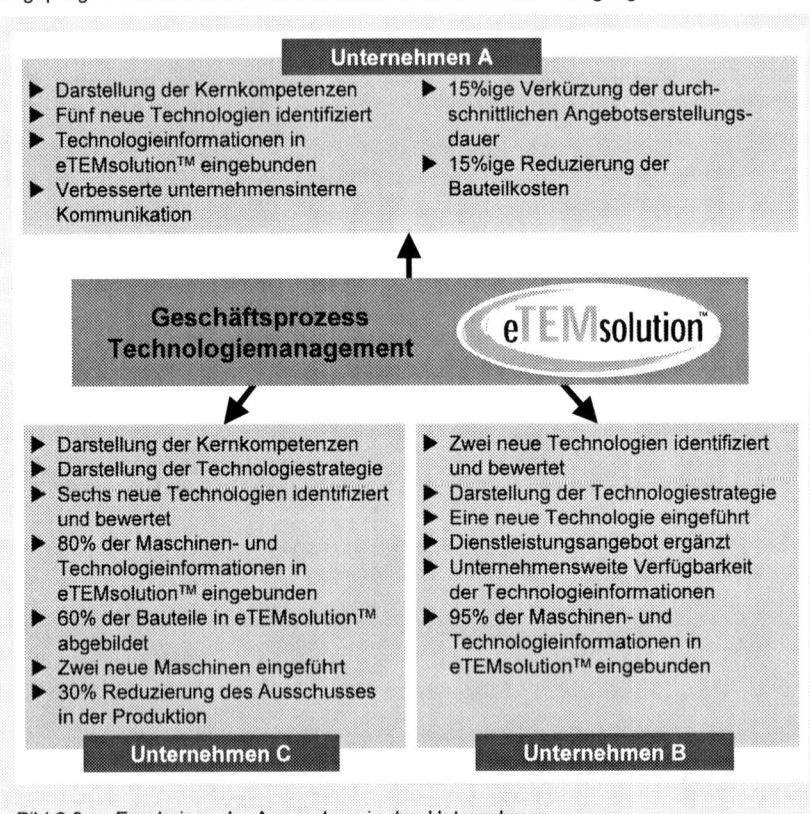

Bild 6.9: Ergebnisse der Anwendung in den Unternehmen

Die Darstellung der Kernkompetenzen sowie der Technologiestrategien sind für das Unternehmen C wichtige Ergebnisse der Anwendung des Geschäftsprozesses Technologiemanagement. Auf Grund der Einführung von eTEMsolution™ und der Nutzung des Geschäftsprozesses konnten sechs neue Technologien identifiziert werden. Das technologische Potenzial der Fünf-Achsen-Fräsbearbeitung wurde für die Serienprodukte so hoch bewertet, dass direkt zwei neue Maschinen eingeführt wurden. In der Produktion konnten mit diesen Maschinen der Ausschuss um 30% reduziert sowie die Herstellkosten gesenkt werden, da die Bearbeitungsgenauigkeit der neuen Maschinen wesentlich höher ist.

Begleitet wurde der Prozess von der Ermittlung und Darstellung der Kernkompetenzen sowie der Entwicklung von Technologiestrategien. Durch die Dokumentation technologischer Informationen sowie des Produktionswissens in eTEMsolution™ wurde abgeschätzt, dass 80% der Maschinen- und Technologieinformationen in eTEMsolution™ dargestellt sind. Parallel zur Dokumentation und dem Ausbau des Technologiewissens wurden ca. 60% der Serienprodukte abgebildet.

6.3 Zwischenfazit: Realisierung und Evaluierung

Im vorliegenden Kapitel wurden die Umsetzung und die Evaluierung des entwickelten Geschäftsprozesses Technologiemanagement und des Informationssystems beschrieben. Zunächst wurden die geeigneten Softwarekomponenten ausgewählt und die Softwarearchitektur definiert, auf deren Basis anschließend die Software eTEMsolution™ realisiert wurde. Die Evaluierung erfolgte bei drei Industrieunternehmen. Erst wurde der entwickelte Geschäftsprozess Technologiemanagement mit den vorhandenen Prozessen abgeglichen, so dass anhand des Vergleichs Optimierungspotenziale abgeleitet werden konnten. Nachfolgend wurde eTEMsolution™ eingeführt und die Mitarbeiter geschult. Dieses Vorgehen wurde durch Projekte begleitet. Die Mitarbeiter konnten somit direkt vom Geschäftsprozess Technologiemanagement und von eTEMsolution™ profitieren und diese im Tagesgeschäft anwenden.

Die Evaluierung hat gezeigt, dass das entwickelte System und der Geschäftsprozess Technologiemanagement produzierenden Unternehmen unterstützen können. Durch die Anwendung werden zahlreiche Vorteile erschlossen. Der Geschäftsprozess Technologiemanagement verschafft den Unternehmen die Möglichkeit, ihr heutiges Vorgehen im Technologiemanagement kritisch zu hinterfragen und entsprechend den aktuellen Anforderungen anzupassen. Durch den entwickelten Prozess und die integrierten Hilfsmittel werden den Unternehmen für wichtige Aufgaben im Technologiemanagement Möglichkeiten bereitgestellt, um eine Steigerung der Effektivität und der Effizienz im Technologiemanagement zu erreichen. Ein Hilfsmittel ist eTEMsolution™. Mit dem Informationssystem besteht die Möglichkeit, technologische Informationen und Wissen unternehmensweit verfügbar zu machen. In der Technologiedatenbank von eTEMsolution™ können Maschinen und allgemeine Technologien detailliert beschrieben werden, so dass diese Informationen zu jeder Zeit verfügbar sind. Zu diesen Informationen zählen u.a. die Leistungsparameter von Maschinen oder Technologien, die Darstellung der technologischen Fähigkeiten anhand von Features sowie die Abbildung aller wichtigen Kosteninformationen. Die Einführung von eTEMsolution™ erfordert eine temporäre Bindung von Personalressourcen zur Schulung und Erstimplementierung der Informationen. Weiterhin ist es erforderlich, zyklisch die unternehmensinternen technologischen Informationen in eTEMsolution™ zu aktualisieren, so dass je nach Unternehmensgröße und -ausrichtung das Aufwand-/Nutzenverhältnis geprüft werden muss. In allen Unternehmen wurde die Nutzung von eTEMsolution™ und die Unterstützung durch den jeweils auf das Unternehmen angepassten Geschäftsprozess Technologiemanagement positiv bewertet. Durch die Anwendung wurde eine Informationsbasis geschaffen, die permanent erweitert und aktualisiert werden kann. Neben der Hinterlegung und Nutzung von Informationen wurde die Förderung der Kommunikation als wesentliche Verbesserung angesehen. Durch die Darstellung der Ansprechpartner für Technologien wird eine schnelle und übergreifende Klärung von Fragen ermöglicht. In der Evaluierung wurden damit die breite Anwendbarkeit und der hohe Nutzen des entwickelten Informationssystems und des Geschäftsprozesses Technologiemanagement nachgewiesen. Ferner wurde aufgezeigt, dass sich sowohl das Informationssystem als auch der Geschäftsprozess auf Grund ihrer Struktur und Flexibilität für viele Unternehmensformen und -strukturen eignen. Bei aller technischen Unterstützung durch das Informationssystem darf nicht vergessen werden, dass es die Mitarbeiter mit ihrer Kreativität und Problemlösungsfähigkeit sind, die Technologien auswählen, um Produkte entsprechend den Kundenanforderungen zu produzieren und letztendlich die Wettbewerbsfähigkeit zu sichern.

7 Zusammenfassung und Ausblick

7.1 Zusammenfassung

Produzierende Unternehmen agieren in einem Umfeld, das nicht nur von der Globalisierung der Märkte, sondern oftmals auch von einer stetigen Verkürzung der Produktlebenszyklen geprägt ist. Das Technologiemanagement hat in diesem Umfeld eine wichtige Bedeutung zur Sicherung und zum Ausbau der Wettbewerbsfähigkeit produzierender Unternehmen. Dazu sind die Fokussierung auf Kernkompetenzen, langfristige Technologiestrategien sowie die Verfügbarkeit des Unternehmenswissens wichtige Faktoren. Heute existieren zwar vielfältige Ansätze zur Gestaltung des Technologiemanagement, doch fokussieren diese Ansätze nur auf einzelne Phasen des Geschäftsprozesses. Sie unterstützen diesen nicht oder nur unzureichend mit durchgängigen Informationssystemen zur Steigerung der Verfügbarkeit der technologischen Informationen. Forciert wird dieses Problem durch den stark wachsenden internationalen Technologiemarkt, der stetig an Intransparenz und Dynamik zunimmt.

Vor diesem Hintergrund war es Ziel dieser Arbeit, einen in der Praxis anwendbaren und wissenschaftlich fundierten Geschäftsprozess für das Technologiemanagement sowie ein unterstützendes Informationssystem zu entwickeln. Mit Hilfe dieser Entwicklung sollen die Aufgaben im Technologiemanagement effektiv und effizient bearbeitet werden. Weiterhin sollen durch die Nutzung des Informationssystems sukzessive Erfahrungswissen aufgebaut und die Kernkompetenzen des Unternehmens transparent dargestellt werden. Durch die Interaktion des Geschäftsprozesses Technologiemanagement mit dem Informationssystem kann ein stetiger Zugriff auf die benötigten Informationen ermöglicht werden, so dass der Bearbeitungsaufwand von einzelnen Aufgaben im Technologiemanagement reduziert wird.

Basierend auf dieser Zielsetzung wurden zunächst wichtige Begriffe in den Bereichen Technologiemanagement, Informationssysteme und Geschäftsprozess definiert. Nachfolgend wurden relevante Konzepte, Modelle und angrenzende Forschungsarbeiten im Bereich Technologiemanagement sowie adaptierbare Informationssysteme analysiert und diskutiert. Bei der Diskussion dieser Grundlagen wurde deutlich, dass ein Informationssystem fehlt, das produzierende Unternehmen dabei unterstützt, wichtige Technologie- und Produktinformationen während des gesamten Geschäftsprozesses Technologiemanagement bereitzustellen. Außerdem bestand die Notwendigkeit, den gesamten Geschäftsprozess abzubilden, um die Aufgaben des Technologiemanagement zur Sicherung und zum Ausbau der Wettbewerbsfähigkeit produzierender Unternehmen durchgängig darzustellen (Kapitel 2).

Unter Anwendung der Systemtechnik wurde der Geschäftsprozess Technologiemanagement auf Basis der dargestellten Grundlagen in den fünf Phasen Technologieleitbildformulierung, Technologieplanung, Technologieentscheidung, Technologierealisierung und Technologiecontrolling abgebildet (Kapitel 3). Entsprechend der Fokussierung dieser Arbeit waren die Phasen Technologieplanung und Technologieentscheidung Schwerpunkte der Ausarbeitung und daher bis auf die Aufgabenebene detailliert. Durch den Geschäftsprozess werden wichtige Aufgaben dargestellt, die erforderlich sind, um von den normativen Unternehmensvorgaben systematisch Kernkompetenzen und Technologiestrategien abzuleiten und diese in produktbezogene Technologie- und ProjektRoadMaps zu transferieren. Für jede einzelne Aufgabe wurden wichtige Ein- und Ausgangsinformationen, Steuerungsmechanismen sowie unterstützende Methoden und Hilfsmittel dargestellt. Als Modellierungssprache für den Geschäftsprozess wurde die IDEF0-Methode ausgewählt.

Entsprechend der Beschreibung der Aufgaben im Technologiemanagement wurden die Anforderungen an das Informationssystem abgeleitet und das Informationssystem konzeptioniert. Das Konzept des Informationssystems besteht aus den Teilsystemen Prozess- und Informationsplattform und dem Kommunikationsmodul als Bindeglied. Die

Prozessplattform beinhaltet das Prozess- und Projektmodul. Im Prozessmodul kann der Geschäftsprozess Technologiemanagement dargestellt werden, während das Projektmodul eine unternehmensspezifische Abbildung typischer Projekte ermöglicht. Die Informationsplattform besteht aus dem Informationsmodul und dem Benutzermodul. Mittels der integrierten Datenbank des Informationsmoduls wird es den Anwendern ermöglicht, wichtige Informationen über Technologien, Produkte, Projekte und das Unternehmen zentral zu archivieren und zu nutzen. Das Benutzermodul befasst sich mit der Rechtevergabe sowie den Interessens- und Kompetenzprofilen. Das Kommunikationsmodul stellt alle notwendigen informationsverarbeitenden Funktionen wie Suchen, Auswerten, Im- und Exportieren dar und realisiert als Bindeglied zwischen den beiden Plattformen zusätzlich die graphische Nutzerschnittstelle (Kapitel 4).

Aufbauend auf dem Konzept des Informationssystems wurden die Informations-, Benutzer- und Kommunikationsmodule detailliert. Das Informationsmodul bildet die Grundlage für das Informationssystem, da in diesem Modul sämtliche Modelle abgebildet sind. Die Informationen werden dazu in vier Modellen (Technologie-, Produkt-, Projekt- und Unternehmensmodell) dargestellt. Technologien sind das zentrale Betrachtungsobjekt im Technologiemanagement und werden im Technologiemodell abgebildet. Im Produktmodell werden alle relevanten Informationen über die betrachteten Produkte zusammengefasst. Zusammenhängende Aufgaben und Prozesse im Technologiemanagement werden in Projekten von unterschiedlichen Mitarbeitern eines Unternehmens bearbeitet und im Projektmodell zusammengefasst. Mit dem Unternehmensmodell werden alle Informationen, die in allen vorher genannten Modellen genutzt werden können, erfasst. Hierzu zählen u.a. Kosteninformationen und Kennzahlen. Jedes Modell wird durch eine Datenstruktur, Kataloge, externe Datenformate und Metadaten beschrieben. Die Kataloge sind unternehmensspezifisch erweiterbar, so dass die Möglichkeit besteht, zusätzlich Informationen strukturiert in das Informationssystem zu integrieren. Im Benutzermodul werden Rechte und Pflichten der Mitarbeiter hinsichtlich der Nutzung des Informationssystems sowie deren Kompetenzen und Interessensbereiche beschrieben. Mit dem Kommunikationsmodul wird mittels der graphischen Nutzerschnittstelle die Informationsverarbeitung zum schnellen Zugriff und die Suche nach Informationen ermöglicht. Es werden Diskussionsforen bereitgestellt, die die Kommunikation und den Austausch von Informationen fördern sollen. Die graphische Nutzerschnittstelle wird durch Standardbrowser realisiert (Kapitel 5).

Die drei detaillierten Module wurden im Informationssystem eTEMsolution™ umgesetzt. eTEMsolution™ und der Geschäftsprozess Technologiemanagement sind abschließend anhand dreier industrieller Anwendungen evaluiert worden. Hierbei konnte die Umsetzbarkeit und die Konsistenz der wesentlichen Funktionalitäten und Module von eTEMsolution™ nachgewiesen werden. Mit eTEMsolution™ besteht die Möglichkeit, technologische Informationen und Wissen unternehmensweit verfügbar zu machen. In der Technologiedatenbank von eTEMsolution™ können Maschinen und Technologien detailliert beschrieben werden, so dass die relevanten Informationen zu jeder Zeit einem Unternehmen zur Verfügung stehen. Zu diesen Informationen zählen u.a. die Leistungsparameter sowie die technologischen Fähigkeiten von Maschinen oder Technologien und die Abbildung wichtiger Kosteninformationen. Durch die Anwendung in drei Unternehmen konnte weiterhin die Anwendbarkeit des Geschäftsprozesses Technologiemanagement aufgezeigt werden. Im Rahmen durchgeführter Projekte konnte das technologische Unternehmenswissen gebündelt, neue Technologien entsprechend der Technologiestrategie ermittelt und zudem die Herstellkosten betrachteter Bauteile in den Projekten signifikant reduziert werden. Durch die Nutzung von vorhandenen Informationen aus den Datenbanken konnten die Bearbeitungszeiten für Aufgaben im Technologiemanagement verkürzt werden, so dass die Unternehmen schneller auf Kundenanfragen reagieren konnten und somit wichtige Vorteile im internationalen Wettbewerb erreicht haben. Weiterhin konnte nachgewiesen werden,

Zusammenfassung und Ausblick

dass der Geschäftsprozess Technologiemanagement der jeweiligen unternehmensspezifischen Situation angepasst werden kann.

Die Ergebnisse zeigen, dass ein anforderungsgerechter Geschäftsprozess Technologiemanagement sowie ein anforderungsgerechtes Informationssystem entwickelt wurden.

7.2 Ausblick

Die Integration verschiedener Softwaresysteme zur durchgängigen Nutzung vorhandener Informationen stellt eine wichtige Herausforderung dar. Ein erstes Erweiterungsmodul von eTEMsolution™ fokussiert daher auf die Integration der STEP-Schnittstelle zum Austausch von Informationen mit Cax- oder PDM-Systemen.

Die Abbildung der Features in STEP ermöglicht die Beschreibung der Geometrien und Eigenschaften von Bauteilen. Heute ist es nicht möglich, auf Basis der Featurebeschreibung in STEP die Herstellkosten von Features zu bestimmen und diese den Bauteilen zuzuordnen. Hierzu ist es erforderlich, in einem zweiten Erweiterungsmodul die Datenstrukturen um Kosteninformationen zu erweitern und Algorithmen für die Zuordnung von Bauteilfeatures zu Technologien sowie die Kostenberechnung zu entwickeln.

Zur Erschließung neuer Märkte und Kunden kooperieren Unternehmen oftmals. In diesen Unternehmenskooperationen sind die Anforderungen an das Technologiemanagement sehr komplex, da die Technologieketten und Fertigungsfolgen auf Basis verteilter Kompetenzen der Unternehmen geplant werden müssen. Zwar wollen die Unternehmen zusammen arbeiten, dennoch nicht ihr Know-how den Kooperationspartnern offen legen. Das dritte Erweiterungsmodul ermöglicht die Nutzung von eTEMsolution™ in Unternehmenskooperationen. eTEMsolution™ kann als ein zentrales Planungswerkzeug genutzt werden. Dazu müssten die Datenstrukturen erweitert und eine Mandantenfähigkeit in das Softwaresystem integriert werden. Diese Mandantenfähigkeit würde die Klassifizierung der Informationen nach besonderen Kriterien ermöglichen. Somit könnte jedes Unternehmen die Informationen, die es in die Kooperation einbringen will, klassifizieren und dementsprechend freigeben.

Kennzahlen zur Erfolgskontrolle von Prozessen sind ein wichtiges Managementwerkzeug. Als viertes Erweiterungsmodul besteht die Möglichkeit der Integration eines Controllingsystems in eTEMsolution™. Das Controllingsystem könnte dabei auf die strukturierten Informationen in den Informationsmodellen zugreifen und die Kennzahlen berechnen.

Die Aktualität der technologischen Informationen ist eine wichtige Voraussetzung, um Investitionsentscheidungen zu treffen oder Technologiestrategien zu bestimmen. Daher ist es unabhängig von der Erweiterung von eTEMsolution™ heute schon möglich, ein Kompetenzzentrum „Technologiemanagement" als eine ergänzende Dienstleistung aufzubauen. In dem Kompetenzzentrum könnten sich Hochschul- und Forschungsinstitute mit Technologielieferanten zusammenschließen, die den Anwendern von eTEMsolution™ regelmäßig oder nach Bedarf technologische Informationen bereitstellen.

D) Literaturverzeichnis

[ABUO94] Abuosba, M.: Verarbeitung von unsicherem Wissen in CAD-Prozessen, Diss. TU Berlin, 1994

[ADAM93] Adam, D.: Planung und Entscheidung. Modelle, Ziele, Methoden. 3. Aufl. Wiesbaden: Gabler, 1993

[AMBE99] Amberg, M.: Prozessorientierte betriebliche Informationssysteme. Methoden, Vorgehen und Werkzeuge zu ihrer effizienten Entwicklung. Berlin: Springer, 1999

[ANDE92] Anderl, R.; Grabowski, H.; Schmitt, M.: STEP - Beschreibung von Produktionsstrukturen mit dem Teilmodell PSCM. In: VDI-Z, 1992, Nr. 3, S. 51 - 55

[AWK99] Aachener Werkzeugmaschinen-Kolloquium (Veranst.): Wettbewerbsfaktor Produktion: Aachener Perspektiven. Düsseldorf: VDI-Verlag, 1999

[AWK02] Aachener Werkzeugmaschinen-Kolloquium (Veranst.): Wettbewerbsfaktor Produktion: Aachener Perspektiven. Düsseldorf: VDI-Verlag, 2002

[AZZO96] Azzone, G.; Rangone, A.: Measuring manufacturing competence - a fuzzy approach. In: International Journal of Production Research, Vol. 34, 1996, S. 2520 - 2534

[BAEZ99] Baeza-Yates, R.; Ribeiro-Neto, B.: Modern Information Retrieval. ACM Press, New York, 1999

[BALD98] Bald, J.: Sinnvoll einkaufen im Daten-Supermarkt. Data Warehouse gewinnt nutzbare Informationen aus der Datenvielfalt. In: VDI-Z. 140 Jg., 1998, Nr. 9, S. 14-17

[BAUE99] Bauer, M.: Vom Data Warehouse zum Wissensmanagement. Prozesse und Methoden zur Wissensanwendung. In: Computerwoche. Beilage: Datenmanagement, Datenbanken, Data Warehouse. 23.04.1999, Nr. 1, S. 12-14

[BECK99] Becker, M.: SE-Wissensbaum. In: Haberfellner, R.; Becker, M.; Büchel, A.; von Massow, H.; Nagel, P.; Daenzer, W.F.; Huber, F. (Hrsg): Systems Engineering. 10. Aufl. Zürich: Industrielle Organisation, 1999

[BEHR01] Behrens, S.; Specht, D.: Technologieplanung - die Kunst, die richtigen Technologien zur richtigen Zeit im Unternehmen einzusetzen URL: www.innovation-aktuell.de. [Stand: 18.12.2001]

[BERT75] Berthel, J.: Betriebliche Informationssysteme. Stuttgart: Poeschel, 1975

[BERT94] Bertling, L.: Informationssysteme als Mittel zur Einführung neuer Produktionstechnologien, Diss. TU Braunschweig, 1994

[BETZ01] Betz, F.: Executive strategy - strategic management and information technology. New York: Wiley, 2001

[BIET94] Biethahn, J.; Huch, B.: Informationssysteme für das Controlling. Konzepte, Methoden und Instrumente zur Gestaltung von Controlling-Informationssystemen. Berlin: Springer, 1994

[BIND96] Binder, V.; Kantowsky, J.: Technologiepotentiale: Neuausrichtung der Gestaltungsfelder des strategischen Technologiemanagements. Wiesbaden: Deutscher Universitätsverlag, 1996

Literaturverzeichnis

[BITA02]	Innovation Relay Centre Austria: Anwendungsgebiete. URL: http://www.bit.ac.at/irca/220.htm [Stand: 05.08.2002]
[BLEI95]	Bleicher, K.: Das Konzept integriertes Management. 3. Aufl. Frankfurt am Main: Campus, 1995
[BÖHM93]	Böhm, R.; Fuchs, E.; Pacher, E.: Systementwicklung in der Wirtschaftsinformatik. Zürich: Vdf, 1993
[BOUT96]	Boutellier, R.; Gassmann, O.: Internationales Innovationsmanagement. Trends und Gestaltungsmöglichkeiten. In: Gassmann, O. (Hrsg.): Internationales Innovationsmanagement - Gestaltung von Innovationsprozessen im globalen Wettbewerb. München: Vahlen, 1996, S. 281-301
[BOUT98]	Boutellier, R.; Bratzler, M.; Böttcher, S.: Zukunftssicherung durch Technologiebeobachtung. Technologie-Früherkennung und Patentbeobachtung gewinnen strategische Bedeutung. In: io management. 1998, Nr. 1/2, S. 87-91
[BRAC89]	Brachtendorf, T.: Konzeption eines Informationssystems für die fertigungsgerechte Konstruktion, Diss. RWTH Aachen, 1989
[BRAN02]	Brandenburg, F.: Methodik zur Planung technologischer Produktinnovationen. Diss. RWTH Aachen, 2002
[BRAP71]	Brankamp, K.: Planung und Entwicklung neuer Produkte. Berlin: De Gruyter, 1971
[BROC99]	Brockhoff, K.: Management der Schnittstellen zwischen Forschung und Entwicklung sowie Marketing. In: Zahn, E. (Hrsg.): Handbuch Technologiemanagement. Stuttgart: Schäffer-Poeschel, 1995
[BRUG97]	Bruger, C.: Groupware. Kooperationsunterstützung für verteilte Anwendungen. Heidelberg: dpunkt, 1997
[BRUN91]	Bruns, M.: Systemtechnik. Ingenieurwissenschaftliche Methodik zur interdisziplinären Systementwicklung. Berlin: Springer, 1991
[BUCH02]	Bucher, P.; Mitterdorfer, D.; Tschirky, H.: Der Weg zur richtigen Technologie. In: new management. 2002, Nr. 6, S. 26-34
[BÜHL99]	Bühlmann, C.: Technologie-Segmentierung als Grundlage für die integrierte strategische Technologie-Planung. Diss. Hochschule Zürich, 1999
[BULL94a]	Bullinger, H.-J.: Einführung in das Technologiemanagement: Modelle, Methoden, Praxisbeispiele. Stuttgart: Teubner, 1994
[BULL94b]	Bullinger, H.-J.: Technikfolgeabschätzung, Stuttgart: Teuber, 1994
[BULL96]	Bullinger, H.-J.: Technologiemanagement. In: Eversheim, W.; Schuh, G. (Hrsg.): Betriebshütte: Produktion und Management. Teil 1. Berlin: Springer, 1996
[BULL98]	Bullinger, H.-J.; Wörner, K., Prieto, J.: Wissensmanagement - Modelle und Strategien für die Praxis. In: Bürgel, H. D. (Hrsg.): Wissensmanagement. Schritte zum intelligenten Unternehmen. Berlin: Springer, 1998
[BULL02]	Bullinger, H.-J.: Technologiemanagement - forschen und arbeiten in einer vernetzten Welt. Berlin: Springer, 2002
[BURG96]	Burghardt, J. E.: Unterstützung der NC-Verfahrenskette durch ein bearbeitungselementorientiertes, lernfähiges Technologieplanungssystem. Diss. Universität Karlsruhe, 1996

[BURG97]	Burgstahler, B.: Synchronisation von Produkt- und Produktionsentwicklung mit Hilfe eines Technologiekalenders, Diss. Universität Braunschweig, 1997
[BÜRG98]	Bürgel, H. D.; Zeller, A.: Forschung & Entwicklung als Wissenscenter. In: Bürgel, H. D. (Hrsg.): Wissensmanagement. Schritte zum intelligenten Unternehmen. Berlin: Springer, 1998
[CHEN76]	Chen, P. P.-S.: The Entity Relationship Model - Towards a unified view of data. In: ACM Transactions on Database Systems. Vol.1, 1976, No. 1, S. 9-36
[CHES73]	Chesnut, H.: Methoden der Systementwicklung. München: Hanser, 1973
[CIMO88]	ESPRIT Consortium AMICE: CIMOSA: Reference Architecture Specification. Brüssel: AMICE, 1988
[CIMO93]	ESPRIT Consortium AMICE: CIMOSA: Open System Architecture for CIM. 2nd edition. Berlin: Springer, 1993
[CUNN88]	Cunningham, J. J.; Dixon, J. R.: Designing with Features: The Origin of Features. In: Proceedings of the 1988 ASME. International Computers in Engineering Conference. San Francisco, 1988
[DATA02]	DATASEC: 9 Fragen zu Ihrer Datensicherheit. URL: http://www.datasec.de/fragen.html [Stand: 10.02.2002]
[DAVE98]	Davenport, T.H.; Prusak, L.: Wenn Ihr Unternehmen üsste, was es alles weiß - Das Praxishandbuch zum Wissensmanagement. Landsberg: Moderne Industrie, 1998
[DAX89]	Dax, W.; Grundelfinger, K.; Häffner, W.; Ischner, H.; Kotsch, G.: Tabellenbuch für Metalltechnik: Theoretische Grundlagen - Technisches Zeichnen - Werkstoffkunde und Werkstoffprüfung - Maschinenelemente - Fertigungstechnik. 4. Aufl. Hamburg: Handwerk und Technik, 1989
[DERI96]	Derichs, T.: Informationsmanagement für das Simultaneous Engineering: Systematische Nutzung unsicherer Informationen zur Verkürzung der Produktentwicklungszeiten, Diss. RWTH Aachen, 1996
[DIER94]	Dier, M.; Lauterbacher, S.: Groupware: Technologien für die lernende Organisation; Rahmen, Konzepte, Fallstudien. München: Computerwoche, 1994
[DIER97]	Dierker, M.; Sander, M.: Lotus Notes 4.5 und Domino: Integration von Groupware und Internet. Bonn: Addison-Wesley, 1997
[DIN77]	Norm DIN 199 Teil 2 (Juni 1977). Begriffe um Zeichnungs- und Stücklistenwesen
[DIN78]	Norm DIN 17006 (Januar 1978). Werkstoffnormung für Eisen und Stahl
[DIN85]	Norm DIN 8580 (Juli 1985). Fertigungsverfahren: Begriffe und Einteilung
[DIN96]	Norm DIN 50 (März 1996). Geschäftsprozessmodellierung und Workflow-Management
[EBER92]	Ebert, G.; Pleschak, F.; Sabisch, H.: Aktuelle Aufgabe des Forschungs- und Entwicklungs-Controlling in Industrieunternehmen. In: Ebert, G.; Pleschak, F. (Hrsg.): Innovationsmanagement und Wettbewerbsfähigkeit. Wiesbaden: Gabler, 1992
[EDOS89]	Edosomwan, J.A.: Integrating Innovation and Technology Management. New York, 1989

Literaturverzeichnis

[EHRA97]	Ehrat, M.: Konzeptorientierte, analysegestützte Technologiestrategieerarbeitung. Diss. St. Gallen, 1997
[EHRM95]	Ehrmann, H.: Kompendium der praktischen Betriebswirtschaft. Ludwigshafen: Kiehl, 1995
[EIGN01]	Eigner, M.; Stelzer, R.: Produktmanagement-Systeme: Ein Leitfaden für Product Development und Life-cycle-Management. Berlin: Springer, 2001
[ERB96]	Erb, M.: Methodik zur modellgestützten Planung von CAQ-Investitionen. Diss RWTH Aachen, 1996
[EURO02]	Europäische Kommission: Länder und Währungen. URL: http://europa.eu.int/comm/translation/currencies/detable1.htm#fn3 [Stand: 25.07.2002]
[EVER92]	Eversheim, W.; Böhlke, U.; Martini, C.; Schmitz, W. J.: Wie innovativ sind Unternehmen heute? Studie zur Einführung neuer Produktionstechnologien. In: Technische Rundschau. 84 Jg., 1992, Nr. 46, S. 100-105.
[EVER93a]	Eversheim, W.; Schmitz, W.; Ullmann, C.: Bewertung innovativer Technologien. In: VDI-Z. Nr. 11/12, 1993, S. 70-79
[EVER93b]	Eversheim, W.; Böhlke, U.; Martini, C.; Schmitz, W.: Wettbewerbsfaktor Produktionstechnik (Teil 1) - Neue Technologien erfolgreich nutzen. In: VDI-Z, 135 Jg. 1993, Nr. 8, S. 78-81
[EVER93c]	Eversheim, W.; Böhlke, U.; Martini, C.; Schmitz, W.: Wettbewerbsfaktor Produktionstechnik (Teil 2) - Neue Technologien erfolgreich nutzen. In: VDI-Z, 135 Jg. 1993, Nr. 9, S. 47-52
[EVER94]	Eversheim, W.; Schmitz, W.; Dresse, S.: Datenbank der Fertigungstechnologien. In: Technische Rundschau. 86. Jg., 1994, Nr. 49, S. 18-21
[EVER95]	Eversheim, W.; Schmitz, W.: Entscheidungsfindung bei technischen Problemlösungen. In: Tagungsband zum 10. Aachener Stahlkolloquium. Vortrag 7.2, Aachen, 1995.
[EVER96]	Eversheim, W.; Krause, F.-L.: Produktgestaltung. In: Eversheim, W.; Schuh, G. (Hrsg.): Produktion und Management, Berlin: Springer, 1996, S. 7-26 ff.
[EVER97]	Eversheim, W.: Organisation in der Produktionstechnik 3: Arbeitsvorbereitung. 3. Aufl. Düsseldorf: Springer-Verlag, 1997
[EVER98]	Eversheim, W.; Pelzer, W.; Mutz, M.: „Salomon" hilft bei der Technologieplanung. In: Arbeitsvorbereitung. 1998, Nr. 5, S. 54-58
[EVER00]	Eversheim, W.; Gerhards, A.; Hachmöller, K.; Walker, R.: Technologiemanagement: Strategie - Organisation - Informationssysteme. In: Industrie Management. 2000, Nr. 16, S. 9-13
[EVER01]	Eversheim, W.; Gerhards, A.; Walker, R.: Elektronisches Technologiemanagement: Wie lässt sich Technologiemanagement systematisch unterstützen? In: wt Werkstattstechnik. 91 Jg., 2001, Heft 1, S. 39- 42
[EVER02]	Eversheim, W.; Hachmöller, K.; Knoche, M.; Walker, R.: Vorsprung durch richtige Technologieentscheidungen. In: ZWF. 97 Jg., 2002, Heft 5, S. 251 - 253
[EWAL89]	Ewald, A.: Organisation des strategischen Technologie-Managements: Stufenkonzept zur Implementierung einer integrierten Technologie- und Marktplanung. Berlin: Erich Schmidt, 1989

[FAHR01]	Fahrni, F.: Technologiemanagement als Treiber nachhaltigen Wachstums. Wachstumspotentiale - Innovation & Logistik - Produktion - Qualität. Aachen: Shaker, 2001
[FALL00]	Fallböhmer, M.: Generieren alternativer Technologieketten in frühen Phasen der Produktentwicklung. Diss. RWTH Aachen, 2000
[FISC00]	Fischer, J.; Hoos, J.: Begleitende Kalkulation bei verteilter Produktentwicklung im Internet auf Basis von XML. In: Industrie Management. 2000, Nr. 16, S. 89-91
[FOWL00]	Fowler, M.; Kendall, S.: UML Konzentriert. Eine strukturierte Einführung in die Standardobjektmodellierungssprache. 2.Aufl. München: Addison-Wesley, 2000
[FRANZ01]	Franzke, S.: Technologieorientierte Kompetenzanalyse produzierender Unternehmen. Diss. UB/TIB Hannover, 2001
[FRAU00]	Frauenfelder, P.: Strategisches Management von Technologie und Innovation. Zürich: Orell Füssli Verlag, 2000
[FRAU02]	Fraunhofer-Institut für Produktionstechnologie IPT: Studie „Wettbewerbsfähigkeit". Aachen, 2002
[FRIE75]	Fries, W.: Ein System zur koordinierten Produktplanung im Unternehmen der Investitionsgüterindustrie. Diss. RWTH Aachen, 1975
[GABL97]	Gablers-Wirtschafts-Lexikon: Taschenbuch-Kassette mit 10 Bänden, Band 5 I-K. Wiesbaden: Gabler, 1997
[GALL97]	Galler, J.: Vom Geschäftsprozessmodell zum Workflow-Modell. Wiesbaden: Gabler, 1997
[GERH02]	Gerhards, A.: Methodik zur Interaktion von F&E und Marketing in den frühen Phasen des Innovationsprozesses. Diss. RWTH Aachen, 2002
[GERP91]	Gerpott, T. J.: Globales F&E-Management. Bausteine eines Gesamtkonzeptes zur Gestaltung eines weltweiten F&E-Standortsystems. In: Booz, Allen & Hamilon (Hrsg.): Integriertes Technologie- und Innovationsmanagement. Konzepte zur Stärkung der Wettbewerbskraft von High-Tech-Unternehmen. Berlin: Schmidt, 1991
[GERP99]	Gerpott, T. J.: Strategisches Technologie- und Innovationsmanagement. Eine konzentrierte Einführung. Stuttgart: Schäffer-Poeschel Verlag, 1999
[GLIN02]	Glinz, M.: Einführung in die Modellierung. URL: http://www.ifi.unizh.ch/groups/req/ftp/inf_II/kapitel_1.pdf [Stand: 28.08.2002]
[GOLD99]	Goldfarb, F.; Percod, P.: XML-Handbuch. Englewood Cliffs: Prentice Hall, 1999
[GÜTH00]	Güthenke, G.: Center-Konzeption für produzierende Unternehmen. Ein Entscheidungsmodell zur kontextspezifischen Gestaltung technologieintensiver Geschäftseinheiten. Diss. RWTH-Aachen, 2000
[HABE99]	Haberfellner, R.; Becker, M.; Büchel, A.; von Massow, H.; Nagel, P.; Daenzer, W.F.; Huber, F. (Hrsg): Systems Engineering. 10. Aufl. Zürich: Industrielle Organisation, 1999
[HAIS89]	Haist, F.; Fromm, H.: Qualität im Unternehmen: Prinzipien, Methoden, Techniken. München: Hanser, 1989
[HALL02]	Hall, K.: Technologische Potenziale sichtbar machen. In: new management. 2002, Nr. 1-2, S. 49-56

Literaturverzeichnis

[HANE94] Hanewinckel, F.: Entwicklung einer Methode zur Bewertung von Geschäftsprozessen. Düsseldorf: VDI, 1994

[HANN96] Hannen, C.: Informationssystem zur Unterstützung des prozessorientierten Qualitätscontrolling. Diss. RWTH-Aachen, 1996

[HANS87] Hansmann, F.: Einführung in die Systemforschung - Methodik der modellgestützten Entscheidungsvorbereitung. 3. Aufl. München: Oldenbourg, 1987

[HANS96] Hansen, H. R.: Wirtschaftsinformatik: Grundlagen betrieblicher Informationsverarbeitung. 7. Aufl. Stuttgart: Lucius und Lucius, 1996

[HASE94] Hasenkamp, U.; Syring, M.: CSCW in Organisationen: Grundlagen und Probleme. In: Hasenkamp, U.; Kirn, S.; Syring, M. (Hrsg.): CSCW - Computer Supported Cooperative Work. Informationssysteme für dezentralisierte Unternehmensstrukturen. Bonn: Addison-Wesley, 1994

[HASL96] Hasler, R.; Hess, F.: Management der intellektuellen Ressourcen zur Steigerung der Innovationsfähigkeit. In: Gassmann, O.: Internationales Innovationsmanagement - Gestaltung von Innovationsprozessen im globalen Wettberwerb. München: Vahlen, 1996, S. 157-173

[HAUS89] Hauschild, J.: Informationsverhalten bei innovativen Problemstellungen. In: ZfB. 59. Jg., 1989, Nr. 4, S. 377-397

[HAUS93] Hauschild, J.: Innovationsmanagement. München: Hanser, 1993

[HAUS97] Hauschild, J.: Innovationsmanagement. 2. Aufl. München: Hanser, 1997

[HEHL99] Hehl, H.: Die elektronische Bibliothek: Literatursuche und Literaturbeschaffung im Internet. München: Saur, 1999

[HEIN99] Heinrich, L. J.: Informationsmanagement. Planung, Überwachung und Steuerung der Informationsinfrastruktur. 6. Aufl. München: Olbdenbourg, 1999

[HEIT00] Heitsch, J.-U.: Multidimensionale Bewertung alternativer Produktionstechniken: Ein Beitrag zur technischen Investitionsplanung. Diss. RWTH Aachen, 2000

[HEYN99] Heyn, M.: Methodik zur schnittstellenorientierten Gestaltung von Entwicklungskooperationen. Diss. RWTH Aachen, 1999

[HOLL94] Holland, M.: Prozessgerechte Toleranzfestlegung - Bereitstellung von Prozessgenauigkeitsinformationen für die Konstruktion. Diss. TU Clausthal, 1994

[HÖNC99] Höncke, I.: Information wird gebunkert. In: Computerwoche Spezial. 1999, Nr. 2, S. 50-51

[HUBE02] Huber, M.: Ein Kommunikations- und Informationssystem auf der Basis von www-Technologien. URL: http://www11.informatik.tu-münchen.de/publications/da/huber97/node.15html [Stand: 03.02.2002]

[HUBI98] Hubig, C.: Informationsselektion und Wissensselektion. In: Bürgel, H. D. (Hrsg.): Wissensmanagement. Schritte zum intelligenten Unternehmen. Berlin: Springer, 1998

[INTE97] Internationales Institut für Lernende Organisation und Innovation: Knowledge Management. Ein empirisch gestützter Leitfaden zum Management des Produktionsfaktors Wissen. München: Eigendruck, 1997

[INTE02] International System of Units (SI): SI base units. URL: http://physics.nist.gov/cuu/Units/units.html [Stand: 25.07.2002]

Literaturverzeichnis

[ISO94]	ISO 10303-1 (Dezember 1994). Industrie automation systems and integration - Product data representation and exchange. Part 1: Overview and fundamental principles
[ISO01]	ISO 10303-1 (Februar 2001). Industrie automation systems and integration - Product data representation and exchange. Part 214: Application protocol: Core data for automotive mechanical design processes
[KAPL97]	Kaplan, R.; Norton, D.: Balanced Scorecard. Stuttgart: Schäffer-Poeschel, 1997
[KEMP97]	Kemp, F.: Multimediale Fertigungsunterstützung. Pilotprojekt zur Konzeption, Entwicklung und Anwendung eines multimedialen Lern- und Informationssystems für die betriebliche Praxis. In: Gesellschaft für Fertigungstechnik (Hrsg.): Stuttgarter Impulse. Innovation durch Technik und Organisation. Berlin: Springer, 1997
[KERN77]	Kern, W.; Schröder, H.H.: Forschung und Entwicklung in der Unternehmung. Reinbek: Rowohlt, 1977
[KHAL00]	Khalil, T. M.: Management of technology. The key to competitiveness and wealth creation. New York: McGrow-Hill Higher Education, 2000
[KLEV90]	Klevers, T.: Systematik zur Analyse des Informationsflusses und Auswahl eines Netzwerkkonzeptes für den planenden Bereich: Ein Beitrag zur Planung integrierter Informationssysteme. Diss. RWTH Aachen, 1990
[KLOC97]	Klocke, F.: Neue Produktionstechnologien. In: Schuh, G.; Wiendahl, H. P.: Komplexität und Agilität, Berlin: Springer, 1997
[KLOC99]	Klocke, F.; Eversheim, W.; Fallböhmer, M.; Brandenburg, F.: Einsatzplanung von Fertigungstechnologien. In: ZWF. 94 Jg., 1999, Nr. 4, S. 186-190
[KLOC01]	Klocke, F.; von Bodenhausen, J.; Knodt, S.; Markworth, L.: Technologisches Benchmarking im internationalen Werkzeug- und Formenbau. In: VDI-Z Special Werkzeug- und Formenbau, November 2001, S. 26-30
[KLOC02]	Klocke, F.; König, W.: Fertigungsverfahren. Drehen, Fräsen, Bohren. Berlin: Springer, 2002
[KOLL98]	Koller, R.: Konstruktionslehre für den Maschinenbau: Grundlagen zur Neu- und Weiterentwicklung technischer Produkte mit Beispielen. 4. Aufl. Berlin: Springer, 1998
[KORN91]	Kornwachs, K.; Niemeier, J.: Technikbewertung und Technikpotentialabschätzung bei kleineren und mittleren Unternehmen. In: Bullinger, H.-J. (Hrsg.): Handbuch des Informationsmanagements im Unternehmen. Technik - Organisation - Recht - Perspektiven. (Band II). München: Beck'sche Verlagsbuchhandlung, 1991, S. 1524-1569
[KOSA93]	Kosanke, K.: CIMOSA: Offene System Architektur. In: Scheer, A.-W. (Hrsg.): Handbuch Informationsmanagement. Aufgaben - Konzepte - Praxislösungen. Wiesbaden: Gabler, 1993
[KRAH99]	Krah, O.: Prozessmodell zur Unterstützung umfassender Veränderungsprozesse. Diss. RWTH-Aachen, 1999
[KRAM87]	Kramer, F.: Innovative Produktpolitik. Berlin: Springer, 1987
[KRAU92]	Krause, F.-L.; Kramer, S,; Rieger, E.: Featurebasierte Produktentwicklung. Zeitschrift für wirtschaftliche Fertigung und Automatisierung ZWF-CIM, 87. Jg., 1992, Nr. 5, S. 247-251

[KREI89]	Kreikebaum, H.: Strategische Unternehmensplanung. 3. Aufl. Stuttgart: Kohlhammer, 1989
[KRUB82]	Krubasik, E. G.: Technologie - strategische Waffe. In: Wirtschaftswoche, 1982, Jg. 36, S. 30-46
[LIEB99]	Liebermann, H.: Personal Assistants on the Web: An MIT Perspective. In: Klusch, M. (Hrsg.): Intelligent Information Agents: Agent-Based Information Discovery and Management on the Internet. Berlin: Springer, 1999
[LITT93]	Little, A. D.: Management der F&E-Strategie. Wiesbaden: Gabler, 1993
[LIVO00]	Livotov, P.: Die richtige Entscheidung zur richtigen Zeit. In: Technologie & Management. 2000, Nr. 3-4, S. 34-37
[MARK59]	Markowitz, H. M.: Portfolio Selection, New Haven: Yale University Printing, 1959
[MART95]	Martini, C. J.: Marktorientierte Bewertung neuer Produktionstechnologien. Diss. St. Gallen, 1995
[MEIT96]	Meitner, H.: Dokumentenmanagement- und Workflow-Systeme zur Unterstützung von Geschäftsprozessen. In: Bullinger, H.-J.; Warnecke, H. J. (Hrsg.): Neue Organisationsformen im Unternehmen. Berlin: Springer, 1996
[MERT94]	Mertins, K.; Süssenguth, W.; Jochem, R.: Modellierungsmethoden für rechnerintegrierte Produktionsprozesse: Unternehmensmodellierung, Softwareentwurf, Schnittstellendefinition, Simulation. München: Hanser, 1994
[MEYE01]	Meyers Taschenlexikon A-Z. Mannheim: Meyer, 2001, S. 285
[MICH87]	Michel, K.: Technologie im strategischen Management. Berlin: Schmidt, 1987
[MICH90]	Michel, K.: Technologie im strategischen Management - Ein Portfolio-Ansatz zur integrierten Technologie- und Marktplanung. 2. Aufl. Berlin: Schmidt, 1990
[MILE64]	Miles, A. D.: Value Engineering: Wertanalyse, die praktische Methode der Kostensenkung. München: Moderne Industrie, 1964
[MISC00]	Mischke, B.: Informationssystem für das Innovationsmanagement technischer Produkte. Diss. RWTH Aachen, 2000
[MÖHR02]	Möhrle, M. G.; Isenmann, R.: Technology-Roadmapping. Zukunftsstrategien für Technologieunternehmen. Berlin: Springer, 2002
[MOTZ02]	Motzek, A.: Anforderungen an integrierte Informationssysteme. URL: http://www.qrst.de/html/bwl/integrationanforderungen.htm [Stand: 03.02.2002]
[MÜLL92]	Müller, S.: Entwicklung einer Methode zur prozessorientierten Reorganisation der technischen Auftragsabwicklung komplexer Produkte. Diss. RWTH-Aachen, 1992
[MUTZ01]	Mutz, M.: Informationssystem für die Zuverlässigkeitsverbesserung bestehender komplexer technischer Serienprodukte. Diss. RWTH Aachen, 2001
[NONA97]	Nonaka, I.; Takeuchi, H.: Die Organisation des Wissens - Wie japanische Unternehmen eine brachliegende Ressource nutzbar machen. New York: Campus, 1997

[NORT99]	North, K.: Wissensorientierte Unternehmensführung - Wertschöpfung durch Wissen. 2. Aufl. Wiesbaden: Gabler, 1999
[OEST97]	Oestereich, B.: Objektorientierte Softwareentwicklung: Analyse und Design mit der Unified Modeling Language. 3. Aufl. München: Oldenbourg, 1997
[OPIT66]	Opitz, H.: Werkstückbeschreibendes Klassifizierungssystem. Essen: Girardet, 1966
[ORTH98]	Orth, W. F.: Direkter Zugriff. Informationen aus dem Internet werden für Unternehmen immer interessanter. In: io Management, 1998, Nr. 9, S. 66-73
[PAHL97]	Pahl, G.; Beitz, W.: Konstruktionslehre: Methoden und Anwendung.4. Aufl. Berlin: Springer, 1997
[PART02]	Partl, H.: XML - Extensible Markup Language. URL: http://www.boku.ac.at/htmleinf/xmlkurz.html [Stand: 24.08.2002]
[PATZ82]	Patzack, G.: Systemtechnik - Planung komplexer innovativer Systeme: Grundlagen, Methoden, Techniken. Berlin: Springer, 1982
[PAWL98]	Pawlowsky, P.: Integratives Wissensmanagement. In: Pawlowsky, P. (Hrsg.): Wissensmanagement - Erfahrungen und Perspektiven. Wiesbaden: Gabler, 1998
[PELZ99]	Pelzer, W.: Methodik zur Identifizierung und Nutzung strategischer Technologiepotenziale. Diss. RWTH Aachen, 1999
[PFEI97]	Pfeiffer, W.; Dögl, R.: Das Technologie-Portfolio-Konzept zur Beherrschung der Schnittstelle Technik und Unternehmensstrategie. In: Hahn, D.; Taylor, B. (Hrsg.): Strategische Unternehmensführung. Stand und Entwicklungstendenzen. Heidelberg: Physica, 1997
[PFOH97]	Pfohl, H.-C.; Stölzle, W.: Planung und Kontrolle - Konzeption, Gestaltung, Implementierung. 2. Aufl. München: Vahlen, 1997
[PHIL01]	Phillips, F. Y.: Market-Oriented Technology Management. Innovating for Profit in Entrepreneurial Times. Berlin: Springer, 2001
[PORT86]	Porter, M. E.: Wettbewerbsvorteile: Spitzenleistungen erreichen und behaupten. Frankfurt : Campus, 1986
[PORT97]	Porter, M. E.: Wettbewerbsstrategien: Methoden zur Analyse von Branchen und Konkurrenten. 9. Aufl. Frankfurt: Campus, 1997
[PROB97a]	Probst, G.; Romhardt, K.: Bausteine des Wissensmanagement - Ein praxisorientierter Ansatz. In: Wieselhuber & Partner Unternehmensberatung (Hrsg.): Lernende Organisation. Wiesbaden: Gabler, 1997
[PROB97b]	Probst, G.; Raub, S.; Romhardt, K.: Wissen managen - Wie Unternehmen ihre wertvollste Ressource optimal nutzen. Wiesbaden: Gabler, 1997
[PROB98]	Probst, G.; Raub, S. P.: Kompetenzbasiertes Wissensmanagement. In: Zeitschrift Führung + Organisation, 1998, Nr. 3, S. 132-138
[RAAS93]	Raasch, J.: Systementwicklung mit strukturierten Methoden. Ein Leitfaden für Praxis und Studium. 3. Aufl. München: Hanser, 1993
[RECK01]	Recklies Management Project GmbH: Produktlebenszyklus. URL: http://www.themanagement.de/Ressources/Produktlebenszyklus.htm [Stand: 28.12.2001]
[REHÄ96]	Rehäuser, J.; Krcmar, H.: Wissensmanagement im Unternehmen. In: Schreyögg, G.; Conrad, P. (Hrsg.): Managementforschung 6 - Wissensmanagement. Berlin: De Gruyter, 1996

[REIT97]	Reithofer, W.: Ein System für den modularen Entwurf und die Simulation von K-CIMOSA-Unternehmensmodellen. (Reihe: Fortschritt-Berichte VDI/ 20). Düsseldorf: VDI, 1997
[REY98]	Rey, C.; Maassen, A.; Gabeib, A.; Brücher, H.: Stufenmodell zur Einführung von Wissensmanagement. In: Information Management. 1998, Nr. 1, S. 30-36
[ROGG97]	Roggartz, A.: Entscheidungsunterstützung für die frühen Phasen der integrierten Produkt- und Prozessgestaltung. Diss. RWTH Aachen, 1997
[ROHS02]	Rohs, M.: Definition intelligenter Agenten. URL: http://www.informatik.tu-darmstadt.de/VS/Lehre/WS95-96/Proseminar/rohs/#2.4 [Stand: 29.07.2002]
[ROPO79]	Popohl, G.: Eine Systemtheorie der Technik - Zur Grundlegung der Allgemeinen Technologie. München: Hanser, 1979
[RUPI92]	Rupietta, W.: Organisationsmodellierung zur Unterstützung kooperativer Vorgangsbearbeitung. In: Wirtschaftsinformatik, Jg. 34, 1992, Nr. 1, S. 26-37
[SCHB98]	Schierenbeck, H.: Grundzüge der Betriebswirtschaftslehre. 13. Aufl. München: Oldenbourg, 1998
[SCHD85]	Schmidt, B.: Systemanalyse und Modellaufbau - Grundlagen der Simulationstechnik. Berlin: Springer, 1985
[SCHE96]	Scheer, A.-W.: Informationsmanagement im Betrieb. In: Eversheim, W. (Hrsg.): Die Betriebshütte. Produktion und Management. 7. Aufl. Hamburg: Springer, 1996, S. 17.1-17.77
[SCHE97]	Scheer, A.-W.: Wirtschaftsinformatik: Referenzmodelle für industrielle Geschäftsprozesse. 7. Aufl. Berlin: Springer, 1997
[SCHE98a]	Scheer, A.-W.: ARIS - Vom Geschäftsprozess zum Anwendungssystem. 3. Aufl. Berlin: Springer, 1998
[SCHE98b]	Scheer, A.-W.: ARIS - Modellierungsmethoden, Metamodelle, Anwendungen. 3. Aufl. Berlin: Springer, 1998
[SCHI02]	Schmid. D.: BWL: Grundlagen der Unternehmenstypologie. URL: http://www.harika.ch/unizh/BWL.pdf [Stand: 12.1.2002]
[SCHL96]	Schell, H.: Bewertung alternativer Handhabungs- und Fertigungsfolgen. Diss. RWTH Aachen, 1996
[SCHM85]	Schmidt, G.: Organisatorische Grundbegriffe. 8. Aufl. Schriftenreihe: Der Organisator, Band 3. Gießen: Schmidt, 1985
[SCHM92]	Schmetz, R.: Planung innovativer Werkstoff- und Verfahrensanwendungen. Diss. RWTH Aachen, 1992
[SCHM99]	Schmidt, G.: Informationsmanagement: Modelle, Methoden, Techniken. 2. Aufl. Berlin: Springer, 1999
[SCHN99]	Schnurpfeil, M.: Goldsucher im Datenstrom. In: Computerwoche Spezial. 1999, Nr. 2, S. 44
[SCHT96]	Schmitz, W.: Methodik zur strategischen Planung von Fertigungstechnologien - Ein Beitrag zur Identifizierung und Nutzung von Innovationspotentialen. Diss. RWTH Aachen, 1996
[SCHÜ96]	Schüppel, J.: Wissensmanagement - Organisatorisches Lernen im Spannungsfeld von Wissens- und Lernbarrieren. Wiesbaden: Deutscher Universitätsverlag, 1996

[SCHU97]	Schulz, C.; Schäffer, P.: Informationstechnik für Manager: von Internet bis Workflow - Chancen und Risiken erkennen und bewerten. München: Hanser, 1997
[SCHW95]	Schwarze, H.: Systementwicklung: Grundzüge der wirtschaftlichen Planung, Entwicklung und Einführung von Informationssystemen. Berlin: nwb, 1995
[SCHZ00]	Schweitzer, G.: Kostenorientierte Produktoptimierung - Ein Beitrag zur Steigerung der Wettbewerbsfähigkeit von Konsumgütern. Diss. RWTH Aachen, 2000
[SEGH89]	Seghezzi, H. D.: Perspektiven des Technologiemanagements. In: Technische Rundschau. 1989, Nr. 44/89, S. 16-23
[SENG95]	Seng, S.: Einstiegsplanung in neue Fertigungstechnologien. Diss. RWTH Aachen, 1995
[SERV85]	Servatius, H.-G.: Methodik des strategischen Technologiemanagements: Grundlagen für erfolgreiche Innovationen. Berlin: E. Schmidt, 1985
[SFB361]	SFB 361: Modelle und Methoden zur integrierten Produkt- und Prozessgestaltung. In: Eversheim, W. et. Al. (Hrsg.): Arbeits- und Ergebnisbericht 1999-2001. RWTH Aachen, 1998
[SINZ02]	Sinz, E.: Konstruktion von Informationssystemen, URL: http://www.seda.sowi.uni-bamberg.de/forschung/publikationen/bamberger-beitraege/no53.pdf [Stand: 17.02.2002]
[SOCK98]	Sock, A.; Elsner, G.: Wissensbank im Internet. In: VDI-Z. 140 Jg., 1998, Nr. 9, S. 18-19
[SPEC95]	Specht, G.: Institutionalisierung eines Technologiemanagements. In: Zahn, E. (Hrsg.): Handbuch Technologiemanagement, Stuttgart: Schäffer-Poeschel, 1995, S. 492-519
[SPUR93]	Spur, G.; Mertins, K.; Jochem, R.: Integrierte Unternehmensmodellierung. Berlin: Beuth, 1993
[SPUR96]	Spur, G.: Produktionstechnologie. In: Eversheim, W.; Schuh, G. (Hrsg.): Produktion und Management. Betriebshütte. 7. Aufl. Berlin: Springer, 1996
[SPUR98]	Spur, G.: Technologie und Management: Zum Selbstverständnis der Technikwissenschaft. München: Hauser, 1998
[STAC73]	Stachowiak, H.: Allgemeine Modelltheorie. Wien: Springer, 1973
[STAH99]	Stahlknecht, P.; Hasenkamp, U.: Einführung in die Wirtschaftsinformatik. 9. Aufl. Berlin: Springer, 1999
[STAU01]	Staud, J.: Geschäftsprozessanalyse: Ereignisgesteuerte Prozessketten und objektorientierte Geschäftsprozessmodellierung für Betriebswirtschaftliche Standardsoftware. 2. Aufl. Berlin: Springer, 2001
[SUBU02]	SUB UNI Göttingen: Metadaten Server. URL: http://www2.sub.uni-goettingen.de/intrometa.html [Stand: 21.07.2002]
[SÜSS91]	Süssenguth, W.: Methoden zur Planung und Einführung rechnerintegrierter Produktionsprozesse. Diss. TU Berlin, 1991
[SWAI02]	Swain, M.: Marktpositionen stärken durch kundenindividuelle Produkte. In: PPS Management. 2002, Nr. 7, S. 44-46

[TÖNS97]	Tönshoff, H. K.; Ehrmann, M.; Zahn, G.: Technische Elemente zur Integration von CAD und CAP. In: Features verbessern die Produktentwicklung - Integration von Prozessketten. Düsseldorf: VDI-Berichte 1322, 1997, S. 179-194
[TQMO02]	TQM-online.de: Pareto Analyse. URL: http://www.tqm-online.de/tools/tool_par.htm [Stand: 19.05.2002]
[TROM00]	Trommler, G.: Methodik zur konstruktionsbegleitenden Generierung und Bewertung alternativer Fertigungsfolgen. Diss. RWTH Aachen, 2000
[TROM90]	Trommsdorff, V.: Innovationsmanagement in kleinen und mittleren Unternehmen: Grundzüge und Fälle - Ein Arbeitsergebnis des Modellversuchs Innovationsmanagement. München: Vahlen, 1990
[ULLM95]	Ullmann, C.: Methodik zur Verfahrensplanung von innovativen Fertigungstechnologien im Rahmen der technischen Investitionsplanung. Diss. RWTH Aachen, 1995
[ULRI76]	Ulrich, P. et al.: Wissenschaftstheoretische Grundlagen der Betriebswirtschaftslehre. In: WiSt. 1976, Heft 7, S. 304 ff.
[ULRI84]	Ulrich, H.: Die Betriebswirtschaftslehre als anwendungsorientierte Sozialwissenschaft. In: Dyllick, T.; Probst, G. (Hrsg.): Management. Bern: Haupt, 1984
[UNGE86]	Ungeheuer, U.: Produkt- und Montagestrukturierung. Methodik zur Planung einer anforderungsgerechten Produkt- und Montagestruktur für komplexe Erzeugnisse der Einzel- und Kleinserienproduktion. Düsseldorf: VDI, 1986
[UNIK02]	http://www.uni-karlsruhe.de/~map/map.html [Stand: 26.5.2002]
[VDI80]	Richtlinie VDI 2220 (Mai 1980). Produktplanung: Ablauf, Begriffe und Organisation.
[VDI90a]	Bericht VDI 849 (Juni 1990). Wertanalyse - Wertgestaltung - Value Management
[VDI90b]	Berichte VDI 849 (Januar 1990). Funktionen und Funktionsstrukturen - Zentrale Werkzeuge der Wertanalyse
[VDI91]	Richtlinie VDI 3780 (Januar 1991): Technikbewertung - Begriffe und Grundlagen
[VDI93]	Richtlinie VDI 2801 (August 1993). Formularsatz zur Wertanalyse gemäß DIN 69910
[VDI97]	VDI Report 15: Technikbewertung - Begriffe und Grundlagen, Düsseldorf: VDI, 1997
[VDI99]	Richtlinie VDI 2218 Entwurf (November 1999). Feature-Technologie
[VDI00]	Richtlinie VDI 2800 (Mai 2000). Wertanalyse
[VMOD02]	IABG: V-Modell. URL: http://www.v-modell.iabg.de/index.htm [Stand: 11.02.2002]
[VOIG93]	Voigt, K.-I.: Edition internationale betriebswirtschaftliche Forschung. Grundlagen, Konzepte, Anwendung. Wiesbaden: Gabler, 1993
[WAGN95]	Wagner, M.: Groupware und neues Management: Einsatz geeigneter Softwaresysteme für flexiblere Organisationen. Braunschweig: Vieweg, 1995
[WEIZ84]	v. Weizsäcker, C.; v. Weizsäcker, E. U.: Fehlerfreudigkeit. In: Kornwachs, K. (Hrsg.): Offenheit - Zeitlichkeit - Komplexität. Zur Theorie des offenen Systems. Frankfurt: Campus, 1984, S. 167 - 201

[WEST87]	Westkämper, E.: Strategische Investitionsplanung mit Hilfe eines Technologiekalenders. In: Wildemann, H. (Hrsg.): Strategische Investitionsplanung: Methoden zur Bewertung neuer Produktionstechnologien. Wiesbaden: Gabler, 1987
[WILD82]	Wild, J.: Grundlagen der Unternehmensplanung. 4. Aufl. Opladen: Westdeutscher Verlag, 1982
[WILD87]	Wildemann, H.: Strategische Investitionsplanung: Methoden zur Bewertung neuer Produktionstechnologien. Wiesbaden: Gabler, 1987
[WIPW02]	Wirtschaftsinformatik der Produktionsunternehmen: IDEF Grundlagen. URL: http://wip.wi-inf.uni-essen.de/teaching/lectures/ws0102/folien_umo/ 07IDEF_Grundlagen.pdf [Stand: 17.02.2002]
[WÖHE00]	Wöhe, G., Döring, U.: Einführung in die allgemeine Betriebswirtschaftslehre. 20. Aufl. München: Vahlen, 2000
[WOLF91]	Wolfrum, W.: Strategisches Technologiemanagement. Wiesbaden: Gabler, 1991
[WOLF94]	Wolfrum, B.: Strategisches Technologiemanagement. 2. Aufl. Wiesbaden: Gabler, 1994
[YOUN95]	Young, R.; Perrone, G.; Eversheim, W.; Roggartz, A.: Fuzzy Constraint Satisfaction for Simultaneous Engineering. In: Annals of the German Society of Production Engineering. Vol. II/2, 1995, S. 181-184
[ZADE65]	Zadeh, L. A.: Fuzzy Sets. In: Information and Control. 1965, Nr. 8, S. 338-353
[ZAHN86]	Zahn, E.: Innovations- und Technologiemanagement. In: Zahn, E. (Hrsg.): Technologie- und Innovationsmanagement. Berlin: Duncker & Humbold, 1986, S. 9-48
[ZAHN95]	Zahn, E.: Handbuch Technologiemanagement. Stuttgart: Schäffer-Poeschel, 1995
[ZEHN97]	Zehnder, T.: Kompetenzbasierte Technologieplanung. Analyse und Bewertung technologischer Fähigkeiten im Unternehmen. Diss. St. Gallen, 1997
[ZELE99]	Zeleweski, S.: Grundlagen. In: Corsten, H.; Rieß, M. (Hrsg.): Betriebswirtschaftslehre. 3. Aufl. München: Oldenbourg, 1999
[ZIMM93]	Zimmermann, H.-J.: Fuzzy Technologien. Prinzipien, Werkzeuge, Potentiale. Düsseldorf: VDI, 1993
[ZIMM95]	Zimmermann, H.-J.: Neuro und Fuzzy. Technologien - Anwendungen. Düsseldorf: VDI, 1995
[ZING01]	Zingel, H.: Produktlebenszyklus und strategisches Marketing. Phasenbezogene Konzepte und Methoden des Produktmanagement. URL: http://www.themanagement.de/Knowledgebase/Management/BWL.htm [Stand: 28.12.2001]
[ZINS00]	Zinser, S.: Eine Verbesserung zur szenariobasierten Frühnavigation im strategischen Technologiemanagement. Heimsheim: Jost Jetter, 2000
[ZÜST97]	Züst, R.: Einstieg ins System Engineering - systematisch denken, handeln und umsetzen. Zürich: Industrielle Organisation, 1997
[ZWEC02]	Zweck, A.: Technologiefrüherkennung. In: Wissenschaftsmanagement. 2002, Nr. 2, S. 25-30

8 Anhang

8.1 Studie „Wettbewerbsfähigkeit" .... A 2
8.2 Methoden zur Modellierung von Informationssystemen .... A 3
8.3 IDEF0-Modell des Geschäftsprozesses Technologiemanagement .... A 6
8.4 Technologielebenszyklus .... A 22
8.5 Online-Dienste für Technologieinformationen .... A 23
8.6 Bewertungskriterien zur Technologiepotenzialabschätzung .... A 24
8.7 Bestimmung der strategischen Bedeutung von Technologien .... A 26
8.8 Informationsmodelle .... A 27
 8.8.1 Technologiemodell .... A 27
 8.8.2 Produktmodell .... A 31
 8.8.3 Projektmodell .... A 38
 8.8.4 Unternehmensmodell .... A 39
8.9 Wissensmanagement .... A 40
8.10 Darstellung des Default-Features .... A 44

Anhang

8.1 Studie „Wettbewerbsfähigkeit"

Welche Bedeutung messen Sie den einzelnen Faktoren zur Stärkung der eigenen Wettbewerbsfähigkeit bei [vgl. FRAU02]?

Faktor	Gering			hoch
Klare **Globalisierungs- und Standortstrategien**	○	○	○	○
Fokussierung auf **Kernkompetenzen**	○	○	○	○
Enge **Wertschöpfungspartnerschaften** mit Lieferanten/Kunden	○	○	○	○
Vernetzte Produktion/Kooperationen	○	○	○	○
Produktionssegmentierung in autonome Einheiten	○	○	○	○
Langfristige Technologiestrategien	○	○	○	○
Unterstützung durch **Informationssysteme**	○	○	○	○
Ausbildung von **Informationsnetzwerken**	○	○	○	○
Flexibilisierung der Fertigung	○	○	○	○
Synchronisation der **Produktions- und Beschaffungsprozesse**	○	○	○	○
Optimierung von **Aufbau-/Ablauforganisation**	○	○	○	○
Kontinuierliche **Verbesserungsprozesse** (KVP)	○	○	○	○
Ausbau von **Teamarbeit und Eigenverantwortung**	○	○	○	○
Angebot **industrieller Serviceleistungen**	○	○	○	○
Reduktion der Produktkomplexität/**Variantenmanagement**	○	○	○	○
Durchgängige **Verfügbarkeit des Unternehmenswissens**	○	○	○	○

8.2 Methoden zur Modellierung von Informationssystemen

Eine Klassifizierung der Methoden zur Modellierung ist in Bild 8.1 dargestellt und die Abgrenzung der einzelnen Methoden in Bild 8.2.

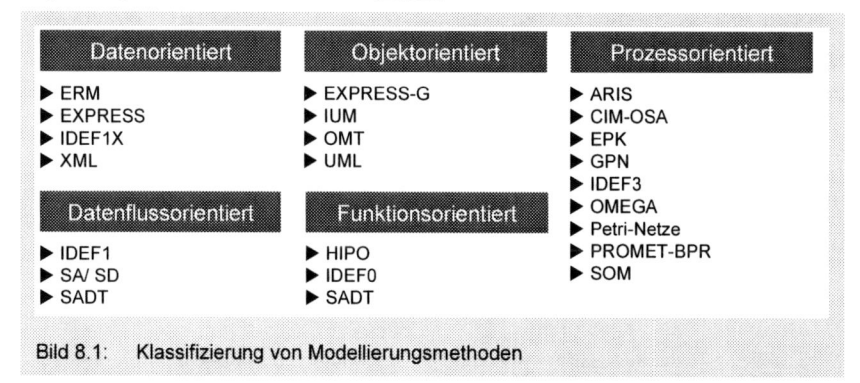

Datenorientiert	Objektorientiert	Prozessorientiert
▶ ERM ▶ EXPRESS ▶ IDEF1X ▶ XML	▶ EXPRESS-G ▶ IUM ▶ OMT ▶ UML	▶ ARIS ▶ CIM-OSA ▶ EPK ▶ GPN ▶ IDEF3 ▶ OMEGA ▶ Petri-Netze ▶ PROMET-BPR ▶ SOM
Datenflussorientiert	**Funktionsorientiert**	
▶ IDEF1 ▶ SA/ SD ▶ SADT	▶ HIPO ▶ IDEF0 ▶ SADT	

Bild 8.1: Klassifizierung von Modellierungsmethoden

CIM Open System Architectur

Die CIM Open System Architectur (CIMOSA) bildet ein Rahmenwerk für die Gestaltung von CIM-Systemen [vgl. CIMO88; CIMO93]. In CIMOSA werden die Geschäftsprozesse des gesamten Unternehmens aus Sicht der FUNKTIONEN, INFORMATIONEN, RESSOURCEN und ORGANISATION modelliert.

Innerhalb jeder Sicht werden die Modellierungsebenen ANFORDERUNGEN, DESIGN und IMPLEMENTIERUNG unterschieden. Eine dritte Dimension bilden die Architekturebenen GENERISCHE BAUSTEINE, PARTIELLE MODELLE und SPEZIFISCHE MODELLE. Für jedes Element des hierdurch beschriebenen Quaders werden Modellierungskonstrukte bereitgestellt [vgl. SÜSS91, S. 60 f.]. Abhängig von der individuellen Aufgabenstellung werden Teile des CIMOSA-Modells gewählt und als Leitlinie für Aufbau und Nutzung des individuellen Modells eingesetzt [ERB96, S. 81]. In der Architekturebene werden Referenzstrukturen in Form der generischen Bausteine und der partiellen Modelle zur Verfügung gestellt, auf deren Basis unternehmensindividuelle Modelle erstellt werden [KOSA93, S. 120]. Hierdurch wird die Modellierung vereinfacht und standardisiert. In der Funktionssicht werden Modelle durch Hierarchisierung bis auf Einzelaktivitäten detailliert. Für Alternativen und Entscheidungen werden verfahrenorientierte Regeln definiert, deren Daten in der Informationssicht erfasst werden [vgl. SÜSS91, S. 60].

Entity-Relationship-Methode

Mit Hilfe der Entity-Relationship-Methode (ERM) wurde von CHEN ein Ansatz entwickelt, mit dem ein konzeptionelles Datenmodell erstellt werden kann, das eine Strukturierung einer Datenbank unabhängig von Implementierungszwängen ermöglicht [vgl. CHEN76, S. 10]. Es bildet die Kommunikationsschnittstelle zwischen der konzeptionellen und der logischen Ebene und damit die Umsetzung in ein logisches Datenbankmodell. Das ERM unterscheidet zwischen ENTITÄTEN, ATTRIBUTEN und RELATIONEN. Eine Entität ist ein unmittelbar identifizierbares Informationsobjekt, das durch einen Schlüssel eindeutig gekennzeichnet und durch weitere Attribute näher beschrieben wird. Mit Relationen werden die Assoziationen zwischen Entitäten erfasst [vgl. BÖHM93, S. 240 ff.; SCHE97, S. 32]. Möglich sind 1:1-Relationen zwischen zwei Entitäten, 1:m-Relationen zwischen einer Entität und mehreren anderen Entitäten sowie m:n-Relationen, bei denen mehrere Entitäten mehreren anderen Entitäten zugeordnet sind.

Anhang

Modellierungsanforderungen — **Modellierungsmethoden**

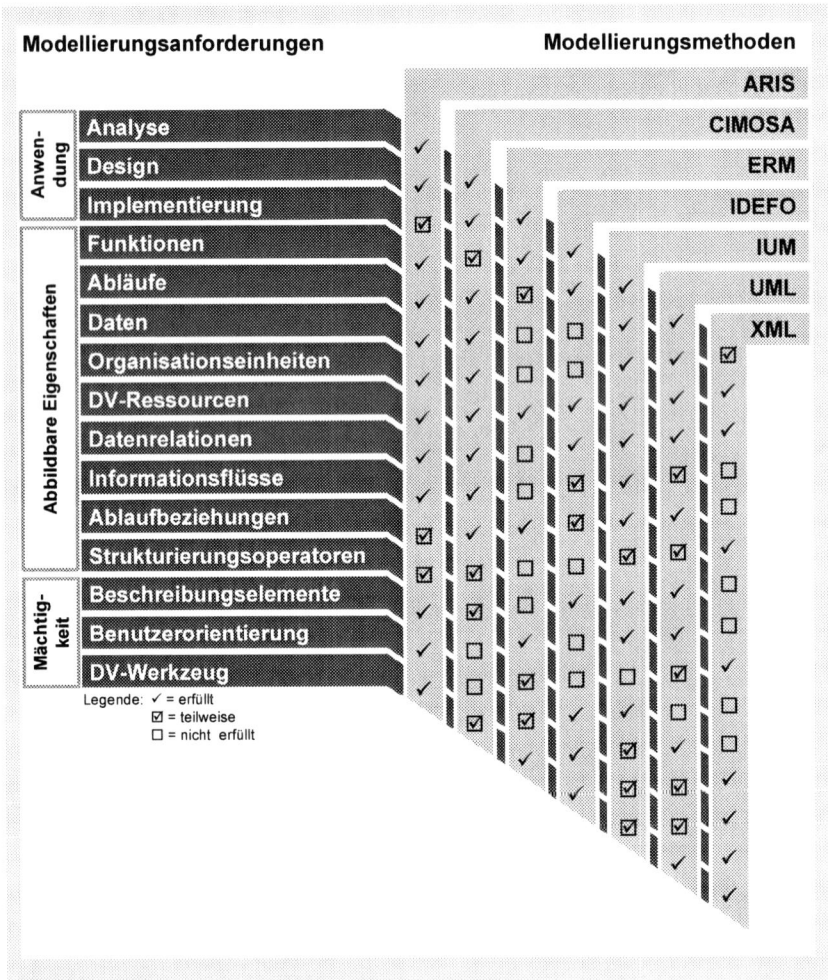

Modellierungsanforderungen	ARIS	CIMOSA	ERM	IDEF0	IUM	UML	XML
Anwendung							
Analyse	✓				✓	✓	
Design	✓	✓			✓	✓	
Implementierung	☑	✓	✓		✓	✓	
Abbildbare Eigenschaften							
Funktionen	✓	☑	✓	✓			
Abläufe	✓	✓	☑	✓	✓		
Daten	✓	✓	□	□	✓	✓	☑
Organisationseinheiten	✓	✓	□	□	✓	✓	
DV-Ressourcen	✓	✓	✓	✓	✓	✓	
Datenrelationen	✓	✓	□	✓	✓	✓	
Informationsflüsse	✓	✓	□	☑	✓	☑	□
Ablaufbeziehungen	✓	✓	✓	☑	✓	✓	□
Strukturierungsoperatoren	☑	☑	□	□	☑	☑	✓
Mächtigkeit							
Beschreibungselemente	✓	☑	□	✓	✓	✓	□
Benutzerorientierung	✓	□	✓	□	✓	✓	□
DV-Werkzeug	✓	□	☑	□	☑	✓	□

Legende: ✓ = erfüllt; ☑ = teilweise; □ = nicht erfüllt

Bild 8.2: Vergleich relevanter Modellierungsmethoden und –werkzeuge

Integrierte Unternehmensmodellierung

Die Integrierte Unternehmensmodellierung (IUM) ist eine objektorientierte Modellierungsmethode, mit der ein Unternehmen ausgehend vom ganzheitlichen Produktionsprozess und seinen Aufgaben betrachtet wird [vgl. SÜSS91; SPUR93]. Kern ist ein abstrahiertes Modell, das aufgabenspezifisch um weitere Objekte und Sichtweisen ergänzt wird [vgl. SPUR93, S. 141 ff.]. In dem Modell werden die in Geschäftsprozessen benötigten Informationen und ihre Relationen abgebildet. Zur Modellierung werden die Objektklassen PRODUKT, RESSOURCE und AUFTRAG generisch entwickelt und durch Unterklassen detailliert [vgl. SÜSS91, S. 74 ff.]. Im Funktionsmodell werden mit dem Grundkonstrukt GENERISCHES AKTIVITÄTSMODELL die an den Objekten vollzogenen Funktionen und Prozesse erfasst. Grundlage des Modells sind Aktionen zur Beschreibung der durchzuführenden Tätigkeiten. In einer FUNKTION werden zusätzlich Eingangs- und Ausgangsobjekte einbezogen, die durch eine Aktion von einem Eingangs- in einen Ausgangsstatus transformiert werden. Eine

AKTIVITÄT umfasst darüber hinaus einen Auftrag, durch den eine physische oder informationelle Ressource zu dieser Transformation stimuliert wird [vgl. SÜSS91, S. 86 ff.]. Die Modellierung in der IUM wird durch ein vierstufiges Vorgehensmodell bestehend aus OBJEKT- und FUNKTIONSIDENTIFIZIERUNG, OBJEKTBEZOGENE FUNKTIONSANORDNUNG, FUNKTIONSSPEZIFIKATION und durch einen Leitfaden zur Nutzung der Methoden unterstützt.

Unified Modelling Language

Die Unified Modelling Language (UML) ist eine Sprache zur Spezifikation, Visualisierung, Konstruktion und Dokumentation von Modellen für Softwaresysteme und Geschäftsmodelle. Sie bietet den Entwicklern die Möglichkeit, den Entwurf und die Entwicklung von Softwaremodellen auf einheitlicher Basis zu diskutieren. Entwickelt wurde die UML von BOCH, JACOBSEN und RUMBAUGH, die die besten Ideen objektorientierter Entwicklungsmethoden kombinierten. UML ist eine von der Object Management Group zum Standard erklärte Methode, die eine komplette Beschreibung von Anwendungssystemen ermöglicht [vgl. STAH99, S. 335]. UML stellt weiterhin eine Sprache und Konstrukte bereit, auf deren Basis unterschiedliche Methoden angewandt werden können, für die in UML vielfältige Diagrammtypen z.B. Anwendungsfall-, Klassen- und Verhaltensdiagramme bereitgestellt werden [vgl. FOWL00, S. 23; OEST97, S. 143 ff.]. Hierdurch kann eine Aufgabenstellung aus verschiedenen Perspektiven modelliert werden.

8.3 IDEF0-Modell des Geschäftsprozesses Technologiemanagement

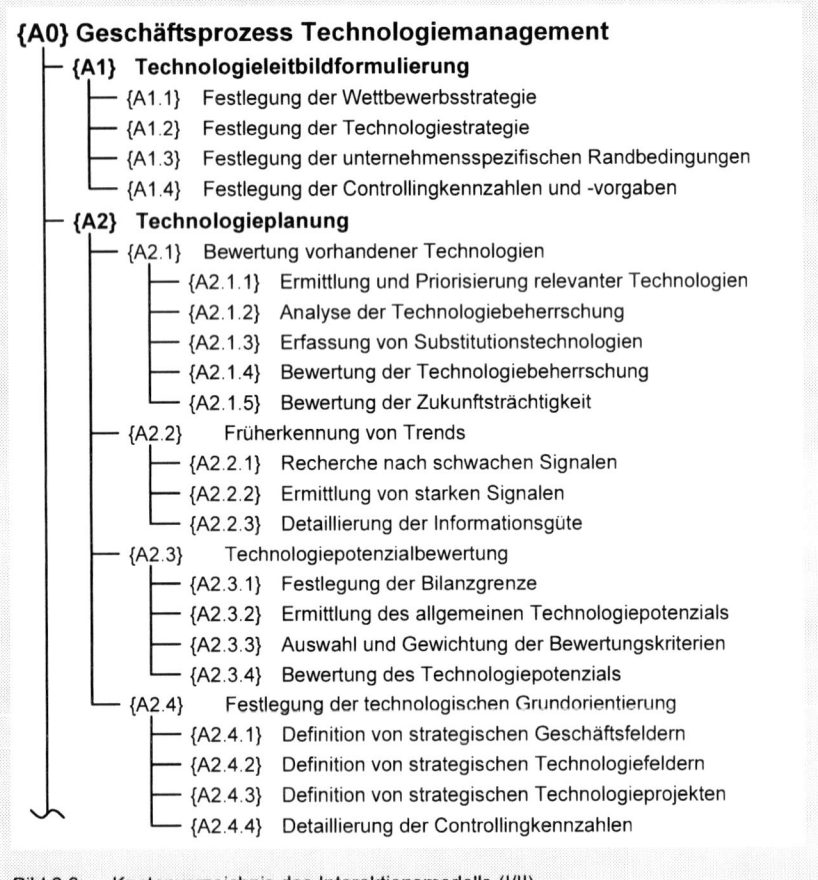

{A0} Geschäftsprozess Technologiemanagement
- **{A1}** Technologieleitbildformulierung
  - {A1.1} Festlegung der Wettbewerbsstrategie
  - {A1.2} Festlegung der Technologiestrategie
  - {A1.3} Festlegung der unternehmensspezifischen Randbedingungen
  - {A1.4} Festlegung der Controllingkennzahlen und -vorgaben
- **{A2}** Technologieplanung
  - {A2.1} Bewertung vorhandener Technologien
    - {A2.1.1} Ermittlung und Priorisierung relevanter Technologien
    - {A2.1.2} Analyse der Technologiebeherrschung
    - {A2.1.3} Erfassung von Substitutionstechnologien
    - {A2.1.4} Bewertung der Technologiebeherrschung
    - {A2.1.5} Bewertung der Zukunftsträchtigkeit
  - {A2.2} Früherkennung von Trends
    - {A2.2.1} Recherche nach schwachen Signalen
    - {A2.2.2} Ermittlung von starken Signalen
    - {A2.2.3} Detaillierung der Informationsgüte
  - {A2.3} Technologiepotenzialbewertung
    - {A2.3.1} Festlegung der Bilanzgrenze
    - {A2.3.2} Ermittlung des allgemeinen Technologiepotenzials
    - {A2.3.3} Auswahl und Gewichtung der Bewertungskriterien
    - {A2.3.4} Bewertung des Technologiepotenzials
  - {A2.4} Festlegung der technologischen Grundorientierung
    - {A2.4.1} Definition von strategischen Geschäftsfeldern
    - {A2.4.2} Definition von strategischen Technologiefeldern
    - {A2.4.3} Definition von strategischen Technologieprojekten
    - {A2.4.4} Detaillierung der Controllingkennzahlen

Bild 8.3: Knotenverzeichnis des Interaktionsmodells (I/II)

Anhang

- **{A3} Technologieentscheidung**
  - {A3.1} Ermittlung von Technologieszenarien für zukünftige Produkte
    - {A3.1.1} Produktanalyse
    - {A3.1.2} Ideengenerierung
    - {A3.1.3} Technologierecherche
    - {A3.1.4} Technologiezuordnung
    - {A3.1.5} Grobbewertung der Ansätze
    - {A3.1.6} Detailbewertung der Ansätze
  - {A3.2} Ermittlung von Technologieszenarien für vorhandene Produkte
    - {A3.2.1} Produktanalyse
    - {A3.2.2} Ideengenerierung
    - {A3.2.3} Technologierecherche
    - {A3.2.4} Technologiezuordnung
    - {A3.2.5} Detailbewertung der Ansätze
  - {A3.3} Ableitung der Umsetzungsstrategie
    - {A3.3.1} Integration der Projektergebnisse
    - {A3.3.2} Erstellung einer TechnologieRoadMap
    - {A3.3.3} Auswahl von Umsetzungsprojekten
    - {A3.3.4} Definition von Zielvorgaben
- **{A4} Technologierealisierung**
  - {A4.1} Ermittlung der Fertigungsfolgen
  - {A4.2} Bewertung der Fertigungsfolgen
  - {A4.3} Fertigung der Nullserie
  - {A4.4} Optimierung der Fertigungsfolge
  - {A4.5} Vorbereitung der Serienproduktion
- **{A5} Technologiecontrolling**
  - {A5.1} Definition der Technologie Balanced Scorecard
  - {A5.2} Kontrolle der Zielvorgaben
  - {A5.3} Initiierung der Maßnahmen

Bild 8.4: Knotenverzeichnis des Interaktionsmodells (II/II)

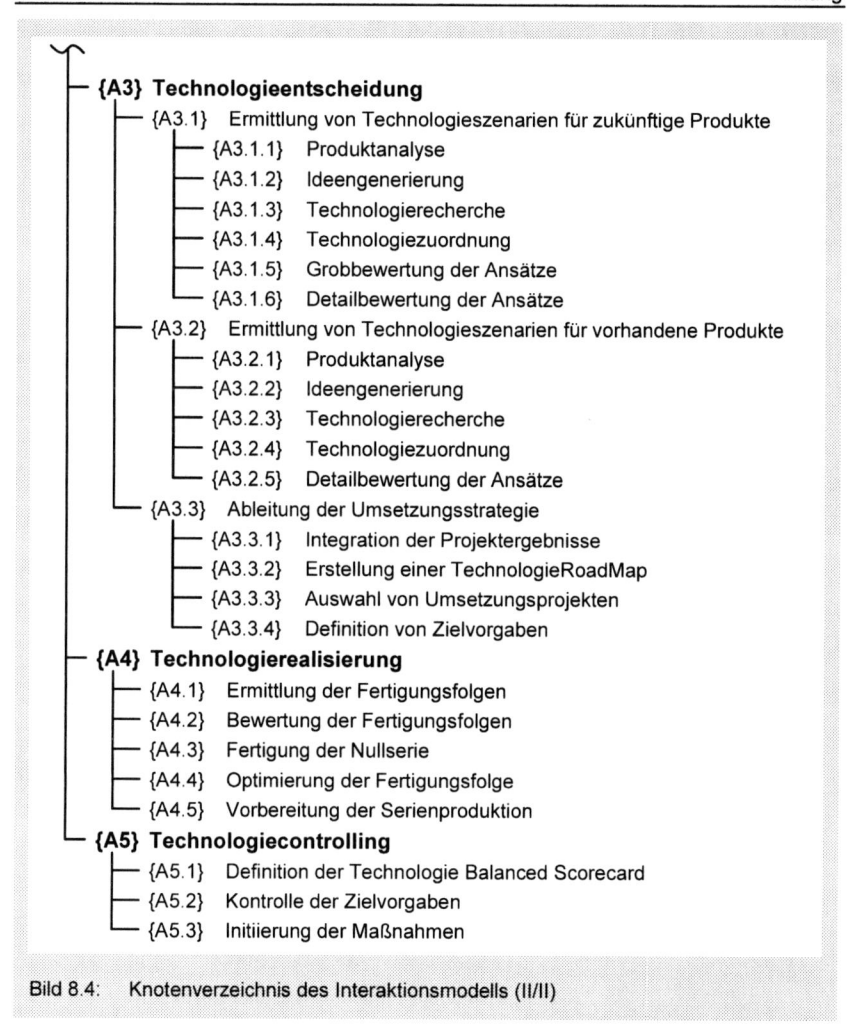

Anhang

AUTOR:	Ralf Walker	IN ARBEIT	LESER	DATUM	KONTEXT:
		ENTWURF	Ralf Walker	20.05.02	TOP
PROJEKT:	Geschäftsprozess Technologiemanagement	ABGESTIMMT	Gh. Hts. Sng	26.08.02	
		ABGENOMMEN	Ralf Walker	04.09.02	

Kennzahlen →

↑ TechnologieRoadMap
↑ ProjektRoadMap
↑ Technologiekennzahlen

A0
Geschäftsprozess
Technologiemanagement

← Methoden, Hilfsmittel, Quellen

↑ Unternehmensvision
↑ Unternehmensmission
↑ Unternehmensziele
↑ Unternehmenskennzahlen
↑ Managementphilosophie
↑ Gesetze

Fraunhofer Institut Produktionstechnologie

| KNOTENNR: | A-0 | TITEL: | Technologiemanagement | FOLGENR: | 1 |

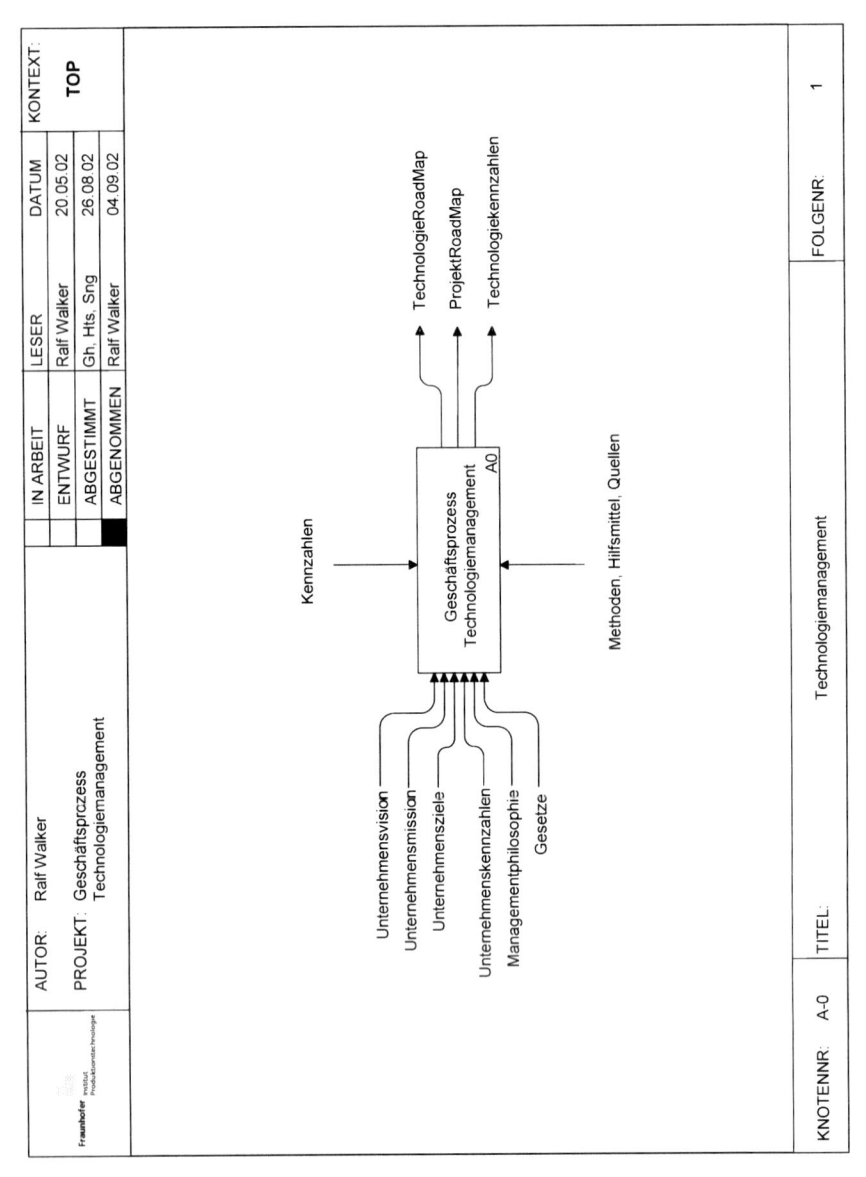

Bild 8.5: IDEF0-Modell des Geschäftsprozesses Technologiemanagement (1)

Seite A 8

Anhang

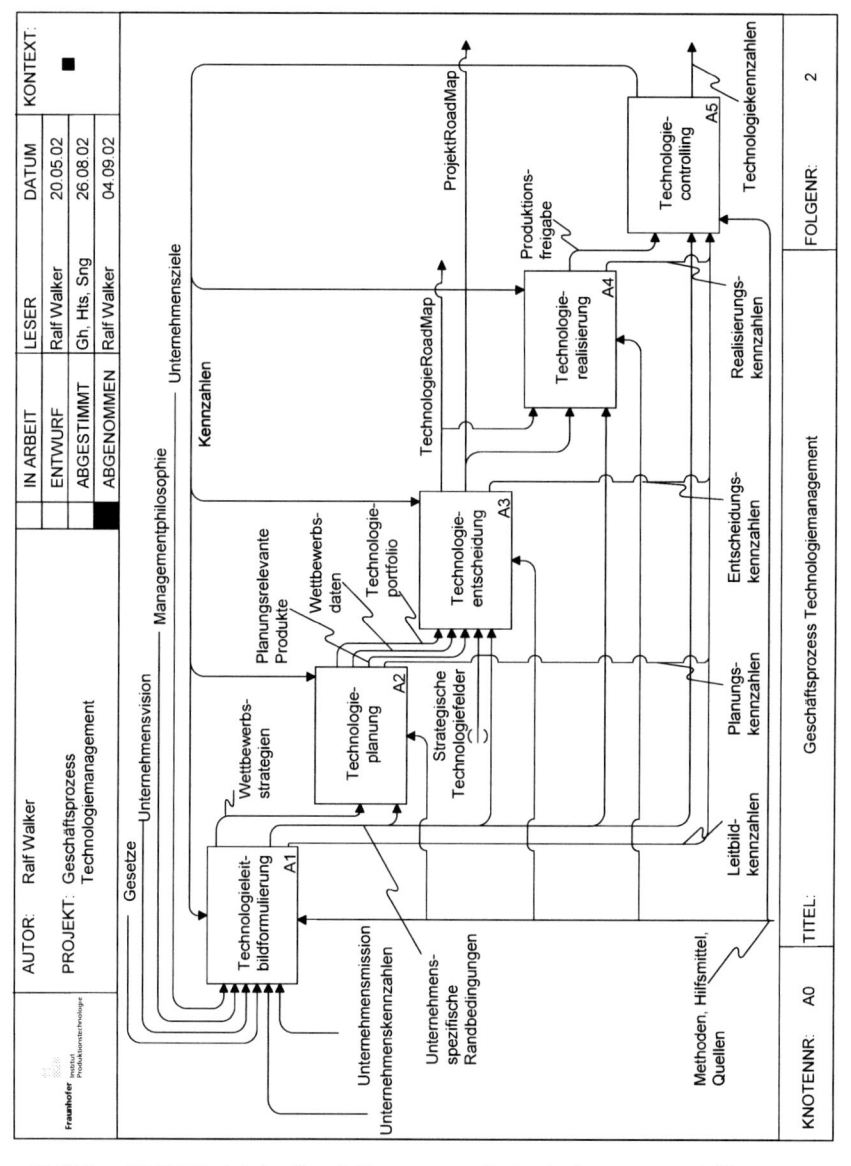

Bild 8.6: IDEF0-Modell des Geschäftsprozesses Technologiemanagement (2)

Seite A 9

Anhang

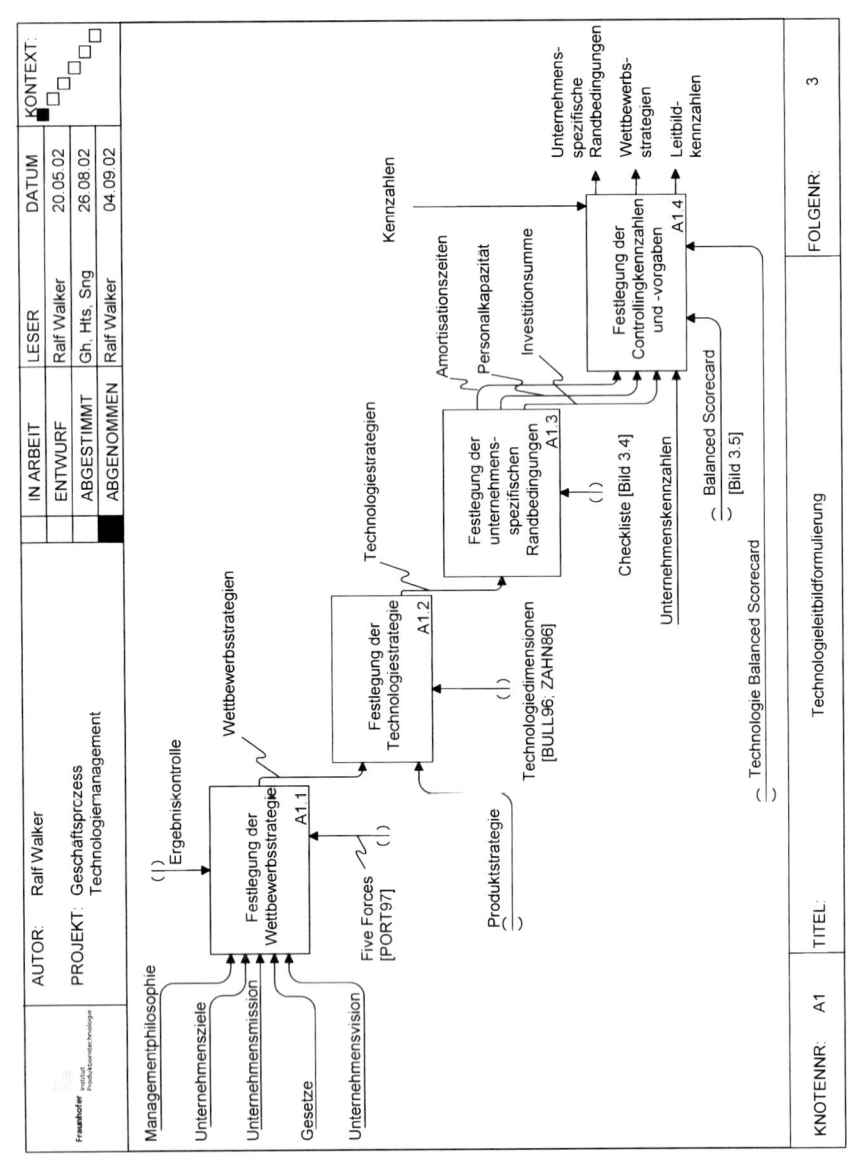

Bild 8.7: IDEF0-Modell des Geschäftsprozesses Technologiemanagement (3)

Anhang

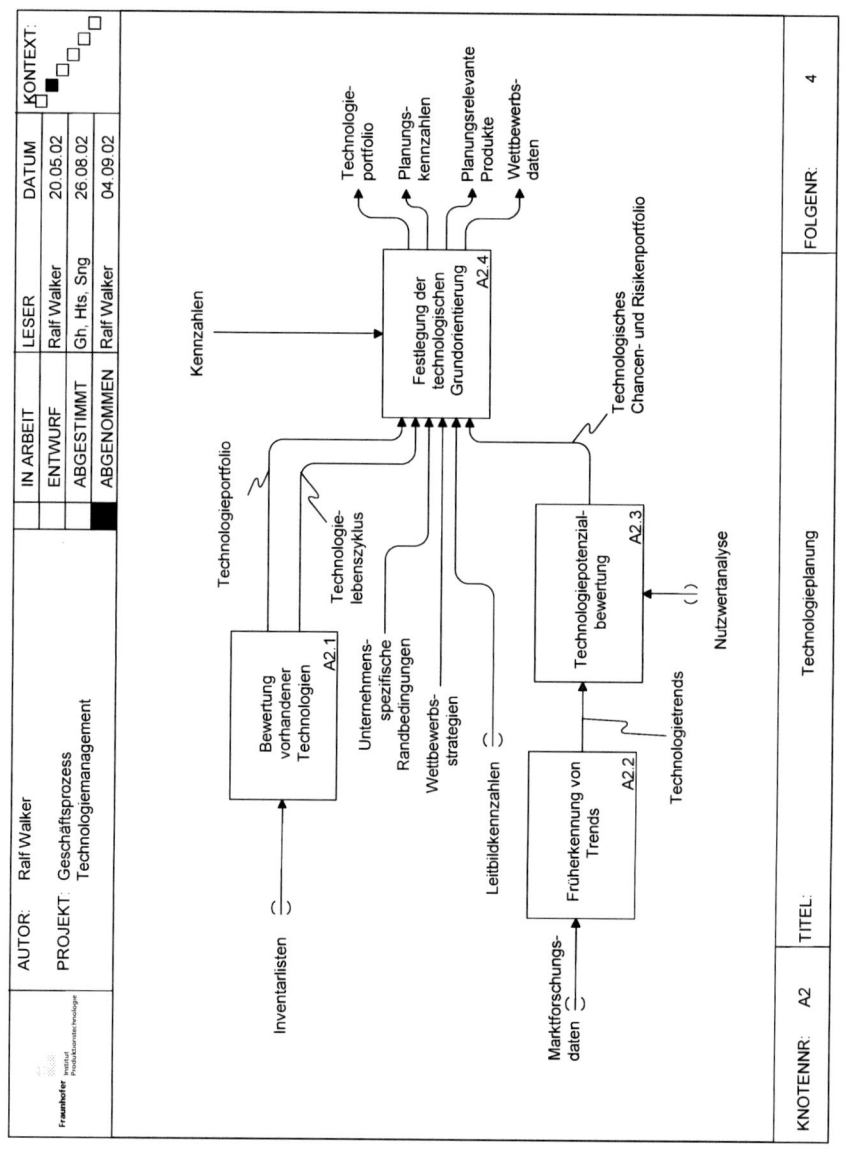

Bild 8.8: IDEF0-Modell des Geschäftsprozesses Technologiemanagement (4)

Anhang

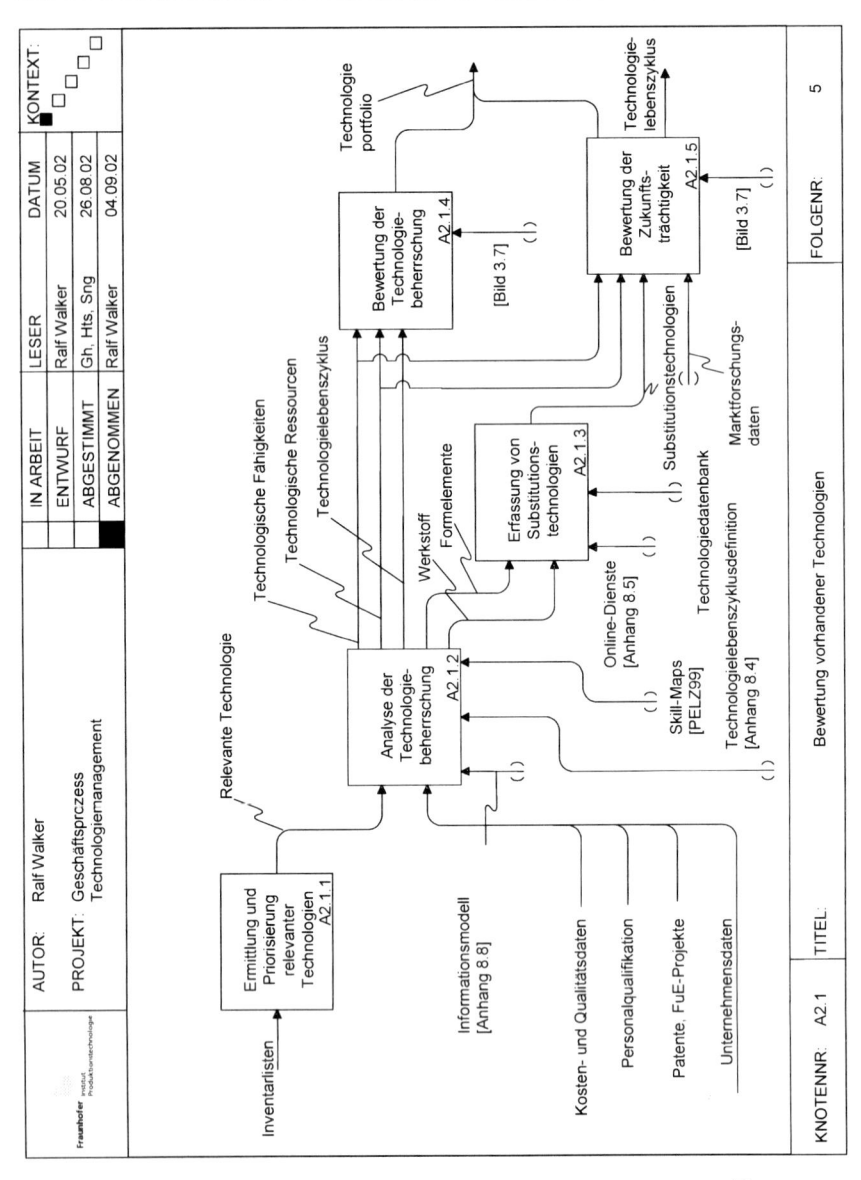

Bild 8.9: IDEF0-Modell des Geschäftsprozesses Technologiemanagement (5)

Anhang

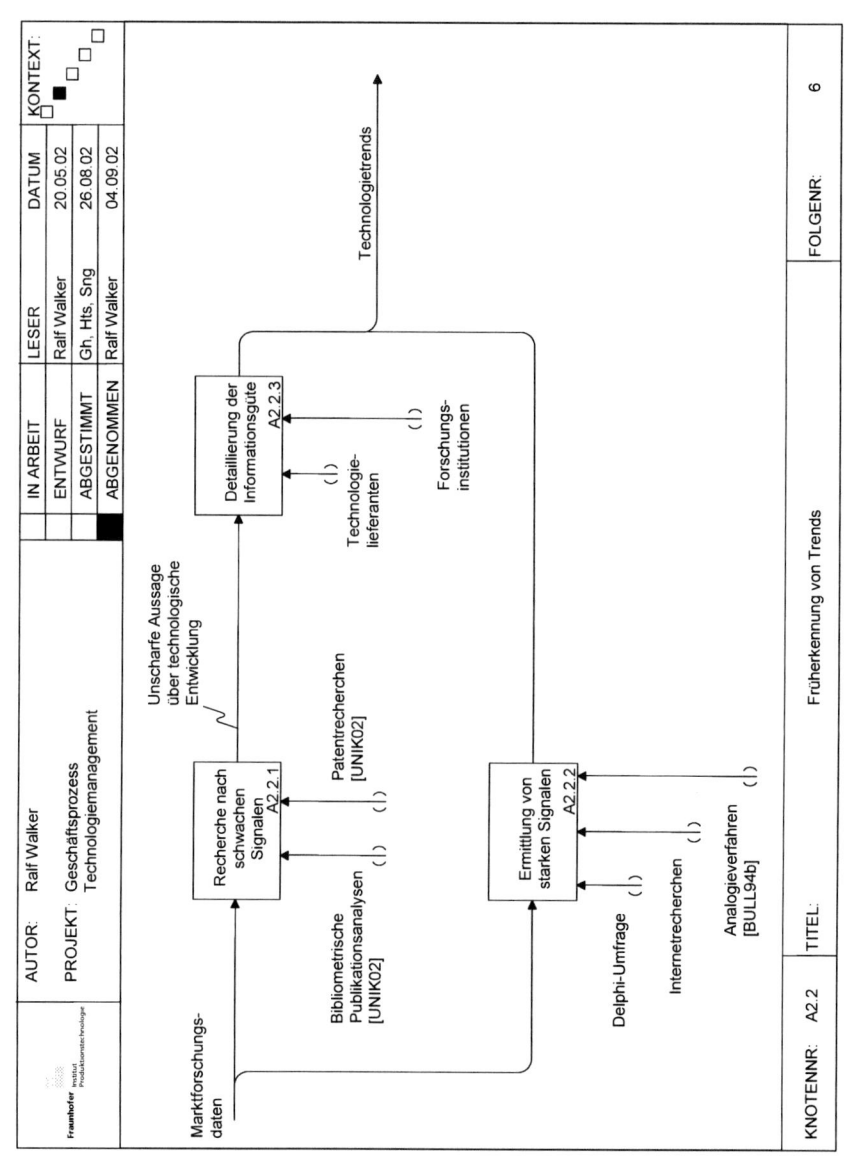

AUTOR:	Ralf Walker		IN ARBEIT	LESER	DATUM	KONTEXT:
PROJEKT	Geschäftsprozess Technologiemanagement		ENTWURF	Ralf Walker	20.05.02	
			ABGESTIMMT	Gh, Hts, Sng	26.08.02	
			ABGENOMMEN	Ralf Walker	04.09.02	

| KNOTENNR: | A2.2 | TITEL: | Früherkennung von Trends | FOLGENR: | 6 |

Bild 8.10: IDEF0-Modell des Geschäftsprozesses Technologiemanagement (6)

Seite A 13

Anhang

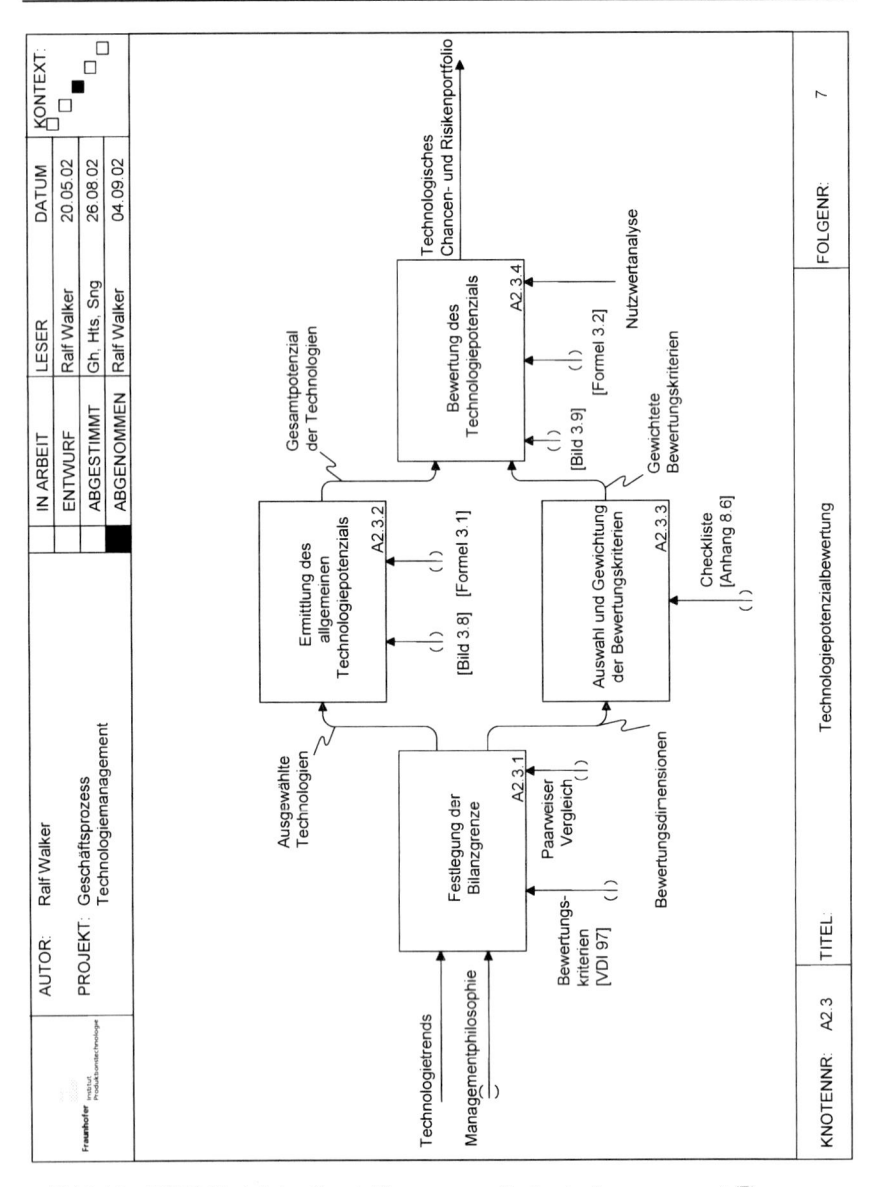

Bild 8.11: IDEF0-Modell des Geschäftsprozesses Technologiemanagement (7)

Seite A 14

Anhang

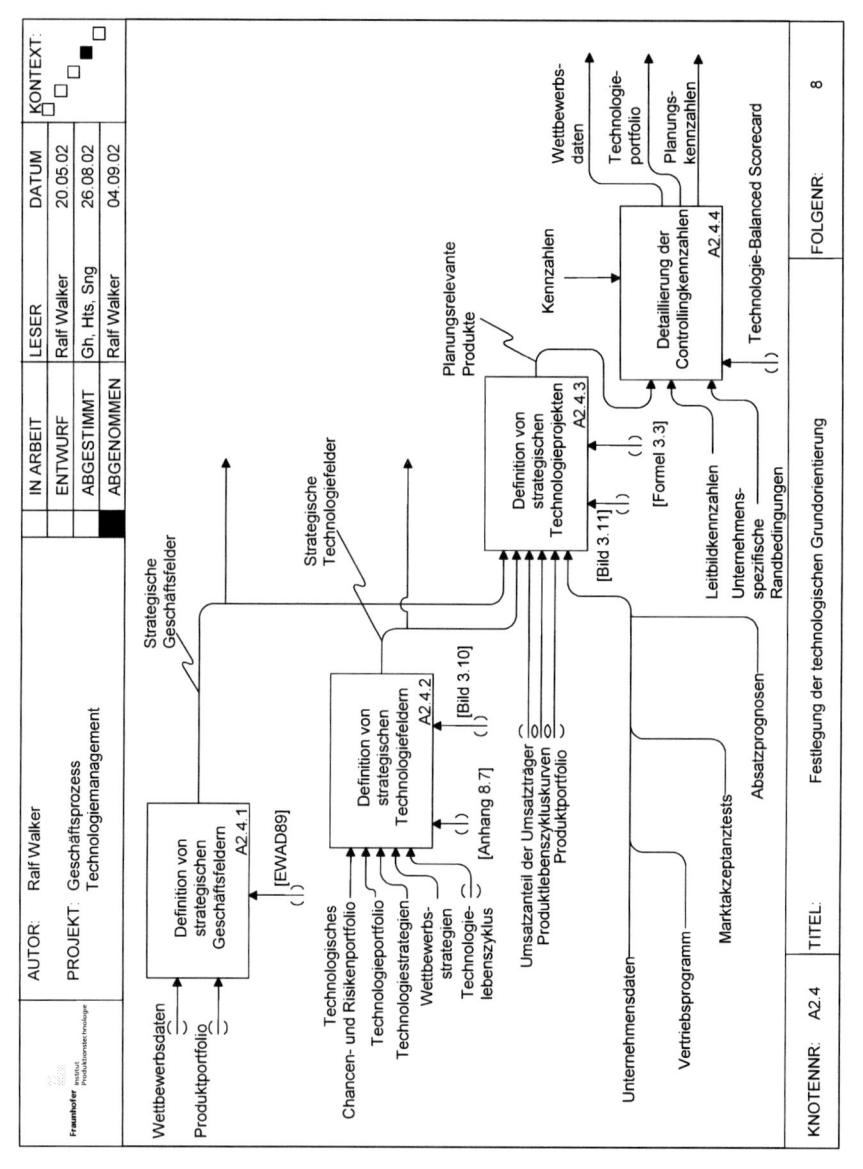

Bild 8.12: IDEF0-Modell des Geschäftsprozesses Technologiemanagement (8)

Seite A 15

Anhang

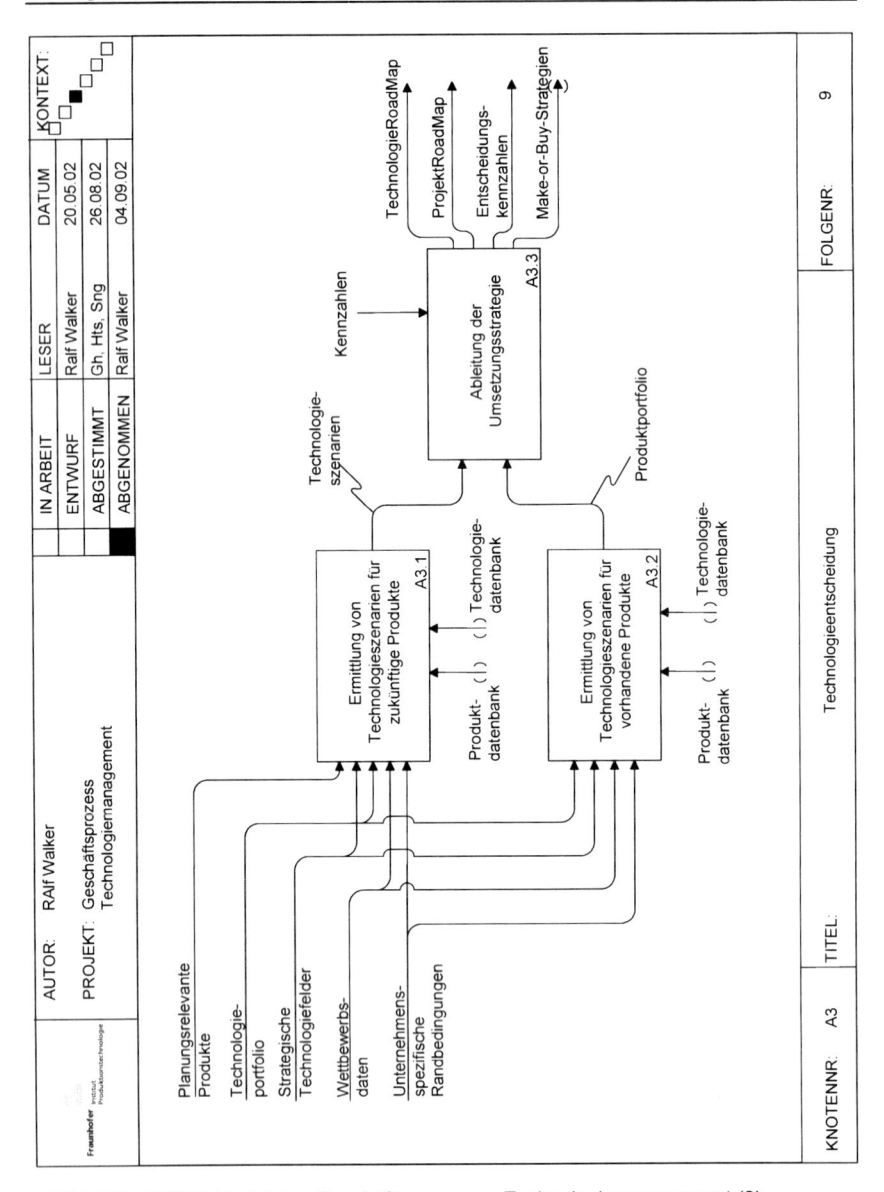

Bild 8.13: IDEF0-Modell des Geschäftsprozesses Technologiemanagement (9)

Seite A 16

Anhang

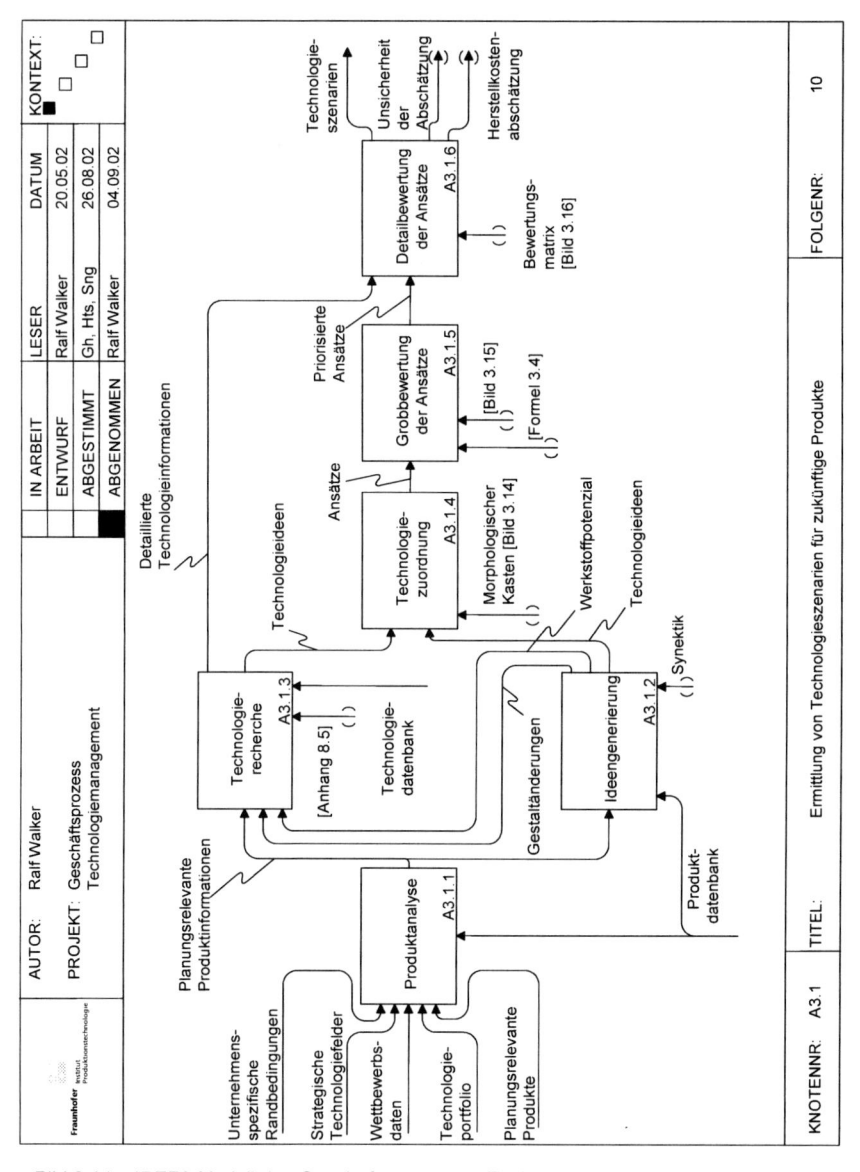

Bild 8.14: IDEF0-Modell des Geschäftsprozesses Technologiemanagement (10)

Seite A 17

Anhang

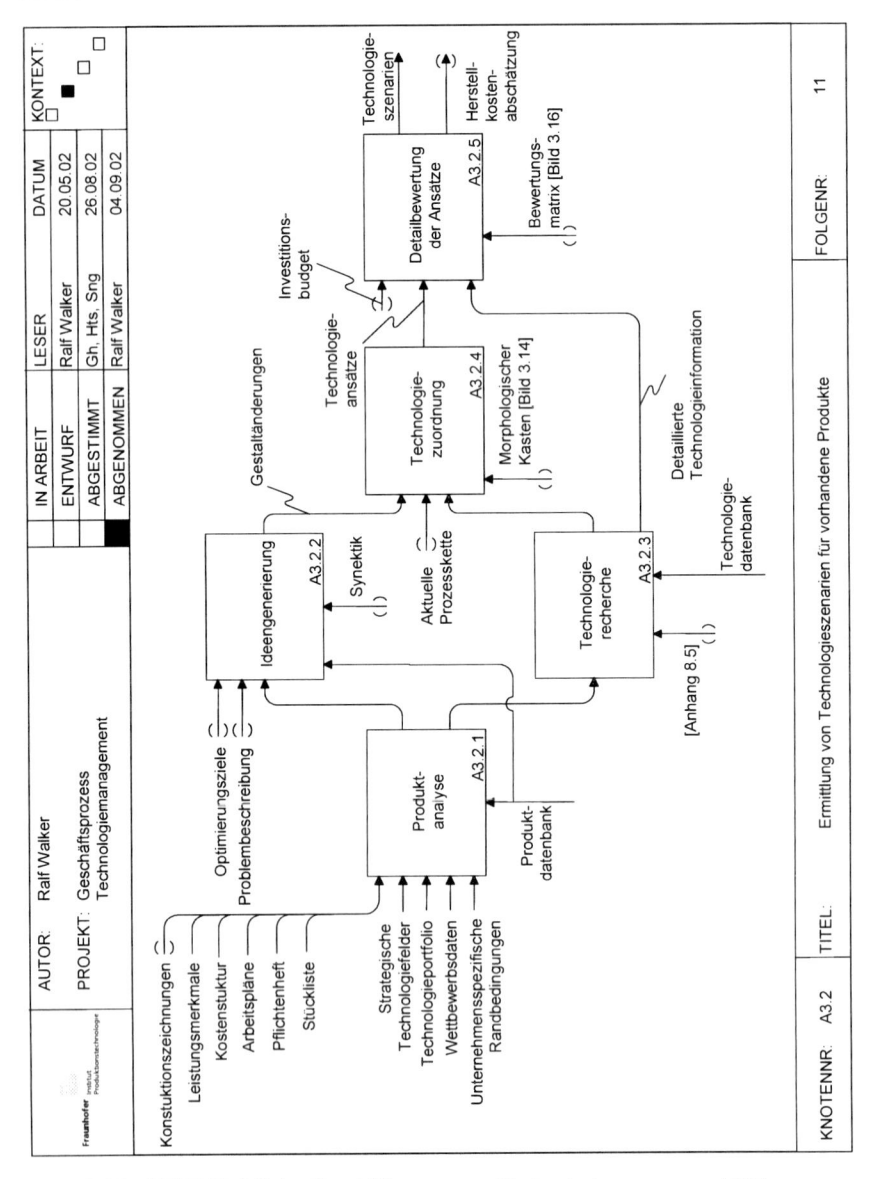

Bild 8.15: IDEF0-Modell des Geschäftsprozesses Technologiemanagement (11)

Anhang

AUTOR:	Ralf Walker		IN ARBEIT	LESER	DATUM	KONTEXT:
PROJEKT:	Geschäftsprozess Technologiemanagement		ENTWURF	Ralf Walker	20.05.02	☐ ■ ☐
			ABGESTIMMT	Gh, Hts, Sng	26.08.02	
			ABGENOMMEN	Ralf Walker	04.09.02	

Eingänge: Strategische Technologiefelder, Produktportfolio, Technologieportfolio, Technologieszenarien → **Integration der Projektergebnisse** (A3.3.1) [Bild 3.17] [Formel 3.5]

Wettbewerbsstrategien → **Erstellung einer TechnologieRoadMap** (A3.3.2) [Bild 3.18] → TechnologieRoadMap, Relevante Haupt- und Nebentechnologie

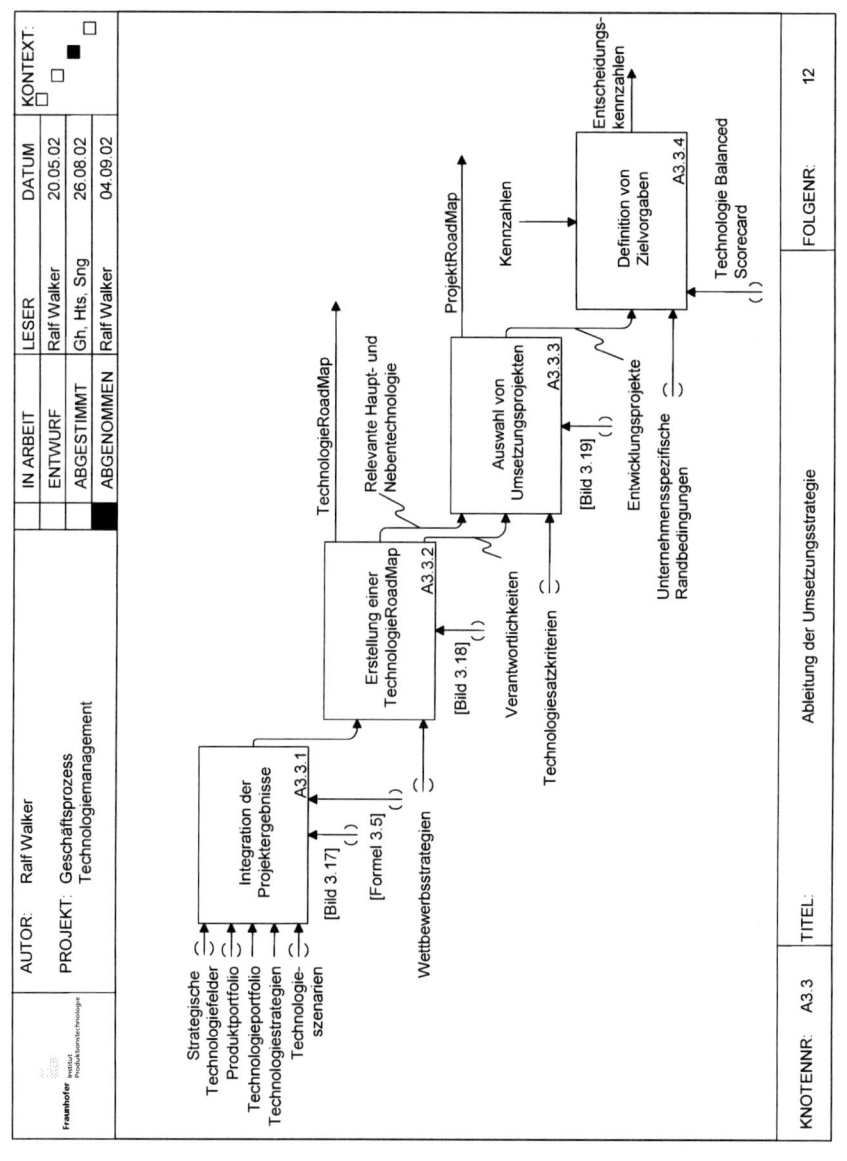

Verantwortlichkeiten, Technologiesatzkriterien → **Auswahl von Umsetzungsprojekten** (A3.3.3) [Bild 3.19] → ProjektRoadMap

Entwicklungsprojekte, Unternehmensspezifische Randbedingungen → **Definition von Zielvorgaben** (A3.3.4) → Kennzahlen, Entscheidungskennzahlen, Technologie Balanced Scorecard

KNOTENNR: A3.3	TITEL: Ableitung der Umsetzungsstrategie	FOLGENR: 12

Bild 8.16: IDEF0-Modell des Geschäftsprozesses Technologiemanagement (12)

Seite A 19

Anhang

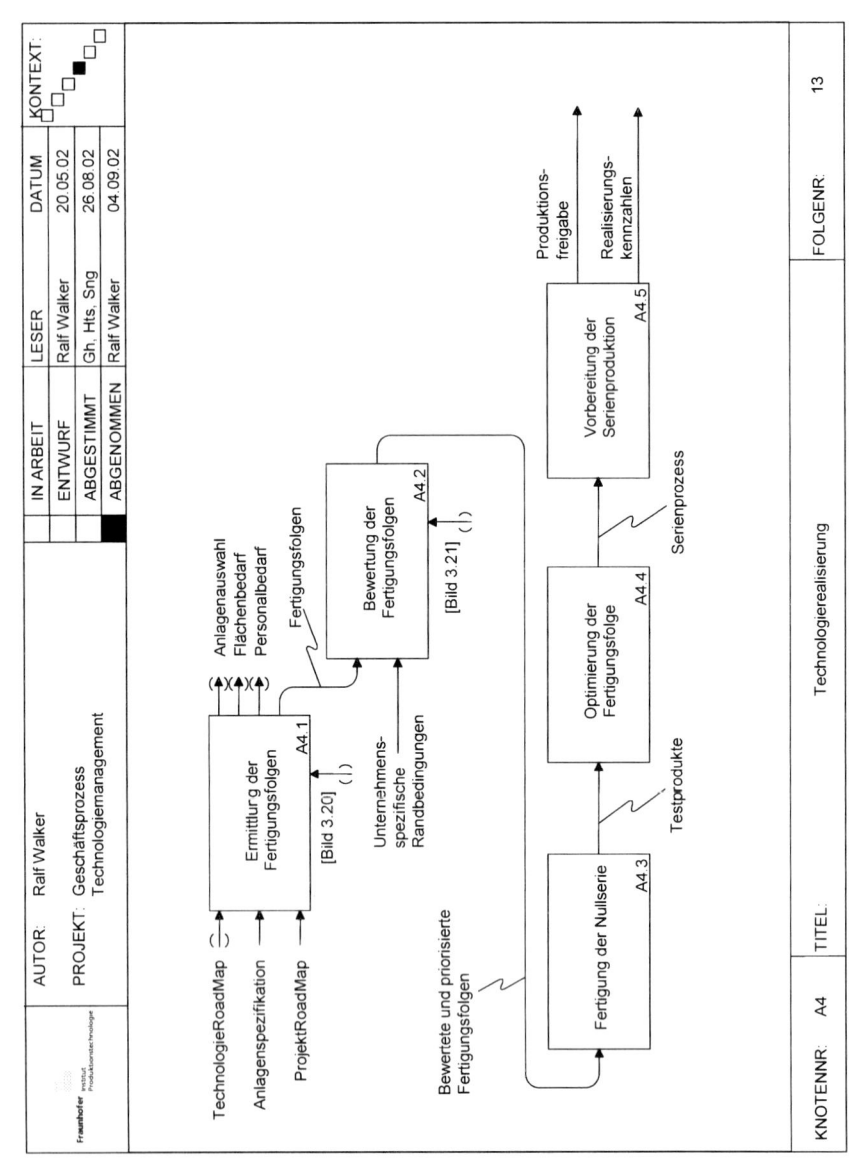

	IN ARBEIT	LESER	DATUM	KONTEXT:
AUTOR: Ralf Walker	ENTWURF	Ralf Walker	20.05.02	
	ABGESTIMMT	Gh, Hts, Sng	26.08.02	
PROJEKT: Geschäftsprozess Technologiemanagement	ABGENOMMEN	Ralf Walker	04.09.02	

TechnologieRoadMap
Anlagenspezifikation
ProjektRoadMap

Ermittlung der Fertigungsfolgen — A4.1
[Bild 3.20]

Anlagenauswahl
Flächenbedarf
Personalbedarf
Fertigungsfolgen

Unternehmensspezifische Randbedingungen

Bewertung der Fertigungsfolgen — A4.2
[Bild 3.21]

Bewertete und priorisierte Fertigungsfolgen

Fertigung der Nullserie — A4.3

Testprodukte

Optimierung der Fertigungsfolge — A4.4

Serienprozess

Vorbereitung der Serienproduktion — A4.5

Produktionsfreigabe
Realisierungskennzahlen

KNOTENNR: A4 | TITEL: Technologierealisierung | FOLGENR: 13

Bild 8.17: IDEF0-Modell des Geschäftsprozesses Technologiemanagement (13)

Seite A 20

Anhang

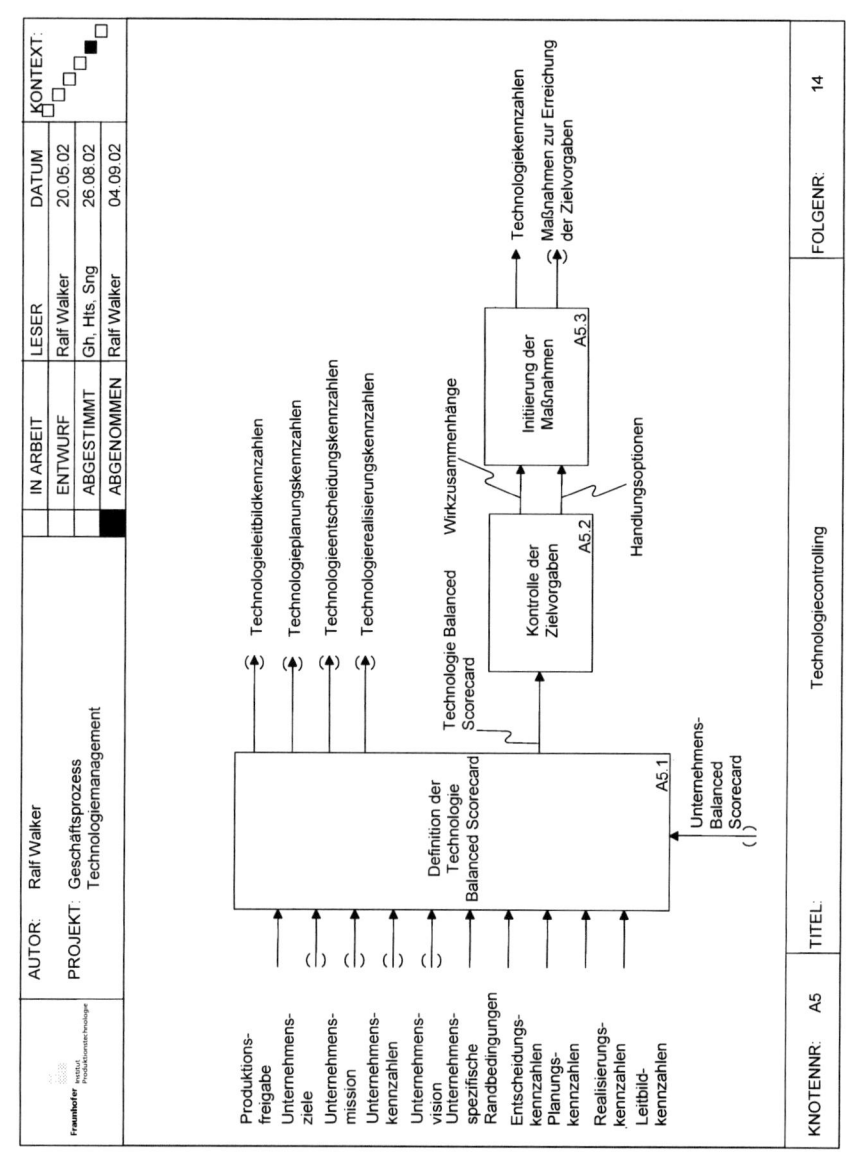

Bild 8.18: IDEF0-Modell des Geschäftsprozesses Technologiemanagement (14)

Seite A 21

8.4 Technologielebenszyklus

Zur Einordnung der Technologien in den Technologielebenszyklus wird die Unterteilung der Technologien in sogenannte Technologiearten genutzt [vgl. HEIN99, S. 157; SERV85, S 116 ff.; WOLF94, S. 5 f.]. Durch diese Einteilung ist es möglich eine entsprechend dem Produktlebenszyklus des betrachteten Produktes relevante Technologie auszuwählen. Technologien werden in fünf verschiedenen Arten eingeteilt (Bild 8.19).

VERDRÄNGTE TECHNOLOGIEN wurden oder werden noch von anderen Technologien substituiert. BASISTECHNOLOGIEN werden von allen Wettbewerbern beherrscht und stellen die technologische Grundlage in der Branche dar. Sie bewirken kaum noch Wettbewerbsvorteile produkt- und verfahrensbezogener Art, daher haben sie ihre strategische Bedeutung für das Unternehmen verloren und laufen in naher Zukunft aus. Die SCHLÜSSELTECHNOLOGIEN ersetzen oder ergänzen die Basistechnologien. Ihre strategische Rolle geht im Laufe der Zeit verloren, weil auch der Wettbewerb sie immer besser beherrscht. SCHRITTMACHER-TECHNOLOGIEN sind Technologien, die sich noch im Entwicklungsstadium befindet und ein erhebliches Innovationspotenzial erwarten lassen. Sie sind bereits so weit bekannt, dass sich Aussagen über ihre zukünftige Bedeutung für das Unternehmen treffen lassen. In ihnen wird bisher unbekanntes technisches und wissenschaftliches Wissen in anwendungsorientierte Lösungen umgewandelt. Sie sind anzuwenden für neue und noch unbekannte Produkte- und Produktionsbedürfnisse. Durch die frühzeitige Anwendung von Schrittmachertechnologien, kann ein Unternehmen Differenzierungsmöglichkeiten, strategische Erfolgspotenziale oder Wettbewerbsvorteile erzielen. Voraussetzung sind Finanzierbarkeit, Verfahrensbeherrschung und Mitarbeiterpotenzial. Durch die Anwendung von Schrittmachertechnologien werden Schlüsseltechnologien zu Basistechnologien umgewandelt. Mit dem Begriff der ZUKUNFTSTECHNOLOGIE werden Technologien bezeichnet, die sich gerade im frühen Entwicklungsstadium befindet. Über sie gibt es noch keine so detaillierten Erkenntnisse, dass eine exakte Einschätzung der zukünftigen Entwicklung möglich ist [HEIN99, S. 156; SERV85, S 116 ff.; WOLF94, S. 5 f.]. Hier ist eine kontinuierliche Beobachtung der Technologie erforderlich.

In Anlehnung an [HEIN99, S. 157; SERV85, S. 116 ff.]

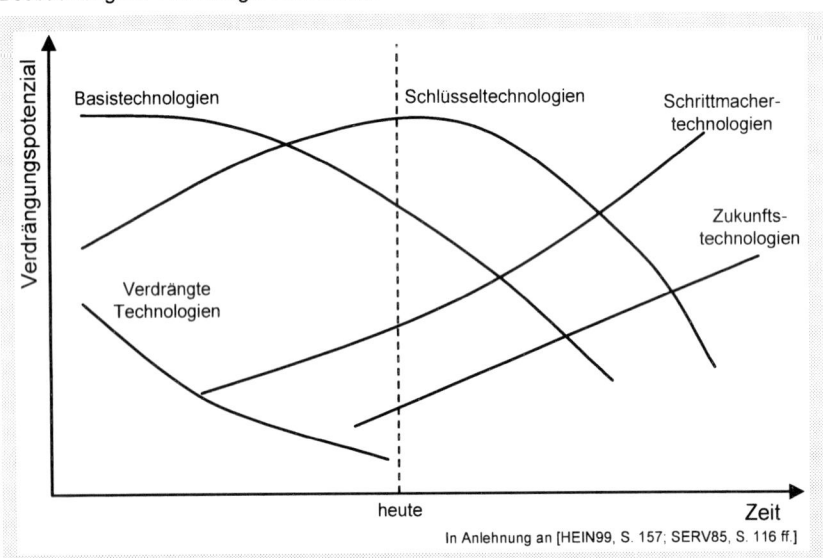

Bild 8.19: Zusammenwirken von Technologiearten

8.5 Online-Dienste für Technologieinformationen

Name	Adresse
▶ Aixonix	http://www.aixonix.de
▶ American Machinist Magazine	http://www.grinding.com
▶ AMTDA - American Machine Tool Distributors' Association	http://www.amtda.org
▶ Association for Manufacturing Technology	http://www.amtonline.org
▶ Automotive Industry Action Group	http://www.aiag.org
▶ Contractor – News of mechanical contracting	http://www.contractormag.com
▶ CPAS tool	http://cpas.mtu.edu
▶ HPAC Engineering	http://www.hpac.com
▶ Institute for Advanced Manufacturing Science	http://www.iams.org
▶ Machine Tool Database	http://www.techspex.com
▶ Manufacturing Net	http://www.manufacturing.net
▶ Manufacturing Technical Information Analysis Center	http://mtiac.iitri.org
▶ Manufacturing Technology Database	http://iprod.auc.dk/mantech
▶ Metadex	http://info.cas.org/ONLINE/DBSS/metadexss.html
▶ NATIF – Beratungsgesellschaft für Technolgie	http://www.natif.de
▶ National Center for Manufacturing Sciences	http://www.ncms.org
▶ National Coalition for Advanced Manufacturing	http://www.nacfam.org
▶ National technological information services	http://www.ntis.gov
▶ National Technology Transfer Center	http://iridium.nttc.edu
▶ National Tooling and Machining Association	http://www.ntma.org
▶ Scirus - Scientific Information	http://www.scirus.com
▶ Society of Manufacturing Engineers	http://www.sme.org
▶ Sopheon	http://www.sopheon.com
▶ Tecnologix.net	http://www.tecnologix.net
▶ United Grinding Technologies	http://penton.com
▶ Verband Deutscher Maschinen- und Anlagenbau	http://www.vdma.de
▶ Verein Deutscher Ingenieure	http://www.vdi.de
▶ Virtuelle Fachbibliothek Technik	http://vifatec.tib.uni-hannover.de

Bild 8.20: Online-Dienste für Technologieinformationen

8.6 Bewertungskriterien zur Technologiepotenzialabschätzung

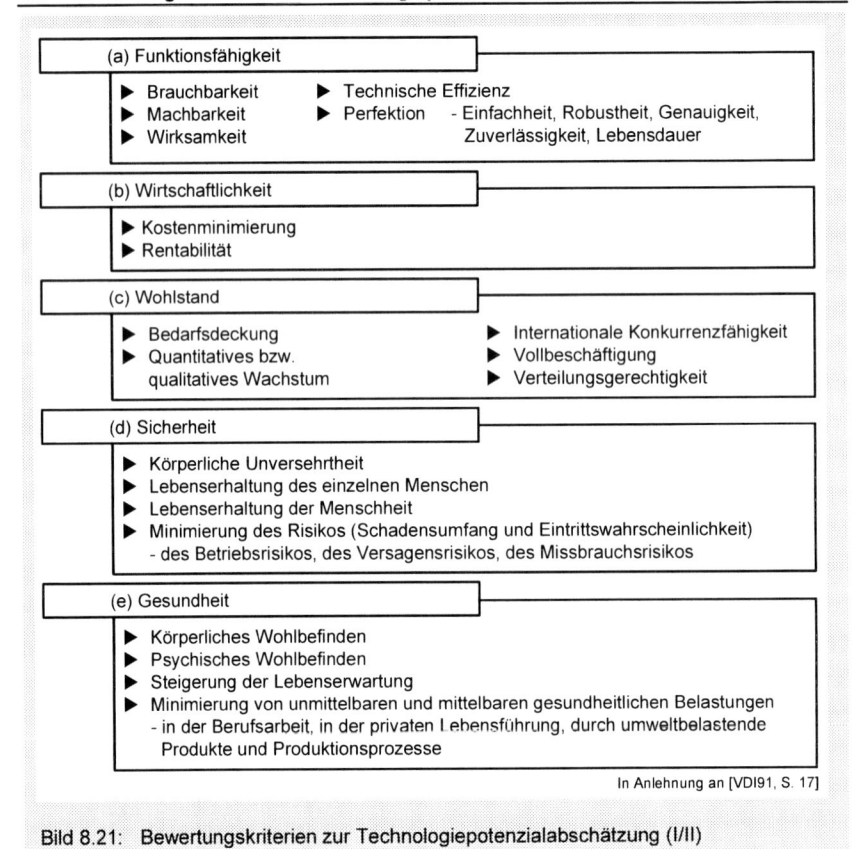

(a) Funktionsfähigkeit
- Brauchbarkeit
- Machbarkeit
- Wirksamkeit
- Technische Effizienz
- Perfektion - Einfachheit, Robustheit, Genauigkeit, Zuverlässigkeit, Lebensdauer

(b) Wirtschaftlichkeit
- Kostenminimierung
- Rentabilität

(c) Wohlstand
- Bedarfsdeckung
- Quantitatives bzw. qualitatives Wachstum
- Internationale Konkurrenzfähigkeit
- Vollbeschäftigung
- Verteilungsgerechtigkeit

(d) Sicherheit
- Körperliche Unversehrtheit
- Lebenserhaltung des einzelnen Menschen
- Lebenserhaltung der Menschheit
- Minimierung des Risikos (Schadensumfang und Eintrittswahrscheinlichkeit)
  - des Betriebsrisikos, des Versagensrisikos, des Missbrauchsrisikos

(e) Gesundheit
- Körperliches Wohlbefinden
- Psychisches Wohlbefinden
- Steigerung der Lebenserwartung
- Minimierung von unmittelbaren und mittelbaren gesundheitlichen Belastungen
  - in der Berufsarbeit, in der privaten Lebensführung, durch umweltbelastende Produkte und Produktionsprozesse

In Anlehnung an [VDI91, S. 17]

Bild 8.21: Bewertungskriterien zur Technologiepotenzialabschätzung (I/II)

Anhang

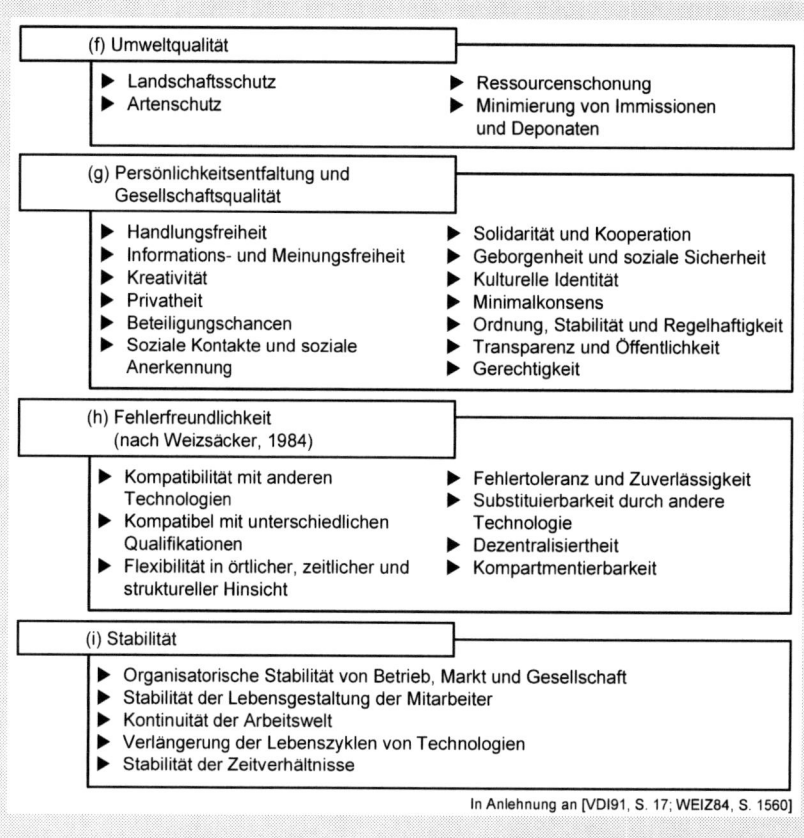

(f) Umweltqualität
- ▶ Landschaftsschutz
- ▶ Artenschutz
- ▶ Ressourcenschonung
- ▶ Minimierung von Immissionen und Deponaten

(g) Persönlichkeitsentfaltung und Gesellschaftsqualität
- ▶ Handlungsfreiheit
- ▶ Informations- und Meinungsfreiheit
- ▶ Kreativität
- ▶ Privatheit
- ▶ Beteiligungschancen
- ▶ Soziale Kontakte und soziale Anerkennung
- ▶ Solidarität und Kooperation
- ▶ Geborgenheit und soziale Sicherheit
- ▶ Kulturelle Identität
- ▶ Minimalkonsens
- ▶ Ordnung, Stabilität und Regelhaftigkeit
- ▶ Transparenz und Öffentlichkeit
- ▶ Gerechtigkeit

(h) Fehlerfreundlichkeit (nach Weizsäcker, 1984)
- ▶ Kompatibilität mit anderen Technologien
- ▶ Kompatibel mit unterschiedlichen Qualifikationen
- ▶ Flexibilität in örtlicher, zeitlicher und struktureller Hinsicht
- ▶ Fehlertoleranz und Zuverlässigkeit
- ▶ Substituierbarkeit durch andere Technologie
- ▶ Dezentralisiertheit
- ▶ Kompartmentierbarkeit

(i) Stabilität
- ▶ Organisatorische Stabilität von Betrieb, Markt und Gesellschaft
- ▶ Stabilität der Lebensgestaltung der Mitarbeiter
- ▶ Kontinuität der Arbeitswelt
- ▶ Verlängerung der Lebenszyklen von Technologien
- ▶ Stabilität der Zeitverhältnisse

In Anlehnung an [VDI91, S. 17; WEIZ84, S. 1560]

Bild 8.22   Bewertungskriterien zur Technologiepotenzialabschätzung (II/II)

8.7 Bestimmung der strategischen Bedeutung von Technologien

Kriterium	1	2	3	4	5
Für den Kunden nicht wahrnehmbar					
Nicht kurzfristig nachahmbar					
Maßgeblicher Anteil an der Wertschöpfung					
Beitrag zur Erhöhung des Unternehmenswertes					
Einsatzmöglichkeiten in verschiedenen Geschäftsbereichen und Einheiten					
Basis für eine breite und langfristige Geschäftsentwicklung					
Langfristigkeit des Innovations- und Wachstumspotentials					
Synergien mit anderen Technologien					
Technologien, welche bereits oder zukünftig inhouse entwickelt werden, sollen somit auf langfristigen Unternehmensfähigkeiten beruhen					
Sicherstellen der firmeneigenen Technologie-Kompetenz					
Anteil des langfristigen firmeneigenen "geschützten" Know-how					
Voraussetzung (Zeit, Kapital, Know-how) für einen langfristigen Know-how-Vorsprung					
Erlaubt Synergien im Bereich der Kosten in Verbindung mit verwandten Technologien					

Legende: 1 = schlechteste Zielerreichung; 5 = beste Zielerreichung

Bild 8.23: Kriterien zur Bestimmung der strategischen Bedeutung von Technologien

Anhang

8.8 Informationsmodelle

8.8.1 Technologiemodell

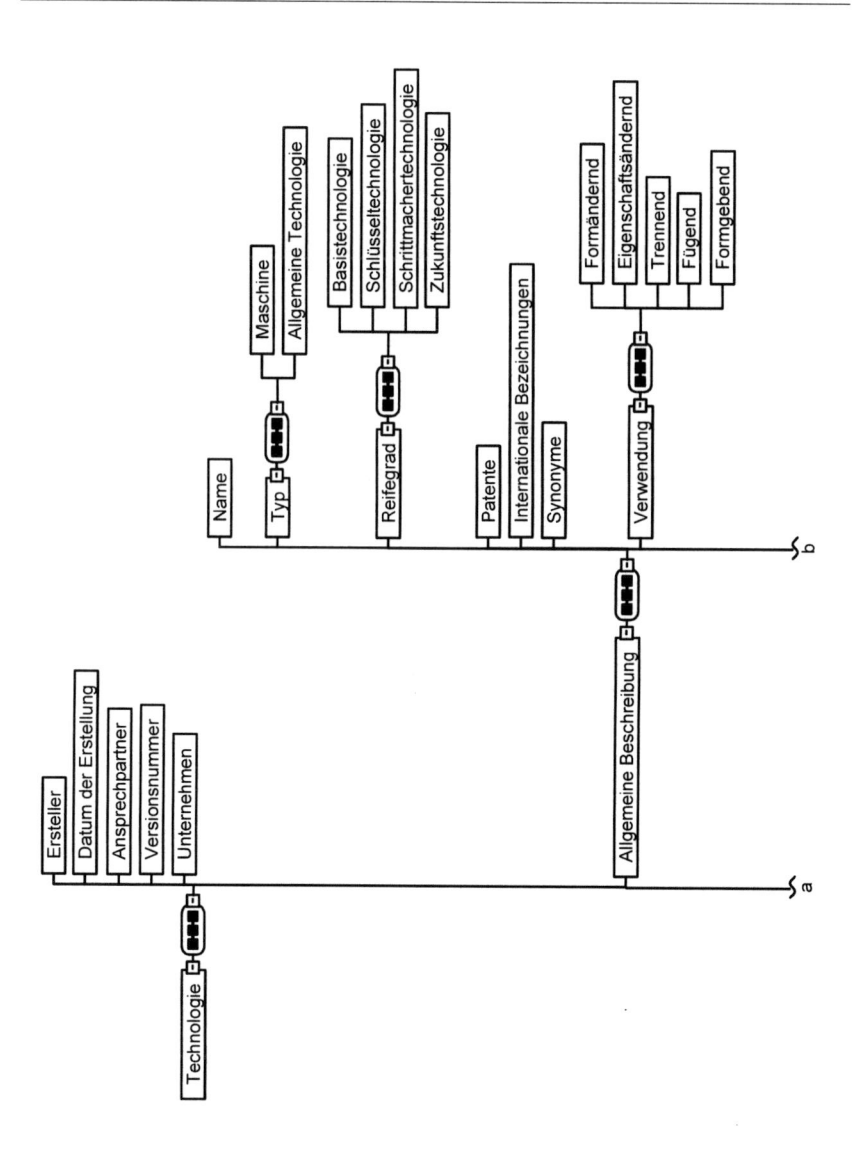

Bild 8.24: Technologiemodell in XML (I/IV)

Seite A 27

Anhang

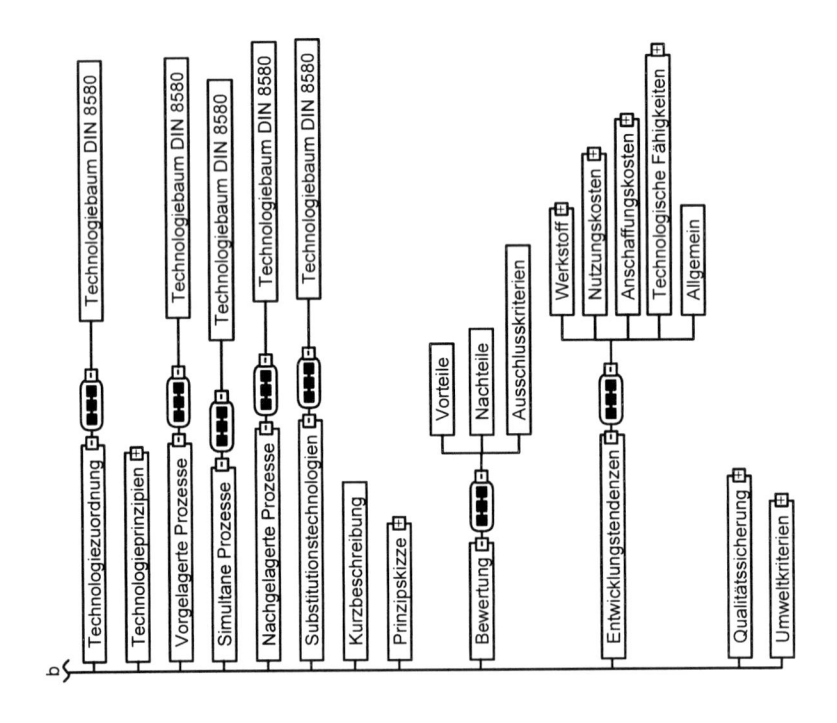

Bild 8.25: Technologiemodell in XML (II/IV)

Seite A 28

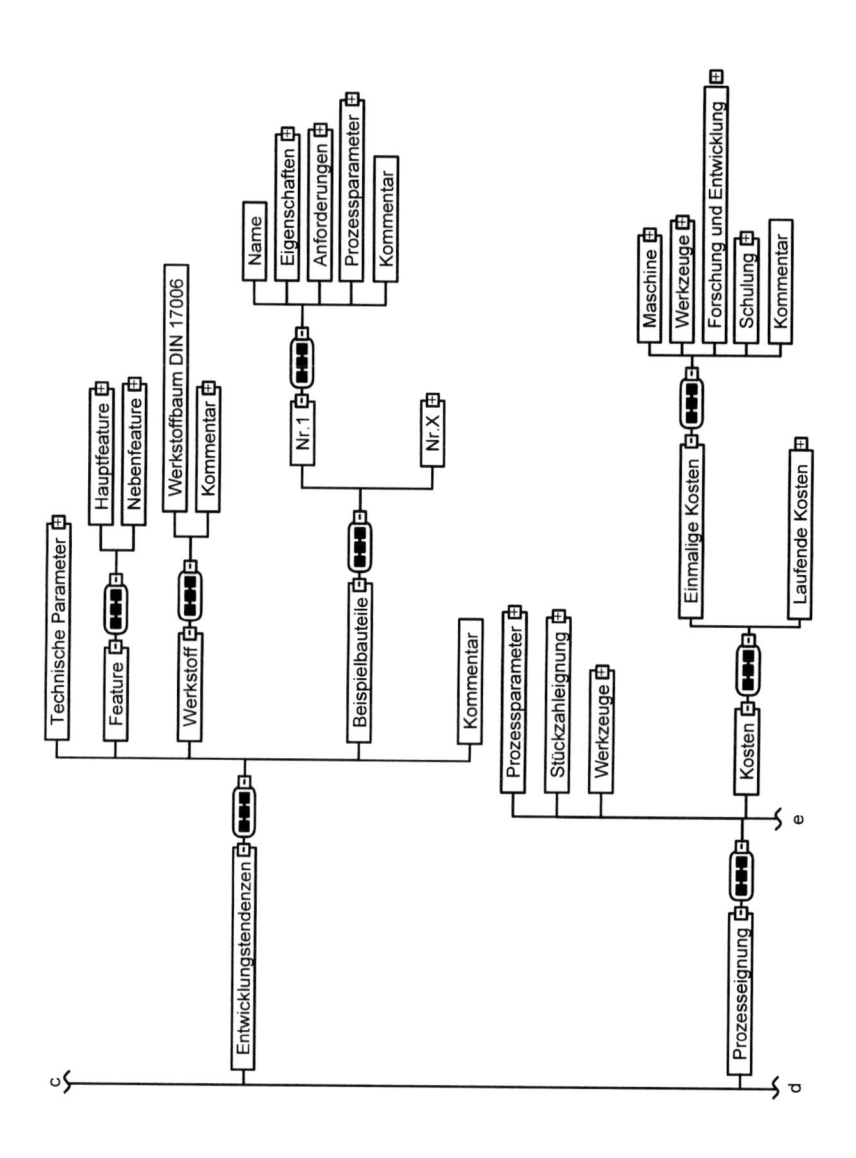

Bild 8.26: Technologiemodell in XML (III/IV)

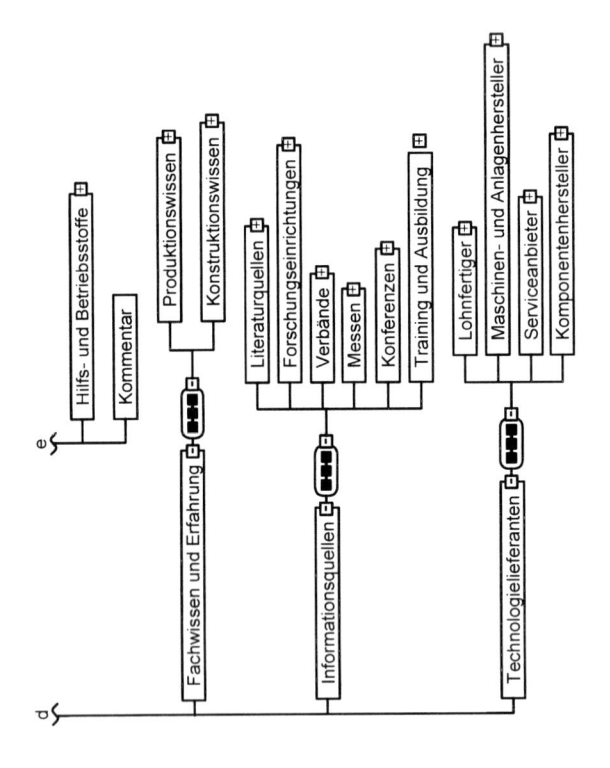

Bild 8.27: Technologiemodell in XML (IV/IV)

Anhang

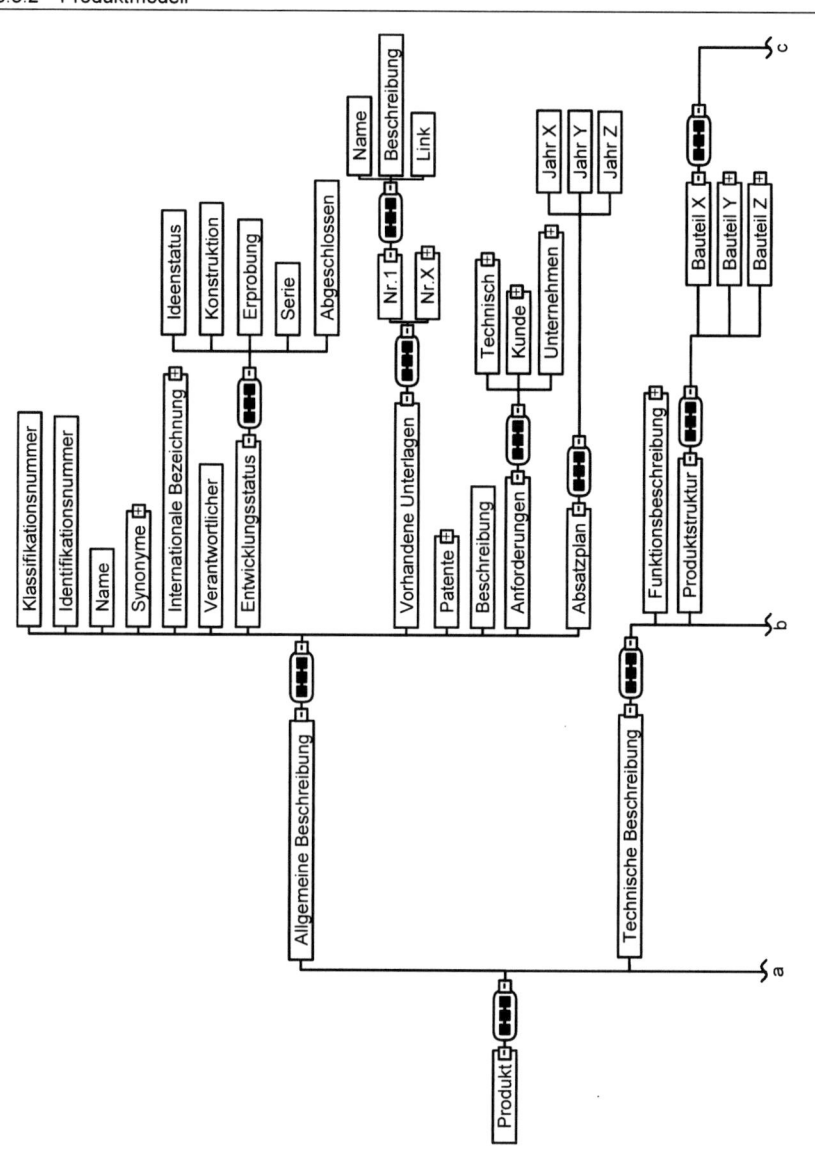

8.8.2 Produktmodell

Bild 8.28: Produktmodell in XML (I/VII)

Seite A 31

Anhang

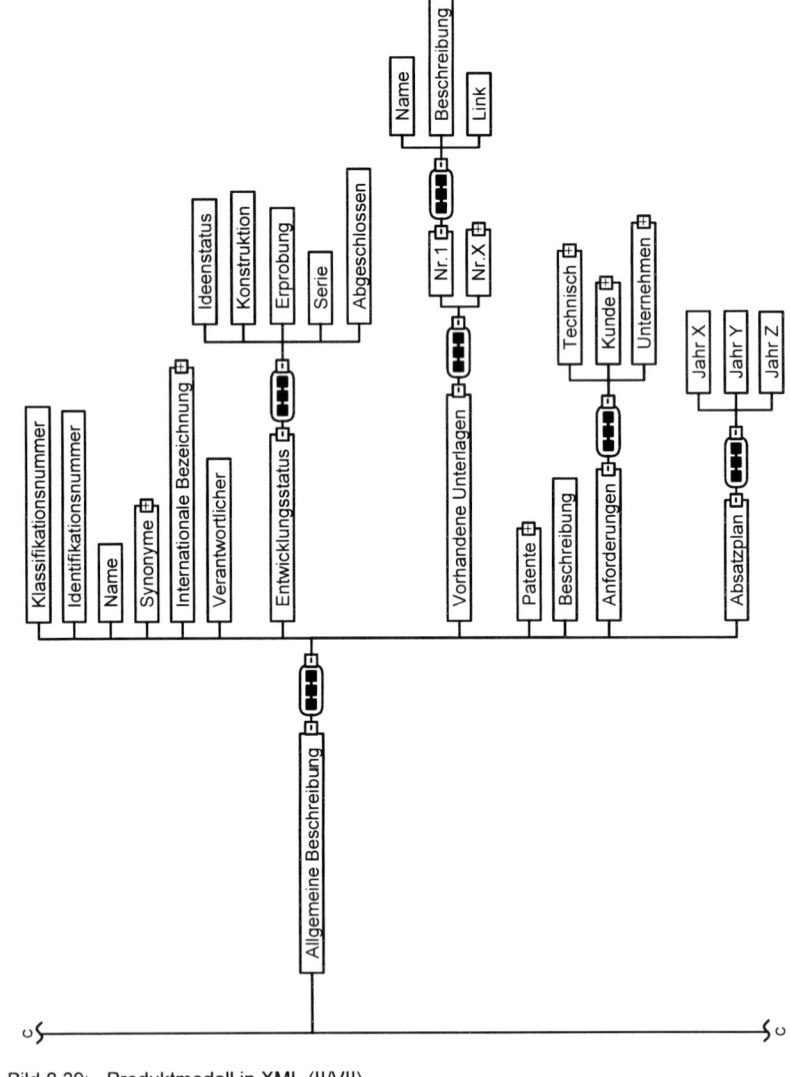

Bild 8.29: Produktmodell in XML (II/VII)

Seite A 32

Anhang

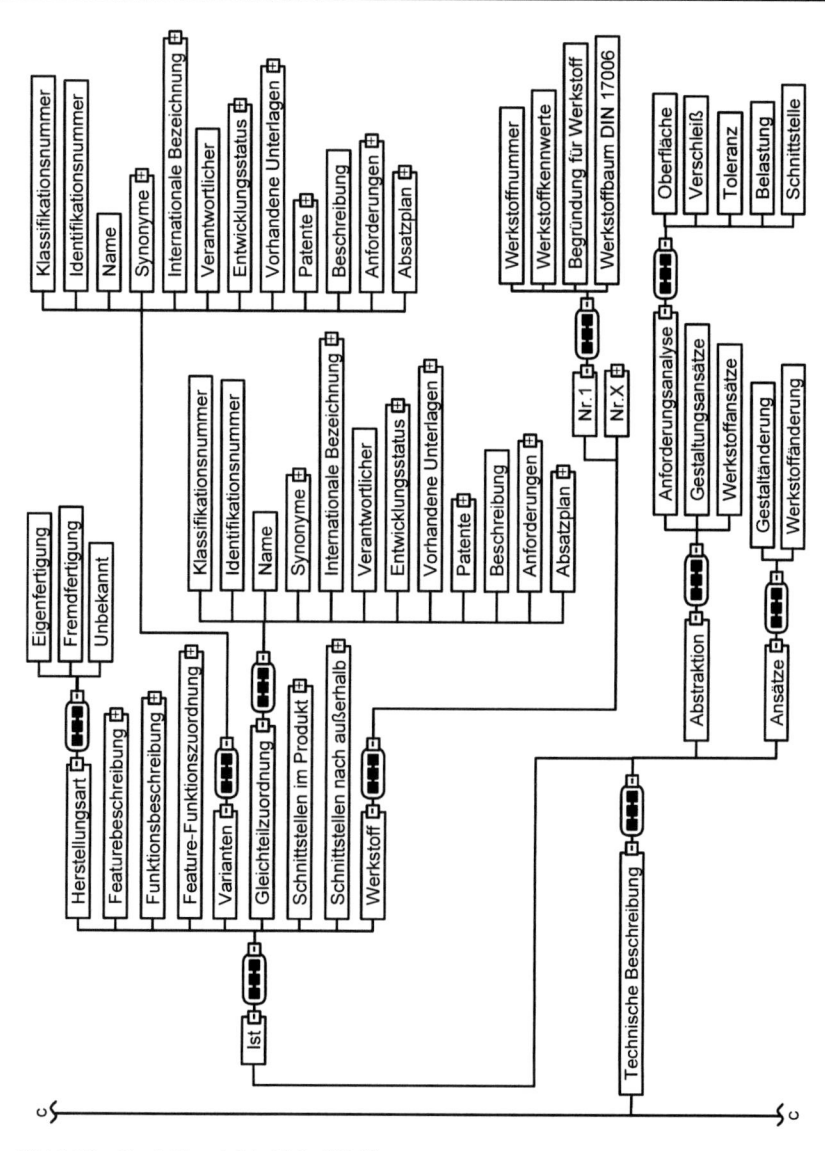

Bild 8.30: Produktmodell in XML (III/VII)

Seite A 33

Anhang

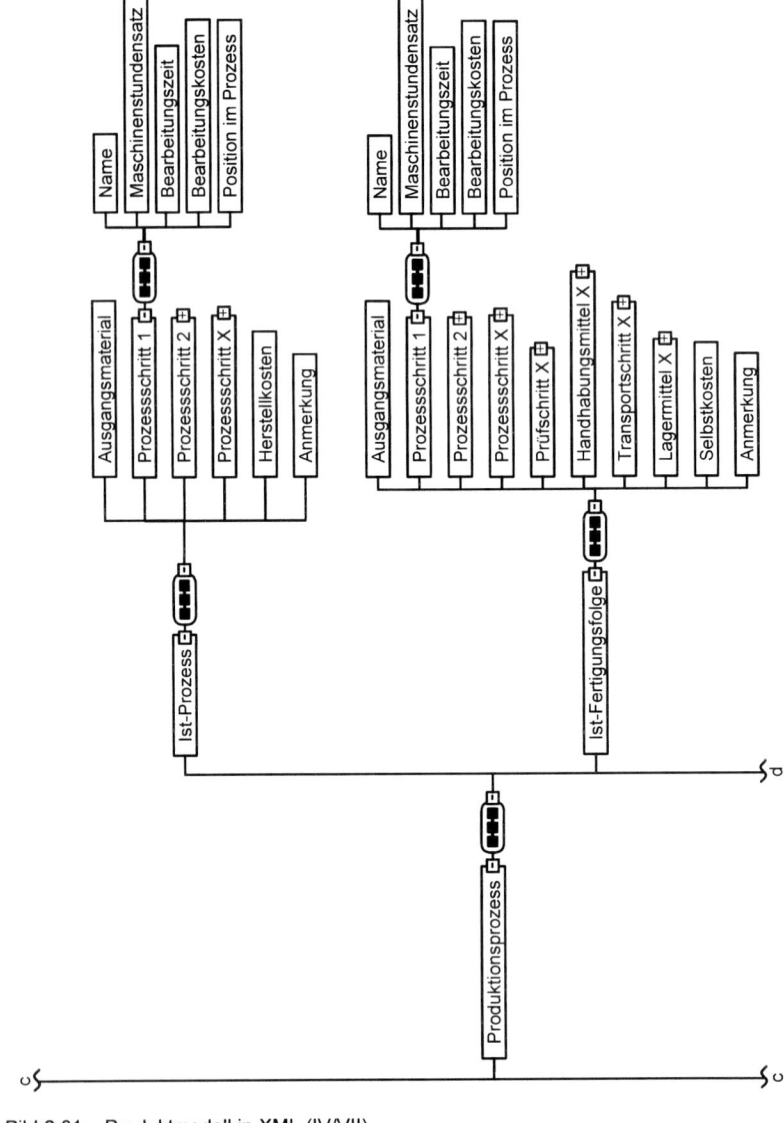

Bild 8.31: Produktmodell in XML (IV/VII)

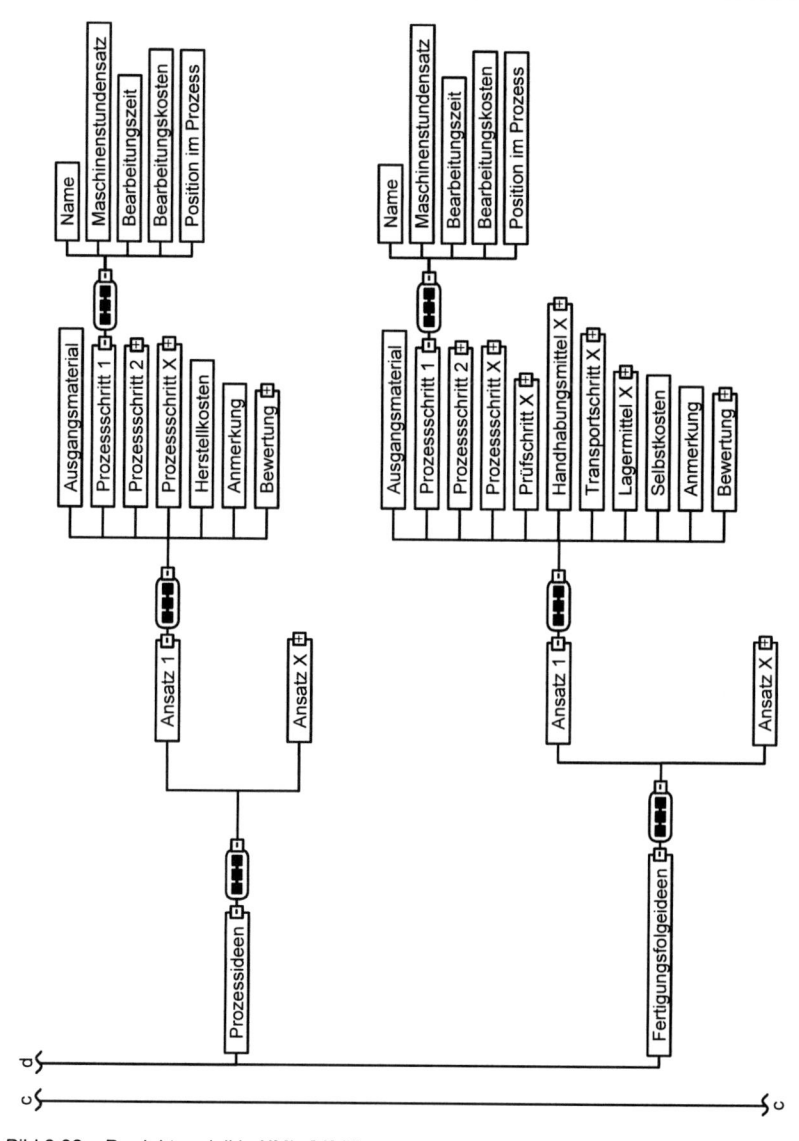

Bild 8.32: Produktmodell in XML (V/VII)

Anhang

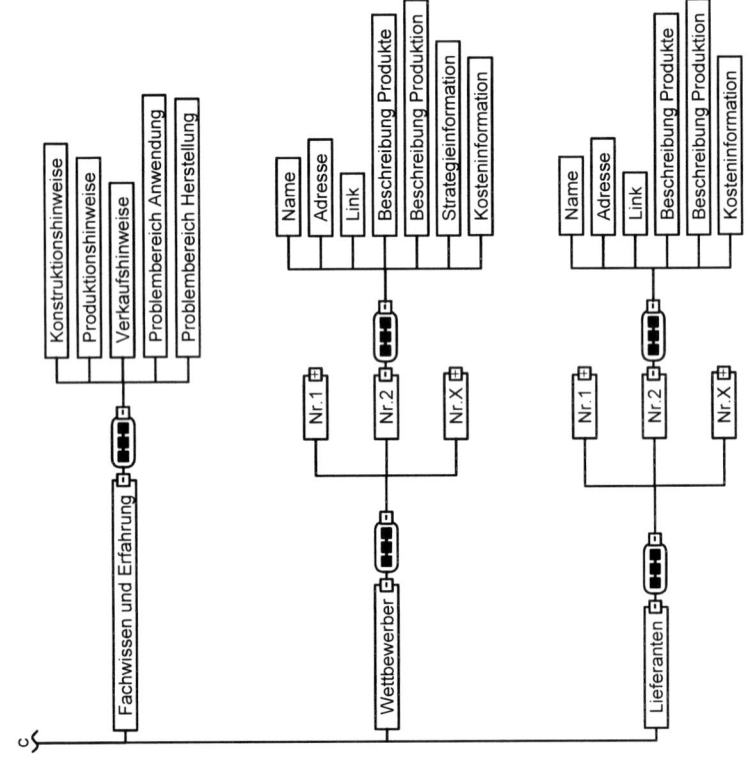

Bild 8.33: Produktmodell in XML (VI/VII)

Anhang

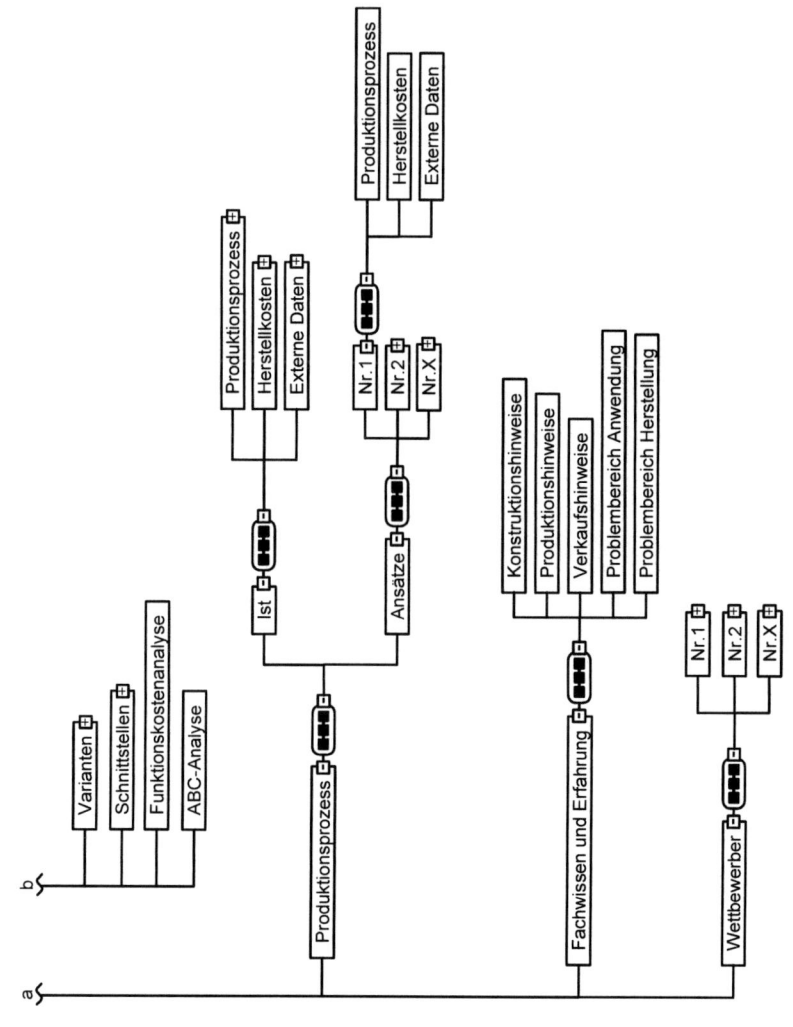

Bild 8.34: Produktmodell in XML (VII/VII)

Anhang

8.8.3 Projektmodell

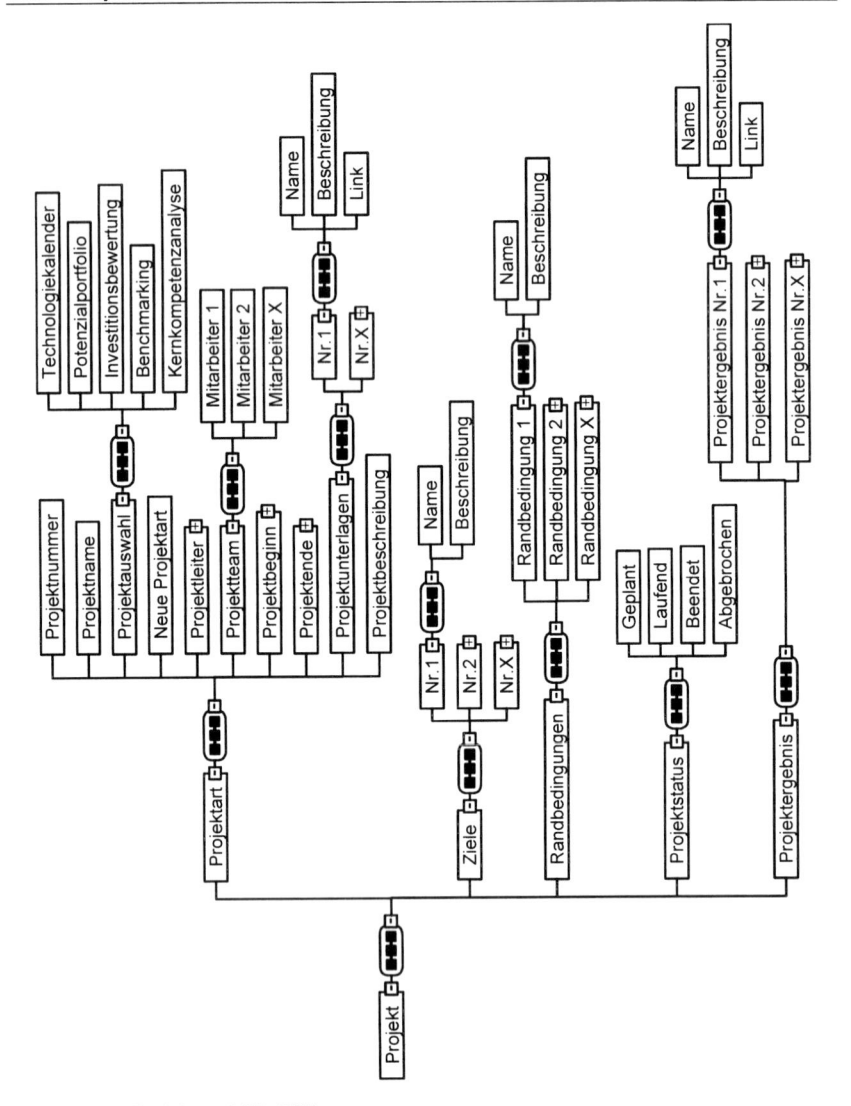

Bild 8.35: Projektmodell in XML

8.8.4 Unternehmensmodell

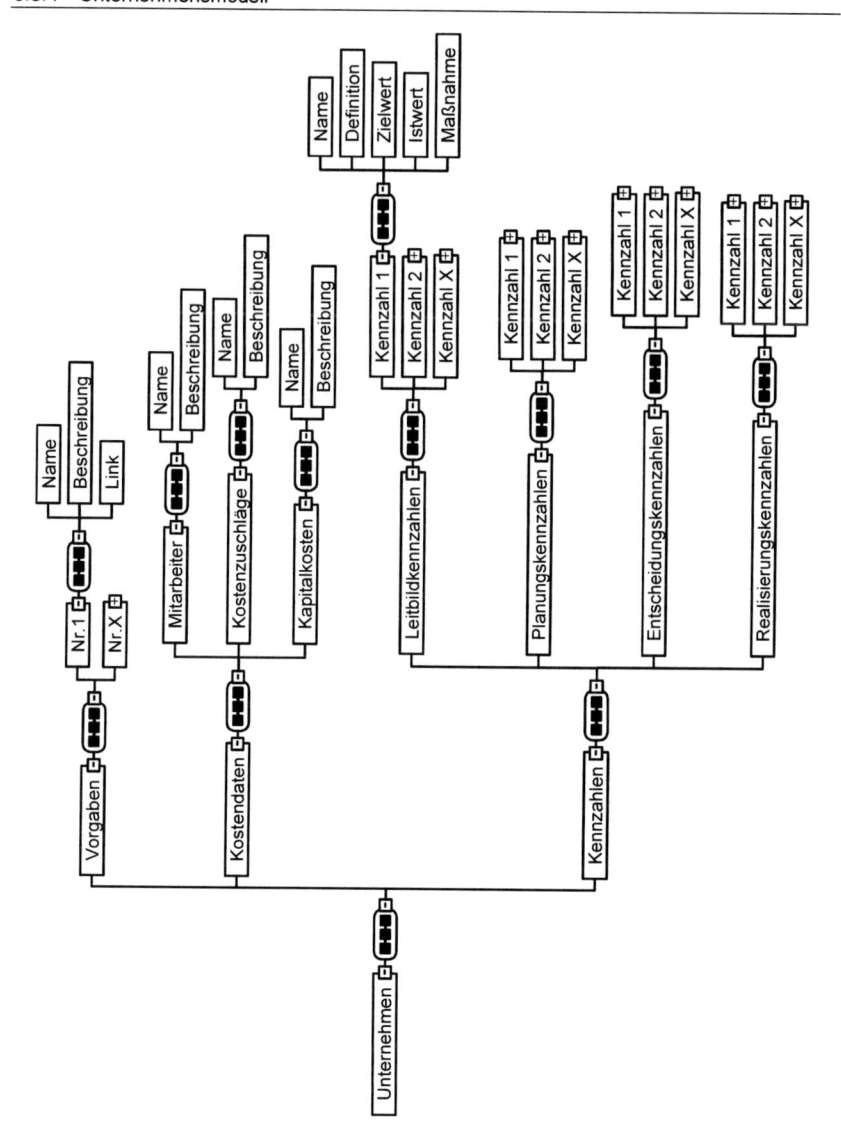

Bild 8.36: Unternehmensmodell in XML

Anhang

8.9 Wissensmanagement

Ausgelöst durch die rasante Entwicklung der Informations- und Kommunikationstechnologien müssen die klassischen Produktionsfaktoren Arbeit, Boden und Kapital um den Produktionsfaktor Wissen und Information erweitert werden [vgl. BULL98, S. 21; BÜRG98, S. 53; SPUR98, S. 145]. Das Technologiemanagement hat dabei eine Mittlerfunktion. Es steuert den Prozess der Transformation von wissenschaftlichen Erkenntnisse in neue Produkte, Produktionstechnologien, Prozesse und Dienstleistungen sowie deren Kommerzialisierung. Voraussetzung dafür sind das Wissen über technologische Entwicklungen und über die Evolution von Kundenbedürfnissen sowie die Vorstellungen darüber, wie die letzteren auf Basis der ersteren befriedigt oder geweckt werden können. Das Erweitern, Zusammenführen und Verdichten aller relevanten Wissensquellen im Unternehmensumfeld sowie die Nutzung des Wissens sind zentrale Managementaufgaben. Wissensmanagement ist somit mitentscheidet für den Erfolg oder Misserfolg eines Unternehmens [vgl. SPUR98, S. 155]. Als wichtigstes Ziel des Wissensmanagement ist die Wissensnutzung anzusehen, da Wissen aktiv in Wettbewerbsvorteile umgesetzt werden kann [REY98, S. 30 ff.; PROB98, S. 134].

Für das Wissensmanagement sind zahlreiche Modelle entwickelt worden, die sich insbesondere in Zielsetzung und Aktivitätenaufteilung unterscheiden [vgl. DAVE98; NONA97; NORT99; PAWL98; PROB97a; REHÄ96; SCHÜ96].

NONAKA und TAKEUCHI berücksichtigen in ihrem Ansatz überwiegend die Wissensarten Markt-, Kunden- und Produktwissen. Sie fokussieren auf die Umwandlung von implizitem Kunden- und Marktwissen in explizites Produktwissen. Das organisatorische Wissen wird durch die spezielle Form der Hypertextorganisation vor allem als Disziplin des mittleren Management, die als Wissens- und Projektmanager fungieren, gesehen. Die Autoren gehen vor allem auf die Prozesse der Wissensumwandlungen als Grundlage zur Entstehung von neuen Wissensarten ein. Als wesentliche Funktionen des Wissensmanagement benennen sie Wissensgenerierung, -nutzung, -speicherung und -transfer [vgl. NONA97].

SCHÜPPEL baut seinen Wissensmanagementansatz anhand von vier Dimensionspaaren (innere vs. Äußere, aktuelle vs. zukünftige, explizite vs. implizite Wissenspotenziale und Erfahrungswissen vs. Rationalitätswissen) auf [vgl. SCHÜ96, S. 54 ff.]. In der Beschreibung des Management der verschiedenen Wissenspotenziale greift er alle Wissensarten auf. Das Markt- und Kundenwissen wird durch die Organisation des Unternehmens entsprechend der Kernkompetenzen erreicht, wobei die Geschäftsbereiche über die Produkte die Kopplung zwischen Kunden und Kernkompetenzen darstellen. Das organisatorische Wissen wird durch das Management der inneren Wissenspotenziale erschlossen. Das Umfeldwissen behandelt der Autor im Management der äußeren Wissenspotenziale. Das Konzept nutzt den Menschen als Individuum und auch die Organisation als Ausgangspunkt zur Erschließung von Wissen. Der Mensch ist Mittelpunkt beim Management des Erfahrungswissens, beim Management der inneren Wissenspotenziale und beim Management der impliziten Wissenspotenziale. Die Organisation dient als Ansatzpunkt beim Management von Erfahrungswissen, beim Management von expliziten Wissenspotenzialen und beim Management von zukünftigen Wissenspotenzialen. Die Technik wird als Hilfsmedium zur Kommunikation und zur Verwaltung von Wissenspotenzialen (vor allem expliziter Wissensbestände) und zum Aufbau von Wissen (durch Simulationen) genutzt [vgl. SCHÜ96].

Der Ansatz DAVENPORT und PRUSAK berücksichtigt keine Unterscheidung zwischen verschiedenen Wissensarten. Sie unterscheiden überwiegend nur zwischen implizitem und explizitem Wissen und beschreiben die Funktionen des Wissensmanagement anhand dieser Unterscheidung. In ihrem Ansatz wird als einzige Wissensart das organisatorische Wissen speziell gefördert. Dies geschieht z.B. durch die Erstellung von Wissenslandkarten. Die anderen Wissensarten werden lediglich in Fallbeispielen berücksichtigt. Das Konzept von

Anhang

DAVENPORT und PRUSAK stellt ein Implementierungsmodell für das Wissensmanagement dar [vgl. DAVE98].

Im Folgenden werden die Aktivitäten des Wissensmanagement nach PROBST vorgestellt, da er die Zielsetzung und Aktivitäten zusammenführt (Bild 8.37) [vgl. PROB97a; PROB97b; PROB98].

Das Konzept der Bausteine des Wissensmanagement unterteilt den Managementkreislauf in den äußeren und inneren Kreislauf. Der äußere Kreislauf mit den Elementen WISSENSZIELE DEFINIEREN und WISSEN BEWERTEN dient der zielgerichteten Steuerung des Prozesses. Der innere Kreislauf enthält die Bausteine WISSEN IDENTIFIZIEREN, ERWERBEN, ENTWICKELN, VERTEILEN, NUTZEN und BEWAHREN [vgl. BULL98, S. 24; PROB97b, S. 56]. Im Weiteren werden die einzelnen Bausteine beschrieben.

WISSENSZIELE DEFINIEREN
Durch die Wissensziele wird festgelegt, auf welcher Ebene welche Fähigkeiten aufgebaut werden sollen. Die normativen Wissensziele stellen die Basis für die Schaffung einer wissensbewussten Unternehmenskultur dar, in der die Teilung und Weitergabe von Wissen und die Weiterentwicklung der eigenen Fähigkeiten kultiviert sind. In den strategischen Wissenszielen werden das organisationale Kernwissen und der zukünftige Kompetenzbedarf eines Unternehmens definiert. Die operativen Wissensziele dienen der Umsetzung der normativen und strategischen Wissensziele [vgl. BULL98, S. 25; PROB97b, S. 55].

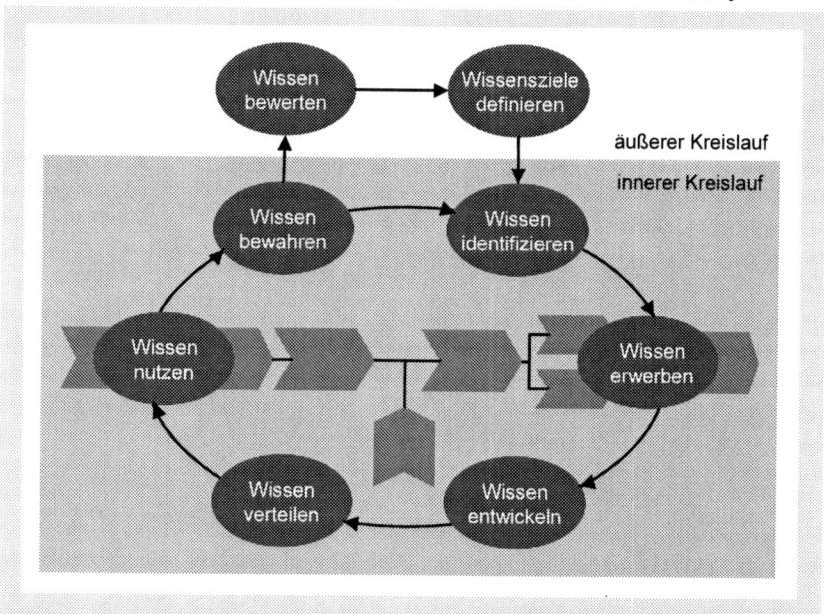

Bild 8.37: Bausteine des Wissensmanagement

WISSEN IDENTIFIZIEREN
Die Wissensidentifikation dient der Schaffung von Wissenstransparenz. Wissenstransparenz kann in interne und externe Wissenstransparenz gegliedert werden. Durch die Schaffung der internen Wissenstransparenz soll das Bewusstsein der Organisation über ihre eigenen Fähigkeiten kreiert werden. Neben der Unterstützung durch moderne IuK-Technologien sollte auch der Faktor Mensch berücksichtigt werden, der sein Wissen über persönliche

Anhang

Gespräche weitergibt. Die externe Wissenstransparenz dient der systematischen Erhellung des relevanten Wissensumfeldes einer Organisation [vgl. BULL98, S. 25-27; PROB97b, S. 52].

WISSEN ERWERBEN
Neben der Eigenentwicklung von Wissen ist der Erwerb von Wissen durch externe Wissensträger, durch andere Firmen (z.B. durch Produktkopplungen), von Stakeholderwissen (z.B. Kunden-, Lieferantenwissen) und von Wissensprodukten (z.B. Software, Patente) eine Möglichkeit der Wissensbeschaffung [vgl. BULL98, S. 27-28; PROB97b, S. 52].

WISSEN ENTWICKELN
Im Mittelpunkt der Wissensentwicklung steht die Entwicklung neuer Fähigkeiten, neuer Produkte, besserer Ideen und leistungsfähigerer Prozesse. Bei der Wissensentwicklung ist der Entscheidung für einen eigenen Kompetenzaufbau oder für eine externe Vergabe besondere Aufmerksamkeit zu schenken. Traditionell werden bei der Wissensentwicklung besonders die Forschung und Entwicklung fokussiert [vgl. BULL98, S. 28-29; PROB97b, S. 52-53].

WISSEN VERTEILEN
Fokus sind Techniken zur Wissensmultiplikation, der Aufbau und Betrieb von Wissensnetzwerken und die Erhöhung der Teilungsbereitschaft und der Teilungsfähigkeit der Mitarbeiter. Das entweder eigenentwickelte oder extern erworbene Wissen muss an den richtigen Mitarbeiter oder an die richtige Stelle innerhalb der Organisation gebracht werden. Wissensmultiplikation ist ein zentral gesteuerter Eingriff, mit dem eine schnelle Verbreitung bestimmter Wissensbestände an eine große Anzahl von Mitarbeitern erreicht werden soll (z.B. Softwareschulungen). Wissensnetzwerke stellen einen dezentralen Ansatz zur Verteilung des Wissens dar. Hierbei steht eine fallweise Zugriffsmöglichkeit der Mitarbeiter auf organisationales Wissen und die just-in-time Lieferung dieses Wissens im Vordergrund [vgl. BULL98, S. 29-30; PROB97b, S. 53].

WISSEN NUTZEN
Die Wissensnutzung ist der entscheidende Baustein für ein erfolgreiches Wissensmanagement. Nur wenn es gelingt, durch entwickeltes oder externes Wissen für das Unternehmen einen Nutzen (z.B. neue Produkte, neue Prozesse, Prozessverbesserungen, neue Dienstleistungen) zu erzielen, ist Wissensmanagement sinnvoll. Für eine erfolgreiche Wissensnutzung muss das persönliche Arbeitsumfeld die Anwendung des Neuen unterstützen und die Bereitschaft zur Nutzung von Wissen auf individueller und kollektiver Ebene fördern. Barrieren in Form von Beharrungsvermögen und Angst vor einem Bloßstellen der eigenen Schwächen müssen abgebaut werden [vgl. BULL98, S. 30-31; PROB97b, S. 53-54].

WISSEN BEWAHREN
Die Bewahrung von Wissen erfolgt in dem organisationalen Gedächtnis. Das organisationale Gedächtnis ist ein System von Wissen und Fähigkeiten in der Organisation, um Wahrgenommenes, Erlebtes, Erfahrenes über den Augenblick hinaus zu speichern, damit es zu einem späteren Zeitpunkt zur Verfügung steht. Die Hauptprozesse der Wissensbewahrung sind Selektieren, Speichern und Aktualisieren. Der Selektionsprozess dient der Identifikation von Bewahrungswürdigem. Es muss jedoch beachtet werden, dass auf der einen Seite nur Kernwissen identifiziert wird, aber auf der anderen Seite die Grenze nicht zu eng gezogen wird, da nicht mit Sicherheit abgesehen werden kann, welches Wissen in der Zukunft benötigt wird. Die Speicherung dieses Wissens erfolgt dann entweder individuell oder kollektiv sowie elektronisch, papiergebunden oder in den Köpfen der Mitarbeiter. Das an den einzelnen Mitarbeiter gebundene individuelle Wissen kann durch Anreizsysteme, flexible Einbindungsmechanismen von ehemaligen Mitarbeitern und systematische Weitergabe von Fähigkeiten für das Unternehmen verfügbar gehalten werden. Die elektronische

Speicherung kann durch unstrukturierte Informationen (Dokumente) und strukturierte Informationen (Datenbanken) geschehen. Die Aktualisierung ist erforderlich, um die Gültigkeit und Aktualität des Wissens zu gewährleisten [vgl. BULL98, S. 31-32; PROB97b, S. 54].

WISSEN BEWERTEN
Durch die Wissensbewertung sollen dem Management kritische Informationen für Entscheidungen zur Verfügung gestellt werden. Die Bewertung des Wissens kann durch Wissensindikatoren (wie z.B. Erfassung bei der Balanced Scorecard) geschehen. Im Rahmen der Wissensbewertung erfolgt das Wissenscontrolling. Das Wissenscontrolling findet auf normativer, strategischer und operativer Ebene statt. Auf normativer Ebene werden die Vorraussetzungen für wissensorientierte Ziele im strategischen und operativen Bereich geschaffen. Auf strategischer Ebene werden die Inhalte des organisationalen Kernwissens festgelegt, während auf operativer Ebene die Wissensziele in konkrete Maßnahmen und Aktionen übersetzt werden. [vgl. BULL98, S. 32-33; PROB97b, S. 55-56].

Anhang

8.10 Darstellung des Default-Features

Im Folgenden sind die einzelnen Informationen dargestellt, aus denen ein Feature definiert werden kann.

Formelementenname:

Formelementebibliothek:

Skizze:

Flächen:

Muss-Merkmalliste

Abmessungen

ja/nein		Bemerkung	Einheit
	Durchmesser d_1-d_n		mm
	Gewindedurchmesser		mm
	Flankendurchmesser		mm
	Kerndurchmesser		mm
	Radius r_1-r_n		mm
	Rundung		mm
	Länge		mm
	Bohrlänge		mm
	Breite		mm
	Fasenbreite		mm
	Keilbreite		mm
	Teilung		mm
	Höhe		mm
	Profilhöhe		mm
	Tiefe		mm
	Gewindetiefe		mm
	Winkel w_1-w_n		°
	Flankenwinkel		°
	Schrägungswinkel		°
	Kopfspiel		mm
	Steigung		mm

Seite A 44

Kann-Merkmalliste

Formtoleranz

ja/nein		Bemerkung	Einheit
	Geradheit		mm
	Ebenheit		mm
	Rundheit		mm
	Linienform		mm
	Flächenform		mm
	Zylinderform		mm

Richtungstoleranz

ja/nein		Bemerkung	Einheit
	Parallelität		mm
	Rechtwinkligkeit		mm
	Neigung		° und mm

Ortstoleranz

ja/nein		Bemerkung	Einheit
	Position		mm
	Konzentrizität		mm
	Symmetrie		mm

Lauftoleranz

ja/nein		Bemerkung	Einheit
	Planlauf		mm
	Gesamtplanlauf		mm
	Rundlauf		mm
	Gesamtrundlauf		mm

Anhang

Oberflächenangaben

ja/nein		Bemerkung	Einheit
	Rauhtiefe R_t		µm
	Glättungstiefe R_p		µm
	Gemittelte Rauhiefe R_z		µm
	Max. Rauhtiefe R_{max}		µm
	Profiltragtiefe t_p		
	Arithmetischer Mittenrauhwert R_a		µm

Funktion

ja/nein		Bemerkung
	Grifffläche	
	Kraftübertragung	
	Momentenübertragung	
	Aufnahme	
	Fügefläche	
	Verdrehsicherung	
	Ölversorgung	
	Ölübergabe	
	Fließhilfe	
	Honauslauf	
	Trennfläche	
	Dichtfläche	
	Anschlagfläche	
	Flansch	
	Auge	
	Anschluss	
	Spanfläche	

Anforderungen

Ja/nein	Eigenschaften	Wertebereich		Einheit
		Von	Bis	
	Physikalisch			
	Dichte			g/cm³
	Mechanisch			
	E-Modul			N/mm²
	G-Modul			N/mm²
	Zugfestigkeit			N/mm²
	Biegefestigkeit			N/mm²
	Bruchdehnung			%
	Reißdehnung			%
	Streckdehnung			%
	Streckspannung			N/mm²
	Schlagzähigkeit			kJ/m²
	Kerbschlagzähigkeit			kJ/m²
	Härte			
	Linearer Schwund			%
	Thermisch			
	Wärmeausdehnungskoeffizient			$10^{-6}/°C$
	Wärmeleitfähigkeit			W/mK
	Wärmeformbeständigkeit			°C

Schnittstellen

Schnittstelle	Beschreibung
1	
2	
3	
4	
5	

9 Lebenslauf

Zur Person

Ralf Walker
geboren am: 6. Juni 1969
geboren in: Lengerich
Familienstand: verheiratet

Akademische Bildung

seit Oktober 2000	Stellvertretender Oberingenieur und Themengruppenleiter „Technologiemanagement" Fraunhofer-Institut für Produktionstechnologie IPT Abteilung: Planung und Organisation Leiter: Prof. W. Eversheim (bis 30.9.2002) Prof. G. Schuh (seit 1.10.2002)
Oktober 1998 bis Oktober 2000	Wissenschaftlicher Mitarbeiter Fraunhofer-Institut für Produktionstechnologie IPT Abteilung: Planung und Organisation Leiter: Prof. W. Eversheim
Oktober 1991 bis September 1998	Studium des Maschinenbaus an der RWTH Aachen Schwerpunkt: Fertigungstechnik

Handwerklich Ausbildung

August 1989 bis Juni 1991	Berufsausbildung zum Industriemechaniker - Maschinen- und Systemtechnik Windmöller & Hölscher, Lengerich Abschluss mit Gesellenprüfung

Schulbildung

August 1979 bis Mai 1989	Hannah Arndt Gymnasium Lengerich
August 1975 bis Juni 1979	Grundschule Stadt Lengerich

Berufserfahrungen

September 1995 bis September 1998	Tätigkeit als studentische Hilfskraft Lehrstuhl für Produktionssystematik Laboratorium für Werkzeugmaschinen und Betriebslehre (WZL) Leiter: Prof. W. Eversheim